Contraste insuffisant

NF Z 43-120-14

Z. 1885.

Z.

SCALIGERANA,
THUANA,
PERRONIANA,
PITHOEANA,
ET
COLOMESIANA.
Ou
REMARQUES
Historiques, critiques, morales, & litteraires
De Jos. SCALIGER, J. AUG. DE THOU, le Cardinal DU PERRON, FR. PITHOU, & P. COLOMIE'S.
AVEC LES NOTES
DE PLUSIEURS SAVANS.
TOME PREMIER.

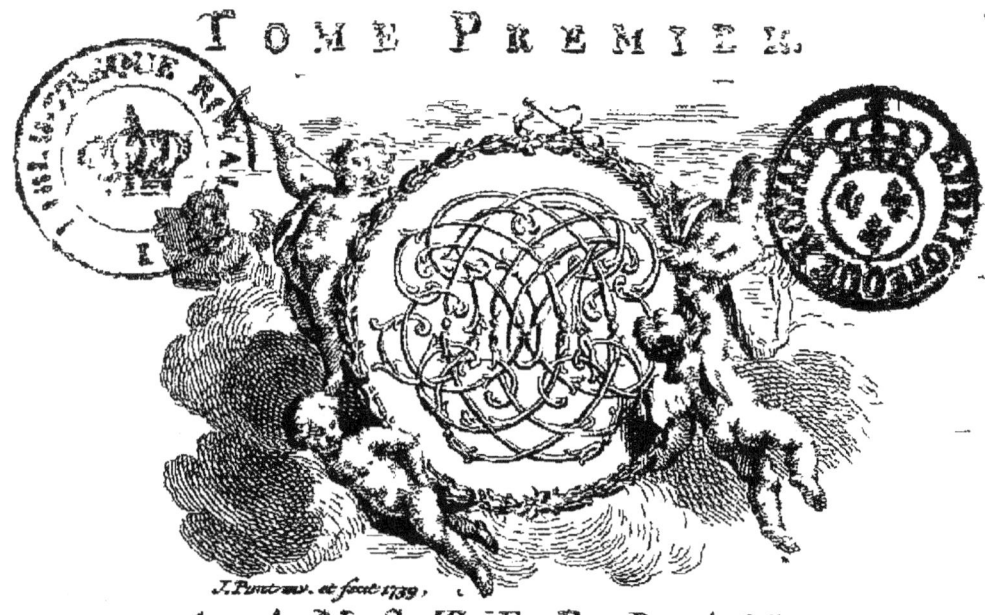

J. Punt inv. et fecit 1739.

A AMSTERDAM,
Chez COVENS & MORTIER.
MDCCXL.

A
MONSIEUR
MEAD,
Medecin du Roi.
&c. &c.

Monsieur,

TRouvez bon que j'entre dans les sentimens de reconnoissance que vous doivent tous ceux qui aiment & qui cultivent les Lettres. C'est

EPITRE.

sous vos auspices que plusieurs Ouvrages importans qui n'avoient jamais paru, ou qui étoient devenus extrêmement rares, ont été donnez au Public ornez de diverses pieces tirées de votre Bibliotheque. C'est à votre Amour pour les Lettres (j'en donnerai ce seul exemple) que nous devons la nouvelle Edition de *l'Histoire de Mr. de Thou*. Cet excellent Ouvrage, l'admiration de toute l'Europe, & la Gloire de la France, étoit condamné à ne revoir jamais le jour: un attachement inviolable pour la Verité, la Moderation, le Desinteressement,

l'a-

EPITRE.

l'amour de la Liberté faifoient fon crime; on s'efforçoit de le dérober aux yeux du Public : mais vous lui avez redonné la lumiere, & l'avez fait paroitre avec tout l'éclat & toute la diftinction qui lui étoit due. Des bienfaits fi fignalez ne doivent-ils pas engager tous les Gens de Lettres à vous témoigner leur reconnoiffance ?

J'ai l'honneur, MONSIEUR, de m'aquiter aujourd'hui de ce devoir, en vous ofrant un Recueil des Converfations de Jofeph Scaliger, de Mr. de Thou, du Cardinal du Perron, & de Pierre Pithou. Les Amis & les

EPITRE.

Disciples de ces grands hommes, qui leur entendoient dire tous les jours des particularitez d'Histoire, de Critique, & de Literature curieuses & interessantes, les écrivoient pour leur propre usage, & en composoient des Recueils qui sont venus jusqu'à nous. Mais outre l'utilité qu'on peut tirer de ces entretiens domestiques, on a encore le plaisir de voir que ces Savans s'y montrent dans leur naturel. Ils nous disent ce qu'ils pensent sur toutes sortes de sujets: il semble que nous les entendons parler, que nous vivons avec eux,

&

EPITRE.

& que nous sommes dans leur confidence.

Quel avantage ne seroit-ce pas, si les Anciens nous avoient laissé de semblables Recueils ? Il est vrai que les Disciples de quelques illustres personnages chez les Anciens, ont recueilli ce qu'ils leur avoient ouï dire de remarquable : Xenophon a fait un Recueil des Conversations de Socrate; mais cet Ouvrage n'est pas du même genre que ceux-ci. Dans celui de Xenophon, ce n'est pas Socrate qui parle ; c'est Xenophon qui le fait parler, & qui raconte ce qu'il a dit : au lieu que dans les

EPITRE.

Recueils qu'on donne ici, c'est toujours l'Auteur qui parle, c'est Scaliger, c'est Mr. de Thou; on n'a fait que repeter leurs paroles en les jettant sur le papier.

Il faut pourtant avouer, MONSIEUR, que ceux qui ont dressé ces Recueils, n'ont pas toujours fait un choix judicieux. On trouve dans le *second Scaligerana*, & dans le *Perroniana* plusieurs choses que Scaliger & le Cardinal du Perron auroient desavouées. On a remarqué le même defaut dans les *Propos de Table* de Luther, & dans ceux de l'illustre Selden. C'est l'effet

EPITRE.

fet du zele inconsideré, ou de la préocupation outrée des Disciples de ces grands hommes. Ils regardoient comme sacrées les moindres choses qu'ils leur entendoient dire. Mais ce defaut est bien compensé par le grand nombre d'Observations solides & judicieuses, qui sont le fruit d'un savoir immense. Aussi voyons-nous que des Gens de Lettres distinguez ont parlé avec estime de ces Recueils, & en ont bien su profiter.

C'est cette même estime qui a engagé quelques Savans à en éclaircir divers endroits. Vous trou-

EPITRE.

trouverez ici, MONSIEUR, des Notes de François Vertunien savant Medecin & Ami de Scaliger, de Claude Sarrau Conseiller au Parlement de Paris, de Daillé le fils, de Tanneguy le Févre, de Colomiés, de Mr. le Clerc, & de Mr. le Duchat; auxquelles j'en ai joint un assez grand nombre. Dans ces Notes on éclaircit les endroits qui étoient obscurs, & on rectifie ceux où il y avoit quelque méprise. On n'a pas cru devoir y ajouter une remarque que les Lecteurs intelligens feront assez d'eux-mêmes : ils jugeront bien,

que

EPITRE.

que ce que Scaliger ou Mr. de Thou difent fur les richeffes de certains pays, fur les mœurs & les coutumes des habitans &c, eft relatif au tems qu'ils parloient, & qu'il y eft arrivé bien des changemens depuis ce tems-là.

Vous trouverez encore ici, Monsieur, le *Colomefiana*, qui eft dans le gout des Ouvrages dont je viens de parler. C'eft un Recueil de plufieurs traits curieux d'Hiftoire & de Literature que Mr. Colomiés avoit apris dans fes lectures, ou dans le commerce des Savans. Il eft

EPITRE.

est fort recherché de tous ceux qui aiment les anecdotes literaires. J'y ai aussi ajouté plusieurs Notes.

Mais quelque nombreuses que soient les Notes qui accompagnent ces Recueils, il est vraisemblable que bien des gens souhaiteront qu'on en eût donné davantage. Il auroit été facile de les satisfaire avec le secours d'une Bibliotheque comme la Vôtre, Monsieur, qui contient ce qu'il y a de plus estimable dans les Sciences & les Belles-Lettres. Vous l'avez enrichie de tout ce que les Curieux

EPITRE.

rieux peuvent defirer. Rien n'a échapé à vos recherches. On demanderoit en vain dans les plus celebres Bibliotheques de l'Europe le fameux Livre de Servet de la *Reftitution du Chriftianisme* qui eft un des ornemens de la vôtre. C'eft le feul exemplaire qui ait échapé aux flammes. Mais, fi je l'ofe dire ici, ce qui releve le prix de Votre Bibliotheque, c'eft, MONSIEUR, la maniere prévenante & généreufe, dont vous communiquez ce qu'elle contient de plus précieux. J'ai eu le bonheur d'en profiter, & je fuis charmé de trouver ici l'occa-

EPITRE.

casion de vous donner un témoignage public de ma gratitude, & du parfait attachement avec lequel j'ai l'honneur d'être,

MONSIEUR,

Votre très-humble & très-obéissant Serviteur,

DES MAIZEAUX.

AVERTISSEMENT
SUR
LE THUANA.

Cette Edition du Thuana est faite sur celle que Mr. Buckley nous a donnée dans sa belle Edition de l'Histoire de Mr. de Thou, où elle est precedée de ce petit Avertissement : Une personne de distinction à Paris, ayant bien voulu nous communiquer un Manuscrit du *Thuana*, qu'elle nous a assuré venir de Mr. Pierre du Puy; nous n'avons pas cru pouvoir nous dispenser de donner ici cet Ouvrage d'après une Copie fidele de ce Manuscrit. Mr. *Buckley* a aussi mis au commencement du Thuana la Remarque suivante, où l'on rend compte de cet Ouvrage, des Editions qu'on en a fait, & des Notes qui l'accompagnent.

,, Le Thuana est un recueil de plusieurs
,, traits d'histoire, &c. que Messieurs du Puy
,, avoient ouï dire à M. de THOU. M. Sar-
,, rau, Conseiller au Parlement de Paris,
,, transcrivit en 1642 l'exemplaire même de
,, M. Pierre du Puy; & vingt ans après le
,, Manuscrit de M. Sarrau étant tombé entre
,, les mains de M. Daillé le fils, Isaac Vos-
,, sius

AVERTISSEMENT.

„ sius qui étoit alors à Paris en obtint une
„ copie, & à son retour en Hollande il fit
„ imprimer cet Ouvrage en 1669 sous ce titre:
„ Thuana, sive excerpta ex ore Jac. Aug.
„ Thuani. Per F. F. P. P. *Il fit en mê-
„ me tems imprimer le* Perroniana, *qu'il a-
„ voit aussi eu de M. Daillé. Mais ces édi-
„ tions ayant été faites sur une fort mauvaise
„ copie, elles étoient pleines de fautes; ce qui
„ obligea M. Daillé à en donner une à Rouen,
„ qu'il intitula simplement* Perroniana &
„ Thuana. Editio Secunda. *Dans cette se-
„ conde édition il rangea les articles du*
„ Thuana *selon l'ordre de l'alphabet, comme
„ il avoit déja fait à l'égard du* Perroniana,
„ & y joignit quelques Notes. Nous donnons
„ ici ses Notes; mais du reste nous nous som-
„ mes conformez au Manuscrit original, où
„ l'ordre alphabetique n'est point observé. Ou-
„ tre les Notes de M. Daillé on trouvera
„ plusieurs Remarques de M. le Duchat, qui
„ nous ont été communiquées par M. Des
„ Maizeaux, lequel en a aussi ajouté quel-
„ ques-unes de sa façon. Les Notes de M.
„ Daillé sont distinguées par un D à la fin,
„ celles de M. le Duchat par L. D. & cel-
„ les de M. Des Maizeaux par D. M.*

THUA-

THUANA.

LE Comte de Caiazze estoit fort aimé du Roi Charles IX, & avoit mesme une grande charge à l'infanterie. Il alla en Italie pour quelques affaires, & sur ce qu'il estoit soupçonné d'estre Huguenot, le Pape Pie V le fit prendre par l'Inquisition. Incontinent le Roi y envoya le Marquis de Pisani, avec charge fort expresse de le tirer de prison, & de l'amener en France, attendu qu'il estoit officier du Roi, & un de ses sujets. Le Marquis fut à Rome, parla au Pape, fit sa charge. Le Pape demanda tems pour en deliberer. Le tems se passa sans responce. Le Marquis retourna voir le Pape, le pressa de se resoudre, & le pria de la part du Roi de le contenter, & que s'il ne le faisoit dans huict jours, il avoit charge de faire chose qui déplairoit à sa Sainteté. Les huict jours passés sans responce, le Marquis retourne à l'audience, dit que si dans le lendemain on ne lui rendoit le prisonnier, qu'il avoit charge d'emmener l'Ambassadeur ordinaire du Roi, & que par ce moyen le train ordinaire des Benefices n'iroit comme il avoit accoustumé. Le

Pape fut conseillé par les Cardinaux de le rendre, avec grande fascherie; disant en particulier, que le Roi lui avoit envoyé un *imbriaco* (*a*). Le prisonnier lui fut rendu, & fut lors sceu dans Rome, que le Marquis de Pisani ne beuvoit point, & que l'opinion que le Pape avoit de lui estoit fausse. Ceci arriva en l'an 1568, ou 69. Aucun Historien n'a escrit cette histoire, qui est notable; & ne l'a escrite à cause qu'il n'en a point de mémoires: toutesfois que s'il en sçavoit l'année, le Marquis de Pisani lui en fit un recit si particulier, qu'il en sçait assez pour l'escrire (*b*).

Les Bulles d'excommunication contre la Roine de Navarre ne sont dans les Bullaires. M. le Chancelier de l'Hospital l'empêcha, & M. le Connestable. L'on n'a pas eu ce soin pour celle contre le Roi Henry IV, qui s'y trouve à la honte de ceux qui gouvernent.

Le Marquis de Pisani estoit un des plus grands Ministres, qui ayent été en France.
Les

(*a*) Un *Imbriaco*] c'est-à-dire, un Ivrogne. D. M.
(*b*) *Il en sçait assez pour l'écrire.*] Cette histoire se trouve dans les Memoires de la Vie de M. de Thou, [Liv. I. p. 20. de l'Edition de Londres.] Le Comte de Gayaz s'appelloit Galeas de S. Severin. D.

Les Espagnols le tenoient pour tel. Etant en Espagne il receut quelque affront des habitans d'une ville par où il passoit. Il ne cessa envers le Roy, qui fit ce qu'il pût pour l'appaiser, que les habitans ne vinssent lui demander pardon en corps. Depuis le Roy d'Espagne en fit grand état. Il disoit que s'il croyoit ressembler de mine aux Espagnols, il ne se monstreroit jamais en public.

Quand le Pape Sixte lui dit, qu'il lui commandoit qu'il sortist de son Etat dans huict jours, il lui respondit, que son Etat n'étoit si grand qu'il n'en sortist bien dans vingt-quatre heures, & qu'il le feroit.

Il étoit de grande Maison. Il aimoit les hommes Sçavants, & toutesfois ne savoit rien. Aux armées il estoit toujours près du Roy, tout armé, estant mesme fort âgé; & le Roy disoit, si tous ses gentils-hommes estoient aussi diligens & ardens à le servir que lui, qu'il ne seroit besoin de trompettes.

Je ne cognoi homme de qui la vie fût plus belle à escrire que de ce grand homme: car elle fut une perpetuelle Ambassade, occupée en de grands affaires, dont il sortoit fort genereusement.

*[Le Pape Sixte V, quand il arriva à Ro-

* Cet article ne se trouve point dans le Manuscrit.

Rome, estoit si pauvre, qu'ayant amassé quelques aumosnes, il s'alla présenter à la boutique d'un rotisseur, où il mit en deliberation en lui mesme, s'il employeroit son argent à un bon repas, & à assouvir la faim qui l'affligeoit, ou bien à une paire de souliers dont il avoit besoin. Estant en cette méditation, un marchand remarquant en lui une action extraordinaire, lui demanda ce qu'il faisoit. Il lui dit franchement, qu'il estoit après à vuider une contestation entre son ventre & ses pieds, qui avoient également besoin d'assistance; ce qu'il dit d'une façon si agréable, que le marchand voiant de la vivacité en cet esprit, l'emmena chez lui, le fit bien disner, & decida par ce moyen le different qui l'embarrassoit. Il s'en est souvenu étant Pape, & fit du bien à ce marchand. Il haïssoit mortellement les Espagnols, & avoit dessein de reünir le Royaume de Naples au siege de Rome. L'on intercepta des lettres de l'Ambassadeur d'Espagne, qui en escrivant au Roi son maitre, disoit, que le Pape estoit un très-méchant yvrogne. Sixte étoit fils d'un porcher, & fut Cordelier.]

Le Pape Pie V étoit fort severe; il avoit esté Religieux d'un des Ordres des Mendians. Il sçavoit les vices qui regnoient dans

ces

ces Monasteres, & fut en pensée de leur faire defense de prendre & recevoir des Novices, & voulut en faire une Bulle: mais il en fut destourné par quelques Cardinaux, qui lui dirent, que c'estoit pour perdre tous les Monasteres, principalement des Mendians, où il n'y en entre que des jeunes pour la plûpart.

Nous avons eu deux Cardinaux en France, qui sont parvenus à ce degré contre la volonté des Rois, & aux depens de leurs affaires, les Cardinaux de Ramboüillet & de la Bourdaiziere (a). Cela a destourné nos Rois de se servir d'Ecclesiastiques pour les Ambassades en Italie.

Le Cardinal de la Bourdaiziere, après avoir été fait Cardinal, ne vint plus en France, & amassa de grands biens en Italie; il étoit grand mesnager. Il eut un Bastard. Après sa mort, ses parens, qui estoient en France, comme Madame de Sourdis & M. de la Bourdaiziere, furent en Italie, pour recueillir cette succession. Ils trouverent ce Bâstard, nommé, ce me semble, Alfonse, qui

_____

(a) *Deux Cardinaux*, &c.] M. de Thou auroit pû ajoûter ici Anne d'Escars Cardinal de Givry, promû à cette dignité en 1596, sans la participation du Roi, qui se defioit de lui, comme aiant été de la Ligue. Voyez les Lettres du Cardinal d'Ossat. *L. D.*

qui eſtoit en poſſeſſion, en vertu d'une Bulle ſecrette, qui porte que les fils des Cardinaux leur ſuccedent *ab inteſtato*, aux biens qu'ils ont acquis à quarante milles de Rome. Ce Baſtard n'avoit que cette bulle pour lui (ailleurs il n'y euſt point eu de procez, & n'euſt oſé paroître) qu'il ne monſtroit point, & ne la voit on point, ni n'eſt inſerée dans le Bullaire. Les parens ſe défendoient par le droit commun contre les Baſtards, & principalement des Prêtres. Le procez eſtoit pendant à la Rote, & dura plus de dix ans. Le Roi preſſoit le Pape pour les parens François, & quelques Cardinaux auſſi; le Pape, qui eſtoit Pie V, rigide cenſeur, voulut caſſer cette Bulle, comme honteuſe. Les autres Cardinaux s'y oppoſerent. Enfin il fut dit à ces parens qu'ils s'accordaſſent, & que jamais ils ne verroient la fin de ce procez, à cauſe de cette Bulle, que l'on ne vouloit enfraindre. Le Baſtard donna vingt mille écus, & demeura fort riche. Le Cardinal Serafin, qui étoit lors Auditeur de la Rote, racontoit cette hiſtoire, & diſoit qu'il n'avoit jamais vû cette Bulle, mais qu'elle étoit tenue comme certaine. Il y a encores à Rome des enfans de ce Baſtard, un Camerier, qui vint ici il y a dix ans.

M.

M. de Thou fut envoyé par le feu Roi, durant la Ligue, vers M. le Duc de Nevers, qui étoit à Nevers, tenant comme un parti neutre, & ce pour lui demander en prêt pour le Roi, une somme de quarante mil escus, qu'il avoit à Francfort, du reste de son partage de Mantouë, que son frere aisné lui envoyoit. Là il fut fort bien reçu, il disnoit tous les jours avec lui. Le Duc ne soupoit point: tous les soirs après le souper il l'envoyoit querir, & lui donnoit deux Pages fort bien appris, pour le servir. C'est le Prince le mieux servi du monde. Il estudioit les Cartes, où il étoit fort savant. Il ne lui eut pas si-tost ouvert la bouche pour les quarante mil escus, qu'il lui mit entre les mains toutes les lettres de change, sans autre assurance. Il arriva lors qu'il estoit là, que le Duc le mena à l'église ouïr le sermon de l'Abbé de Ste Foi, depuis Evesque de Nevers, qui estoit grand Ligueur. Il prescha fort seditieusement contre le Duc & lui, & sur la conference qu'ils avoient eu ensemble. Le sermon fini, le Duc l'envoya querir, & parla à lui rudement, & l'Abbé lui demanda pardon, & le contraignit le lendemain de dire le contraire de ce qu'il avoit presché, & dit, que si le feu Roi en eust fait autant, qu'il n'eust esté tué à

S. Cloud par un frere Prescheur. Quelques années après, comme M. de Nevers poursuivoit le payement de cette somme, qu'il avoit si liberalement prestée, M. d'O, qui avoit la superintendance des finances, lui bailla de mauvaises assignations. M. de Nevers trouva par occasion M. d'O à la chambre du Roi, où en presence de sa Majesté, & de plusieurs Seigneurs, il lui dit injures, l'appella petit coquin, voleur, larron, & qu'il le feroit pendre. Le Roi l'appaisa, & lui promit le faire payer. M. d'O dit qu'il étoit Gentilhomme : M. de Nevers respondit, Je le sai bien; je n'attaque point vos Peres, mais vostre personne. [M. le Mareschal de Biron, qui n'aimoit ni l'un ni l'autre, dit; ce boiteux, entendant M. de Nevers, ne fit jamais mieux.

Parlant encores de M. de Nevers, & que c'estoit un Prince fort libéral, dit, qu'estant près de lui plus de trois semaines, avec tout son train, comme il fut prest à partir, & qu'il fut question de payer à l'hostellerie, on lui dit, que tout estoit payé. M. de la Trimouille lui en fit autant, & à M. de Calignon, estans envoyés par le Roi pour faire les partages d'entre lui & Madame la Princesse de Condé.

Ban-

Bandel (*a*), qui a fait des *Nouvelles* en Italien, eſtoit chez Jules Scaliger à Bourdeaux.

Lorſqu'il (*b*) ſe mit à eſcrire l'Hiſtoire, il n'avoit jamais eſcrit en proſe; que le commencement lui couſta beaucoup.

Stadius, grand Mathematicien, diſputa la chaire de Ramus contre Breſcius, fort jeune. L'aſſemblée, pour juger auquel des deux appartiendroit cette chaire, fut tenuë chez M. le premier Préſident de Thou, où furent appellez pluſieurs grands perſonnages. M. de Foix préſidoit, M. Houlier, Conſeiller en la Cour des Aydes, y eſtoit, qui ſe fit admirer; Regi ou Regius, Pelerin & pluſieurs autres. Les gaiges furent partis aux deux contendans par moitié.

M. Houlier eſtoit un très-ſçavant homme, fils du Medecin, très-habile homme.. Il ſçavoit beaucoup de choſes. Il eſtoit fort éloquent, ſavoit bien l'Hiſtoire. Ils avoient eſtudié aux loix à Toulouſe M. du Puy, le Fevre, & lui. Il eſtoit grand railleur & faiſoit un conte fort proprement & éloquemment.

(*a*) *Bandel.*] Matthieu. Dans la Dédicace de la troiſiéme Partie de ces *Nouvelles* à Jules Scaliger, il parle de celui-ci, comme notoirement deſcendu des *la Scala* Princes de Verone *L. D.*

(*b*) *Lorſqu'il*] M. de Thou. *D. M.*

ment. Il avoit fort voyagé; se mocquoit de ceux qui estoient si curieux en livres.

Ils s'assembloient tous les dimanches & festes aux Cordeliers, dans le cloître, depuis huict heures jusques à onze, Messe. Pithou, du Puy, le Fêvre, de Thou, Houlier, Hotman, quelquefois Servin, qui servoit pour faire rire (*a*). M. Houlier se mocquoit de lui, & lui faisoit accroire de grandes absurditez. Là ils communiquoient des Lettres, & falloit être bien fondé pour estre de leur compagnie: & pour moi, je ne faisois qu'écouter. Cette compagnie se trouvoit chez moi les festes après disner, où

(*a*) *Servin..... pour faire rire*] Louïs Servin, Avocat général, mort fort vieux l'an 1626, en faisant sa charge en Orateur véritablement Chrêtien, & toûjours porté à procurer le soulagement du peuple. Voyez le *Mercure François* sous cette année là. Comme Henri IV avoit temoigné en plus d'une occasion, qu'il ne tenoit pas Servin pour fort sage, il n'est pas étonnant que d'autres parlassent comme le Monarque. Mais la vérité est que ce que Henri, nouvellement reconcilié avec le Pape & avec les Jesuites, entendoit par ce défaut de sagesse, dont il taxoit Servin, étoit proprement l'aversion constante de celui-ci pour les Jesuites, & sa grande ardeur à défendre en toutes occasions les libertez de l'Eglise Gallicane, & l'independance des Souverains contre les Papes. Le President de Gramont, quelque animé qu'il paroisse contre Servin, ne lui trouve que ces deux défauts. Voyez son *Histoire*, Liv. XV. *L. D.*

où M. Scaliger estoit souvent. J'ai appris tout ce que je sçai en leur compagnie.

Le bon homme Mazin d'Elbene disoit en proverbe Florentin, parlant des familles de Florence, *tutti Giusti buoni, e tutti Gondi tristi.*

Je fus en Italie avec M. de Foix, qui avoit des valets de toutes nations. Il avoit un Allemand pour Apothicaire, qui se servoit d'Antimoine, qui avoit un tel effect, qu'en moins d'un jour il guerissoit parfaitement. Il pansa tous les valets, qui furent tous malades à l'arrivée; mais tous moururent au retour sept ou huict mois après. L'on disoit que l'Antimoine en estoit cause.

Estant à Padouë, Augustinus Niphus, neveu de ce grand Philosophe Augustinus Niphus, me parla de Scaliger, & me dit, que la vérité étoit qu'il ne venoit point des Scaligers de Verone, & qu'il venoit de Benedetto Bordone, qui demeuroit à la *strada della Scala* à Venise, & m'asseura qu'il estoit ainsi. Comme j'en voulus parler à M. de Foix, M. de Foix dit que Niphus se plaignoit fort de Julius Scaliger, pour ce qu'il avoit mesprisé son oncle, & qu'il semoit cette imposture de sa famille pour se venger de lui, & que ce qu'a escrit Scioppius

pius a pris son origine de Niphus, qui le disoit à tout le monde. Ce fut en 1573, que Niphus me fit ce conte.

Lipsius disoit sur ce debat de l'origine de Jules & Joseph Scaliger, que ceux de Verone devroient tirer leur origine de ceux-ci, à cause de leur doctrine, & qu'ils étoient plus nobles que Verone entiere.

M. de Foix avoit avec lui en Angleterre Gifanius. Jules Scaliger vint en France avec les Fregoses. Il avoit avec lui Bandel, l'auteur des *Nouvelles*.

Vostre Pere (a) m'a fait cognoître Benedetto Manzuolo, Agent en France pour le Cardinal d'Este, & depuis Evesque de Reggio. Il avoit toute sa vie travaillé sur Théophraste *de Plantis*, & l'avoit restitué par l'aide des Manuscrits, & par son esprit. Il y avoit une lacune, sur laquelle il avoit long tems revé. Il pria vostre Pere de lui faire voir M. Scaliger. Ils se virent un jour chez vostre Pere, où j'avois assignation, & ne m'y peus trouver si-tôt. Incontinent il lui communique ce lieu desesperé. Scaliger n'eut pas si-tost leu ce lieu, qu'il le restitua si heureusement, que Manzuolo l'admira, & dit depuis, qu'il croyoit qu'il eust

un

(a) *Vostre Pere.*] Claude du Puy, Conseiller en Parlement D.

un esprit familier ; admirant cet esprit. Vostre Pere me monstra le lieu, dont il ne me souvient pas.

Le Mareschal de Biron le Pere avoit estudié, & si n'en faisoit point de semblant. Il estoit parvenu à ces grandes dignitez par degrez, bien qu'il fut de grande Maison. Il fut simple soldat, & a passé par toutes sortes d'honneurs militaires. Il me dit qu'il avoit eu trente sept Commissions du Roi pour commander. Il a esté deux ans Chancelier, & exerça fort bien cette charge, & sans desordre. M. de Beaulieu avoit le sceau, & M. de Biron la clef, & estoit present lors qu'on scelloit. Il disoit, je ferai bien l'estat de M. le Chancelier, mais il ne sçauroit faire le mien. Il disoit qu'il faisoit bastir une belle gallerie à Biron, où il se feroit peindre en tous les grades militaires, où il avoit passé ; sçavoir, depuis le simple soldat jusqu'au Général d'armée ; & que c'estoit de la façon qu'il falloit venir à estre Mareschal de France, non pas de simple Clerc des vivres, se mocquant du Mareschal de Rets.

Il estoit fort colere, & gourmandoit hardiment les Grands. Il avoit deux Clercs (il les appelloit ainsi) qui couchoient dans sa chambre ; & les reveilloit la nuict, pour leur faire escrire tout ce qu'il devoit faire le jour

jour suivant, & les exploits de guerre qu'il avoit faits, & au bout du mois il les faisoit mettre en ordre. J'en ay veu quelques-uns, & ay fait la cour à son fils pour en avoir, qui me les promit, & donna charge à M. le Prévost de les mettre en ordre. Le Roi me dit, que je ne m'en devois servir, pour n'estre pas bien certains. Il haïssoit fort ces deux Birons, Pere & fils, depuis la mort du fils.

Durant le regne de Pie V (*a*), l'Inquisition estoit fort rigoureuse. Muret me " dit, nous ne sçavons que deviennent les " gens ici. Je suis eshabi quand je me leve, " que l'on me vient dire, un tel ne se " trouve plus : & si l'on n'en oseroit parler." L'Inquisition les exécutoit promtement.

Il estime fort Adriani, Historien de Florence, bien qu'en Italie il ne soit estimé, à ce que lui a escrit le Cardinal Sforce. Par cet Auteur il se voit, que les choses qu'a escrit M. de Monluc en ses Commentaires, ne sont pas si grandes qu'il les fait. Il estoit Gascon & vantard. Il y a de très-bonnes choses dans Monluc.

Il

(*a*) *Pie* V.] Dans les éditions précedentes du *Thuana* au lieu de *Pie* V, on avoit mis *Sixte* V ; ce qui causoit un Anachronisme que M. Bayle a remarqué dans son Dictionaire, à l'Article Tetti. D. M.

Il y a eu de noſtre temps des Hiſtoriens (a) comparables aux anciens, ſoit en ſtile, en prudence & en bon ordre. Il marque Buchanan, Herbeſtenius *de Rebus Moſcoviticis*, Conneſtaggio de l'Union de Portugal, les Mémoires de Mendozze qui étoit ici durant la ligue. Il eſtime auſſi Ubbo Emmius.

Il y a quelque temps, & ſemble que ce fut à la derniére promotion des Cardinaux, que le Nonce d'Eſpagne fut fait Cardinal. L'on en murmura ici à la Cour. M. de Villeroi en eſcrivit à M. de Breves, à cauſe que celui de France ne l'avoit eſté. M. de Breves manda à M. de Villeroi, que le Pape, pour ſauver ſon honneur, avoit eſté contraint de faire le Nonce d'Eſpagne Cardinal, pource que le Roi d'Eſpagne ne lui avoit donné temps pour s'en retourner, à cauſe de ſes entrepriſes ſur ſon autorité; meſme avoit chaſſé ſon Auditeur, qui eſtoit trop remuant. Cela ferma la bouche à ceux de deça, qui devoient prendre inſtruction ſur ce fait : & ſem-

---

(a) *Hiſtoriens.*] Si le ſuffrage de Caſaubon eſt de quelque poids, on peut bien s'en tenir au jugement que fait ici M. de Thou de quelques Hiſtoriens modernes. Voyez la 314ᵉ. des Lettres de Caſaubon, édition de 1709. L. D.

semble que celui de France tasche à parvenir au Cardinalat par cette voye.

M. Groulart, qui fut depuis premier Président à Roüen, estoit en sa jeunesse de la Religion. Je l'ai cogneu à Valence, où il n'estudioit point, & estant de retour des Universités ne sçavoit rien. A la St. Barthelemi il se retira à Geneve avec M. Scaliger, où il fut quinze mois, où il estudia sous lui incessamment ; si bien qu'en ce temps il se rendit fort docte, apprit la langue Grecque fort bien, & toutes les finesses, & escrivoit en Latin tres-facilement & élegamment. Tellement qu'estant de retour il me fit voir quelques Oraisons des Orateurs Grecs, qu'a depuis imprimé H. Etienne, qu'il avoit traduites, qui sont tres-bien (M. Scaliger y avoit passé la main) & me dit, qu'il en faisoit plus en un mois avec M. Scaliger, qu'avec d'autres en un an, à cause que rien ne l'arrestoit, & ne faisoit rien d'inutile. Si-tost qu'il fut de retour, il ne fit pas paroître qu'il fut de la Religion, il acheta un estat au grand Conseil, où il fut reçû, & depuis par la faveur de M. de Joyeuse fut premier Président à Roüen. C'étoit un bel esprit, fort savant, & qui écrivoit en Latin élegamment.

En ce même temps M. de Fresne Canaye achêta un estat de Conseiller au Grand Conseil, & l'ayant acheté il se déclara de la Religion, & força le Grand Conseil de le recevoir, & fut installé par deux Maistres des Requestes. Il fit cela par vanité, pour paroistre dans ce party, où il aspiroit aux plus grandes charges (*a*).

Le Cardinal Seraphin étoit Bastard du Chancelier Olivier; sa Mere se maria depuis à Boulogne.

Agrippa, qu'on a tenu sorcier, est mort à Grenoble, ou il a demeuré long temps.

Le Chasteau de Wicestre, près Paris, a esté basti par Jean Duc de Berri, Oncle du Roi Charles VI. qui a esté un des grands bastisseurs qui fut de long-temps. Ce Chasteau estoit un des plus beaux de France, & de plus grande estenduë. Il fut ruïné par ceux de la faction du Duc de Bourgogne, par les caboches bouchers, qui sortirent de Paris. Le Duc Jean, en sçachant la ruïne, le donna au Chapitre de Nostre Dame de Paris, qui le possede à présent. M. de Fuscien y a demeuré autrefois, ayant ce lieu & ses dependances pour son gros.

Ce

___

(*a*) *Il fit cela par vanité*, &c.] Cela est vrai, car il changea depuis, & retourna à sa premiere Religion. D.

Ce Duc a basti la Sainte Chapelle de Bourges. Il estoit aussi Comte d'Auvergne, & a basti de belles Eglises en ce pays-là. Il estoit bon Prince. Tout ce qu'on blasme en lui, est qu'il employoit les finances du Roi à ses bastimens.

Stephanus Pighius, qui a fait sur Valere, est celui mesme qui a fait sur les Fastes in folio, où il se nomme Stephanus Vinandus Pighius. Il prend le nom de Pighius de sa Mere, qui estoit petite-fille de ce Pighius qui a escrit contre Luther. Il a escrit la Vie d'Hercules Prodicius, qui fut tué à Rome, estant Pighius à sa suite (a). Tous ceux de la maison de cet Hercules sont morts de

---

(a) *Il a escrit la Vie d'Hercules Prodicius, qui fut tué à Rome, estant Pighius à sa suite.*] Il y a ici presque autant de fautes que de mots. 1. *Hercules Prodicius*, dont on prétend que Pighius *a écrit la Vie*, n'est pas le nom d'un homme, mais le titre d'un Livre. La méprise est un peu grossiere: voici ce qui y a donné lieu. Prodicus célèbre Sophiste Grec avoit fait un Ouvrage, où sous le nom d'Hercule il donnoit l'idée d'un Prince accompli. Il y feignoit, entr'autres choses, que la Vertu & la Volupté déguisées en femmes, s'étoient presentées à Hercule encore jeune, & avoient tâché à l'envi de l'attirer; mais qu'il avoit preferé la Vertu à la Volupté. Pighius, à l'imitation de Prodicus, ayant fait l'histoire de la Vie & des Voyages de Charles Duc de Cleves, & s'étant proposé de donner dans cet Ouvrage le mode mort violente. Pighius mourut en 1604.

J'ay cogneu fort particulierement le Cardinal Morosin, qui étoit Venitien, & de bon-

dele de l'éducation d'un Prince, a représenté ce jeune Duc comme un autre Hercule, & intitule son livre *Hercules Prodicius, sive Principis Juventutis vita & peregrinatio. Historia Principis Adolescentis Institutrix; & Antiquitatum rerumque scitu dignarum varietate non minus utilis quam jucunda*. Ainsi on a pris le titre allegorique d'un Livre, pour le nom d'une personne. 2. On ajoute que le prétendu *Hercules Prodicius* fut *tué à Rome* : mais cela ne se peut pas dire du Prince de Cleves, qui ne fut point *tué à Rome*, mais qui y mourut de la petite verole le 9 de Fevrier 1575, agé de 19 ans & quelques mois. 3 Etienne Vinandus Pighius, dont il s'agit ici, n'étoit pas *à la suite* de ce Prince; c'étoit un de ses parens, nommé *Corona Pighius*, comme il nous l'apprend lui-même dans son *Hercules Prodicius*, p. m. 83 *Accersitur*, dit-il, *Corona Pighius, mihi sanguine junctus*, &c. Ces fautes ne sauroient venir de M. de Thou; & quoiqu'il soit facile de confondre & mal rapporter ce qui se dit en conversation, je ne crois pas qu'on doive les attribuer à Messieurs du Puy, qui connoissoient sans doute l'*Hercules Prodicius* de Pighius, imprimé d'abord à Anvers l'an 1587, & ensuite à Cologne en 1609 in 8vo. Remarquons en passant que l'Auteur des paroles qu'on vient d'examiner, n'est pas le seul qui ait confondu *Etienne Vinandus Pighius* avec *Corona Pighius*. D'autres s'y sont trompez, particulierement Martin Hankius dans son Livre *de Romanarum Rerum Scriptoribus*, imprimé à Leipsic en 1669, in 4to; & on l'a fidellement copié dans le Moreri. *D. M.*

bonne & ancienne maison. Ce Cardinal s'estoit fait estimer en ce grand affaire qu'il fit à Constantinople. Estant Bayle pour les Venitiens, il arriva que quelques particuliers Venitiens traiterent très-cruellement quelques Turcs à Corfou: ce qui fut rapporté au Grand Seigneur, qui se delibera de s'en venger sur les Venitiens, & fit de grands apprests de guerre. Morosin fit si bien par sa dexterité, qu'il appaisa le Grand Turc, qui menaçoit pour ce fait toute la Chrestienté. Les Venitiens ayant promis de punir le Podesta, qui avoit consenti à cet outrage, le manderent. Il s'embarqua; estant en pleine mer, ils le précipiterent en la mer, & firent croire qu'il s'estoit précipité lui mesme, crainte du supplice. Le Cardinal Morosin estant de retour fut grandement estimé par les Venitiens. Il declara qu'il ne se marieroit jamais, & qu'il avoit dessein de se faire d'Eglise. Aussi-tost l'Evesché de Verone vint à vacquer, ils nommerent au Pape Morosin, qui fut fait Evesque de Verone; je croi, par la mort du Cardinal Valerio. Il faut notter que les Venitiens ont un Concordat avec le Pape pareil au nostre, pour la nomination à leurs principaux Eveschés. Si-tost qu'il fut Evesque, le Pape Sixte, qui avoit ouï parler de lui, à cause de ce grand affaire, & qui

fai-

faisoit estat de ces personnes courageuses, le fit venir à Rome, le fit Cardinal, & l'envoya en France vers le Roi Henry III, & il se trouva à Blois lors de la mort de Messieurs de Guise. Il fut accusé par les Ligueurs d'avoir sceu cette mort, dont il fut mal voulu à Rome, mais il s'en purgea. Ce Cardinal aimoit fort la France. Il estoit gardien du Bref du Pape, qui permettoit au Roi pour quelque fait que ce fut se faire absoudre par son Confesseur ordinaire.

Lors que M. le Comte de Soissons, contraint par les Ligueurs, se fit absoudre, comme fauteur d'heretiques, pour avoir suivi le party du Roi de Navarre, ce fut lui qui lui donna l'absolution, & ne le voulut faire en public, pour l'honneur de la France, mais en particulier, dans sa chambre, & n'en fit aucun acte. M. Zamet estoit fort son ami & tres-familier. Il n'avoit pas beaucoup estudié, mais avoit grande cognoissance des affaires du monde. Estant de retour à Rome, il se retira à Verone, où il mourut deux ou trois ans après.

M. de Nevers le Pere ne se voulut jamais déclarer de la Ligue, mais se tint neutre quelque temps, croyant qu'il seroit pris pour arbitre des deux partis. Toutesfois dès le commencement il fit paroistre qu'il entreroit

vo-

volontiers dans la Ligue, s'il voyoit un Bref du Pape d'autorisation d'icelle. Il pressa M. du Maine de lui en faire voir un, l'on lui promit. Le Pere Mathieu Jesuite fut envoyé à Rome pour cela; & promettoit de l'apporter. Il ne le put obtenir, mais il dit qu'il estoit entre les mains du Vice-Legat d'Avignon. Voulant sçavoir la vérité du fait, il ne se voulut arrester à ce que l'on lui en rapportoit, alla lui mesme en Provence pour le voir. Quand il fut en Avignon il n'en trouva point, mais seulement le Legat l'assura, que le Pape autorisoit cette Ligue. Lui courroucé s'en revint, & se retira d'avec les Ligueurs.

Messieurs de Guise & de Mayenne disent autrement: car ils firent courir le bruit que son voyage de Provence n'estoit à autre intention que de se saisir de Marseille, & des principales villes de la Province, & s'en rendre maistre: ce que n'ayant pû faire, il s'en revint & se retira. Ce qui peut estre vrai.

Chicot (a) estoit bon François, & grand bouffon: il estoit fort vaillant. Il prit le Comte de Chaligny lors du siege de Rouen, & le prenant, ne lui dit qui il estoit, & voyant le

---

(a) *Chicot*] Il est parlé de lui dans les Notes sur le *Catholicon* d'*Espagne*. L. D.

Roi, dit au Roi, Tiens, je te donne ce prisonnier, qui est a moi. Le Comte se voyant pris, bailla un grand coup d'épée sur la tête de Chicot, dont il mourut quinze jours après, par mauvais regime. En la chambre, où il estoit malade, il y avoit un soldat qui se mouroit. L'on fit venir le Curé du lieu pour le confesser, qui ne le voulut absoudre, parce qu'il avoit suivi le Roi, qui estoit de la Religion. Chicot se leva de son lict en colere, & battit outrageusement le Curé, & le jetta à coups de pied hors de la chambre. Il disoit les veritez aux Grands de la Court, avec toute liberté. Il estoit de Gascogne, & avoit esté au Mareschal de Villars. Il mourut riche.

J'ai cogneu Augustino Valerio Cardinal, Evesque de Verone, fort beau vieillard, & de fort bonne vie. Il estoit de noble maison de Venise & ancienne. Ceux de sa maison avoient changé leur nom, parce qu'ils se devoient nommer Falerii; mais à cause qu'un de leur maison, pour avoir fait une conjuration contre la Seigneurie, fut publiquement puni, ils ont changé ce nom & pris celui de Valerii. Il a escrit la Vie du Cardinal Borromée.

La Vie de Castruccio Castracani *de gli Interminelli* faite par Aldo Manucci est fort bel-

belle, & toute autre que celle escrite par Machiavel (a): (car la petite Latine est peu de chose, & tirée de Machiavel:) il se mocque de ce que Machiavel dit, que Castracani fut trouvé exposé sous des choux. Il monstre qu'il estoit de très-bonne maison. Sa mere estoit *de gli Interminelli*. C'est un grand Capitaine, & qui le dernier a triomphé à la Romaine. Car sous les auspices de l'Empereur il entra en magnifique triomphe dans Florence : c'est pourquoi les Florentins lui en veulent, & l'ont deprimé par leurs Escrits. Cette Vie merite d'estre curieusement recherchée. Je n'en ay jamais veu qu'une, entre les mains du Seigneur Scipio Sardini, qui venoit aussi d'un *Interminelli*, & qui avoit incité Manuce à faire cette Vie. Je croy qu'elle est imprimée à Lucques in quarto en Italien. C'est une belle piece.

Voyant le Volume de Ciceron de la Philosophie, corrigé par Manuce, & dedié à Diego Hurtado de Mendoza, il dit, que ce Mendoza estoit un fort habile homme, qu'il avoit esté employé en de grandes Ambassades pour le Roi d'Espagne, qu'il avoit fait une Histoire des Indes fort belle,

(a) *La Vie de Castruccio Castracani - - - - par Machiavel.*] Imprimée in 8vo à Venise en 1537, avec le *Prince* & d'autres petits Ouvrages Italiens de Machiavel, qui ne font en tout que 84 feuillets. *L. D.*

le, dont il s'estoit servi; que sur la fin de ses jours il devint furieux, comme d'ordinaire les Espagnols. C'est lui qui a donné le Josephe Grec, par le moyen d'un Flamand, qui estoit avec lui, fort savant homme, duquel il n'a jamais sceu avoir l'éloge.

Lors que les Venitiens furent pressez par le Pape, durant le different, de remettre les Jesuites en leur estat, ils lui declarerent, qu'il y avoit d'autres causes de leur bannissement, que ce qu'ils avoient fait depuis l'Interdict. Ils furent pressez de le dire, & respondirent qu'ils en diroient les principales au Roi, & que M. de Fresne Canaye les sçavoit. M. de Fresne estant de retour, dit qu'une des principales estoit, que depuis quelques années les jeunes gentils-hommes, qui aspiroient aux charges de la Republique, ne recherchoient plus les principaux Magistrats, comme ils avoient de coustume, & ne leur portoient plus le respect ordinaire; mais se fioient aux Jesuites, qui les assuroient de les faire élire, sans briguer autres qu'eux: ce qui diminuoit beaucoup l'autorité de la Seigneurie. Ils avoient d'autres raisons plus fortes, mais croyoient avoir assez dit.

Le fils du Roi de Portugal, D. Antonio, qui est en Flandre, & qui a espousé la sœur du Prince Maurice, a esté nourri en ce pays, & fut donné en charge à feu M. de Givry, qui l'avoit tousjours près de lui aux armées, & le faisoit seoir au bout de sa table. Il a beaucoup d'enfans. Sa famille est d'ordinaire à Utrecht.

Ceux de la ville d'Utrecht n'observent le Calendrier Gregorien, bien que la Hollande le garde, par l'ordonnance de feu Monsieur, qui en estoit Duc. L'on oublia de leur envoyer son Ordonnance, estant une petite Ville, qui se gouverne en Republique. Ils crurent avoir esté mesprisez.

Parlant de la grande desroute de l'armée Espagnole, pour envahir l'Angleterre, il dit qu'il avoit oüy dire à Don Bernardin de Mendoza, qu'elle avoit cousté au Roi d'Espagne douze millions d'or pour les préparatifs. Le Duc de Medina Sidonia en estoit General, qui fut six ans à faire les préparatifs. Marc Antonio Colonna fut à la poursuitte du Pape choisi par le Roi d'Espagne pour en estre General, & fut en Espagne pour cet effect, où il mourut aussi-tost, empoisonné, comme l'on disoit, par les Espagnols, envieux de voir un Italien preferé à eux. Le vent principalement défit cette armée. Le Roi d'Espagne en imputoit la faute en partie au Duc de Parme, qui estoit en Flandres, qui avoit commandement de fournir aussi-tost des ra-

frai-

fraischissements à l'armée, & dix mil hommes frais, & des vaisseaux plats pour les embarquer; ce qui ne se trouva à temps. Le Roi d'Espagne ne voulut voir le Duc de Medina; & lors que le Roi d'Espagne commanda au Duc de Parme de venir en France, secourir Paris, les lettres interceptées portoient, „ Si vous voulez me faire perdre " la memoire de la defroute de l'armée, " secourez ma bonne Ville de Paris.

Le Duc de Parme estoit un grand guerrier. Une de ses premieres expeditions ce fut le Siege d'Anvers, qu'il prit, & ne l'entreprit point, qu'avec promesse de M. de Guise de prendre les armes en France, ce qui empescheroit le secours des François. Ses apprests du Siege furent quatre mois avant la prise des armes de M. de Guise. Les Hollandois vindrent se donner au Roi Henri III, qui les refusa.

Il y a des descendans de Christophle Colombus en Espagne, qui sont fort riches, & de Ferdinand Corteze, qui a gouverné fort courtoisement les Indes Occidentales: Tous les autres, qui ont eu commandement aux Indes, sont morts miserables, & n'ont laissé de posterité, pour les grandes cruautés qu'ils ont exercées.

Jamais Prince ne conquist pays en si peu

de tems, & moins de frais, que feu Monsieur fit les Pays-bas. Car l'on ne sçauroit en cent années conquerir ce qu'il avoit, savoir la Hollande, Zelande, Frise, Westfrise, Brabant, Flandre, Hainault. Il ne lui restoit plus que la Franche-Comté & le Luxembourg, qui estoit peu de chose.

Le mauvais conseil qui lui fut donné de saccager Anvers, comme l'on disoit (ce qui n'estoit pas proprement, mais de s'en rendre le maistre absolu) gâta tout. Son dessein estoit de se rendre absolu en tous ces pays, & pour ce faire, vouloit mettre garnisons aux grandes villes, & commencer par Anvers, à l'exemple de laquelle les autres suivroient. M. de Fervaques en fut l'autheur, les Flamans l'aimoient. A la conqueste de ce pays il estoit porté par la Reine d'Angleterre, qui l'aimoit fort, & si elle ne l'eust assisté, il n'eust jamais rien fait.

(*a*) J'ai veu le Pape Sixte, estant encores Cardinal. Il avoit desja grande autorité, c'estoit un courageux homme. Il estoit fort petitement logé, sa chambre lui servant d'estude

---

(*a*) Dans le Manuscrit, à la marge, vis à vis de cet Article, on trouve ces paroles écrites d'une autre main: *Thuan. in omissis.* Voyez l'Histoire de M. de Thou, Tom. V. p. 20. de cette Edition de Londres. *D. M.*

de & de chambre, y ayant des tablettes de livres. L'on conte une hiſtoire de lui, qu'il s'eſtoit donné au diable, pour eſtre Pape ſix ans ſeulement, & qu'un jeune homme, agé de dix neuf ans ſeulement, ayant fait un meurtre dans Rome, ſes Juges dirent au Pape, que par les Loix il ne pouvoit eſtre executé, n'ayant encore vingt ans : il ſe faſcha, & dit, " Et bien, je lui en donne un des miens : je " veux qu'il meure." Ce qui fut fait. Au bout de cinq ans eſtant tombé malade, le diable s'apparut à lui, & lui dit, qu'il le venoit querir. Il dit qu'il n'eſtoit pas tems, & qu'il n'y avoit que cinq ans. Il le fit ſouvenir de l'execution de cet homme, & il demeura confus. Cette hiſtoire n'eſt pas eſcrite par aucun ; mais fut ſurpriſe dans pluſieurs paquets d'Eſpagnols, après la mort du Pape, & firent courir cette hiſtoire, lui voulans mal. Cicarelle eſcrit bien l'execution de ce jeune homme. L'on dit qu'il ſua ſang à la mort, monſtrant la violence faite aux loix, & ſa Mere voyant mener ſon fils au ſupplice, ſe précipita d'une feneſtre, & ſe tua.

Ce Pape eſtimoit fort le Marquis de Piſani. Ils avoient ſouvent querelle enſemble. Il lui diſoit ſouvent : je voudrois que voſtre Maiſtre euſt autant de courage que vous, nous ferions bien nos affaires. Son deſſein eſtoit de chaſſer l'Eſpagnol du Royaume de Naples. Voilà où il avoit deſſein de deſpenſer tant d'argent qu'il amaſſoit. Le Roi d'Eſpagne le ſçavoit, c'eſt pourquoi il envoya exprés une Ambaſſade à Rome, pour le ſommer de contribuer de ſes treſors à la guerre contre les Heretiques de France. Il fit dire à ſon Ambaſſadeur, que s'il lui faiſoit cette ſommation qu'il lui feroit trancher la teſte. L'Ambaſſadeur n'oſa rien dire.

Il diſoit qu'il n'y avoit qu'un homme & qu'une femme au monde, qui euſſent du courage, & qui meritaſſent commander; mais ils eſtoient heretiques, le Roi de Navarre & la Reine d'Angleterre. Le Marquis de Piſani diſoit, que c'eſtoit le plus meſchant Moine qu'il cogneut. Il faiſoit argent de tout, vendoit toutes les charges, & eut de l'heur, que de ſon regne elles vacquerent toutes. Il maria deux de ſes niepces à de riches maiſons, l'une aux Colonnes, qui n'eſt plus, & l'autre aux Urſins, dont eſt iſſuë Madame l'Amiràle.

Parlant des lettres, concernant le Concile de Trente, dit en avoir veu tous les originaux. Qu'en l'an 1588, aux Eſtats de Blois, ſur la demande que firent les Eccleſiaſtiques de le faire publier, M. d'Eſpeſſe s'y trouva, qui montra au Roi, comme me cette demande estoit prejudiciable à son Estat, & de quelle façon on y avoit procedé. M. de Lanssac fut mandé par la Reine Mere, & lui fut commandé de dire ce qu'il y avoit veu; & luy estant eschappé quelque discours contre ce qu'il avoit escrit, M. d'Espesse lui dit, qu'il avoit escrit au contraire, & tira à l'instant la lettre escrite & signée dudit Seigneur de Lanssac, du S. Esprit venu au Concile dans une Valise qu'il lui monstra, & lui fit confesser l'avoir escrite, & fut leuë tout haut; ce qui fit eslever un murmure, qui fascha M. de Lanssac, & dit qu'il avoit esté surpris. Alors M. le Cardinal de Gondi, qui estoit parent de M. d'Espesse, pensant avoir quelque liberté de lui dire ce qu'il en pensoit, lui dit, qu'il ne devoit parler ainsi; & que tous ceux qui s'opposoient à leur demande estoient heretiques. Lors M. d'Espesse esleva sa parole, & dit, que lui Cardinal ne sçavoit que c'estoit qu'un heretique, & qu'il lui estoit bien aisé d'estimer qui bon lui sembloit pour tel, & qu'il lui accordoit ce qu'il disoit, pourveu qu'il pust decliner ce mot *Heretique*. Le Cardinal tourna son propos ailleurs. J'estois present à cette action.

M. de Lanssac se nommoit de S. Gelais, & estoit de la maison de Lusignan, trèsancienne. A la persuasion d'un Moine de

Cypre, nommé *Frà Stephano*, qui a escrit, il prit le nom de Lusignan. Il estoit fort riche. Son fils, qui vit encore, est fort desbauché & meschant. J'ay veu à Bourg, qui estoit à luy avant que M. d'Espernon le prist, une infinité de papiers, tant de luy que de son fils. Les grands biens de cette maison ne sont demeurez à son fils, qui fut exheredé par son Pere, mais les laissa à son autre fils du second lict.

De Xaintes, qui avoit esté au Concile, disoit, qu'il y avoit plus du *Nobis* que du *Spiritui Sancto*. M. le Fevre sçavoit cette histoire de bonne part.

J'ay cogneu fort particulierement le feu Evesque de Maillezais (*a*). Il avoit estudié, & estoit fort bon homme & bon François. Il avoit au nez un mal estrange. Car il avoit une carnosité dedans, qui croissoit tellement, qu'elle sortoit quelquefois par le nez. Il la faisoit souvent couper, sans sentir mal. Les Medecins appellent cela *Polypus*. Je l'ay autrefois oüi prescher, mais ce mal luy empeschoit d'avoir la parole libre & forte.

J'ay aussi fort cogneu M. Viete, Maistre des Requestes, riche, & le premier Mathematicien de son temps, qui avoit inventé

(*a*) *Le feu Evesque de Maillezais.*] C'étoit Henry d'Escoubleau, de Sourdis. *D.*

venté d'excellentes choses en toutes les parties des Mathematiques. Il estoit d'une tres-profonde meditation, & fort melancholique, si bien qu'il estoit telles fois à resver sur quelque demonstration trois jours & trois nuits, la teste appuyée sur le coude. Il n'a laissé qu'une fille, mariée à un Conseiller du Grand Conseil, qui eut charge de son beaupere mourant de continuer l'amitié qu'il avoit avec moy, & me bailler les Oeuvres qu'il laissoit escrites à la main. Ce que le gendre ne pût faire, les ayant baillées à M. Aleaume, qui avoit demeuré avec M. Viete

L'Hostel de Longueville a esté basti par le grand pere de M. de Villeroy, du temps du Roy François I. Depuis il le vendit à M. d'Anjou, qui fut le Roi Henry III, lequel allant en Pologne le donna à sa Sœur, la Reine Marguerite, laquelle estant pressée pour des debtes le vendit à feuë Madame de Longueville. Le grand pere de M. de Villeroy estoit riche. Il estoit Secretaire des Finances; aucuns disent Secretaire d'Estat, ce qui n'est bien certain : mais il estoit fort bien aimé de Madame la Regente. Son fils, pere de M. de Villeroy, n'eut jamais d'estat. Ayant les grands biens de son pere il vescut fort innocemment, & somptueusement; il faisoit grand

grand chere. Il fut Prevost des Marchands. Ils ont eu de grands biens d'un de leur cousins, nommé le Gendre, qui estoit Tresorier, & qui n'ayant que deux filles, qui moururent toutes deux en un jour, donna son bien à M. de Villeroy le grand pere, & le substitua à ses enfants. Jamais M. de Villeroy n'a esté avaricieux (*a*). La maison où se tient M. le President Jeannin, où a demeuré M. le Prince, avoit esté bastie par ce Tresorier le Gendre.

M. d'Alincourt avoit fait mettre dans les Cahiers de Lion, que la Reine seroit remerciée de leur avoir donné pour Gouverneur M. d'Alincourt. L'on s'en est mocqué (*b*).

J'ay fort cogneu le Sieur Corbinelli Florentin. C'estoit un fort bel esprit. Il estoit tres-capable des affaires du monde, & y

(*a*) *N'a été avaricieux.*] Peut-être M de Thou dit-il cela par rapport à ce que dans un des *Tableaux* des premieres editions du *Catholicon d'Espagne*, ce Seigneur étoit accusé de s'être laissé corrompre par l'or d'Espagne. Quoi qu'il en soit, la calomnie de cette accusation fut bien tot avérée, & l'avarice regne si peu dans la maison de Villeroi, qu'encore aujourd'hui (1727) on s'y porte de soi même à faire pension à tel Illustre que le Roi n'auroit, ce semble, jamais dû oublier. L. D.

(*b*) *L'on s'en est mocqué.*] Cela est effacé dans le Manuscrit. D. M.

y avoit un merveilleux jugement. Il espousa une Angloise, dont il a eu des filles, qui sont encores à la Cour, au service de quelques Dames. La Comtesse de Fiesque en a une. Il avoit peu de moyens, mais vivoit avec un tel mesnage & estoit si nettement & proprement habillé que rien plus. Il estoit grand amy de l'Abbé d'Elbene.

L'Abbé d'Elbene avoit un bel esprit, & avoit bien estudié. Le Roy luy donna un estat de Maistre des Requestes, qu'il n'exerça pas. Quand il fut à la Court il se brouilla parmi les Grands ; ce qui fut cause qu'il eut de mauvaises fortunes. M. d'O luy en vouloit, & M. le Grand. Le feu Roy Henry III estant à Tours après la revolte de Paris, L'Abbé d'Elbene luy fit paroistre qu'il avoit quelque intelligence, pour luy conserver le Bois de Vincennes. Il eut charge de s'entremettre, & pour ce il avoit un courrier, qui alloit & venoit souvent de Paris à Tours. M. d'O dit au Roy, que l'Abbé estoit un traistre, & qu'il ne luy disoit toutes les nouvelles qu'on lui escrivoit de Paris. Le Roy commanda que ce courrier fut arresté. L'Abbé en fut adverti par le Roy mesme, qui lui commanda aussi de l'arrester. Ce qu'il ne fit pas : car si tost

quil vit le courrier, il l'advertit de tout, & le fit evader: mais il ne pût si bien faire qu'il ne fust pris, & mené au Roy, & confessa que l'Abbé l'avoit adverti. Aussi-tost M. de Richelieu eut charge du Roy de se saisir de l'Abbé, & à trente pas du Roy il fut aresté, & conduit chez le Capitaine des Gardes, où il voulut estre mené. Sitost qu'il fut en la chambre il demanda où estoit la garderobbe, & là il jetta les lettres dans le privé; ce qu'un Garde apperceut, & en advertit le Roy, qui fit chercher, & furent trouvées. Elles ne le chargeoient pas fort, mais augmenterent le soupçon que le Roy avoit de luy. M. de Versigny fut nommé par le Roy pour l'interroger, & faire inventaire de ses papiers, où je le servis fort. Car à ma priere M. de Versigny adoucit le Roy, & retira quelques papiers, entr'autres une infinité de lettres des Dames de la Court à leurs favoris, & de leurs favoris à elles, toutes originaux. Entr'autres de St. Mesgrain à Madame de Guise qui vit à present, où il y avoit de grandes injures contre le Roy Henry III. Ces lettres ne furent inventoriées, & me furent baillées. Je les rendis à l'Abbé, avec promesse de les bruller. Toute l'excuse qu'avoit l'Abbé de cette familiarité dans Paris,
estoit

estoit la crainte qu'il avoit que l'on fist quelque desplaisir à sa mere qui y estoit. Il n'avoit eu mauvaise volonté & estoit *Navarriste*, comme on disoit lors. Enfin après quelque tems le Roy se resolut de finir cet affaire, & le fit venir devant luy, & luy prononça son jugement, qui fut qu'il se retirast pour deux ans en Italie, & qu'il ne le vouloit plus voir. Cela fut vers Pasques de l'an 1589. Luy, au lieu d'aller en Italie, alla en Languedoc vers M. de Montmorency, où il fut quelque temps. Si tost que le Roi fut tué, qui fut en Aoust ensuivant, l'Abbé revint à la Court trouver le Roi dernier mort, & l'ayant salué trouva moyen de luy dire qu'il avoit ces lettres. Ce qui pleut tellement au Roy, qu'il l'avoit tousjours auprès de luy. Si bien qu'un jour près de Vendosme, le Roy allant par les champs, ayant l'Abbé à son costé, le chemin estant estroit, le cheval de l'Abbé cheut dans un precipice, qui luy demit l'espaule. Ce qui fascha le Roy, & le fit porter au Camp devant Vendosme, où il le fit panser, & ne pût se tenir que le lendemain il ne le fist apporter en son quartier, pour deviser de ces lettres. J'estois tout frais venu d'Italie, d'Allemagne, & de Suisse, où le feu Roy m'avoit envoyé.

Je

Je me faſchay fort contre l'Abbé de ces lettres. L'Abbé d'Elbene, M. de Boiſſiſe (*a*) & moy, nous joigniſmes enſemble, pour ſauver M. Chreſtien à la priſe de Vendoſme. Durant le ſiege de Paris il mourut à St. Denys, d'une fievre chaude, où l'air eſt fort gros, & les eaux tres-mauvaiſes, qui paſſent par le plaſtre.

Le jour des Rameaux, l'Abbé eſtant encores en priſon, le Roy allant à la proceſſion qui ſe fait à Tours fort ſolemnelle par la Ville, le jeune Cardinal de Bourbon eſtant avec luy, accompagné de toute ſa Court, le Roy & le Cardinal conteſterent ſur ce que le Roi diſoit que ſon Abbé de Belloſane (*b*) eſtoit de la Ligue, M. le Cardinal lui diſoit qu'il n'avoit aucun ſerviteur qui en fut, & qu'il reſpondroit de Belloſane comme de luy meſme. Le Roy luy dit j'en croiray un tel, qui eſtoit moy, là preſent. L'on m'appelle, le Roy me demande s'il n'eſtoit pas vray que l'Abbé de Bel-

(*a*) *M. de Boiſſiſe.*] Jean Thumery de Boiſſiſe, que M. de Thou nomme dans ſon Teſtament l'un des tuteurs de ſes enfans, & à qui il dedie conjointement avec M. du Puy ſa Tragedie Latine, *Parabata vinctus*. D.

(*b*) *Abbé de Belloſane.*] Jean Touchard, natif d'Iſſi proche de Paris. Il avoit été Precepteur du jeune Cardinal de Bourbon. D. M.

Bellofane eſtoit Ligueur. Je fus fort ſurpris à cette queſtion, & luy dis, Sire, je ne puis croire qu'aucun des Grands de voſtre Court, ny moins des Princes de voſtre ſang ayent des Ligueurs à leur ſuite. Il me dit, je ne vous demande pas cela. Alors le Roy dit au Cardinal, Voyez, il n'oſeroit dire ce qu'il penſe en voſtre preſence, mais je ſçai qu'il croit que Bellofane eſt de la Ligue. A l'inſtant il me dit, Et bien euſſiez-vous jamais creu que l'Abbé d'Elbene en euſt eſté? Je lui repartis, Sire, quand j'ay veu que voſtre Majeſté l'avoit fait arreſter pour ce ſujet, je me ſuis taſté moi-meſme, pour voir ſi j'en eſtois. Le Roy me dit, je ſçais bien que vous n'en eſtes pas, encores que vous ſoyez bien de ſes amis. Car nous demeurions enſemble.

(a) J'ay cogneu le bon homme de Roques, qui ſe nommoit *Secondat*. Il demeuroit à Agen, & ſi eſtoit de Bourges. Il avoit eſpouſé la ſœur de la femme de Jules Scaliger, ſi bien qu'il eſtoit Oncle de M. Scaliger. Lors qu'ils y furent en leur commiſſion, il traitta les principaux. Là Silvius Scaliger y eſtoit, qui portoit les armes, & ne ſçavoit pas beaucoup. Ce Ro-

(a) La plus grande partie de cet Article ſe trouve dans les *Memoires de la Vie de M. de Thou*, Liv. II. *D. M.*

Roques a laissé beaucoup d'enfans, un entr'autres, qui a soustenu le siege d'Ostende long-temps, & fut tué quinze jours auparavant la reddition. Il en a encores un qui est à la Court fort melancholique.

C'a esté un Fregose Evesque d'Agen, qui fit venir Jules Scaliger en ce pays. Il y en avoit encores un de cette maison lorsque j'y estois, qui se nommoit Octavianus Fregosus, fort bon Prelat, & homme de bien.

Bajaumont (*a*), qui estoit à la Reine Marguerite, estoit de fort bonne maison, de la maison de Duras.

Patisson estoit d'Orleans, & sçavoit quelque chose.

L'on ne sçavoit de quelle Religion estoit Corbinelli (*b*): c'estoit une religion politique, à la Florentine: mais il estoit homme de bonnes mœurs.

Il se passa entre l'Abbé d'Elbene & un Ambassadeur d'Angleterre plusieurs choses, qu'il

_____

(*a*) *Bajaumont.*] Domestique de la Reine Marguerite, & l'un de ses favoris encore en 1608. Voyez le *Journal* de l'Etoile, Tom. II. p. 234 & 247. Cet homme n'est pas non plus oublié dans le *Divorce Satirique*. L. D.

(*b*) *On ne sçavoit de quelle Religion estoit Corbinelli*, &c.] Voyez son Article dans le Dictionnaire Historique & Critique de M. Bayle. D. M.

qu'il faut oublier. Ils estoient grands amis.

L'on me monstra à Agen le lieu où est enterré Jules Scaliger, dans une Eglise, à costé d'un autel.

Le bon homme Roques me fit un conte d'un vieil Maistre des Requestes Fumée, qui avoit grande autorité, & qui fut envoyé en Gascogne, pour reformer la justice. Estant arrivé sur le soir en un lieu, appellé le Port Ste Marie, il demanda s'il estoit près d'Agen. On luy dit qu'il n'y avoit plus que deux lieues, il se delibere d'y aller. Il fut adverti que ces deux lieues estoient grandes, & qu'il y avoit mauvais chemin ; il ne voulut pas laisser d'aller, & se mit en chemin, qu'il trouva si mauvais, qu'il arriva à minuit à Agen, ses chevaux harassez, & ses gens malades. Luy irrité de cela, ne voulut lors voir personne. Le lendemain il fit assembler la Justice, & après avoir fait lire sa commission, avant que passer oultre, il ordonna, & voulut que son Ordonnance fust gardée & la fit enregistrer, que doresnavant l'on conteroit depuis le Port Ste Marie jusques à Agen six lieues (ce qui fut trouvé ridicule) il est certain qu'il y en a neuf de ce pays (a).

C'est

(a) Cette histoire est inserée dans le premier livre des Memoires de la Vie de M. de Thou. D. M.

C'est Enguerran de Marigny qui a basty Marcoussy, & ceux de Ballac, qui le possedent à present, ne l'ont que par filles. Une partie de la succession d'Enguerran estoit escheuë à l'Amiral de Graville, qui a vescu près de cent ans. (Car il estoit lors du Roy Charles VIII, & feu M. le premier President de Thou l'a veu.) Une de ses filles fut enlevée par le bisayeul de feu M. d'Entragues, lequel il ne voulut jamais voir qu'à la mort, qu'il lui pardonna & à sa fille.

Une des principales accusations contre le Comte d'Auvergne estoit, qu'il avoit eu communication avec l'Espagnol, & qu'il en avoit receu argent. Par son interrogatoire il avoit dit simplement, que le Roy le luy avoit permis; dont on se mocqua. Mais estant devant la Cour, il dit, que l'on avoit trouvé possible estrange sa response touchant la communication qu'il avoit euë en Espagne; mais qu'il avoit un Brevet du Roy, qui luy permettoit de ce faire. Il tira de sa poche ce Brevet, signé de M. de Villeroy, qui portoit permission audit Sieur Comte de traitter, recevoir argent & pensions du Roy d'Espagne, pourveu qu'il en advertit sa Majesté. Il fut leu au bureau, & l'original veu de tous
les

les Messieurs. L'on trouva cela estrange. Alors je dis assez haut à un des Messieurs, qui estoit près de moi; l'on a voulu perdre cet homme: ce qu'entendit le Comte en sortant. Car il dit à Defontis, qui le conduisoit; je me console de ce que j'ai oüy qu'un de mes Juges, je ne sçay quel, ayant veu le Brevet du Roy a dit, que l'on m'a voulu perdre. Mais la responſe à cela estoit, qu'il n'avoit pas donné advis au Roy de tout ce qu'il avoit traitté avec le Roy d'Espagne.

Je m'estonne de ce que Philippes de Comines n'a point parlé de Tristan l'Hermite, tant renommé du temps de Loüis XI. Il laissa de grands biens. La Principauté de Mortaing en Gascogne en estoit, qu'achepta M. le Mareschal de Matignon. Il estoit comme Grand Prevost du Roi Loüis XI, & possible estoit celui qui avoit mis Philippes de Commines dans les cages.

Petrus Montaureus estoit Maistre des Requestes, fort sçavant aux Mathematiques. Il estoit Garde de la Bibliotheque du Roi, & avoit une tres-grande Bibliotheque de Manuscrits de Mathematique. Il estoit grand amy de M. l'Hospital, qui fit son Epitaphe, qui est imprimé, duquel M. de Pibrac a osté ce vers,

E-

Exul ob assertum verae pietatis honorem.
Il fut chassé d'Orleans, qui estoit son pays, & se retira à Sancerre, où il mourut, un an avant la St. Barthelemy. Sa Bibliotheque fut pillée à la St. Barthelemy. Il laissa un fils, que j'ay cogneu aux Universitez, qui fut Conseiller au Grand Conseil.

Je lui ay parlé d'une Histoire de Flandre, intitulée *Leo Belgicus*, d'un nommé Michaël Aitzingerus Austriacus, qui est une sotte & crotesque Histoire. Il m'en dit autant. Mais ce qui en est bon, ce sont les dattes, qui sont fort exactement remarquées, & les plans & sieges des villes, les camps & batailles bien representez, dont il s'est beaucoup servi pour les descriptions. Il parle fort mal Latin.

Il m'a remarqué, parlant des Nobles de Flandre, qu'un appellé Lamorail de Noircarmes, se nommoit Amurat. C'est un nom de la famille, qui leur a esté porté de la Terre Sainte: mais à cause que c'est un nom de Turc, ils l'ont voulu un peu changer.

J'ai veu Philippes de Marnix de Sainte Aldegonde au siege de Paris, & ay logé trois mois en mesme logis que lui, & le vieil Baron de Dona, qui amena les Reistres en France, qui vit encores. Marnix
estoit

estoit poli, mais ce n'estoit pas grand chose. Il estoit Chancelier de Gueldres. Il a mis la Religion en rabelaiserie (*a*); ce qui est très-mal fait.

Maffée Jesuite, qui a fait l'Histoire des Indes, a escrit la Vie du Pape Clement, à deux années près, car il mourut avant le Pape. Elle n'est pas imprimée. Je ne l'ay jamais sceu avoir. Le Pere Sirmond m'a dit qu'elle estoit faite (*b*).

Les

(*a*) *En rabelaiserie.*] La Preface du *Tableau des differens de la Religion* a prevenu cette objection. L. D.

(*b*) *Maffée a escrit la Vie du Pape Clement,* &c.] Voici la remarque que Dom Bonaventure d'Argogne, déguisé sous le nom de *Vigneul Marville*, a fait sur cet Article dans ses *Mélanges d'Histoire & de Litterature*, Tom. II p. 53. Edit. de Paris 1725. " On fait dire à M. de Thou dans le *Thuana*, que " le Jesuite Maffée avoit écrit la Vie de Clement " VIII. à deux années près, parce qu'il mourut a-" vant ce Pape; que cette Vie n'a point été im-" primée; mais que le P. Sirmond assuroit qu'elle " étoit faite. Le Cardinal Bentivoglio qui commu-" niquoit tous les jours avec le P. Maffée dans le " Vatican, où ils etoient logez tous deux, temoi-" gne au contraire que cet Ouvrage n'étoit guere " avancé: *Haveva di già cominciato, à metter le mani* " *nell' opera; ma prevedevasi ch' egli difficilmente have-* " *rebbe potuto condurla à fine, perche di già si trovava* " *molto aggravato da gl'anni e tanto dalle fatiche nelle* " *compositioni passate, che il vigore manifestamente gli*

Les Vies des Papes, qu'a adjouté Cicarella à Onuphre, sont bonnes, & y a des particularitez. Je m'en suis servi. Il parle fort mal Latin: l'Italien de lui n'est pas grand chose.

Le jeune Cardinal de Bourbon & M. le Prince sont fort semblables & de face & d'humeurs. Le Cardinal de Bourbon avoit cela de beau, qu'il aimoit les belles choses, les beaux meubles, & vouloit de l'ordre. Ce fut lui qui fit le tiers parti. Touchart, l'Abbé de Bellosane, qui estoit son maistre, & M. du Perron estoient ceux qui le luy avoyent persuadé. Il commença à Tours. M. de Souvrai en fut averti, qui le manda au Roy, & moy je fus en Court, pour en advertir le Roy. Le Roy manda le Cardinal, qui amena Bellosane & du Perron. L'un, qui estoit un Pedant, ne pût estre gagné, l'autre fut introduit près du Roy par M. le Grand, qui l'aimoit fort, & luy descouvrit tout le parti, & trahit son maistre. Nonobstant qu'il fut descouvert ils ne laisserent pas de faire l'entreprise de Mante, qui estoit de se saisir de

" *mancava per altre nuove presenti*. De sorte que s'il
" y a une Vie de Clement VIII, qui soit attribuée à
" Maffée, il faut dire qu'un autre l'a poursuivie, &
" y a mis la derniere main." D. M.

de la personne du Roy, & de tuer Messieurs les Mareschaux de Biron & de Bouillon. Celuy qui devoit executer cette entreprise estoit M. l'Amiral de Villars. Le Medecin Duret faisoit la menée, & avoit donné le rendez-vous à M. l'Amiral de Villars, & à M. de Belin, pour arrester du jour. L'Amiral trouva qu'il estoit impossible de tant entreprendre, que le Roy avoit deux mille Gentils-hommes avec luy, & qu'à un des Fauxbourgs de Mante il y avoit deux mille Anglois. Duret respondoit à tout, & disoit, que la quantité d'hommes qu'il y avoit dans la ville rendoit l'execution plus facile, & qu'ils s'empescheroient l'un l'autre, comme firent les Reistres à Aulneau, & que M. d'O, Gouverneur de Mante, qui y avoit sa compagnie, empescheroit les Anglois de passer. M. de Villars vit qu'il n'y avoit apparence. M. Duret le persuadoit, & le chargeoit de tuer les deux cy-dessus nommez, & de se saisir du Roy, ou d'en faire ce que par leur prudence ils adviseroient. Toute cette trahison fut descouverte de cette façon. Un nommé Balbani, qui est encores à la Court, pauvre & miserable, & mangé de verole, fut envoyé à Rome par le Cardinal, & fût rencontré en chemin par Desportes Baudouin, qui estoit à M. du Maine. Ce Desportes fit si bien qu'il vit les Instructions de Balbani, & en fit deux copies, qu'il envoya à M. du Maine par diverses voyes. L'une fut surprise & envoyée au Roy. Le Cardinal, voyant que cet affaire ne pouvoit avoir effect, se retira à Gaillon, & tascha de persuader à l'Amiral de Villars, Gouverneur de Rouen, de le venir enlever comme par force, & le mener à Rouen, & le faire Roy. M. de Villars n'y voulut entendre, & dit, que s'il avoit fait ce coup il auroit un maistre dans Rouen, qu'il n'en reconnoissoit aucun, non pas mesme M. du Maine. Depuis que le Cardinal se fut mis le tiers parti en teste, il se fit mocquer de luy. Le Roy le mesprisa, & de dépit il tomba malade, & mourut, après avoir esté long-temps au lict. Il estoit riche de plus de cent mil escus de rente en benefices. Il avoit tous ceux de feu M. le Comte de Soissons, de Monsieur de Rheims & du Prince de Conty. Il estoit fort avare. Ce Bellosane le gastoit. Dom Auger, Prieur des Chartreux, qui le gouvernoit, le fit enfin chasser. M. d'Entragues estoit du tiers party.

Avant que le Cardinal eust mis en sa teste le tiers party, il affectionnoit fort le Roy, & disoit souvent, qu'il eust donné cent mil escus d'une Messe pour le Roy, où

il

il euſt aſſiſté. Il tourna auſſi-toſt. Car quand le Roy ſe voulut convertir, il ne l'approuvoit pas, & fit ce qu'il put pour empeſcher les Prelats de s'y trouver, en gaigna aucuns, comme l'Eveſque de Séez, & dit, qu'il en falloit adviſer ſa Sainteté, & qu'on ne le pouvoit faire. Nonobſtant cela, les Prelats s'aſſemblerent en preſence du Roy, qui l'inſtruiſirent, & n'y eut jamais que M. de Bourges qui parlaſt. Comme ils eſtoient aſſemblez, M. le Cardinal de Bourbon entra, incontinent le Roy luy dit, qu'il n'avoit que faire là, & qu'il n'eſtoit point Eveſque ni Preſtre; qu'il recevoit le revenu de Rouen, mais qu'il n'en faiſoit la charge: & luy dit, qu'il en ſçavoit plus que luy, & qu'il eſtoit preſt de diſputer. Il ſortit.

Si-toſt qu'il eut formé le tiers party, je le quittay, bien que je fuſſe fort aimé de luy (a). Parlant à moy du Roy il me dit, qu'il eſtoit Huguenot. Je lui reſpondis: tout Huguenot qu'il eſt, voſtre ſalvation en ce monde dépend de luy, & faut que vous ſçachiez, que ſi Dieu ne l'euſt fait naiſtre en cette ſaiſon, que jamais la Couronne euſt rentré en voſtre maiſon. C'eſt ſon bras qui l'a fait regner.

Le Roy ſe voyant un peu eſtabli après ſa

_____

(a) Il lui a dedié ſa Paraphraſe en Vers Latins ſur Job.

sa conversion, fit assembler son Conseil, tant Ecclesiastiques que Seculiers, où le Cardinal de Bourbon estoit. Le Roy fit un beau discours, & bien raisonné, sur ce qu'il avoit deliberé de casser l'Edict, par lequel aux Estats de Blois il avoit esté declaré descheu de la Couronne, disant s'il subsiste, vous ne me devez obeïr, parlant à ces Messieurs de son Conseil, & en ce faisant je desire aussi les troubles pacifiez, remettre sus l'Edict de Pacification. A cela M. le Cardinal dit, qu'il y falloit penser, & qu'il n'en falloit pas resoudre si promptement, & qu'il croyoit qu'aucun des Evesques lors presens ne seroit de cet advis, & qu'ils sortiroient avec luy. Alors il se leva, & sortit du Conseil, sans qu'aucun Evesque le suivist. Estant descendu en bas, le Roy le renvoya rappeller, & luy dit: Eh bien, Mon Cousin, où sont les Evesques qui vous ont suivi? Escoutez mes raisons, les voicy. Il recommença son discours. Il en fit opiner en la presence du Cardinal, & passa tout d'une voix l'advis du Roy.

M. d'O mourant envoya un Gentilhomme au Roy, le supplier de ne point croire qu'il fust de l'entreprise de Mante. Le Roy faisant cette histoire du vivant de M. d'O, ne le nommoit pas, parce qu'il l'aimoit, & qu'il manioit ses finances; mais si-tost qu'il fut

fut mort, il le mit dans l'histoire.

Un jour il raccontoit cette histoire en presence du Procureur General de la Guesle, & nommoit souvent le Medecin Duret. M. de la Guesle luy dit, voulant excuser la Famille, Sire, il y en a un au parquet, qui est fort affectionné à vostre service. Je le sçay bien, dit le Roy, cela n'empesche pas que le Medecin ne m'ait fait ce meschant tour. Il ne se voulut jamais fier depuis au Medecin Duret, ny voulut que la Reine s'en servist.

M. le Cardinal du Perron (*a*) estoit fort miserable à Tours, & n'avoit aucuns moyens. Un Jacobin, nommé Beranger, le logeoit, & luy fournissoit de ce qu'il avoit affaire de linge & d'habits: car le Cardinal de Bourbon estoit si avaricieux, qu'il ne donnoit rien à ceux qui le suivoyent.

M. le Marquis de Pisani & M. l'Evesque du Mans (*b*), revenans de Rome sur les galeres, furent pris par un Corsaire, nommé Barbe Roussette. Ce Corsaire les tint huict jours, & avoit deliberé de tirer rançon d'eux. M. de Pisani, voyant qu'un

jour

(*a*) *Du Perron.*] Voyez les Notes sur la *Confession de Sancy.* L. D.

(*b*) C'étoit Claude d'Angennes de Rambouillet, Ambassadeur à Rome sous Sixte V. D.

jour ce Corsaire avoit quitté sa galere, & qu'il avoit donné ses prisonniers en garde à ses gens, se delibera de sortir sans rien payer, & se sauver. M. du Mans n'en estoit d'advis, craignant la furie du Corsaire. Enfin M. de Pisani se fascha contre luy, & luy dit, Allez prier Dieu, je feray le reste. Ce qu'il fit ; car il tua le Capitaine qui l'avoit en garde, & quelques-uns des principaux, & se sauverent.

Madame de Larchant, qui vit encores, est fille de Jarnac, qui fit le duel en presence de Henry II.

Je vis blesser le Roy Henry II (*a*) par Mongommery. La Reine Mere fit démolir les Tournelles pour ce fait : lieu ainsi appellé, à cause d'un vieux Chasteau, où il y avoit beaucoup de tournelles.

Madame la Comtesse de S. Paul, fort courageuse, est de la maison de Caumont. C'est cette heritiere si riche, dont il est parlé dans le *Catholicon*, que M. du Maine voulut avoir pour son fils. C'est une tres-ancienne maison. M. de la Force en est, & est puisné, & le grand procez qu'il avoit,

(*a*) *Je vis blesser Henri* II.] M. de Thou étoit né le 9 Octobre 1553, & le Roi Henri II fut blessé le dernier Juin 1559. Il s'en falloit donc trois mois & plus, que M. de Thou n'eût six ans complets, lors de cette blessure. *L. D.*

avoit, dont M. du Puy estoit Rapporteur, estoit contre Madame la Comtesse de S. Paul, pretendant que tous les biens qu'elle a estoient substituez aux masles, à l'exclusion des femmes. Il perdit en partie. Le Comte de Lausun est de cette maison. C'est un nom affecté à cette maison que *Nompar*.

Le Cardinal de Bourbon sur la fin de ses jours fut gaigné par les Jesuites, tellement que lors qu'ils furent chassez, il s'opposa pour eux; l'on n'y eut aucun esgard. Estant malade, quelques cinq mois avant que de mourir, il fut persuadé par le Pere Commolet, Jesuite, de faire faire des ornements d'Eglise de drap d'or pour eux: aussi-tost il envoye chez un marchand, qui en apporta pour deux mil escus. Comme ce marchand demanda l'argent, on luy dit qu'il revint le lendemain, & qu'il auroit son argent. Le lendemain estoit un jour de feste, il ne laissa pas d'aller pour avoir son argent, & arrester de tout le prix. Il sçeut que le matin mesme, en presence du Pere Commolet, le Cardinal avoit fait tailler tous ces ornements, ce qui fascha fort ce marchand. Le Pere Commolet le vint appaiser, & luy asseura sur ses Saints Ordres, que l'on n'avoit pas mis le ciseau dans son drap qu'après la Messe. Ce marchand perdit une partie de son drap.

Le Cardinal de Bourbon pretendoit que la Bibliotheque du Roy luy appartenoit, & que Henry III la luy avoit donnée. J'en demanday au Roy la garde, & en parlay au Cardinal, qui dit que c'estoit à luy. Je luy dis qu'il en falloit parler au Roy. Le Roy dit, que c'estoit un meuble de la Couronne, qui ne se pouvoit vendre ny donner, qu'il avoit ses Officiers, & qu'il la garderoit mieux que luy, & qu'il avoit de l'argent pour en avoir une autre.

Le bon homme Cardinal de Bourbon, l'Oncle, que la Ligue fit Roy, estoit fort liberal, & avoit bien du Prince.

Si l'on eust creu M. de Villeroy, il n'y eust eu que M. d'Ossat, qui eust esté employé à l'absolution. Il sçavoit comme l'affaire se devoit terminer. Ce fut M. le Grand (*a*) qui y fit aller le Cardinal du Perron. La prise de Paris, que fit le Roy, eut plus de pouvoir sur le Pape, que toute l'eloquence du monde.

M. Cujas avoit deliberé, au cas qu'il mou-

―――――

(*a*) *M. le Grand*] Roger de S. Lari, Duc de Bellegarde & Grand Ecuyer. On a vu ci-dessus que du Perron avoit gagné les bonnes graces de ce Seigneur. *L. D.*

mourust sans enfans, de donner ses biens à M. Scaliger (a).

Jules Scaliger escrit souvent à un nommé Gaufredo Caumontio, qui estoit Pere de Madame la Comtesse de St. Paul, qui se maria fort vieil, & s'appelloit le *Protonotaire*. Il estoit de la Religion. Au procez, dont M. du Puy estoit Rapporteur, il se voyoit un Testament du Pere de Gauffridus, qui avoit ordonné, qu'on diroit pour luy douze cens Messes. L'on dit alors, c'est pour ses successeurs, qui n'en font gueres dire.

Il n'estoit pas tolerable à Lipse d'avoir donné sa robe à la Vierge Marie, mais bien au grand-pere de M. de Palaiseau, qui ne sçavoit pas lire, qui donna par testament deux robes à la Nostre Dame des Carmes, l'une fourrée, qu'on luy devoit donner à un certain jour, & l'autre de satin moreau: ce sont les mots du testament.

J'ay veu Vesale à Paris, quand il vint pour la blessure du Roy. Il ressembloit à Mayerne Medecin. Il fit un essay admirable de sa science en l'Anatomie: car ayant les yeux bandés, il deffia qu'on le pust trom-

(a) *Cujas &c.*] Du moins avoit il, disoit-on, fait Scaliger heritier de ses livres; mais jamais celui ci n'en vit rien. Voyez le *Scaligerana* au mot *Masson*. L. D.

tromper aux os d'homme, & qu'on luy apportast quelques os que l'on voudroit, qu'il les discerneroit; ce qu'il fit. Au partir de France il s'en alla en Ægypte & en Palestine, & fit un fort grand voyage. Au retour il mourut à Zante ou Zacynthe, qui est sous les Venitiens; ils luy firent faire un sepulcre.

M. de Vic a la salade dans laquelle le Roy Henry II. fut blessé; il y a encores du sang.

M. de Humieres estoit fort genereux, & d'une fort ancienne & grande maison, & riche. M. de Humieres, le jour que le Roy prit Paris, me fit le conte de M. de Fourcy (*a*). Car ayant trouvé M. de Humieres dans le jardin du bailliage, & ledit Fourcy avec luy, il me dit, connoissez-vous cet homme? Quand il vint à mon service, le plus malotru de mes valets de chiens a un meilleur manteau que luy n'avoit. Il a de l'esprit. Le Roy Henry III voyant la France perduë, m'abandonna la Picardie, avec pouvoir de lever tout ce qu'il avoit droit d'y lever. J'en donnay la charge à Fourcy, où il a fait ses affaires, & si bien,

qu'il

(c) *M. de Fourcy*] M. de Foucy, dans cet Article, doit être Jean de Fourcy, Secretaire des Finances, & depuis aussi Secretaire du Roi, jusqu'en 1607. L. D.

qu'il me parlôit d'achepter une des mes terres six vingts mille francs. Il a gaigné deux cens mille livres avec moy, & moy je suis engagé de deux cens mil escus. L'on ne sçait d'où est M. de Fourcy. La maison de M. de Humieres est tombée au Vicomte de Brigueil, qui s'acquite, & a vendu le Marquisat d'Ancre.

J'ay fort cogneu le Cardinal d'Este, Loüis petit-fils du Roy Loüis XII, le plus liberal qui fut jamais, & le plus magnifique. Il avoit une grande amitié & tres-estroite avec le Cardinal Madruccio, Christophle, bien que l'un fust Protecteur des affaires de France, & l'autre d'Espagne. Ils se voyoient tous les jours trois heures, & leur amitié estoit venuë de leur magnificence. Le Cardinal d'Este vint en France, où il tomba malade à l'extremité. M. de Foix estant alors Ambassadeur à Rome, (j'y estois aussi) le Cardinal Madruccio en avoit un tel regret, & estoit en telle impatience, que par jour il envoyoit six courriers, à trois heures l'un de l'autre, qui avoient charge de partir de Paris en mesme temps qu'ils auroient veu le Cardinal d'Este; tellement que de trois en trois heures il avoit des nouvelles de sa santé. Enfin il eut nouvelle qu'il eſtoit ſauvé, & fit faire des feux de joye en ſa maiſon aux champs, où M. de Foix le fut voir. A ſon arrivée il l'embraſſa, & pleura de joye de ce que ſon bon ami eſtoit hors de danger. Il eſtoit fort goutteux, & dit à M. de Foix, le priant de s'approcher pour l'embraſſer, *animus promptus, pedes poltroni.* Il le retint & bien vingt perſonnes avec luy, juſques au lendemain. Il luy fit ouir la muſique Italienne, Françoiſe, Allemande, Eſpagnole, Moreſque, Turque, & voir les danſes de tous ces pays-là, & puis à un ſeul ſignal les fit tous chanter enſemble, & dit *ecco l'arca di Noë.* Comme il fut queſtion de ſe retirer, le Bourg où ſe devoit retirer M. de Foix, eſtoit a quelque cent pas du chaſteau, ils trouverent vingt mulets noirs comme jayet, harnachez de velours noir, preparez pour les conduire juſques au bourg, où ils furent bien traitez, & n'y avoit lict qui ne fuſt de ſoye. Le Cardinal d'Eſte revint, & le Cardinal Madruccio mourut incontinent après entre les bras du Cardinal d'Eſte, & dit, que c'eſtoit ce qu'il avoit deſiré.

J'ay veu Maldonat, qui eſtoit un grand homme, & l'ay ouï en ſes leçons qu'il a fait ſur tout le Nouveau Teſtament.

J'ay

J'ay fort particulierement cogneu voſtre Oncle (*a*), & l'ay ouï preſcher à S. Benoiſt. M. Houlier, grand juge de l'Eloquence, diſoit, qu'il eſtoit le plus eloquent homme, avec prudence & jugement, qu'il eut jamais veu.

Le Cardinal d'Eſte, en la grande brouillerie du Grand Maiſtre de Malte, & de Romegas, retint chez luy le Grand Maiſtre & trois cens Chevaliers, qu'il desfraya trois mois dans Rome; & le Grand Maiſtre mort, fit porter ſon corps à Malte à ſés deſpens. Cela luy couſta plus de cent mil eſcus. Il avoit du Roy près de cent mil eſcus de penſion, & de bien tant en penſion qu'en benefices. Il avoit de beaux benefices. Muret eſtoit à luy.

(*a*) *Voſtre Oncle.*] Clement du Puy, Jeſuite, grand Predicateur, dont vous pouvez voir l'éloge dans Florimond de Ræmond, au V livre de la Naiſſance de l'Hereſie chap. 3. Il étoit frere de Claude du Puy, Pere de Meſſieurs du Puy, Auteurs de ce Recueil. D.

F I N (*b*).

(*b*) Le Manuſcrit finit ici. Quelcun y a ajouté les Articles ſuivans, qui, à quelques changemens près, ont paſſé dans les Imprimez du *Thuana*: mais ils ſont effacez dans le Manuſcrit, comme ne faiſant point partie de ce Recueil. En effet, ils ſe trouvent dans le *Perroniana* aux Mots *Langues*, *Théologie*, *Philosophie*, & *Henri* III. Les voici.

Il a esté de nostre langue, ainsi que des fruicts qui se corrompent par les vers, avant que venir à maturité.

Il est de la Theologie comme de la Tortuë, de laquelle il ne faut point manger qui ne la veut manger toute: & de la Philosophie comme de l'Ellebore; si vous le prenez en masse il purge, si en poudre il tue Arist. *Il faut prendre de la Philosophie ce qui en est de plus solide, sans s'arrester par trop aux subtilitez qui ne servent qu'à faire evaporer l'esprit.*

M Miron, *Medecin de Henry* III, *disoit de luy, qu'il estoit courageux de la teste, non pas du cœur; magnanime de jugement & de resolution, plustost que d'inclination naturelle.* D. M.

AVERTISSEMENT

SUR

LE PERRONIANA.

LE *Perroniana contient les bons mots & les Remarques critiques, historiques, & morales recueillies des conversations du Cardinal du Perron par Christophle du Puy, frere ainé de Messieurs du Puy.* Claude Sarrau Conseiller au Parlement de Paris, distingué par son amour pour les Lettres, le copia sur l'exemplaire de Messieurs du Puy, & après sa mort Isaac Sarrau, son fils, donna cette Copie a Mr. Daillé le fils, qui rangea les Articles selon l'ordre de l'Alphabet. Mr. Daillé ayant parlé de ce Recueil à Isaac Vossius qui étoit à Paris, celui-ci souhaita de le voir, & en ayant eu communication, il en fit faire une Copie qu'il publia en Hollande (1) en 1669. *sous ce titre:* Perroniana, sive excerpta ex ore Cardinalis Perronii. Per F. F. P. P.

---

(1) A la Haye chez Adrian Vlacq, & non pas à Geneve, *Geneva apud Petrum Columesium*, comme porte le titre.

AVERTISSEMENT.

P. P. Il y mit, sous le nom du Libraire, un petit Avertissement qui commence ainsi : Damus, benigne Lector, quæ Jacobus & Petrus Puteani Fratres ex ore Clarissimi & Doctissimi Viri Cardinalis Perronii excerpta, Chartæ olim mandarunt. *Isaac Vossius avoit mis un semblable Avertissement à la tête du* Scaligerana, *dont le Manuscrit lui avoit aussi été communiqué par Mr. Daillé, & qu'il publia de même en Hollande en 1666, comme venant de* Jaques *&* Pierre du Puy. *Mais ces Editions étant pleines de fautes, Mr. Daillé se trouva obligé d'en donner de plus correctes, & dans la Préface de son Edition du* Scaligerana, *imprimée en 1667, il fit connoitre les veritables Auteurs du* Perroniana *& du* Scaligerana. *Le* Perroniana *fut imprimé à Rouen* (1) *en 1669. sur l'exemplaire même de Mr. Daillé, qui pour rendre cette seconde Edition plus conforme au Manuscrit Original, transporta à la marge quelques petites Notes que Mr. Sarrau & lui avoient faites sur cet Ouvrage, & qui dans l'Edition de Vossius se trouvoient inserées dans le Texte. Mr. Daillé mit à la tête de cette nouvelle Edition un* Avis au Lecteur, *où il marqua les avantages qu'elle avoit sur la precedente. Le* Lec-

(1) On mit dans le titre *Colonia Agrippina, apud Gerardum Scagen.*

AVERTISSEMENT.

Lecteur sera sans doute, bien aise de le trouver ici.

„ Comme la premiere Edition qui a paru de
„ ce Livre, a été faite sur une fort mauvaise
„ copie, il ne faut pas trouver étrange qu'el-
„ le soit si pleine de fautes. On les a corri-
„ gées le mieux qu'on a pû dans cette seconde
„ impression, que l'on a conferée soigneuse-
„ ment avec l'Original de celui qui a rangé
„ les articles selon l'ordre de l'Alphabet (1).
„ Il acheva ce petit travail dès l'an 1663. le
„ cinquiéme de Juillet, & le Manuscrit sur
„ lequel il le copia, étoit de la main de M.
„ Sarrau, Conseiller en Parlement qui l'a-
„ voit transcrit mot à mot de l'exemplaire mê-
„ me de M. Pierre du Puy, en 1642. &
„ finy le 6. jour de May. Ceux qui en vou-
„ dront sçavoir davantage, n'ont qu'à lire la
„ Préface qui est au devant de la deuxiéme
„ Edition de Scaligerana (2); car elle peut
„ aussi

(1) Mr. de la Monnoye n'étoit pas au fait de ces E-
ditions, lorsqu'il a dans ses Notes sur les Jugemens des
Savans de Baillet, (Art. du Cardinal du Perron, No.
239. Tome II. m. 84): *le soin qu'Isaac Vossius prit de
faire imprimer à la Haye le Perroniana, n'empecha pas
Daillé le fils de le faire imprimer en France*. On ne parle pas ainsi de deux Editions, dont l'une est pleine de
fautes, & l'autre très-correcte. Cependant on a copié
cela dans le Moreri, à l'Article de du Perron.

(2) On trouvera cette Preface, qui est peu connuë,
dans la nouvelle Edition qu'on donnera bien-tôt du
Scaligerana.

AVERTISSEMENT.

„ *aussi servir pour* Perroniana, *les Avertis-*
„ *semens qu'on y a donnez, n'étant pas moins*
„ *necessaires pour l'un que pour l'autre, puis-*
„ *que l'Imprimeur de la Haye n'en a pas vou-*
„ *lu faire son profit, & qu'il a été fort exact*
„ *à mettre encore dans le dernier tout ce que*
„ *l'on avoit trouvé à redire au premier.*
„ *Quant aux remarques, qu'il y a aussi se-*
„ *mées çà & là, mais fort confusement, on*
„ *n'a pas jugé à propos de les retrancher tout*
„ *à fait, & l'on s'est contenté de les renvoyer*
„ *au bas des pages, en les ôtant du texte mê-*
„ *me, où il ne doit entrer que ce qui est propre-*
„ *ment de l'Auteur. Et afin que rien ne man-*
„ *que à rendre cette Edition correcte, voicy un*
„ *Errata, que le Lecteur verra, s'il lui plaist,*
„ *avant que de passer outre.*

On s'est reglé ici sur cette Edition; mais on n'a pas laissé de consulter les autres (1); sur-tout la premiere, qui toute defectueuse qu'elle est, a quelquefois servi à rectifier la seconde. On n'a rien oublié pour rendre cette nouvelle Edition préférable à toutes les precedentes. Ceux que Mr. Daillé avoit employez pour ranger les Articles

---

(1 Il s'en fit une *troisieme Edition* à Rouen en 1691. sous le nom de Cologne : mais elle est peu exacte : on n'y a pas même corrigé toutes les fautes marquées dans l'Errata de la seconde. Les Huguetans contrefirent celle-ci en 1694, & en copierent fidelement les défauts.

AVERTISSEMENT.

ticles selon l'ordre de l'Alphabet s'en étoient assez mal aquitez: On a tâché d'y remedier. On a mieux disposé les Notes de Mr. Sarrau & de Mr. Daillé, & on les a distinguées en mettant une S. à la fin des premieres, & un D. à la fin des autres. On a joint à ces Notes plusieurs Remarques curieuses de Mr. le Duchat, dont nous sommes redevables à Mr. Des Maizeaux, qui en a aussi ajouté un assez bon nombre. Celles de Mr. le Duchat sont distinguées par ces Lettres L. D.; & celles de Mr. Des Maizeaux par D. M.

 Il n'eût pas été difficile de grossir ces Notes si on eût voulu relever tous les endroits qui peuvent donner prise à la Critique, mais on a cru qu'il ne falloit pas examiner les choses a la rigueur. Il faut se souvenir que ce sont ici les conversations du Cardinal du Perron, qui s'entretenant familierement avec ses Amis donnoit carriere a son imagination, & debitoit ses sentimens avec beaucoup de liberté; quelquefois même avec peu de discretion & de retenuë. Ainsi le Lecteur doit s'attendre à trouver ici bien des choses qui ne seront pas de son gout. Mais s'il vouloit conclure de la que ces choses n'ont pas été dites par du Perron, il raisonneroit très-mal (1): d'ailleurs, ce seroit soupçonner

(1) Mr. Chevreau a donné dans ce paralogisme. Ayant

AVERTISSEMENT.

çonner la fidelité de ceux qui nous ont donné ce Recueil & qui sont des personnes d'une probité reconnuë. Il ne s'agit pas de ce que le Cardinal auroit du dire; mais de ce qu'il a dit. Il s'est peint ici tel qu'il étoit, on le voit dans son naturel.

Le 10 de Mai 1736.

yant trouvé ici plusieurs choses qu'il desaprouvoit, il s'est imaginé qu'elles avoient été faussement attribuées à du Perron. Voyez le *Chevræana*, Tome I. pag. 158, de l'édition d'Amsterdam 1700.

PERRONIANA.

A.

ABSTINENTIA. Les premiers Chrétiens obſervoient ſi religieuſement & avec un tel zèle, l'abſtinence du ſang des choſes étouffées, que Tertullien dit, qu'entre les épreuves & les eſſais pour diſcerner les Chrétiens, on leur preſentoit à manger des boudins farcis de ſang, *botulos ſanguine refertos inter tentamenta Chriſtianorum*; & encore aujourd'hui tous les Chrétiens Orientaux l'obſervent ſeverement, & nous calomnient d'en avoir abandonné l'obſervation. Et toutesfois l'Egliſe Catholique l'a juſtement abandonnée, car elle a jugé, que c'étoit un précepte proviſionel, & à tems, qui ne devoit avoir lieu que juſques à ce que les Prophéties de l'éminence de l'Egliſe Chrétienne par deſſus la Synagogue fuſſent accomplies.

ACCENS. Les Hebreux les appellent *guſtus*, טעם, d'autant que c'eſt comme le goût & la ſauſſe de la prononciation;

ce

ce qui fait que la Langue Italienne a beaucoup plus de grace & d'énergie lors qu'on la prononce, que la Françoise, laquelle n'a presque point d'accens: Il est vrai que pour écrire, notre Langue a beaucoup d'avantage sur l'Italienne.

ACOLYTHE. Il y en a qui disent, que ce mot vient *à non prohibendo*, mais je crois plutôt, qu'il vient de ἀκολυθεῖν, *sequi*, parce qu'il devoit toujours suivre l'Evêque, & l'Evêque ne pouvoit aller sans Acolythe.

ADORER. Ce mot se prend en plusieurs manieres; car il signifie quelquefois l'honneur ou l'adoration suprême & souveraine, que nous déferons à Dieu; & qui ne peut être déferée à d'autres qu'à lui: quelquefois il signifie une adoration inférieure & relative, & c'est celle que nous déferons aux Saints, quand nous les vénerons & les prions d'interceder pour nous. Et cette adoration s'appelle de Dulie, parce que les Saints sont *conservi* envers Dieu pour les hommes, ou bien parce que c'est une adoration qui se fait au serviteur par la creature. Le mot *adorare*, signifie aussi quelquefois une simple veneration, reverence ou salutation, &
un

un honneur qui se fait même aux hommes, & il est ainsi pris en l'Ecriture plusieurs fois: car il est dit, Il adoroit l'Arche & puis le Roi: on dit aussi, *adorabilis Imperator*; & puis dans saint Augustin ou un autre Pere, il est dit, j'ai reçu tes Lettres & les ai adorées. On ne peut pas dire qu'on adorât des Lettres. Quand donc on dit, nous adorons les Saints, c'est à dire d'adoration de Dulie relative, qui se rapporte à Dieu; & l'adoration que nous faisons à Dieu, c'est par son essence: l'adoration de Superdulie est celle qui se défere à la Vierge, & elle est plus éminente pour la grace qu'elle a reçu de Dieu, plus particuliere que les autres Saints, pour avoir porté le Fils de Dieu en ses entrailles: & il ne faut point s'étonner, si ayant engendré son Createur de sa substance, & ayant reçu cette grace, qui surpasse toutes les graces, nous la devons honorer de quelque véneration plus relevée & éminente que n'est celle que nous déferons aux autres Saints. Saint Paul dit, honneur soit à tout homme operant bien; honneur ne veut dire autre chose, que cette adoration que nous déferons aux Saints. Bref, le mot d'*adorare*, à le pren-

prendre *strictè*, & en sa premiere origine, ne veut dire autre chose, que porter la main à la bouche, *manum ad os admovere*, c'est-à-dire saluër, faire la reverence, & comme nous disons, baiser les mains. *Crucem & clavos universa per orbem adorat Ecclesia*. Rusticus Diaconus, qui vivoit il y a plus de mille ans.

Les ÆTHIOPIENS ont la Circoncision, non pas, qu'ils croyent que ce soit un Sacrement, mais parce que par-là ils disent qu'ils sont fils d'Abraham; car ils disent qu'ils viennent d'une fille d'Abraham : & puis *ad munditiem*. Et pour cette raison ils circoncisent aussi les femmes, comme en Egypte aussi ils coupoient quelques pellicules. Les parties des Egyptiens qui sont humides, sont fort sujettes à se corrompre, & pour cette raison ils ont quasi toujours du sel en la bouche. Les Æthiopiens ont le Baptême de feu plus pour la necessité corporelle que pour créance qu'ils ayent qu'il soit necessaire; car au Baptême ils usent d'un petit fer chaud, qu'ils appliquent au front en trois endroits, plutôt pour les délivrer d'un mal d'yeux, à quoi ils sont sujets. Il n'y auroit pas de peine à les retirer pour tous ces points-là; le point le plus important est la doctrine d'Eutychès & de Dioscorus, qu'ils tiennent saints, & croyent leur doctrine fort opiniâtrement pour ce qui est des deux Natures, & nous appellent Nestoriens. Pour la Transsubstantiation, ils la croyent comme nous: ils rejettent le Concile de Chalcedoine, qui condamna l'erreur d'Eutychès, & appellent Melchites ceux qui soutiennent la doctrine de ce Concile, à cause qu'il fut fait sous l'autorité de l'Empereur Marcian, & Melchi en leur Langue veut dire Royal, & appellent Melchites ceux qui tiennent ce Concile, comme qui diroit Royaux. Ils communient sous les deux especes, mais non pas vrayement sous les deux especes, parce qu'ils n'ont pas de vrai vin, mais du jus tiré de raisins secs; car de vin ils n'en ont point. Ils reconnoissent le Pape, le tiennent pour chef de l'Eglise, pourvû qu'il ne soit point héretique, c'est aussi la créance de tous les Peuples où la succession a été conservée par tout le monde & en quelque lieu que ce soit.

AFFIRMATIONS. C'est un sophisme condamné par toutes les Ecoles, que d'argumenter des affirmations simples & positives

tives aux affirmations précises & exclusives. Comme par exemple, quand nous montrons aux Calvinistes, que la doctrine de la priere des Saints, de l'adoration de l'Eucharistie, & l'interdiction aux Prêtres de se marier, & autres semblables, ont toûjours été crûës, & pratiquées en l'Eglise depuis 1200 ans, il seroit impertinent de conclurre, qu'elles n'avoient été ni crûës ni pratiquées durant les quatre premiers siecles.

AGENT. Tout agent excellent corrompt son patient.

AGRE'MENT. Toutes choses pour être trouvées agréables, doivent participer de l'unité & de la multitude, autrement elles sont ou ennuyeuses ou extravagantes.

Monsieur D'AIX (a), frere de Monsieur du Fay. Monsieur de Rieux (b) lui dit un jour, parlant de Monsieur d'Aix, qu'à Tours au procès du Prieur des Jacobins, il opina que dorénavant en horreur de cet Ordre il falloit que le Bourreau fût vêtu en Ja-

(a) *Monsieur d'Aix.*] Paul Hurault de l'Hospital, Archevêque d'Aix. L. D.
(b) *Monsieur de Rieux.*] Jean Bertier Evêque de Rieux. L. D.

Jacobin; il dit, jamais S. Antoine n'eut une telle vision.

ALAMANDINUS, (ce nom étoit frequent parmi les Sarrazins) Roi des Sarrazins, ayant pris le fils d'un autre Roi nommé Arethas, il le sacrifia à Venus, dit Procopius. Saint Hierôme dit, que les Sarrazins adorent Venus à cause de Lucifer, au culte duquel la Nation des Sarrazins est dédiée. Ils dédioient principalement deux mois de l'année pour faire les offrandes à leur Dieu. *Procopius*.

ALANUS (*a*). Un Livre bien fait des con-

(*a*) *Alanus.*] Guillaume Alan, Allen, ou Allyn (car on trouve son nom écrit de ces trois manieres), né dans la Province de Lancastre, fut envoyé à l'Université d'Oxford en 1547 agé d'environ quinze ans, & entra dans le College d'Oriel auquel il fut agregé en 1550. Six ans après il fut choisi Principal de la *Halle* de Sainte Marie (*Saint Mary Hall*), & en 1558 ou environ il fut fait Chanoine d'York. Mais les affaires de la Religion ayant changé par l'avenement de la Reine Elizabeth à la Couronne, il sortit d'Angleterre & se retira à Louvain. Quelque tems après, le mauvais état de sa santé l'ayant obligé de changer d'air, il repassa en Angleterre, où il publia secretement quelques Ouvrages en faveur de l'Eglise Romaine, & s'attacha à faire des Prosélytes; ce qui ayant été découvert, il retourna en Flandres & se retira dans un Couvent

controverses de la Religion feroit un grand fruit en Angleterre. Monsieur du Perron lui dit, Alanus a si bien fait; il est vrai, dit-il, fort bien, mais il n'a pas des solutions telles qu'il faudroit. Alanus est celui qui a mieux écrit des Sacremens, & qui a penetré le plus avant. Ceux qui écrivent aujourd'hui, ne reflechissent jamais leurs esprits; & puis, je lis les Livres d'une autre façon qu'eux.

ALEMANS. La plus envieuse & la plus brutale Nation à mon gré, c'est l'Alemande, ennemie de tous les étrangers; ce sont des esprits de biere & de poisle, envieux tout ce qui se peut; c'est pour cela que les affaires se font si mal en Hongrie, car ils portent envie aux Etrangers, & sont marris quand ils font bien, & pour eux ils ne font rien. Si un François ou un Italien sort à l'écart, ils le tuent, cela est

assuvent à Malines, & delà il passa à Douay, où il reçut le degré de Docteur en Théologie. Il étoit Chanoine de Cambray & de Rheims, lorsque Sixte V le fit Cardinal en 1587: & deux ans après il fut fait Archevêque de Malines. Il mourut à Rome le 6 d'Octobre 1594, après avoir publié plusieurs Ouvrages de controverse, & quelques Libelles seditieux contre la Reine Elizabeth. Voyez l'*Athenæ Oxonienses* de Wood. Tom. I. col. m. 235 & suiv. D. M.

assuré. Les Anglois encore sont plus polis de beaucoup, la Noblesse est fort civilisée, il y a de beaux esprits. Les Polonois sont honnêtes gens, ils aiment les François, & ont de beaux esprits; les Alemans leur veulent un grand mal.

ALEXANDRIE. Le Patriarchat d'Alexandrie est divisé en 4. Patriarchats; l'un qui est en Antioche, Grec qui reconnoît le Patriarche de Constantinople; un qui est Jacobite; un autre qui est en la Mésopotamie; & l'autre le Patriarche des Maronites. Le Patriarche d'Alexandrie porte deux étoles, & se dit, *Legatus natus summi Pontificis*. Par cela seulement il montre, qu'il ne pretend point le souverain degré par dessus le Pape. Ils tiennent ce titre depuis saint Cyrille. Le Patriarche d'Alexandrie se dit encore aujourd'hui *Judex Orbis*, & cela ils le tirent de ce qu'au Concile d'Ephese, Cyrille fut fait Vicaire du Pape Celestin, & tint sa place au Concile; Balsamon le dit.

ALIENATIONS. Toutes celles que l'on fait aujourd'hui du bien d'Eglise, sont toutes nulles, & ne sont pas juridiques, parce que le Pape n'y est point appellé, & un autre Roi les pourroit toutes casser, &

fort bien, car sans le Pape elles ne se peuvent faire.

ALLEGORIE. Les argumens allegoriques sont bons pour accompagner les preuves litterales, mais non pas pour les faire; & ont grace & énergie, quand il est question d'orner une créance déja reçûë & non contestée; mais ils ne sont pas suffisans pris chacun à part-soi, pour la faire recevoir quand elle est contestée & mise en dispute.

ALMAIN, & Ockam reduisent la sujettion du Pape à l'Empereur, non à la personne du Pape, mais aux Fiefs que l'Empereur a donnez au Pape, à sçavoir que ces Fiefs dont les Empereurs ont donné la proprieté au Pape, s'ils n'en ont relâché la Souveraineté par privilege special, demeurent sujets à l'Empereur.

Les AMADIS ne sont point de mauvais stile, ceux qui sont traduits par des Essars (a). Un jour le feu Roi voulut que je les lui lusse pour l'endormir, & après avoir lû deux heures, je lui dis, Sire, si l'on savoit à Rome que je vous lûsse les A-ma-

―――――――――
(a) *Traduits par des Essars.*] Nicolas Herberai Seigneur des Essars a traduit les huit premiers Livres d'Amadis de Gaule. *D. M.*

madis, on diroit que nous sommes empêchez après de grandes choses.

Monsieur D'AMBOISE, s'il avoit autant de jugement que de memoire, il feroit bien quelque chose de bon.

S. AMBROISE. Du Plessis dit, qu'il fut fait Archevêque de Milan, sans le consentement du Pape: il est vrai, car il fut fait pour appaiser une sedition qui survint sur l'élection. Milan est dite *Metropolis Italiæ*, c'est parce que là étoit le *Præfectus Italiæ*. L'Evêque de Milan & celui d'Aquilée étoient égaux, & s'ordonnoient l'un l'autre. Berterius se trompe quand il dit, que S. Ambroise présida au Concile d'Aquilée; ce fut Valerian. Il est bien vrai que Milan alloit devant: les subscriptions du Concile font foi, que l'Archevêque d'Aquilée y presida, Baronius & Bellarmin qui tiennent le contraire, se trompent. Il n'y a point de doute, que le Livre des Sacremens ne soit de lui; je le prouve par des raisons invincibles, par les phrases qui ne peuvent être d'autre que de Saint Ambroise, phrases toutes caractéristiques. Il y a quatre ou cinq passages dans ce Livre, qui sont difficiles, le reste est admirable (a). Le Commentaire sur les Hebreux attribué à Saint Ambroise, n'est pas de lui, il y a des lieux entiers tirez de Saint Chrysostome & de Saint Hierôme; quelques-uns l'attribuent à Remigius. Celui sur les Romains n'est pas non plus de lui, il y a de trop grandes ignorances en des choses que Saint Ambroise ne pouvoit ignorer. Il dit qu'Haressus dont parle Saint Paul, qui étoit un des favoris de Claude, étoit un Prêtre de l'Eglise Romaine, ce qui est une très-grande ignorance. Quelques-uns disent qu'il est d'Hilarius Luciferien, Diacre.

AMIOT. Le Grand Aumônier a très-bien écrit; tout ce que j'ay vû de lui est la Préface sur les Vies de Plutarque, elle est excellente, il y a mis tous ses efforts, elle est toute de son chef, il y a tout plein d'autres Pieces & de bonnes Versions. La préface sur les Opuscules n'est pas si bonne, il s'est bien trompé en un lieu de sa Version. Il dit quelques gens qui vivent de cervelle de Phœnix; là Phœnix se prend pour Palmier, & il veut dire de la mouelle de Palmier.

(a) *Il n'y a point de doute que le Livre des Sacremens ne soit de lui &c.*] Il se trompe; ce Livre n'est pas de Saint Ambroise. D.

AMMIAN MARCELLIN fait pour l'autorité du Pape, & quand il y est parlé de la simplicité & humilité des autres Evêques, il ne le faut pas entendre des Evêques des Chrétiens ; (il y a dans le texte *Antistites*) car en ce même lieu il est parlé des Sacrifices & des Fêtes des Payens, ce qui montre que Marcellin, qui étoit un Auteur Payen, & duquel les passages ne peuvent rien faire contre nous, parloit de leurs Sacrificateurs.

AMPOULLE. L'histoire de la Sainte Ampoulle, laquelle Hincmar, Aimoin & autres, & la perpetuelle tradition de l'Eglise Gallicane témoignent avoir été envoyée pour l'onction de Clovis, & laquelle nul François Catholique ne peut revoquer en doute sans se montrer impie envers la patrie & sa Religion (*a*).

(*a*) *Nul François Catholique ne peut revoquer en doute &c.*] Il y a aujourd'hui peu de Savans en France, qui croyent l'histoire de la Sainte Ampoulle ; mais la bienséance ne leur permet pas de se déclarer ouvertement. Voyez la *Dissertation de l'Abbé de Vertot au sujet de la Sainte Ampoulle*, dans les *Memoires* de l'Académie Royale des Inscriptions & Belles Lettres, Tom. II. 2. partie. Chifflet bon Catholique, mais Franc-Comtois, a traité cette histoire de fable, & fait voir qu'Hincmar, Archevêque de Reims,

ANASTASIUS Sinaïta étoit habile homme.

ANATHEME. Il y a grande différence entre Excommunication & Anathême; d'autant que toute excommunication emporte acte de jurisdiction, mais tout anathême ne l'emporte pas: car il y a de deux sortes d'anathemes ; les uns Judiciaires; les autres Applicatoires, & Abjuratoires. Les Judiciaires ne peuvent être faits que par personnes fondées en jurisdiction; les Abjuratoires le peuvent être, même par des Laïques, comme quand quelqu'un revient de l'Heresie à l'Eglise Catholique, on lui fait toûjours anathematiser l'Heresie dont il se depart; mais ces Anathêmes ne sont que simples exécutions & applications des Anathêmes Judiciaires & le mot d'anathematiser en tels cas ne veut dire autre chose sinon abjurer, abhorrer & tenir pour anathematisé.

Monsieur D'ANDELOT (*a*). Il dit un jour à Monsieur d'Andelot, qui retint à dîner

l'avoit inventée, pour faire valoir son Eglise. Voyez son Livre *de Ampulla Remensi nova & accurata Disquisitio &c*, imprimé à Anvers en 1651 in folio. D. M.

(*a*) *Monsieur d'Andelot.*] Charles de Coligny, fils aîné de l'Amiral de Chatillon. Cette Maison avoit de grandes Terres en Bretagne. L. D.

dîner chez lui Monsieur du Perron, croyant que Monsieur du Perron le dût emmener: vous avez fait comme le Breton, qui fut pris par le Normand, mais il emmena le Normand.

Monsieur l'Evêque D'ANGERS (b) est un grand personnage, & un des beaux esprits de son siecle, je l'ai toûjours dit, dès l'âge de 20 ans qu'il réussiroit. Quand on lui dit, qu'il vouloit être Curé de Saint Eustache, il s'en étonna; puis il dit, c'étoit bon à lui qui est éloquent, qui dit ce qu'il veut, il eût tourné tout le peuple de Paris comme il eût voulu; & comme Monsieur d'Avoye lui eût dit, C'est mon parent, mais il me semble qu'il ne dit pas si bien: Il repliqua, C'est un grand Orateur, & tout ce qu'il dit, il le dit avec jugement, & avec de si belles paroles: L'exorde de l'Oraison funebre qu'il fit à S. Denis, étoit admirable; le reste on ne l'ouït point, il fut tant interrompu, que je m'étonnai qu'il ne demeurât court mille fois, il fait si bien par tout où il est, au Conseil, en toutes les Assemblées où il se trouve.

C'est

(b) *L'Evêque d'Angers.*] Charles Miron. L. D.

C'est un grand homme, tant y a, & l'un des premiers de son temps, & un des plus grands personnages que le Clergé ait eus il y a plus de 500 ans. Je me souviens du Sermon qu'il fit à Notre-Dame devant le Roi, quand il entra à Paris. Je veux bien que tout son Discours ne se ressembloit pas, mais il y avoit des pages & des feuilles qui valoient autant que celles de Ciceron. Monsieur d'Avoye luy dit, il n'est pas savant ; je le croi bien (dit-il) mais il a un esprit qui est admirable, & qui lui fournit toûjours, jamais il n'est dépourvû ; j'ai dit à la Reine & plusieurs fois au feu Roi, le merite de ce Prelat, & qu'un jour ce devoit être une des Colonnes de cet Etat ; le Clergé de France n'a pas deux plus habiles hommes que lui & Monsieur de Beauvais.

ANGLETERRE. Il y avoit en l'Eglise d'Angleterre d'habiles hommes, Gardinerus (*a*), Thomas Morus, & Roffensis (*b*), qui étoit un excellent homme, & avoit

_____

(*a*) *Gardinerus.*] Etienne Gardiner, mort Evêque de Winchester en 1555. D. M.

(*b*) *Roffensis.*] Jean Fisher Evêque de Rochester. Il fut

avoit une plume exquise. En Allemagne il y avoit Eccius & Pighius (a).

ANTHIMUS Patriarche de Constantinople. J'ai lû aujourd'hui dans le Livre de Monsieur du Plessis une Novelle de Justinien par lui fort mal entenduë, & dont il se prévaut beaucoup néanmoins, pour ravaler la deposition de ce Patriarche de Constantinople par le Pape Agapet. C'est la Novelle 42 où il est parlé des deux depositions d'Anthimus, l'une faite par Agapet, & l'autre par le Concile de Constantinople après la mort d'Agapet en exécution de son Decret, & par cette seconde deposition Anthime fut deposé par le Concile, de son Siege de Trebizonde. Le fait est, que cet Anthime étant Evêque de Trebizonde, fut fait Patriarche de Constantinople, & passa de ce Siege à un autre contre les Canons, qui le défendoient expressement. Agapet venant à Constantinople vers l'Empereur Justinien envoyé à lui

fut decapité en 1535. pour n'avoir pas voulu reconnoître la Suprematie de Henri VIII. *D. M.*

(a) *Eccius & Pighius*] Jean Eccius (ou plûtôt Eckius), & Albert Pighius, morts l'un & l'autre en 1543. Du Perron en a oublié quelques-uns, Jean Ferus entre autres, qui seul valoit mieux que tous. *L. D.*

lui par Theodofe Roi des Goths, qui menaçoit Agapet de ruïner toute l'Eglife s'il ne moyennoit la paix entre lui & l'Empereur, s'achemine vers Conftantinople. Approchant de Conftantinople tous les Evêques furent au devant de lui, le Patriarche qui étoit intrus au Siege, y veut auffi aller, le Pape ne le veut pas recevoir, ni ne le veut pas même voir. L'Empereur qui aimoit Anthime, fait folliciter Agapet de le recevoir, le conjure, lui envoye des prefens, ufe de menaces; nonobftant tout cela le Pape dépofe Anthime de fon Siège, & met en fa place Menas, & renvoye Anthime à fon Siège de Trebizonde. Et parce qu'on l'accufa qu'il étoit hérétique, le Pape ordonna qu'il envoiroit fa profeffion de foi, & qu'après avoir fait penitence au cas qu'il fût hérétique ; & qu'il reconnût fa faute, qu'il fût maintenu. Le Pape Agapet cependant meurt. Après fa mort on prefente requête à l'Empereur, à ce qu'Anthime fût dépofé à caufe qu'il n'avoit pas obeï. Sur cela l'Empereur fait affembler un Concile à Conftantinople, par lequel Anthime fut dépofé de fon Siège & excommunié, &
cet-

cette déposition est la seconde, faite par le Concile, & non par Agapet. Elle se fit à cause que contre les Canons il étoit passé d'un Siège à un autre, encore qu'il le pût dispenser, suivant l'exemple qui avoit été pratiqué auparavant par le Pape Innocent en la personne d'un Evêque de Patras, Peristhenes, qu'il transfera à Corinthe; si bien que cette premiere deposition faite par Agapet ne fut faite que sur la discipline, & la seconde faite par le Concile de Constantinople fut pour la foi. C'est ainsi qu'il faut entendre les paroles de la Novelle 42 par les termes de laquelle & par la suite des paroles, il est aisé à remarquer que la Novelle parle de deux actions contre Anthime, & que la premiere fut faite par Agapet, qui deposa Anthime de Constantinople; & la seconde par le Concile, qui ensuite du Decret d'Agapet, deposa Anthime de son Siège de Trebizonde; & il paroît par la lecture du cinquième Concile, qui est le troisième Oecumenique, où le fait d'Anthime est examiné, & où il fut déposé, qu'il ne fut deposé par ce Concile que du Siège de Trebizonde, parce que par tout le Concile

cile il n'eſt point parlé de la dépoſition du Siège de Conſtantinople; & puis il n'en pouvoit parler, puis que Menas, qui avoit été mis par Agapet en la place d'Anthime, préſidoit à ce Concile. Il ne faut donc point que Monſieur du Pleſſis abaiſſe l'action du Pape en ce fait, & qu'il diſe que ce fut le Concile avec lui. Car lors de l'Aſſemblée Agapet étoit mort, & ne faut auſſi qu'il ſe mocque d'Agapet, en diſant que ce fut une belle Ambaſſade pour un Pape, d'aller à Conſtantinople vers l'Empereur; car ce fut une charité du Pape, lequel contraint par la barbarie du Roi des Goths, qui menaçoit de ruïner l'Egliſe, alla à Conſtantinople, où étant il paroît par ce que deſſus combien étoit grand ſon credit, de dire que dans la Ville Imperiale, le Siège de l'Empire, lui qui étoit chaſſé & banni, depoſa néanmoins le Patriarche, qui étoit favoriſé par l'Imperatrice, laquelle il excommunia. Voyez pag. 9. de Victor Tunun. de l'Edit. de Scaliger.

ANTICOTON (a). Ce Livre eſt bien fait,

(a) *Anticoton.*] Petit Livre Anonyme de l'année 1610. Dès que ce Livre parut, les Jéſuites qui y ſont peu ménagez, employérent tous leurs amis pour le fait, & il ne s'est fait Livre contre eux qui les ruine tant; ils sont trop ambitieux & entreprenent sur tout.

ANTIPODES. Aventin Auteur Lutherien & ennemy juré des Papes (*a*), écrit que Boniface Archevêque de Mayence & Legat du Pape Zacharie, declara Virgilius Evêque de Saltzbourg heretique, pource qu'il enseignoit qu'il y avoit des Antipodes, & que le Pape Zacharie confirma son jugement. Mais il faut remarquer

faire suprimer; & pour perdre les Libraires chez qui il s'en trouvoit des exemplaires. Joüallin, qui en avoit quelques-uns dans sa boutique, avoit été condamné au Chatelet, à faire amende honorable, & le bon-homme Carroy, autre Libraire, chez qui on en avoit aussi trouvé, avoit été obligé de se cacher. Le Parlement renvoya absous Joüallin, & arrêta les poursuites du Lieutenant Criminel contre Carroi. *Journal de l'Etoile*, Cologne, 1719. tom. 2 pag. 352 & 353. Cesar de Plex, Avocat au Parlement, passe aujourd'hui pour le véritable Auteur de l'*Anticoton*. L. D.

Voyez le *Recueil de Litterature* &c. [de Mr. Jordan], imprimé à Amsterdam en 1730, page 119 & suiv. D. M.

(*a*) *Aventin Auteur Lutherien & ennemi juré des Papes.*] Aventin a vécu & est mort dans la communion de l'Eglise Romaine, quoi qu'il détestât la tyrannie des Papes & le dereglement du Clergé; ce qui a donné lieu de le comparer à Erasme & à Fra-Paolo. Voyez dans le Dictionnaire de M. Bayle, l'Article *Aventin*, Remarque (H.) D. M.

quer que ce fut sur l'hypothese qui étoit alors tenue par tous les Cosmographes, que la Zone torride étoit inhabitable & impenetrable; car ni Boniface le grand Archevêque & Martyr, qui couronna Pepin Roy de France, & que les Alemans appellent leur Apôtre; ni le Pape Zacharie, qui étoit Grec & versé aux Disciplines Grecques; ni Saint Augustin, sur lequel Aventin dit que Zacharie & Boniface se fonderent, & qui avant eux avoit condamné cette doctrine, n'étoient pas si ignorans aux Mathematiques, que de croire que la Terre fut plate comme une assiette, & qu'il n'y eût point d'hemisphére inferieur opposé au nôtre. Au contraire Saint Augustin enseignoit par tout, que la Terre estoit ronde & située au centre du Monde, & au milieu de tous les élemens: mais ils ne croyoient pas que l'hemisphére inferieur fut peuplé & habité d'hommes, & ains tenoient cette doctrine pour contraire à la foy, comme elle l'estoit veritablement selon le sens auquel ceux qui l'avoient introduite la tenoient. Car Ciceron, Mela, Macrobe, & tous les autres qui enseignoient qu'il y avoit des Antipodes, & tous ceux qui les ont
suivis

suivis avant les derniers siecles, croyoient que la Zone torride estoit impenetrable, à cause de l'excessive chaleur, & qu'entre nostre hemisphére & celuy des Antipodes, il y avoit un tres-grand Ocean que jamais personne n'avoit traversé, dont s'ensuivoit que s'il y avoit des hommes en l'hemisphére inferieur, il falloit qu'ils fussent nez de la terre, & non dérivez d'Adam & d'Eve, qui estoit ce que Saint Augustin estimoit être contraire à la foy. Et partant la supposition des Antipodes, qui depuis que l'on a découvert que la Zone torride est penetrable, a esté trouvée vraye, avant que l'on crût que la Zone torride estoit penetrable, estoit aussi bien heretique & contre la foy, que la supposition de ceux qui croient que la Lune soit une autre Terre, peuplée, & habitée d'hommes comme la nostre.

APOCRYPHES. Saint Hierôme au Canon des Hebreux qu'il rapporte, rejette six Livres, entre autres les Machabées, Judith, &c. mais depuis en ses Oeuvres, il s'est retracté, & les reçoit tous. Dans le Prologue qu'il a fait sur Judith cela se voit manifestement.

Les APPELLATIONS des Causes majeures vont au Pape, des mineures les Evêques connoissent : Les Causes majeures s'entendent lors qu'il est question de quelque point de foi, & de quelque ordre en l'Eglise : Les mineures s'entendent des crimes des Ecclesiastiques, desquels les Evêques étoient juges, & il n'y avoit point d'appellation d'eux. Car anciennement les Evêques jugeoient des crimes, & celui-là étoit deposé qui alloit aux Juges seculiers, pour être jugé. C'a été une grande dispute que celle des appellations, mais je la rendrai claire, & il n'y a point de doute qu'elle n'ait toûjours été au Pape : L'appellation n'est pas marque de Souveraineté, mais bien l'évocation. On n'appelle jamais de la Cour au Conseil, mais bien en évoque-t-on : L'appellation se fait par les Parties, & l'évocation par le Prince, c'est le Prince qui parle & qui évoque à soi.

AQUILE'E, étoit Archevêché ; cela se voit par une Epître de Leon, qu'il écrit *ad Nicetam Aquileiensem*, par laquelle il lui dit, qu'il assemble ses Suffragans. L'Archevêque de Milan consacroit celui d'Aquilée, *& vicissim* ; ce qui montre qu'ils étoient en pareil rang, & en pareille dignité.

ARA-

ARABE. Il y a en Orient une Université fort florissante en une grande Ville, qui est en la Tartarie, qui tire vers la Chine, qui est du Persan, où ils ont force Livres Arabes traduits du Grec que nous n'avons point. J'ai vû à Rome 2 Persans, qui avoient été en cette Université-là, l'un étoit au Cardinal Baronius, l'autre à Gioan Battista Remondi, qui est celui qui a fait imprimer les Livres Arabes que nous avons. Etant à Rome je fis ordonner 600 écus pour l'impression de cette Langue & pour l'entretien, mais elle s'en va perdue bien-tôt. Au commencement ils étoient huit pour la correction, il en est mort cinq, il faut que ce soit un Pape savant ou genereux, qui remette cela. Le Pape Sixte, & le Pape Gregoire aimoient les Lettres : depuis eux on s'en est peu soucié. La *Stampa Arabica* du Vatican se perdra enfin à Rome, & les Hérétiques l'auront; les Alemans ont déja tâché de l'avoir. Ce Pape-ci Paul V. l'a venduë, & a donné à son Neveu une Abbaye, le revenu de laquelle entretenoit je ne sai combien d'honnêtes gens au Vatican. Je fis à mon dernier voyage à Rome ériger une Chaire en Arabe avec cent écus

écus de gage, & je conseillai au Pape, pour mettre sus cette Langue, qu'il falloit qu'il fît une Bulle, par laquelle ceux qui sauroient l'Arabe, seroient préferables pour le Doctorat à ceux qui n'y seroient pas versez. Depuis peu cette Bulle s'est faite. Il y a à Rome quelque chose d'Archimede en Arabe, que nous n'avons pas en Grec. Vecchieto, qui depuis peu est revenu des Indes, a aporté avec lui plusieurs Auteurs des Mathematiques Grecs, mais traduits en Arabe, lesquels nous n'avions jamais vûs. Il y a en Arabe dans le Vatican vingt Auteurs Grecs traduits en Arabe qui sont perdus. Il y a le livre d'Archimede *de suppositis*, Apollonius Pergæus, & une infinité d'autres bons livres en Astrologie & en Histoire.

La Langue ARABIQUE est très-riche, & plus que toute autre Langue. Elle sert grandement pour l'illustration de beaucoup de lieux de l'Ecriture. Nous avons une grande obligation aux Arabes, car nous leur devons beaucoup de bons livres des anciens Grecs, qu'ils nous ont conservez. Aristote mesme nous l'avons eu premierement d'eux. Car il fut traduit de l'Arabe, & de cette version se sont servis S. Thomas

mas & les autres de son temps, qui ont écrit sur Aristote. Hippocrate aussi & Galien tout de mesme. Depuis on a eu d'Orient des originaux Grecs. Ils nous ont aussi conservé une grande quantité de Mathematiciens, qui sont perdus.

ARBRES. Il ne faut jamais leur faire le procez en hyver.

ARCHEVEQUE est plus que Metropolitain, & l'Archevêque avoit des Metropolitains sous luy.

ARISTOTE est admirable en sa Metaphysique & en sa Logique; mais en sa Physique il y a fait une infinité de fautes, autant que de mots. L'endroit *de loco* est tout faux. En ce mesme livre-là aussi, il dit plusieurs choses, lesquelles il determine generalement, qui sont fausses, si on n'y apporte quelque exception; comme quand il dit, qu'aux corps continus, si une partie se remuë, toute la masse se remuë; cela est très-faux generalement, car les corps liquides peuvent se mouvoir en une partie, comme la mer, qui est un grand corps continu, se peut mouvoir en une partie, & ne se pas mouvoir en l'autre. L'air tout de mesme, car s'il ne se mouvoit autrement qu'en toutes ses parties, il n'auroit point de mouvement. Il a aussi grandement

ment erré quand il a dit, que deux corps, deux superficies se pouvoient joindre immediatement, ce qui est très-faux. Aristote a fait force fautes pour avoir voulu maintenir, que les Cieux estoient incorruptibles, & a dit aussi que les Cieux se joignent immediatement. Mon opinion est, & je l'ay écrite & disputée il y a fort long-temps, que les Cieux sont liquides, & d'une matiere limpidissime; c'est aussi l'opinion de beaucoup & de la plûpart des Mathematiciens d'aujourd'huy, & que les Cieux ne font point de resistance aux Astres.

ARMÉNIENS. Leur Langue n'est pas tant difficile, le caractere est particulier, j'en entends quelque chose: il y a un Eusebe Arménien en la Bibliotheque Vaticane que j'ay vû; si j'eusse pensé que Scaliger l'eût dû imprimer je le luy eusse bien fait avoir.

ARRIEN. Nous ne sçaurions convaincre un Arrien par l'Ecriture, il n'y a nul moyen que par l'autorité de l'Eglise. En Angleterre ils furent bien empêchez à convaincre un Arrien, qui les mit tous à ne sçavoir que dire, & pensans le convaincre par passages de l'Ecriture, il les rembarbarra tous, & n'en purent venir à bout; ils le firent brûler.

ARRIUS. On m'a dit autrefois que le Roy de Fez & de Maroc, pere de celui qui regne aujourd'hui, disoit que les Chrétiens n'avoient qu'un sçavant homme, à sçavoir Arrius: c'est que la doctrine d'Arrius est fort approchante du Mahometisme, car les Turcs n'ont pas Mahomet *pro objecto fidei*, ils disent seulement, que c'est un grand Prophete, & honorent autant Jesus-Christ, que les Arriens d'aujourd'hui, qui croyent qu'il n'est que le Verbe du Pere, c'est à dire, que le Pere l'a envoyé seulement en terre, pour prêcher sa Parole & sa Doctrine. Les Turcs croyent que Jesus-Christ n'est pas mort; c'est pour cela que ce Roy de Fez estimoit tant Arrius, à cause de la conformité de sa doctrine à celle qu'il tenoit. C'est pourquoy il est grandement à craindre, qu'un jour ces païs du Septentrion, la Pologne, la Suede, le Danemarc, & autres, n'embrassent le Mahumetisme. Quand Arrius vint au monde avec sa doctrine, il y avoit d'habiles gens, un bon homme Alexandre Evêque d'Alexandrie, qui fit cette Epitre contre Arrius, qui est inserée

rée....... c'est une piece admirable, la plus docte, la plus profonde, la plus excellente, que j'aye jamais vûë; il n'y en a point eu de ce temps-là, ni du nôtre, qui en ait traitté si dignement, ni si profondement.

ASTROLOGUES. Ils croyent à Rome les François fort grands Astrologues depuis le voyage que le Roy voulut, que tous les Cardinaux François y fissent un peu devant la mort du Pape Clement, qui mourut peu après nôtre arrivée, & se mirent encore davantage en credit, parce qu'à l'entrée du Conclave, il y eut un homme, qui donna un billet au Cardinal de Joyeuse, où il y avoit écrit que le Pape qui se feroit s'appelleroit Paul, & porteroit en ses armes une Aigle. Il est bien vray qu'il a aussi un Dragon, mais en matiere de prophetie, c'est assez pourvu qu'on en approche; on les excuse toûjours. Mais on découvrit, que c'étoit une fourbe, & que celuy qui avoit donné le billet, n'avoit nullement pensé à ce Pape-cy; mais que par discours il conjecturoit, que ce devoit être Verone, qui avoit une Aigle en ses armes, & croyoit qu'il prendroit le nom de Paul, à cause qu'étant Venitien,

il

il prendroit le nom du dernier Pape qu'ont eu les Venitiens; il difcouroit en cette façon: Aldobrandin ne voudra pas faire une créature de Montalte. Montalte ne voudra pas aller à celles d'Aldobrandin, fi bien qu'ils iront à Verone; ce qui ne fut pas pourtant, & fut fort mauvais devin: pour ce qui regarde l'autre côté, il rencontra heureufement, cela donna du credit aux François, fi bien que le Pape même n'avoit pas trop agréable la venue du Cardinal de Joyeufe, & les Cardinaux demandoient à tous propos, *quando verrà Gioiofa?* Si nous euffions un peu attendu, & que nous ne fuffions pas fi tôt fortis de la Chapelle, nous pouvions faire Seraphin (*a*), qui fans doute nous eût mis le Pontificat entre les mains quelque temps, car il eût fait pour le moins une vingtaine de Cardinaux François. Ce font des gens perdus qui

(*a*) *Seraphin.*] Le même dont le *Thuana* dit qu'il étoit bâtard du Chancelier Olivier, & que fa mere fe maria depuis à Boulogne. C'eft donc avec raifon que le Cardinal d'Offat le regardoit comme François de naiffance. Mais il l'étoit auffi d'inclination, ce qui, en l'année 1600. lui valut l'Evêché de Rennes. Il avoit été fait Cardinal en 1596, après avoir été Auditeur de Rotte pendant plus de trente ans. L. D.

qui vieilliſſent ſur l'Aſtrologie judiciaire, la quadrature du Cercle & la Pierre philoſophale. Je dis pour des gens déja meurs, car pour un jeune homme il eſt bon, pourvu qu'il ne s'y amuſe pas trop.

S. AUGUSTIN. Je répons à 50. oppoſitions des paſſages de Saint Auguſtin, qui valent 50. Oraiſons de Ciceron pleines d'émotion & d'éloquence: j'ay tantôt achevé les principaux paſſages de Saint Auguſtin, & les plus difficiles. Otez à ceux de la Religion cet Auteur, ils ſont défaits, & n'ont plus rien. Je penſe que ce que j'écris à cette heure plaira, & j'ay grande opinion que le Lecteur y prendra plaiſir. Monſieur d'O diſoit que ceux qui en prêchant diſent, *Monſieur Saint Auguſtin* (a), c'étoit ſigne qu'ils avoient peu de familiarité avec ce Saint.

(a) *Monſieur Saint Auguſtin &c.*] Autrefois en parlant de l'Apôtre Saint Paul, on diſoit, comme au Chap. 1. de la Prognoſtication Pantagrueline, *Monſeigneur Saint Paul*. Les autres Saints & Saintes, que l'Egliſe Romaine a canoniſez, on les traitoit de *Monſieur* & de *Madame*, temoin la vieille Chanſon qu'en Lorraine les Guéux chantent aux portes des Maiſons:

Madame ſainte Barbe, Monſieur ſaint Nicolas,
Venez me ſecourir, car mourir je m'en vas.

Ainſi, dire aujourd'hui *Monſieur Saint Auguſtin* en parlant

PERRONIANA.

AVICENNA étoit Persan de Bucara, fils d'un Chinois, & Avicenna signifie fils d'un Chinois. Il a écrit en Langue Arabique, qui est la Langue de Doctrine de la Perse, comme de la Turquie. Il y en a qui ont voulu dire qu'il étoit Espagnol descendu des Mores, mais ils se trompent, il étoit de Bucara, ville sur les confins de la Perse approchant de la Tartarie.

AUMÔNIER. Monsieur le Cardinal de Bourbon avoit un Aumônier, lequel disoit beaucoup de mal de la Cour, & que s'il avoit 400. écus de rente, il s'en retireroit & n'y mettroit jamais le pied: il advint qu'il vaqua un benefice de 600. écus, que Monsieur le Cardinal luy donna, nonobstant il ne laissa pas de demeurer à la Cour & d'espérer toûjours plus: un de ses amis luy dit un jour, je vous ay oüy dire autresfois tant de mal de la Cour, & que si vous aviez jamais 400. écus de rente, vous ne voudriez pas y rentrer. L'Aumônier répondit, il est vray, je l'ay dit, & il ne faudroit plus qu'un

parlant de ce Pere, c'est mal parler, je l'avoüe, mais ce n'est nullement une marque, qu'on ait *peu de familiarité* avec les Ecrits de Saint Augustin. Encore aujourd'hui des Evêques qui se voient tous les jours se *monseigneurisent* entre eux. L. D.

qu'un petit dépit pour m'y faire resoudre. Le Grand Aumônier est Evêque de la Cour, & il me souvient qu'à Lyon le Roi y étant après Noël, il desira manger de la viande le Samedi, suivant la coûtume qui s'observe aux Dioceses dediez à Nôtre Dame: le Cardinal Aldobrandin y étant, l'Archevêque de Lyon aussi, neanmoins je donnay la dispense, & n'étois alors que premier Aumônier, Monsieur de Sens n'y étoit pas. Sur cette difficulté quelques-uns vouloient revoquer en doute, si cela pouvoit appartenir au Grand Aumônier en une Ville, où il y avoit un Archevêque, un Legat, & un Primat. Il fut arrêté que parce que le Grand Aumônier est Evêque de la Cour, cela luy appartenoit en quelque lieu que fût la Cour. Sur ce propos, on allegua que le Roy Charles étant hors de son Royaume à Avignon, où il y avoit un Legat du Pape, où l'Archevêque de la Ville étoit, que neanmoins le Grand Aumônier donna dispense à ceux de la Cour de manger de la chair. De cela il y a eu des Bulles des Papes qui sont maintenant égarées. Monsieur l'Archevêque d'Ambrun me dit les avoir vûës autrefois, & qu'il y avoit plus de 200.

200. ans qu'elles avoient été concedées (*a*); il faut bien qu'il y ait eu quelque Bulle pour donner ce privilege aux Grands Aumôniers, parce qu'on en a vû, qui n'étoient pas Evêques, & ne laiſſoient pas de faire toutes les fonctions d'Evêques. Monſieur Amiot a été bien long-temps Grand-Aumônier ſans être Evêque, il étoit ſeulement Abbé de Sainte Corneille.

L'Autel d'Airain, étoit hors du Temple, & pour cela il eſt dit de Zacharie, fils de Barachie, qu'il avoit été tué entre l'Autel & le Temple. *Vide Hier. in Ezech. cap.* 8.

B.

Bade en Suiſſe. Il y a d'excellens bains, & après s'être baignez, ils ſe font ſcarifier, ſi bien que toute l'eau en eſt rouge, & par fois on void 40 ou 50 perſonnes en cette eau ainſi ſale.

Badouere, je ne ſçay pourquoy le Clergé lui a donné une penſion de 500 francs,

___

(*a*) *Plus de* 200 *ans &c.*] Apparemment lorsque les Papes ſiégeoient à Avignon. Guillaume d'Avanſon eſt l'Arhevêque d'Ambrun duquel parle cet Article. L. D.

francs, & je m'étonne que Monsieur le Cardinal de Joyeuse l'ait affectionné en cecy, lui qui connoit & sçait en quelle reputation il a vécu à Rome & en d'autres lieux: je suis marri que celui qui a presenté sa requête à l'Assemblée, ait dit que je l'affectionnois; cela n'est point; il m'a bien été recommandé par un Evêque qui me l'amena ceans, mais que j'aye eu desir de faire quelque chose pour lui en cette occasion, non.

BAIF étoit un bon homme, mais fort mauvais Poëte.

BAINS. La faute de linge faisoit que l'usage des bains étoit si frequent parmi les Romains.

BALSAMON étoit fort ennemi des Papes, & lors que les Latins prirent le Levant, il fut dépossedé de son Siege d'Antioche, & en sa place fut mis un Evêque Latin.

BAPTEME. En son administration *sufficit intentio generalissima*, l'intention protestée & exterieure de faire en cela ce que l'Eglise a accoûtumé de pratiquer: autrement quelle asseurance pourrions-nous avoir de la validité des Sacremens, si elle dépendoit de l'intention interieure du Ministre?

nistre? Saint Augustin n'a osé résoudre, si le Baptême conferé par un non baptisé étoit vray baptême, mais a suspendu sa sentence, jusques à ce qu'un Concile general en eut jugé, ce qui est arrivé par la décision du Concile de Florence. Luther attribue au Diable même la puissance de baptizer. Voyez Pistorius. *Gregorius Nyssenus comparat vim seminis ad generationem hominis vi aquæ baptismatis ad regenerationem.*

BARONIUS. Le bon homme Cardinal Baronius s'est bien trompé en beaucoup de lieux de son histoire. Dans l'histoire de Baronius il y a de grands mécontes, il se trompe en infinis endroits, il n'est nullement exact, même au stile, seulement il y a du travail beaucoup. Monsieur de Nantes (a) me dit un jour, qu'il lui sembloit que Baronius s'embrouilloit en l'explication d'un certain passage pour ne vouloir conceder que Justinien eût eu quelque autorité sur les Ecclesiastiques. Il dit, le Cardinal Baronius a tort en cela, mais il a voulu tirer la couverture tout
d'un

(a) *Monsieur de Nantes.*] Apparemment Charles de Bourneuf, Evêque de Nantes en 1598. Philippe du Bec l'étoit en 1591. L. D.

E 5

d'un côté; & il se trompe, & tous les autres aussi, quand ils voudront nier que les Empereurs eussent autorité aux choses spirituelles, car ils presidoient aussi aux Conciles, l'Empereur pour ce qui est de la temporalité, & le Pape de la spiritualité. L'Empereur, ou quelqu'un commis par lui, avoit l'œil qu'il ne se fît rien qu'avec ordre, & que tout se passât paisiblement. Les Juges mêmes y assistoient & le Senat, mais pour la police, & non pour ordonner rien de ce qui est spirituel, ce qui se void par tous les Conciles. L'Empereur fournissoit même aux frais; & puis il importoit a l'Etat qu'une Assemblée d'un grand nombre de Prélats de tout le Monde, & une telle convention ne se fît dans l'Etat sans le consentement de l'Empereur; si bien que c'est folie de vouloir ôter aix Empereurs ce qu'ils avoient & ont toûjours eu de temps en temps. Les Empereurs, comme j'ay dit, fournissoient aux frais, & les Papes écrivoient des Lettres aux Evêques, qui s'appelloient *Synodales*, *Litteræ tractatoriæ*, parce que *tractare* veut dire, *in Concilio agere*, & *Tractatus* dans les Anciens veut dire *Concilium*, & il ne faut pas lire, *tractorias a trahendo*, ainsi

qu'a

qu'a voulu maintenir Cujas, mais *tractatorias*. C'est une chose admirable que l'histoire de Baronius, & il ne faut pas s'étonner s'il peut s'être trompé, & si l'esprit sommeille pendant un si grand œuvre; il se trompe à la verité en beaucoup de choses, & cite beaucoup de livres des Anciens qui sont rejettez; il allegue tant de passages pour fortifier ce qu'il dit, qu'il est excusable. Casaubon dans le livre qu'il fait contre Baronius, ne fait rien qu'attaquer les girouettes du livre & de cette histoire, comme dit du Plessis (a).

BARTAS (b) est un fort méchant Poëte, & a toutes les conditions qu'un tres-mauvais Poëte doit avoir, en l'invention, la disposition & l'élocution. Pour l'invention, chacun sçait qu'il ne l'a pas, & qu'il n'a rien à luy, & qu'il ne fait que raconter une histoire; ce qui est contre la Poësie, qui doit envelopper les histoires de fables, & dire toutes choses que l'on n'attend & n'es-

(a) *Comme dit du Plessis.*] De quelcun de ceux qui avoient attaqué son *Institution* &c. L. D.

(b) *Bartas.*] Guillaume de Saluste du Bartas, né à Aufch en Gascogne. Ceux de son pays réussissent en Chansons: il devoit s'y appliquer. Peut être n'y auroit-il pas moins excellé que Du Perron. L. D.

n'espere point. Pour la disposition, il ne l'a pas non plus, car il va son grand chemin, & ne suit aucune regle établie par ceux des Anciens qui ont écrit. Pour l'élocution, elle est tres-mauvaise, impropre en ses façons de parler, impertinente en ses metaphores, qui pour la plufpart ne se doivent prendre que des choses universelles, ou si communes qu'elles ayent passé comme de l'espece au genre, comme le Soleil; mais luy au lieu de dire, le *Roy des lumieres*, il dira le *Duc des Chandelles:* au lieu de dire les *Coursiers d'Eôle*, il dira ses *postillons*, & se servira de la plus sale & vilaine Metaphore, que l'on se puisse imaginer, & descend toûjours du genre à l'espece, qui est une chose fort vicieuse. Il y a beaucoup de choses qui sont si communes qu'elles sont passées en genre, neanmoins Ciceron dit qu'il aimeroit mieux dire *voraginem malorum*, que *charibdim malorum*.

Saint BASILE a fait des morales, *ascetica*, lors qu'il n'avoit aucuns livres, & en les citant par cœur, c'est pourquoy il ne s'y trouvera aucun lieu de la Bible qui soit cité avec les mots de la Bible, il n'y a mis que le sens, & ç'a été une folie à Beze de vouloir par ce livre corriger beaucoup de
lieux

lieux de l'Ecriture ; il faudroit donc corriger aussi par ce livre de saint Basile, le lieu, *Tu es Petra*, car il n'y a pas *Tu es Petrus*, mais σὺ εἶ Πέτρα. Monsieur du Plessis & ceux de la Religion se servent fort du lieu de Basile, où il parle du sourcil des Occidentaux, ὑπερηφανία, & qu'ils ne vouloient entendre la verité, & à ceux qui la leur annonçoient, ils ne vouloient pas prêter l'oreille. Je m'en sers tout au contraire des Huguenots, car je veux de ce lieu-là relever la dignité & l'autorité des Occidentaux. Saint Basile écrivoit cette Lettre en colere à cause qu'il avoit été suspendu pour avoir communié avec un Eustathius de Sebaste, & pour cela les Occidentaux ne luy envoyoient point des Lettres εἰρηνικὰς, *Communicatorias*, dont il s'offensoit. Et puis ce mot ὑπερηφανία ne veut pas dire là, orgueil, sourcil, comme ils disent, il veut dire *contemptus*, le mépris de la Verité ; non pas qu'ils méprisassent la Verité, c'est à dire la Doctrine, comme soutiennent ceux de la Religion ; mais il les reprend de leur nonchalance, de leur negligence, & dit que les Orientaux sont *supini* de ce qu'ils ne veulent point être informez de la verité de ce qui se passe, & ne se doit entendre ni de la

Doctrine, ni de la foy. Et puis ὑπερηφανία, comme j'ay déja dit, ne signifie point orgueil ni sourcil, mais il signifie mépris. Platon dit en quelque lieu ὑπερηφανία Θεῶν καὶ ἀνθρώπων, le mépris des Dieux & des hommes: & puis il dit qu'ils n'écoutoient pas ceux qui leur annonçoient la Verité. Ils ont mis ce mot *annonçoient*, pour montrer que c'étoit la Parole, la Doctrine; mais cela s'entend des choses qui se passoient en Orient. Et puis saint Basile dans la même Epître, ou après, s'offre de se soumettre à eux.

Monsieur de BEAUVAIS (a) a l'esprit fort net, & une fort grande memoire, il retient tout ce qu'il lit, c'est dommage qu'il ait si mauvaise vuë; luy & Monsieur d'Angers, sont les deux plus beaux esprits qu'ait le Clergé.

Le Cardinal BELLARMIN a un fort bel esprit & fort clair. Il a traité des Sacremens *in genere* fort bien, il ne se peut pas mieux. Il y a bien à dire que le Traité *de Eucharistia* soit de même. Quand il a trouvé quelque matiere bien épluchée & bien examinée déja par d'autres, il l'a mer-veil-

_____
(a) *Monsieur de Beauvais.*] Nicolas Fumée, Evêque de Beauvais. *L. D.*

veilleusement bien éclaircie avec la beauté & la netteté de son esprit, mais lors qu'il a trouvé une matiere encore embrouillée & où il y a beaucoup de confusion, son esprit s'y perd; il se sert bien souvent des Traductions des Peres Grecs, sans aller voir le Grec, je m'en étonne vû qu'il l'entendoit fort bien (*a*). Entre autres il se sert du livre *de præparatione Evangelica* pour la priere des Saints, & le cite en Latin de la version de Trapezunce, qui n'est nullement semblable au Grec, & qui ajoute une clause qui ne se trouve point dans le Grec.

Du BELLAY & Ronsard sont les plus excellens Poëtes que nous ayons eus. Il y a de bonnes pieces dans du Bellay, entr'autres une Préface à Madame Marguerite de Savoye, où il dit qu'autrefois il luy a donné des fruits plus savoureux, mais qui n'étoient pas de meilleure garde que ceux-cy. Cette piece-là est toute bien faite depuis le commencement jusques à la fin. Il y a un autre discours de luy au commencement de ses Oeuvres, où il parle de la Poësie, qui n'est pas si bien; aussi commençoit-il à faire quelque chose, & à se tirer du commun.

BEL-

(*a*) *Il l'entendoit fort bien.*] Il l'entendoit si bien qu'à peine y pouvoit-il lire, comme il paroit par ses Ecrits. D.

BELLEAU faisoit encore moins que Jodelle (a), qui ne faisoit rien qui vaille: ils font des vers de pois pilez (b).

BERENGARIUS étoit de Tours & Archidiacre d'Angers; il a vécu fort long-temps & jusques à 80. ans, il mourut le jour de l'Epiphanie. Comme Monsieur Casaubon disoit, que *non constabat de conversione Berengarii*, ni s'il étoit mort avant que d'avoir abjuré; Monsieur le Cardinal luy répondit que trente ans devant qu'il mourut, il avoit fait abjuration, & que depuis il avoit vécu fort saintement; en mourant il disoit, je m'en vay paroître devant Dieu, ou pour être condamné pour avoir été cause de la ruïne de tant d'ames, ou par ma penitence être bienheureux ; lesquelles paroles Monsieur du Plessis n'a pas voulu entendre au même sens que le vouloit dire Berengarius, car il prend cette premiere, *pour être condamné*, &c. lors qu'il abjura son heresie. Hildebertus Cenomanensis fait foy, comme il mourut saintement, dans l'Epitaphe qu'il lui a faite.

___

(a) *Belleau ...... Jodelle.*] Remi Belleau: Etienne Jodelle. *L. D.*

(b) *Vers de pois pilez*] Les *pois pilez* étoient de mauvaises farces qui divertissoient la populace. *D. M.*

BENNON Aleman, non Cardinal, mais Anticardinal & creature de l'Antipape Guibert nommé Clement III. mortel & enragé ennemi du Pape Gregoire VII. écrivit non sa Vie, mais une satyre & une invective contre sa vie: Auteur ridicule, plein de fables & d'impertinences, comme le remarque Onufre, quoy que partisan des Empereurs.

BENOIST (*a*), Curé de Saint Eustache, étoit un mauvais Ecrivain, il ne se trouvoit point de verbe en ce qu'il écrivoit, il entrelassoit son stile de parentheses, & ne revenoit jamais au logis (*b*). Il n'y a pas un mot pour rire en ce qu'il écrivoit. Il est maussade.

BERGAMOTTE. Je pensois que les poires que nous appellons de Bergamotte, fussent ainsi nommées à cause de Bergame, &, qu'elles fussent venuës d'Italie : mais elles viennent de Turquie, car en Langue Turquesque *Beg* veut dire un Seigneur, &
armot

───────

(*a*) *Benoist.*] René Benoît. On lui a donné une ample Note parmi celles de la *Confession de Sancy*. L. D.

(*b*) *Jamais au logis.*] Revenir au logis, c'est ce qu'une autre expression Proverbiale apelle *revenir à ses moutons*. *Domum redeamus*, dit dans le même sens Ciceron *in Bruto*. Voyez l'*Appendix* des Adages d'Erasme, No. 151. L. D.

armot poire; c'est donc à dire poire de Seigneur.

Saint BERNARD disoit à un Archevêque de Sens, *dicite Pontifices, in fœno quid facit aurum?*

Monsieur BERTAUT Evêque de Seez & moy fîmes des vers sur la prise de Laon; les siens furent trouvez ingenieux, les miens avoient un peu plus de nerfs, un peu plus de vigueur; il étoit fort poli.

BIBLES. Il y avoit deux Bibles: celle de la dispersion qui fut donnée aux Juifs épars par tout le monde. En celle de la reversion les Machabées n'y étoient point, parce qu'ils ont été depuis; en celle de la dispersion les Machabées y étoient, c'est celle-là qui a été traduite en Grec, & dont les Apôtres se sont servis. Saint Hierôme a été le premier entre les Latins, qui a rejetté les Machabées en son Prologue cresté, dont il s'est retracté après, & les appelle Livres divins; & en son Commentaire sur Esaïe, qu'il a fait depuis son *Prologus galeatus*, il les tient pour canoniques, & qu'en ce qu'il en a dit, il a suivi l'intention des Hebreux, qui ne les mettent point en leur Canon. Ceux de la Religion nous apportent des Canons des Anciens, comme de
Gre-

Gregoire de Nazianze en ses vers, où il n'en est point fait mention; d'Amphilochius, qui n'en parle point; mais ce sont des Canons qui ne sont pas entiers; & il ne se trouvera aucun Canon parfait où les Machabées soient rejettez.

BIERE. Ceux qui boivent de la biere ont le visage frais; il vient icy quelquefois un Prêtre Anglois qui a plus de soixante ans, & ne paroît pas en avoir quarante-cinq, tant il est frais & vermeil.

BOSPHORE. Il n'y a rien si beau que de voir ce Bosphore de Thrace près de Constantinople, qui est un grand canal de mer tout semé de côté & d'autre de villages & de maisons.

BOUFFON. Je dis une fois étant à Mantoue au Duc lequel avoit un Bouffon, qu'il disoit être *magro buffone & non haver spirito*, que ce Bouffon avoit pourtant de l'esprit. Le Duc me demanda pourquoy? Parce, dis-je, qu'il vit d'un mêtier qu'il ne sçait pas faire (a).

BOURBON. Les vers de Nicolas Bourbon sont excellemment bien faits, parlant de

---

(a) *Vit d'un mêtier qu'il ne sçait pas faire.*] Ce mot aproche d'un autre du Breton la Renardiere au Roi Henri IV. dans Fœneste Livre IV. Chap. 7. *L. D.*

de ceux qu'il fit pour Monsieur de Sully.

Monsieur de BOURBONNE. Mon Dieu quel mauvais dîner j'ay fait chez luy! mal apprêté, mal ordonné & de mauvaise viande. C'est le bon homme qui ordonne le tout, c'est à la façon de Lorraine; Il me souvient qu'un jour Monsieur de Lorraine nous traita comme cela. C'est un mal-avisé homme que Monsieur de Bourbonne, de dire du mal de Monsieur Gillot en ma presence, luy qui sçait que j'en ay reçu tant de courtoisie en passant à Langres, & le luy ayant dit moy-même. Madame de Bourbonne est une galante Dame, & qui a bien de l'esprit; mais luy est un veau.

BOUVINES. A la bataille de Bouvines l'Empereur Othon avoit plus de 150. mille combattans. Elle fut gagnée par Philippes Auguste, sous les auspices de la cause d'Innocent III.

BREVIAIRE. Il seroit bon qu'on en ôtât quelques pieces qui ne sont pas de plus grande autorité que les Decretales, & qui peuvent être dommageables; car il y a des Homelies heretiques, comme il y en a qui sont tirées de l'Oeuvre imparfaite sur saint Mathieu; dont l'Auteur étoit heretique & Arrien, quoy qu'excellent pour les mœurs:

mœurs: pour cette confideration ils font excufables, & ce n'eft pas pourtant à dire que le Breviaire foit heretique pour cela.

Monfieur le Prefident BRISSON étoit un affez mauvais harangueur, il avoit la parole fort laide, l'action & la prefence de même (a). Un jour faifant une harangue au Roy, il dit, que pour quelque affaire qu'il propofoit, il étoit befoin d'une *grande indagation*. Monfieur de ...... luy demanda, ce que vouloit dire *indagation*, il dit que c'étoit à dire recherche: Monfieur de ...... luy dit, fi bien que pour dire, il faut chercher le Roy & la Reine, il faut dire *indaguer* le Roy & la Reine (b).

Mon-

(a) *Il avoit la parole fort laide &c.*] Il regardoit toujours aux folives. D.

(b) *Indagation. &c.*] *Indague* fe trouve dans Rabelais Livre I. chap. 9; & encore dans Oudin. *Indagateur* fe trouve même auffi dans ce dernier: mais nulle part pour *indaguer*, qu'un mauvais plaifant vouloit prêter au Prefident Briffon. L. D.

Indaguer fe trouve dans le Dixain que Rabelais a mis à la fuite de l'Epitre du Limoufin &c.

Pour indaguer en vocable authenticque
La pureté de la langue Gallicque
Jadis immerfe en caligine obfcure &c.

Sur quoi Mr. le Duchat a fait cette Remarque: " In-
" daguer du verbe *indagare*, ne fignifie ici autre chofe
" que *rechercher*." Plus haut l. 1. chap. 9. *par trop*
" *indague, & abhorrente*, c'eft-à-dire, recherché avec
" plus de fubtilité que de raifon. D. M.

Monsieur de la BROSSE écrit fort bien en François & nettement, il avoit commencé la Vie du feu Roy, je ne vis jamais un si bel avant-discours; que les Poëtes avoient accoûtumé de ne point representer les Dieux que déja hors d'enfance, aussi luy il vouloit laisser ce qui étoit de l'enfance du Roy pour venir tout d'un coup à ses faits genereux.

BRUSQUET étoit un plaisant boufon, & qui étoit fin, nullement fou. Il étoit Provençal, premierement Advocat & habile homme. Il vint à la Cour pour une affaire qu'il eut au Conseil, à la poursuite de laquelle il demeura trois mois avant que de pouvoir rien faire. Enfin il s'avisa luy qui étoit plaisant, de tenter toutes sortes de voyes, & de voir si par boufonnerie il pourroit avoir son expedition: Il boufonna si bien qu'il ne demeura gueres sans obtenir ce qu'il desiroit. Luy voyant qu'il avoit plus fait en un jour par sa bouffonnerie que durant toute sa vie en advocaçant, il quitta son métier, & se fit bouffon, ce qui luy valut mieux. Il escroqua fort subtilement une chaîne d'or (a) que le Roy avoit donnée

_____

(a) *Une chaîne d'or* &c.] Ce conte, & plusieurs autres du même Brusquet, se trouvoient dans la Vie

née à un bouffon de l'Empereur, qui vint avec luy de la Cour d'Espagne: car comme ils furent prêts de passer par le pont au change, il luy dit, écoutez, il faut que nous laissions nos chaînes en la maison d'un de nos amis, parce que nous allons passer par une ruë plaine de matois qui nous pourroient faire quelque déplaisir; ce pauvre bouffon le crut, & mit cette chaîne entre les mains de Brusquet, qui après avoir passé le lieu qu'il craignoit, luy rendit une chaine de cui-

du Maréchal Strossi par Brantôme. Mais le meilleur de tous se lit pag. 32. & suiv. de la Relation du Voyage de l'Amiral de Châtillon à Brusselles en 1556. Amst. in 4o. 1643. Brusquet avoit suivi l'Amiral, envoyé à Bruellsses au Roi Philippe, pourvoir lui jurer la Trêve, & il avoit remarqué que la Salle de la Cérémonie étoit tenduë de Tapisseries qui représentoient la bataille de Pavie avec toutes les circonstances les plus mortifiantes pour la Nation Françoise. A un grand bal qui, le soir même, se donnoit à la Cour, on vit Brusquet & son valet éparpiller l'or à poignées, & une partie de l'Assemblée, jusqu'à des Dames même s'entreculebuter en voulant se faire voir vers les endroits où quelque Ecu d'or brilloit sur le plancher. Philippe lui-même étoit tout indigné qu'en sa presence des Etrangers eussent ainsi osé semer l'or parmi ses Sujets. On reconnut bientôt, que ces prétendus Ecus-d'or n'étoient que des *jettons du Palais*, & que c'étoit un trait du bouffon Brusquet, en revanche de l'insulte des Tapisseries. Philippe les fit détendre, & Amis comme devant. *L. D.*

cuivre toute semblable à la sienne, & quand ce Bouffon s'en retourna en Espagne, Brusquet écrivit par luy à l'Empereur qu'il avoit envoyé en France un bouffon le plus sot du monde, & qu'il s'étoit laissé déniaiser d'une chaîne d'or que lui avoit donné le Roy. L'Empereur reçut cette Lettre par les mains du bouffon; après l'avoir luë il lui demanda ce qu'il disoit du Roy de France. Il en dit tant de bien, qu'il étoit le plus galand Prince, le plus liberal, & qu'il lui avoit donné la plus belle chaîne qu'il fut possible. L'Empereur lui fit mille hontes de ce qu'il s'étoit laissé deniaiser de sa chaîne que le Roy lui avoit donnée, pour une autre qui n'étoit que de cuivre. Brusquet escroqua aussi fort subtilement du Comte de Benevent Espagnol qui vint en France, une fort belle coupe d'or, qui avoit un couvercle merveilleusement bien enrichi de pierreries. Ce Comte étant un jour à table, à qui on donnoit à boire en cette coupe, Brusquet la loüa fort & en admira l'ouvrage, & pria le Comte de la lui prêter pour en faire une semblable. Le Comte qui étoit magnifique ne la lui put refuser, mais on oublia à lui donner le couvercle, qui valoit mieux que la coupe. Brusquet
ayant

ayant eu la coupe dit au Comte, Monseigneur, nous sommes en un climat beaucoup plus froid que le vôtre, si la coupe que vous m'avez donnée n'a son couvercle pour la couvrir, il est à craindre qu'elle ne s'en trouve mal, il seroit donc fort a propos de commander qu'on le lui remette dessus. Le Comte qui vouloit montrer sa liberalité lui fit aussi bailler le couvercle.

Les BULLES obtenuës par un nommé Louis & publiées par l'Official de Beziers, qui mettoient à l'interdit la Ville de Nevers & d'autres qui le mettoient en la Ville de Gand; c'étoient des Bulles de Chancellerie obtenuës par la subreption des parties, & non pas des Bulles Consistoriales expediées du propre mouvement & de la science certaine du Pape & du Siege Apostolique.

C.

CAcus *inversis vestigiis boves abducens, typus Plagiariorum.*

CALVIN étoit un grand esprit, & qui écrivoit bien & en Latin & en François, mais passionnément; il est fort plein de contradictions, il étoit bien empêché sur le fait de l'Eucharistie. On dit que chez Messieurs

sieurs du Tillet il y a encore quelques Epîtres Latines de sa main sur le fait de l'Eucharistie, par lesquelles on pourroit voir plus clairement ce qu'il en tenoit qu'en ses Ecrits; il ne faut pas s'étonner si ces Messieurs du Tillet ont été un peu suspects ayant eu Calvin pour Precepteur.

CALX. La Chaux fait aux arbres ce que le vin fait aux corps des hommes, elle les fait jetter leurs feuilles & fleurir, & faire leur fruit de bonne heure & avant le temps, mais aussi elle les fait mourir: ainsi en est-il du vin, il égaye les hommes & les réjoüit, & leur fait jetter des fleurs, mais aussi il n'y a nul doute qu'il ne leur abrege la vie.

CANNES. Un jour voyant à Bagnolet, des Cannes qui se battoient dans le vivier, il dit, c'est la bataille de Cannes.

CANONISTA. *Ex bono Canonista fit malus Theologus.*

Les CANONS des Apôtres, les Constitutions d'eux & de Saint Clement, sont Apocryphes. Pour le regard des Canons, les Grecs les ont eû en plus grande veneration, & pour montrer qu'ils sont bien incertains, c'est que le nombre n'en est pas certain, car quelques-uns en mettent plus & d'autres moins. Gelase les met *inter A-*
pocry-

pocrypha. Dans les Constitutions il y a mille choses mauvaises, & qui ne se peuvent soûtenir. Il fait pour Canoniques trois livres des Machabées, & nous sommes bien empêchez à en prouver deux. Ces Decrets aussi des Papes ne valent rien, cela est tout Gothique, & il y a force choses contre la doctrine de l'Eglise & sa coûtume ancienne. Car il y a qu'un tel Pape ajouta à la Messe une telle chose, un autre une autre, ce sont toutes badineries, car anciennement la Messe avec toutes ses ceremonies étoit toute semblable à celle que nous disons. Saint Augustin le dit expressément, Saint Basile aussi, & les heretiques pensent avoir beaucoup dit, quand ils disent que la Messe est faite de plusieurs piéces, & que chaque Pape y a ajouté ce qu'il a voulu. L'Eglise Romaine n'a jamais tenu les Canons des Apôtres: les Grecs, desquels nous tenons la compilation des Canons Grecs, entre lesquels est Balsamon, Alexius & d'autres, ne s'accordent nullement. Le plus ancien compilateur des Canons Grecs, je crois qu'il vivoit un peu auparavant du Concile de Chalcedoine, & cet ancien avoit diverses compilations de Canons, & chaque Païs en avoit; mais de compilation qui ait été reçuë par l'Eglife univerfelle, il ne s'en trouve point; jamais Concile univerfel n'a confirmé aucune collection de Canons. Les Canons du Concile de Nicée ne font point confirmez. Je fçay plus de Canons que les Compilateurs Grecs. Il n'y a que vingt Canons du Concile de Nicée. Ils y veulent mettre celuy de la Pâque, mais il eft affez parlé de cela dans Eufebe. Les Canons des Apôtres font bien fufpects; il y a neanmoins quelque chofe d'ancien. Canon *fi Papa*, Ils difent que nos Docteurs maintiennent que le Pape envoye les ames aux enfers, & le montrent par un paffage de Bonifacius Archevêque de Mayence, lequel ils falfifient; car Boniface dit feulement, fi un Pape eft négligent, fi un Pafteur eft pareffeux, qu'il envoye les ames aux enfers. Cela eft bien different de dire abfolument, que le Pape a pouvoir d'envoyer les ames aux enfers contre l'intention de Bonifacius.

CARDINAUX. Le Concile de Lyon qui leur donna leur autorité, fut tenu le Pape y préfidant, approuvé par toute l'Eglife & par les Rois: au Concile de Conftance les Cardinaux préfiderent, & perfonne ne leur difputa le rang, & l'on ne peut

peut dire qu'ils y fuſſent comme Legats, parce qu'en ce Concile il étoit queſtion de dépoſer un Pape. Le Concile de Baſle auſſi témoigne quelle étoit leur autorité. Le College des Cardinaux eſt auprès de ſa Sainteté, comme un Concile perpetuel & ambulatoire, ſans l'avis duquel le Pape ne decide jamais rien en matiere de Religion.

CARDINAUX. Quand le vieux Hiſtorien Nicole Gilles dit, que la cenſure du Pape Agapet contre le Roy Clotaire fût expediée par l'avis des Cardinaux, il a voulu accommoder les termes de l'hiſtoire au ſtile de ſon temps; & par le mot de Cardinaux, il a entendu les Prêtres titulaires de l'Egliſe Romaine, qui opinoient aux actes conſiſtoriaux avec les Papes, comme il ſe void par les Epitres de Saint Gregoire, & il les a appellez Cardinaux, parce que ce ſont eux aux titres conſiſtoriaux & à l'office deſquels en cette partie les Cardinaux ont ſuccedé; comme le Sieur du Tillet appelle les Maires du Palais de nos anciens Rois, *Conneſtables*, non qu'ils ſe nommaſſent alors Conneſtables, ni que ceux qui portoient alors le nom de Conneſtables fuſſent Maires du Palais; car alors Conneſtable ſignifioit grand Ecuyer; mais pour

pour accommoder le plus près qu'il luy a été poffible le fens des mots de ce temps-là à l'ufage des termes de celuy-ci; que fi depuis que l'élection des Papes, à laquelle le Peuple & les Empereurs avoient part, a été réduite aux feuls Princes d'Alemagne, que nous apellons Electeurs; & d'ailleurs qu'après la feparation de l'Eglife Grecque, les Cardinaux ont été faits, comme dit le Concile de Bâle, Legats de l'Eglife univerfelle auprès des Papes, afin de tenir toûjours un Concile reprefentatif autour de la perfonne du chef de l'Eglife; & outre cela que pour enter plus étroitement le corps de l'Eglife en fa tige, qui eft l'Eglife Romaine, les Evêques & Archevêques prefentez à cette fin par les Rois ou Republiques des Provinces, ont été vêtus du titre de Prêtres titulaires de l'Eglife Romaine, afin d'affifter avec le Pape aux jugemens ordinaires des caufes de l'Eglife, & comme membres particuliers de l'Eglife Romaine & comme Legats & députez de l'Eglife univerfelle, qui eft la caufe pourquoy le Concile de Bâle veut qu'ils foient appellez non feulement Cardinaux de la Sainte Eglife Romaine, mais même Cardinaux de la fainte Eglife univerfelle; ce rang

rang leur a été donné en l'Eglife par le confentement de tous les Rois & de tous les Princes tant Ecclefiaftiques que feculiers de toute la Chrétienté, tel qu'ils l'ont tenu depuis fept ou huit Conciles œcumeniques derniers, cela n'empêche pas que les Prêtres titulaires de l'Eglife Romaine qui affiftoient anciennement avec le Pape aux actes Confiftoriaux, & y portoient les mêmes titres de l'Eglife Romaine fous lesquels les Cardinaux font adoptez au Confiftoire, ne puiffent avoir été convenablement appellez par l'Hiftorien Gilles, Cardinaux, comme étant ceux aux titres Confiftoriaux defquels, les Prelats que nous appellons aujourd'hui Cardinaux, ont fuccedé Cardinaux Affeffeurs & Confeillers des Papes, dont l'inftitution n'eft que de droit pofitif, leur charge n'étant qu'une fonction & dignité en l'Eglife, non pas une miffion, laquelle ne peut être que de droit divin.

CARTHAGE étoit un grand Primat, il avoit fept Metropolitains fous luy.

CASAUBON. Il lut à Monfieur du Perron fon frere, une lettre que Monfieur Cafaubon luy écrivoit (*a*) en François, & de fois

(*a*) *Une lettre que Mr. Cafaubon lui écrivoit.*] Au fujet

fois à autre il y mêloit du Latin. Quand il parle François, disoit Monsieur du Perron, il semble que ce soit un païsan, & quand il parle Latin, il semble qu'il parle sa langue; Monsieur le Cardinal dit, il a negligé l'une, & mis tout son esprit en l'autre. A Messieurs Pelletier & de Saint Victor, qui luy disoient, c'est à ce coup qu'il est assuré que Casaubon s'en va puisque sa femme le va trouver, il dit, qui dit cela que sa femme le va trouver? mais ce n'est pas pour y demeurer, il n'a son congé de la Reine-mere que pour quelques mois, au plus d'un an, & la Reine même me l'a dit. Ce sont des gens qui ont envie d'avoir son bien qui disent cela, ce sont des gens qui ne valent rien, ils luy donnent bien sujet de demander son congé, puis qu'ils demandent ses charges & ses pensions; & comme Monsieur de Saint Victor dit, c'est Mathieu qui l'a demandée; ce sont les Jesuites, dit Pelletier, qui ont fait cela pour luy; je n'en puis rien croire, dit l'Abbé de Saint Victor, car il ne les aime pas. Com-

jet du bruit que les Jesuites répandoient de sa prochaine conversion. Il est parlé de cette Lettre, & de ce bruit dans une Lettre de Jaques Gillot à Scaliger. C'est la 42e de la 3e Centurie du Recueil de Jaques de Reves. *L. D.*

Comment, dit Monsieur le Cardinal, il ne les aime pas? il est tout à eux, & ne respire qu'eux. L'Abbé repliqua, ils se sont donc rapatriez, car ils ont été fort mal quelque temps, parce que dans son histoire il les appelle *Semi-Arianos*: quoi qu'il en soit, dit Monsieur le Cardinal, il l'a demandée; mais en frappant sur la table il dit, il ne l'aura pas, ni personne quel qu'il soit. C'est à Monsieur le President de Thou & à moy à y nommer; les Jesuites ne font que le harceler, cela ne fait que l'aigrir, & il prend ces choses à cœur, & ne s'accommodera jamais avec eux. Pour ce qui est des lettres humaines, il en sçait plus que tous tant qu'ils sont. Pelletier dit, je m'étonne de cette grande irresolution de Casaubon, il y a si long-temps qu'il est après à s'instruire; il ne faut pas s'en ébahir, dit Monsieur le Cardinal, un homme qui a vécu toute sa vie en une Religion, & y a tous ses parens, il est bien malaisé qu'il se resolve si vite. Je l'ay vû autrefois tellement resolu, qu'il me demandoit jour pour me venir trouver, afin de faire son abjuration. La mort du Roy l'a entierement épouventé & de voir l'Estat en la division en laquelle il est, cela ne le peut que beaucoup empêcher, quel qu'il soit, il fait plus de fruit à la Religion Catholique en Angleterre qu'on ne pense, & c'est Monsieur de la Boderie Ambassadeur pour le Roy, qui a demandé son congé pour un an, à cause du profit qu'il a fait à la Religion, & c'est ce qui fait parler tant de gens, qui luy en portent envie ; il est allé en Angleterre si bien muni de memoires & de bonnes autoritez qu'il n'y a Ministre en Angleterre qu'il ne fasse taire, & il en sçait tant qu'il n'y a Ministre en France à qui il ne tienne tête, ni Docteur de Sorbonne qu'il ne fasse rougir : il y a deux ans qu'il ne fait autre chose que lire les Peres, qu'il travaille sans cesse, & copie même de sa main une infinité de choses, c'est un homme raisonnable, & qui a bon jugement aux livres & fort homme de bien. Il a tout copié de sa main la Confession de foy des Grecs que je luy baillay : Ils vont demander sa charge de la Bibliotheque ; Ce sont des gens qui ne valent rien. J'ay vû Monsieur Casaubon prêt à se convertir & à prendre jour pour faire abjuration, Il avoit même promis de traduire en Latin mon livre de l'Eucharistie. Je n'ay point encore lû son livre contre Baronius, mais sur le rapport qui

qui m'en a été fait par quelques-uns, il y a des choses fort legeres & fort grammaticales, & fort peu d'ingenuité. Je ne sçay s'il entre bien avant dans les choses de la Theologie, mais je suis bien assuré que s'il en traite il ne dira rien qui vaille, car il n'y entend rien, il a beaucoup de choses de moy dont il s'est servi sans me nommer; quand il me venoit voir & me proposoit des difficultez, il écrivoit en ma presence les solutions que je luy donnois.

CASSIANUS étoit Grec & a écrit en Latin fort élegamment, ce qui fait dire à quelques-uns, que ce que nous avons de luy est une version du Grec; mais on tient que c'est luy qui l'a ainsi écrit, on a vû fort peu d'Anciens excellens en l'une & en l'autre langue. Ciceron en est un.

CASSIODORE a fait l'histoire tripartite de Socrate, Sozomene & Theodoret, de ces trois Auteurs, une pour la commodité de ceux qui veulent lire l'histoire, parce qu'en lisant cette Histoire on évite les redites.

CASUISTES. La science des cas de conscience est perilleuse & damnable; car en matiere de conscience, de doutes & de scrupules, il suffiroit de s'en remettre à la prudence & discretion des Confesseurs sans en imprimer des livres, qui mettent les ames en anxiete au lieu de les en retirer ; & d'ailleurs il n'y a aucun des Anciens qui en fasse mention.

CATHOLIQUE. Les Peres ne se contentent pas du seul nom d'Orthodoxe, qui est bon pour l'exclusion des Heretiques, mais ne suffit pas pour celle des Schismatiques, & pour cela ils recourent au nom de Catholique, qui contient l'une & l'autre distinction. Ce n'est pas un nom de simple créance, mais de communion ; autrement les Anciens n'eussent pas refusé ce titre à ceux qui étoient separez non de la créance, mais de la communion de l'Eglise, & n'eussent pas protesté que hors de l'Eglise Catholique on pouvoit bien avoir la foy & les Sacremens, mais non pas le salut. Vous êtes avec nous, dit Saint Augustin aux Donatistes, au Baptême, au Symbole & en tous les autres Sacremens du Seigneur, mais en l'esprit d'unité, au lieu de paix, & finalement en l'Eglise Catholique, vous n'êtes point avec nous ; d'où resulte qu'il ne suffit pas pour obtenir le nom de Catholique, de tenir ou plûtot penser tenir la même créance que tenoient
les

les Anciens, si on ne communique à la même Eglise à laquelle ils communiquoient, & qui par succession de personnes, & comme nous prétendons, de doctrine, est parvenuë jusques à nous; & si elle a perdu quelque chose de son étenduë en nôtre hemisphere, elle en recouvre autant & plus tous les jours en l'hémisphére inferieur, afin qu'en elle achevent de s'accomplir ces propheties, en sa semence seront benites toutes les nations de la terre; il faut que cet Evangile soit prêché par tout l'univers, & puis la fin viendra, & autres semblables.

Du Cauroy (a) a grand art. Il étoit grand personnage, c'est le meilleur des François qui ont écrit en Musique.

Celibat. Il y avoit une Loy de Justinien, qui enjoignoit aux Evêques de faire vœu de Celibat six mois avant que d'être Evêque. Il y avoit une Loy par laquelle les enfans des Prêtres ou Evêques ne pouvoient avoir aucuns biens de leurs Peres. Cela témoigne bien que les Evêques ne pouvoient se marier, ou bien s'ils l'étoient, étoient obli-

---

(a) *Du Cauroy.*] Il est parlé de lui dans les Notes sur le Chapitre I. du 2 livre de la *Confession de Sancy.* L. D.

bligez de s'abstenir de leurs femmes. Tant de passages de l'Antiquité le montrent si clairement que rien plus, & ils ne sçauroient montrer un seul passage de l'Antiquité, par lequel il paroisse qu'aucun Prêtre ou Evêque se soit marié après avoir été promu au Sacerdoce, ou à l'Episcopat. Ils alleguent l'exemple de Synesius, lequel fait entierement contr'eux. Car Synesius pour obstacle à ce qu'il peut être Evêque apporte 2. empêchemens; l'un qu'il ne croit pas la resurrection des corps; & l'autre qu'il ne pouvoit pas quitter sa femme, ni la voir comme adultere. Cet exemple est évident pour le Celibat. Ils disent à cela que Synesius ne laissa pas d'être Evêque bien qu'il ne crût pas la Resurrection, & qu'il n'est point dit qu'il luy fût enjoint de quitter sa femme, il n'est point dit aussi qu'il luy fût permis de la retenir. Et puis Synesius fut forcé, nonobstant le point de la Resurrection, pour l'opinion qu'on avoit que Dieu l'inspireroit, & qu'il reviendroit à la créance de l'Eglise; ils pouvoient tout de même luy avoir permis de retenir sa femme sous la même opinion. Ils apportent le lieu de Socrate, où il est parlé de Paphnuce ; mais cette histoire est

toute

toute fausse, & n'est rapportée que par Socrate & Sozomene, qui sont tous deux heretiques, & bien depuis le temps du Concile de Nicée, où les Peres qui étoient du temps, n'en disent mot, comme Eusebe & Epiphane, ains tout le contraire que le Concile défendit aux Prêtres d'avoir des femmes, & il ne se void point que sur l'instance de Paphnuce le Concile ait prononcé aucune chose, ce qu'il devroit avoir fait en un point dont il avoit tant été parlé au Concile Eliberitain, où étoit Osius, lequel étoit encore au Concile de Nicée & y présidoit. Cela est bien une preuve de fausseté de l'histoire de Paphnuce. *Actus matrimonii* est incompatible avec le Sacerdoce ; le mariage des Prêtres est défendu ; non que le mariage soit une chose impure, mais à cause du peché originel & de l'imperfection qu'il y avoit. En ce cas David disoit, *in peccatis concepit me mater mea* ; & Job, *quis faciet mundum de immundo conceptum femine?* Les Evêques n'étoient jamais mariez, le fait de Synesius le montre assez parce qu'il disoit trois choses pour refuser l'Episcopat ; l'une, qu'il étoit marié & qu'il ne vouloit point voir sa femme comme adultere ; l'autre, qu'il ne croyoit pas

pas la Resurrection, comme les autres la croyoient; & le dernier, qu'il alloit à la chasse. On ne trouve point de lieu d'Auteur qui die qu'il quitta sa femme, & il ne s'en trouve point aussi, qui asseure qu'il la retint, bien que ceux de la Religion le maintiennent impudemment, mais ils mentent; car il est bien dit que nonobstant la créance qu'il avoit diverse touchant la Resurrection, il fut reçu à cause de l'esperance que l'on avoit qu'il reviendroit; mais il n'est point dit qu'il retint sa femme, laquelle on pût luy permettre de retenir en ce fait, qui est un fait particulier, puis qu'on le reçût, nonobstant que de la Resurrection des corps il crut autrement que les autres.

La CENSURE dont il est parlé aux Canons des Conciles d'Afrique, n'étoit pas proprement une excommunication, mais une espece de limitation & de restriction de communion, laquelle Balsamon remarque n'avoir eu lieu qu'en Afrique; elle ne se pratiquoit que pour les fautes legeres, & privoit seulement les coupables de la communion avec le reste des Evêques, les autres Evêques leur reservant la seule communion de leur Diocese; là où l'excommunication pour les grands crimes privoit les excommuniez, même en Afrique, de toutes les fonctions sacerdotales, voire de toutes les fonctions de la vie Chrétienne, comme témoigne saint Cyprien au livre de l'Oraison Dominicale, & S. Augustin après luy.

Au CERCLE, ou il n'y a point d'angles, ou il y en a une infinité, ce qui fait que la quadrature du Cercle est impossible; car la proportion des figures ne se peut trouver que par les Angles. La seule figure ronde est capable de mouvement perpetuel: Les Cieux, seul corps en la Nature où se trouve le mouvement perpetuel, parce que la cause exterieure qui les meut, est perpetuelle.

Les CEREMONIES de l'Eglise sont si belles (a), & neanmoins on crie tant contre; les Ceremonies sont autant de mysteres, & qui toutes ne nous representent que des choses passées, des miracles, des vertus de la grandeur & puissance de Dieu; s'il
y

―――
(a) *Sont si belles &c.*] Celle entre autres d'un Cierge chargé d'Ecus d'Or, à une Messe de *Requiem*, avoit charmé Mr. Sachot Curé de St. Gervais qui devoit la chanter. *Menagiana* edit. de 1715., tom. 2. pag. 49. L. D.

y a quelque chose qui represente l'avenir, ce sera de la vie & de la gloire future. On prononce dans l'Eglise le Symbole des Apôtres à basse voix, & le Symbole de Nicée à haute voix, ce n'est pas sans grande raison. Le Symbole de Nicée à haute voix, parce que l'Eglise sous Constantin commença à parler hautement & à haute voix, au lieu que du temps des Apôtres, elle ne parloit qu'à basse voix. Les Ceremonies étoient de l'essence de l'ancienne Loy, c'est pourquoy elle s'appelle Ceremonielle. Les Ceremonies prophetiques de l'ancienne Loy sont du tout abolies & mêmes illicites, entant qu'elles démentent la venuë du Messie. Pour les Ceremonies historiques, il est permis d'en user. Ceremonie simplement déclarative, ceremonie operative; faut rapporter au couronnement de Charlemagne par Leon III.

CEREORUM *ignibus, quibus nos Christiani pium è vita discessum ordinandum existimamus.* Greg. Nazianz. *in Jul. orat.* 2.

CHALDAICAM *linguam non fuisse intellectam ab Hebræis, nec vicissim, testatur Hieronymus, qui accivit hominem utriusque linguæ peritum, qui ei quæ in Syriaca Tobiæ edi-*

editione continebantur Hebraicis verbis expressit: præf. in Tob.

CHALIS. L'Abbaye de Chalis a été long-temps au Cardinal d'Este. En ce lieu le Tasso fit sa *Gierusalemme*.

Le Roy CHARLES V. Quand le Pape Urbain V. eut excommunié Pierre le Cruel, Roy de Castille, (pource, dit Froissard, qu'il étoit heretique, ennemi de l'Eglise conjuré avec les Mores) & eut absous ses sujets du serment de fidelité, le Roy Charles V. assista de ses armes la censure du Pape, & envoya Bertrand du Guesclin son Connestable pour chasser Pierre de Castille, & mettre Henri bâtard de Castille en son lieu. Voyez le Songe du Verger ch. 78.

CHARLEMAGNE. Le livre des Images qu'on luy attribuë, n'est pas de luy (a), & a été fait par la plus grosse bête du monde. Il fut fait au Concile de Francfort & envoyé à Charlemagne, lequel l'envoya au Pape

―――――――
(a) *Le livre des Images n'est pas de lui.*] Mr. Daillé dans son *Traité des Images* a fait voir que si Charlemagne ne composa pas cet Ouvrage, il est du moins certain, qu'il l'aprouva & l'adopta. Le Pere Sirmond, le Pere Mabillon, & plusieurs autres Savans de l'Eglise Romaine sont du même sentiment. D. M.

Pape Adrien.. C'eſt le plus ignorant livre du monde. Il dit que le premier Concile de Nicée eſt bien plus excellent que le ſecond, à cauſe qu'au premier il y avoit 312. Evêques, & qu'à l'autre il n'y en avoit que 306. parce, dit-il, que le nombre de douze eſt bien plus excellent que celuy de ſix, & s'en va cherchant mille rêveries ſur le nombre de 12. Bien ſouvent il prend les paroles des Içonoclaſtes rapportées par le Concile pour y répondre, pour les paroles du Concile, & de là prend occaſion d'invectiver contre le Concile, p. 402. l. *de Imag.* Il y a une autre choſe fort plaiſante, c'eſt que le Concile rapporte l'hiſtoire du Philoſophe Polemon, duquel l'image ayant été vûë par un homme qui vouloit entrer chez une Courtiſane, celuy-là en fut retenu & empêché par la reverence qu'il porta à l'image de ce Philoſophe. Là-deſſus il s'émerveille, & dit qu'il ne ſçait qui eſt ce S. Polemon, & qu'il ne l'a point trouvé dans le Calendrier. Il ne ſçait auſſi quelle bête c'eſt que S. Gregoire de Nyſſe ; il n'en a jamais ouï parler : en ſomme ce livre eſt de nulle foy. C'eſt Monſieur du Tillet qui l'a fait imprimer (a), *ſtudio nocendi*

(a) *Du Tillet l'a fait imprimer.*] Jean du Tillet, E-vêque

di plûtôt qu'autrement, & luy qui avoit été écolier de Calvin, ne pouvoit pas avoir autre opinion des images que celle-là. Tous ses Capitulaires sont faits sous l'autorité du Pape. Cela paroit par une infinité de lieux des Capitulaires; ils ne sont que des Loix de l'Eglise que l'Empereur rend executoires. Par une Loi Charlemagne défend à ses successeurs de juger les Evêques, & il se sert d'une Constitution de Valentinien, où il est dit *judicia vestra agite, judicabimus nostra,* ce sont les mots à peu près. Quelques-uns disent que Charlemagne étoit grand Roy de corps, je pense qu'il étoit petit (a), & son pere s'appelloit Pepin le bref à cause qu'il étoit de petite stature. Ce mot de grand ne doit pas être pris à l'aune. Il me souvient que revenant des Etats de Blois avec Monsieur Ber-

veque de Meaux Voyez son Article dans le Dictionaire de Mr. Bayle, Rem. B. & C *D. M.*

(a) *Je pense qu'il étoit petit.*] Le Tombeau de Louis le Débonnaire, dans l'Eglise de St. Arnoul de Metz, n'a pas toujours été à l'endroit où il est Un vieux Bénédictin qui avoit vû transporter ce Tombeau, disoit, qu'à l'ouverture qu'il en avoit vû faire en cette occasion, le Chef, qu'on disoit être celui du Débonnaire, lui avoit paru d'une grosseur plus convenable à un Geant, qu'à un homme ordinaire. *L. D.*

Bertaud, & nous étant mis sur la riviere de Loire, nous entrâmes en propos d'Alexandre le Grand, & le louïons de ce qu'aux Indes il avoit passé cette grande riviere ; & qu'alors il témoigna une grande hardiesse : le Bâtelier s'approcha de nous, & nous demanda, *Messieurs, est-ce d'Alexandre le Grand que vous parlez?* Oui, luy répondimes-nous : ô, ce dit-il, *il ne faut pas s'émerveiller s'il a passé une riviere puis qu'il étoit si grand.*

CHARTA *exusta fuit, sed lex divina illæsa permansit : in hunc modum, Corpus quidem assumptum passum est, Verbum autem permansit impassibile.* Theodoret. in Hierem. *cap.* 36.

CHASTILLON. Le Cardinal de Chastillon fit faire son tombeau de marbre fort magnifique, où il y avoit une tête d'homme au dessus, & au dessous celle de Virgile, avec un mot qui disoit, *materiam si tempora,* je leur eusse donné matiere, si j'eusse eu le temps. Il dit cela au dîner du Roy à propos de l'amour que les Rois doivent porter aux Gens de lettres, pour laisser des gens qui écrivent leurs faits. Monsieur de Sourdeac luy dit alors, l'Amiral de Chastillon étoit un brave Cavalier &

qui

qui a fort brouillé en France. A ce propos il dit, qu'un jour il entendit parler de la division que J. Cesar avoit fait des Gaules, il dit, jamais il ne la divisa si bien que l'Amiral de Chastillon.

CHICOT disoit, que sa Mere avoit toûjours prevû qu'il s'avanceroit, parce qu'elle disoit qu'il avoit plus d'esprit que tous ses autres freres.

A la CHINE ils sont polis, ils ont l'impression, mais fort imparfaite; les Oyseaux, les Arbres, ils les ont assez bien, mais les hommes fort mal, ils disent qu'un homme qui n'a point de lettres n'a qu'un œil, mais que celuy qui est sçavant en a deux.

CHIO. Cette Isle est un petit Paradis, c'est le lieu le plus amœne du Monde. Le Cardinal Justinian, de qui le Pere étoit Seigneur de Chio, m'a dit qu'il n'y avoit rien de si delicieux au monde; on n'y sent rien que la fleur d'Orange, les perdrix y sont domestiques, & on les méne paître aux champs, comme on fait ici les moutons, & le soir au son du chifflet, elles retournent toutes à celuy à qui elles sont (*a*). Le Car-

___

(*a*) *Les Perdrix y sont domestiques.*] Ce que du Perron dit des Perdrix de cette Isle est confirmé par plusieurs Voyageurs, entr'autres par Tournefort. D. M.

Cardinal Justinian fut amené de ce païs qu'il n'avoit que 12. ans. L'Isle donne à son Maître 100. mil écus de revenu, dont la moitié consiste en mastic

La Choisy. Etant un jour à dîner chez Monsieur de Sully où elle se trouva aussi, & racontant durant le dîner comment une Demoiselle étant tombée en une riviere, un Gentilhomme se jettant après pour la sauver, elle le prit par le corps, si bien que le moyen de nager luy étant ôté ils moururent tous deux. Monsieur le Cardinal luy demanda-dites-moy, Mademoiselle, s'il vous arrivoit un tel accident de tomber en l'eau, & qu'un homme se jettât aussi pour vous sauver, par où le voudriez-vous prendre pour ne le point empêcher de nager? je luy sauterois, dit-elle, sur les épaules; non, dit-il, vous l'enfonceriez dans l'eau, il le faudroit prendre par la piece que vous sçavez; elle demanda la raison, parce, dit-il, qu'elle ne va jamais au fond.

Ciceron. Il y a tant de différence entre Ciceron & Seneque, que l'on pourroit dire de celuy qui aime Ciceron, qu'il est un homme, & de celui qui suit Seneque, qu'il est un enfant, & que quiconque commence à goûter Ciceron, & à y prendre plaisir, alors il a quelque commencement à l'éloquence. *Quintilianus l. 1. c. 10.* Il ne faut point dire que Seneque soit tout plein de sentences, il y en a cent mille fois plus dans Ciceron. Tout ce que dit Seneque, il le dit comme sentence, mais ce n'est pas toujours des sentences, & il dira bien souvent une même chose par divers traits. Seneque lui-même écrit contre le stile pressé. Le feu Roi Henry III. me commanda de lui faire mille traits, & me donna dix sujets, sur chacun 100. Je me mis à feuilleter les Epîtres de Seneque, & après avoir travaillé je trouvai que je n'avois rien fait, & je tirai de Ciceron une infinité de belles choses: il y a plus en deux pages de Ciceron qu'en 10. de Seneque. Il y a plus en une Epître de Ciceron toute simple & toute nue sans artifice, qu'en 10. de Pline avec tous les traits que vous voudrez. La Republique de Rome n'a rien d'égal à elle que l'éloquence de Ciceron.

Circumcisio *est fœdus*, non pas, comme disent ceux de la Religion, *Signum fœderis*, mais c'est à dire *sacrificium*. *Fœdus* en la Langue Grecque, Hebraïque & Latine se prend toûjours pour la bête immolée au sacrifice, & pour le sacrifice, *ferire fœdus*; en Grec tout de même ὄρκιον, dans Homere re ὅρκια πιρὰ ταμόντις. Il étoit défendu par la Loi de faire le samedi *opus suum, non opus Dei*, c'est pourquoi on faisoit la Circoncision qui étoit *opus Dei*.

Le Citre (*a*) est un excellent brûvage, sain & delicieux; on m'en a envoyé de la basse Normandie en bouteilles, qui est le plus excellent que j'aye jamais bû; il passe en delices tous les vins & tous les muscats. Saint Augustin parle du Citre, quand il écrit contre les Manichéens, qui disoient que les Catholiques étoient gens adonnez au vin, & qu'eux n'en bûvoient point. Il leur répond, qu'il étoit vrai, mais qu'ils bûvoient d'un suc tiré de pommes, qui étoit plus delicieux que tous les vins & que tous les brûvages du monde. Tertullien dit aussi, *succum ex pomis vinosissimum*: le Citre enyvre comme le vin, & l'yvresse en est plus mauvaise, parce qu'il est plus froid. Il se garde mieux en bouteilles qu'en vaisseaux, & se transporte mieux; il resiste mieux que le vin sur la mer. Nous en avons eu l'invention des Basques, & eux d'Afrique. Monsieur de Tiron disoit que s'il laissoit l'usage du Citre pour prendre du vin, il mourroit: aussi n'y a-t-il rien qui

(*a*) L'Academie Françoise dit *Cidre*, & c'est ainsi qu'on parle aujourd'hui. D. M.

qui confume plus l'humide radical que le vin, & le citre l'entretient & le fomente; il ne s'accommode pas avec les fruits. Je n'en ai point bû de bon, qu'en la baſſe Normandie. De deça il ne vaut rien, & le meilleur que j'aye bû, c'eſt à Evreux: le poiré ne vaut rien au prix du pommé. Le citre vient d'Afrique, & il y a long-temps qu'il eſt en uſage en ce pays-là; S. Auguſtin en parle. De là il eſt venu en Biſcaye & de là en Normandie. Encore aujourd'hui quand nos Normands n'en ont point, ils envoyent leurs vaiſſeaux en Biſcaye, d'où ils en rapportent.

CLAUDIN le jeune (*a*). Le meilleur qu'il ait fait, il le fit à Paris, lorſqu'il étoit chez Baïf.

CLAVIUS, dont les Jeſuites font tant d'état, eſt un eſprit peſant (*b*), lourd, ſans ſubtilité ni gentilleſſe, un gros cheval d'Alemagne (*c*). CLE-

(*a*) *Claudin le jeune.*] Il eſt parlé de cet excellent Muſicien dans le Dictionaire de Mr. Bayle à l'Article GOUDIMEL. D. M.

(*b*) *Clavius ..... eſt un eſprit peſant* &c.] Clavius eſt auſſi extrêmement maltraité dans le *Scaligerana*, c'étoit pourtant un fort ſavant Mathematicien, & qui en ſavoit plus que ſes ennemis. D M.

(*c*) *Un gros Cheval d'Allemagne.*] Voyez la Note ſur l'Article. *Gretſer.* D. M.

CLEMENT. Ses Livres ἀναγνωρίσματα ont été tournez par Ruffin. Saint Hierôme, lors qu'il dit que saint Pierre étoit chauve, cite le Livre de Clement *de periodis*.

CLEMENT ALEXANDRIN. Son Προτρεπτικὸν est fait pour les Catechumenes; c'est la raison pour laquelle quand il parle des mysteres de l'Eucharistie, il parle tout par allegories, & il ne faut point que ceux de la Religion se servent de ce passage, pour ce qu'il n'étoit pas permis de reveler ces mysteres aux Catechumenes, au contraire il étoit défendu expressement de le faire; l'office de Clement étoit d'être Catechiste.

Monsieur de CLERMONT (*a*) luy envoya un present de poires de bon Chrétien avec quelques vers, il dit en lisant les vers, ces vers sont de bon Chrétien.

CLOVIS. Hincmarus rapporte que le Roi Clovis envoya une Couronne d'or au Pape Hormisdas, pour être mise sur l'autel de Saint Pierre, afin de témoigner, dit le President Fauchet, qu'il tenoit son Royaume de Dieu & non de l'Empire.

Jod. COCCIUS. Monsieur de Beauvais par-

(*a*) *Monsieur de Clermont.*] François de la Rochefoucault, Evêque de Clermont. *L. D.*

parlant des recueils que Coccius a faits en forme de lieux communs dont il ne faisoit pas grand état, il lui dit, ce qu'a fait Coccius sont des coccigrues.

Le Cocq d'Inde est un oiseau qui a peuplé merveilleusement en fort peu de temps; ç'a été un fort bon apport; de Languedoc ils en menent en Espagne des troupes comme des moutons, c'est une bonne chair, qui est odoriferante & se digere incontinent.

Coeffeteau (*a*). Les Jesuites ont voulu faire défendre à Rome son Livre contre le Roi d'Angleterre; son Livre est bien gros, mais en si peu de temps il ne pouvoit
le

———

(*a*) *Coëffeteau.*] Suivant la *Gallia Christiana*, au mot *Metenses* du tom. 2. Nicolas Coëffeteau étoit né en 1588. Il n'y a donc pas d'apparence que ce soit le même Nicolas Coëffeteau Jacobin, lequel selon le Cardinal d'Ossat, Lettre 337. auroit été élu Prieur des Jacobins de Paris en 1603, & dont l'élection auroit été cassée par le General de l'Ordre, à cause des mauvaises mœurs de ce Religieux, quoique fort docte d'ailleurs, & même Docteur Regent en la Faculté de Théologie. Où trouve-t on des Religieux si savans à quinze ans, & d'ailleurs élit on un jeune homme à peine adolescent pour Prieur d'un grand Couvent? Et cependant j'ignore qu'en ce tems-là il y ait eu plus
d'un

le faire plus petit (a), il n'est pas aisé en si peu de temps de racourcir tant de matieres, il faut du temps pour les coucher de façon qu'on n'en omette rien les voulant abreger. Je parlerai dans mon Livre de plusieurs matieres assez concisément, & je ne puis pas parler de tout; mais je laisserai des semences de solutions aux repliques qu'on me pourroit faire par après.

De COENA *Domini & de Operibus Cardinalibus.* Bien que ce Livre ne soit pas de Saint Cyprien, si est-il d'un excellent Auteur, & même du temps de Saint Cyprien: le Livre est adressé à Corneille; l'Auteur de ce

---

d'un Coëffeteau qui ait fait figure dans la République des Lettres. *L. D.*

Nicolas Coëffeteau naquit en 1574, & entra dans l'Ordre de St. Dominique en 1588. agé seulement de quatorze ans. Ainsi la date du *Gallia Christiana* est fausse, & les difficultez qu'elle avoit fait naître ne subsistent plus. Il y a apparence qu'on aura confondu l'année de la naissance de Coeffeteau avec celle de son entrée dans l'Ordre de St. Dominique. Voyez les *Memoires pour servir à l'Histoire des Hommes illustres* du Pere Niceron Tom. III. p. m. 6. & suiv. *D. M.*

(a) *En si peu de tems il ne pouvoit le faire plus petit.*] On a long tems ignoré l'Auteur de ce mot, qui n'est autre qu'Antoine de Guevara dans une de ses Lettres du 13e. Janvier 1522. au Connétable de Castille. *L. D.*

ce Livre est Africain sans doute, & tout plein de phrases hardies, comme Tertullien & les Africains; il a des mots qui sont rudes, mais fort significatifs, comme *demembratus*. C'étoit un autre Cyprien Prêtre en Afrique. Erasme lui-même reconnoît que c'est un excellent Auteur, & dit que l'on a donné à Cyprien de l'or pour de l'or: ce qui fait reconnoître qu'il n'est pas de Cyprien, c'est qu'il est en erreur contre l'erreur de S. Cyprien.

Commodus fut conçu de Marc-Aurele par Faustine, la même nuit qu'il lui avoit fait boire le sang du Gladiateur dont elle étoit amoureuse, pour lui en amortir la passion.

Conception de la Vierge. Monsieur le Cardinal de Gondy me dit qu'il y a environ vingt ans, que la Sorbonne voulut s'assembler pour decerner quelque chose touchant la Conception de la Vierge Marie, & ordonner qu'il étoit *de fide*, de croire qu'elle étoit conçue sans peché: il leur envoya dire qu'ils ne le fissent pas: ils ne laisserent-pas de passer outre, & lui les excommunia. Ils en appellerent comme d'abus; l'abus fut jugé, & eux renvoyez par devant lui; ils se vinrent tous jetter à ses pieds, & demander l'absolution. Ils tiennent en Sorbonne que la Vierge n'est pas conçue en peché originel contre Saint Thomas, on peut tenir l'une & l'autre opinion; s'il y en a une des deux qui soit la meilleure, je crois que c'est celle des Jacobins, qui est plus conforme à la doctrine de Saint Augustin & des Anciens. Scotus & tous les Cordeliers sont d'avis contraire, & n'ont jamais été suivis par ceux de Sorbonne.

CONCILE. Ils disent à Rome que le Concile est par dessus le Pape en trois cas seulement, *quando est schismaticus, simoniacus, vel hæreticus*, qui est autant à dire, que le Concile n'est point par dessus lui, *quia quando est hæreticus est nullus; quando est simoniacus, censetur æquè ac si esset hæreticus; quando est schismaticus est dubius.* Il peut venir beaucoup plus de scandale à l'Eglise s'il falloit tenir que le Pape est sous le Concile, que s'il falloit tenir l'opinion contraire, parce qu'il est malaisé d'assembler un Concile, & avant qu'il fût assemblé pour remedier à un mal, il seroit si avant qu'il en naîtroit de grands inconveniens. Nul Concile ne peut être œcumenique qui n'a le Pape ou ses Legats.

Le

PERRONIANA.

Le Concile d'Antioche eſt Arien, & aucun Canon n'en peut avoir lieu en l'Egliſe. Chryſoſtome fut condamné par un Canon du Concile d'Antioche, qui fut produit contre lui au Conciliabule aſſemblé à Conſtantinople, & lui répondoit, que ce Canon étoit Arien. Ce Concile ne confirme rien des Canons du Concile de Nicée, & n'en parle qu'en ce qui eſt de la Pâque, & dans les vingt Canons de Nicée il n'en eſt point parlé. Il n'y a donc nul Concile qui confirme aucun Canon de Concile (*a*). Les Ethiopiens ne tiennent que trois Conciles œcumeniques, & ne reçoivent pas le Concile de Chalcedoine. Le Concile de Sardique, quant à ſa convocation & à ſa tenue, fut univerſel. Les Donatiſtes 80. ans après le Concile de Sardique perdirent tous les Actes du Concile, & publierent le faux Concile de Sardique, qui étoit un Conciliabule tenu en une petite Ville près de Sardique, appellée Philippopoli. Le Concile de Sardique eſt plus

---

(*a*) *Il n'y a donc nul Concile qui confirme aucun Canon de Concile.*] Quid de Concilio Nicæno, quod illos Canones condidit? Num eos approbavit? & ſic de reliquis. S.

d'autorité pour l'Afrique, que celui de Nicée. Il y avoit à Sardique 36. Evêques Africains avec leur Primat, qui étoit Gratus, & a Nicée il n'y avoit que Cecilianus; encore n'étoit-il pas Evêque. Un Concile n'est dit universel qu'entant qu'il est approuvé par l'Eglise Romaine (a). Il faut si celui de Basle est vrai que celui de Florence soit faux, & ne soit pas œcumenique. Or est-il que celui de Florence est tenu pour tel (b). Celui de Basle n'est donc point vrai Concile, & ne peut être reçu pour legitime, car ils se tenoient tous deux en même temps, & l'Empereur étoit à Florence & toute l'Eglise Grecque : au lieu qu'à Bâle il n'y étoit demeuré que quelques seditieux. Ils disent que celui de Florence ne peut être vrai Concile, parce que contre l'ordonnance du Concile de Constance, par laquelle il étoit défendu de transferer sans cause legitime un Concile d'un lieu en un autre, neanmoins il avoit été

(a) *Qu'entant qu'il est approuvé par l'Eglise Romaine.*] Pas plus que par celle d'Alexandrie ou d'Antioche. D.

(b) *Or celui de Florence est tenu pour tel.*] Vide novam hujus Concilii editionem Sguropuli, unde quid de ejus auctoritate existimandum sit tibi clarum fiet. D.

été transferé de Basle à Ferrare. Il est aisé de répondre à cela; car le Pape a eu cause trop legitime de le transferer à Ferrare, pour être Ville proche de la mer, & cela pour la commodité des Grecs, pour l'heresie desquels ce Concile se tenoit, lequel par après par une cause legitime, à savoir la peste, fut transferé de Ferrare à Florence: on approuve du Concile de Bâle quelque chose, & ce qui a été fait avant qu'il fût transferé à Ferrare. Le Concile de Sardique est aussi universel que celui de Nicée. Il y avoit 300. Evêques comme à Nicée, Osius y présida comme à Nicée, & les Canons de Sardique ont même pouvoir que ceux de Nicée. Les Canons de ces deux Conciles furent confondus à cause qu'ils furent écrits & tous les Actes aussi, par la main d'un même, à savoir Osius, & apportez à Rome. Le Concile Africain sous Boniface I. n'est point un Concile, c'est une collection & un ramas de tout ce qui avoit été fait auparavant. Le second Concile œcumenique, qui est le premier de Constantinople, ne fut point œcumenique, *nisi ex post-facto*, parce qu'il n'y avoit que des Evêques d'Orient & nul d'Occident, car le Pape n'y fut ni repré-

sentativement ni formellement: il n'y fut point représentativement, parce qu'il n'y fut ni par lui ni par ses Legats, (encore que le Pape eût convoqué ce Concile à Rome, mais les Evêques d'Orient pour la difficulté des chemins prierent le Pape qu'il se tînt à Constantinople.) Il n'y fut point formellement, parce que nul Evêque d'Occident n'y assista; mais il fut fait œcumenique ex *post-facto*, parce que le Pape Damase avec une quantité d'Evêques s'assembla à Rome, & approuva ce qui s'étoit fait à Constantinople, & ainsi ce Concile fut fait œcumenique. Le Patriarche de Constantinople n'y presida point, parce qu'alors il n'étoit point Patriarche, ce fut un Timothée. Le 5. Concile œcumenique tenu à Constantinople fut fait sous le temps de Vigilius qui vint à Constantinople, mais n'assista pas au Concile, à cause des mauvais traitemens qu'il reçut de l'Empereur; & ce Concile ne fut point tenu œcumenique que cent ans après, que Gregoire le confirma par Lettres qu'il envoya deçà & delà; & quoi que Vigilius l'eût confirmé, neanmoins il ne fut tenu œcumenique que long-temps après, parce que la confirmation de Vigilius ne fut point publiée par
le

le monde, & tout le monde favoit comment au commencement il ne l'avoit point approuvé. Nous n'avons qu'une partie de ce Concile qui foit véritable, la derniere qui eft à la fin du 2. Tome des Conciles de Venife, eft fort douteufe, & il n'y a que vingt ou trente ans qu'elle eft imprimée.

Anciennement, quand il fe devoit faire un Concile, le Pape tenoit un Concile à Rome, & puis envoyoit fes Legats *à latere*, comme repréfentans le Patriarchat d'Occident; il pourroit être qu'Ofius fut Legat du Concile de Rome, & que les deux autres, Vito & Vincentius fuffent les Legats du Pape, ils étoient Legats *à latere*. Et au Concile de Nicée, Ofius & les deux Prêtres ne tinrent qu'un même rang, & la place qu'ils tenoient eux trois n'étoit comptée que pour un rang. Cela eft fi clair, que ces Prêtres ne pouvoient tenir autre rang que celui du Pape comme le repréfentans; car n'étant que fimples Prêtres ils ne pouvoient pas avoir place au Concile devant les Patriarches, le Concile de Nicée ayant protefté de garder le rang aux Patriarches. Il y a au 6. Concile de Conftantinople, *Papæ honorandi*. Celui qui a traduit le Concile, a traduit, *Papæ honorandi*, prenant ce mot de Pape pour un nom propre, & s'adressant aux Evêques, au lieu qu'il falloit traduire *Papæ!* pour un adverbe *admirantis*. Les Grecs quand ils écrivoient à quelque personne relevée & de marque, ils usoient du plurier au lieu du singulier, cela se voit en plusieurs endroits. Les Conciles de Rome sont imprimez de bonne foi, & en quelques endroits ils ont énervé des lieux en suivant le Grec qui étoient plus favorables pour le siège de Rome és impressions Latines d'Allemagne, & autres. Le Concile de Chalcedoine est grandement pour l'autorité du Pape. Les Peres du Concile ne disent-ils pas que Theodoret entre, parce qu'ainsi l'a ordonné l'Evêque de Rome? On ne savoit il y a vingt ans ce que c'étoit que le cinquiéme Concile de Constantinople. Ce cinquiéme Concile de Constantinople où presida Menas, ne peut être dit vraiment le cinquiéme Concile de Constantinople; c'en est bien un préambule, & comme des commencemens qui se firent sous Menas pour le fait d'Anthime; mais le vrai cinquiéme Concile de Constantinople fut tenu l'an 26. de Justinien, & il est très-certain que Menas mourut l'an 21.

si bien que ce que nous avons de ce Concile tenu sous Menas sur le fait d'Anthime, n'est qu'une avance, & nous n'avons rien de ce Concile 5. que ce qui a été tenu sous Menas: car les Actes qui sont imprimez après, ne sont pas authentiques, & n'ont été trouvez que depuis 20. ans, & ne se trouvent point en Grec. Ils ont ce titre, *Acta Synodi quintæ Constantinopoli habitæ, confirmata a Vigilio*. Ils disent qu'en ce 5. Concile le Patriarche présida, & que les Legats du Pape étoient au second lieu: il est vrai; mais alors ils n'étoient plus Legats d'Agapet pour deux raisons: la premiere que par la venue d'Agapet ils perdirent toute l'autorité qui leur avoit été donnée par lui, lequel étant present n'avoit que faire de Legats; & par une autre raison, qui est qu'Agapet étoit mort, & par sa mort il n'y a point de doute que sa Legation ne cesse, *morte mandantis finit mandatum*. Baronius & les autres sont empêchez à répondre à ce qu'on objecte, qu'en ce Concile de Constantinople Menas presida, & les Legats du Pape étoient au second lieu, & il dit pour resolution que Menas étoit Legat du Pape, qui est une pauvre solution; & cela ne se trouve point, mais la vraye solution est celle que je viens de dire. Justel & les autres de la Religion disent, qu'aux Conciles on apportoit l'Evangile, & disent que c'est à cause qu'il ne se devoit rien faire au Concile qui ne fût conforme à la Parole de Dieu : mais ils se trompent, ce n'étoit pas pour cela, c'étoit afin qu'ils dissent la verité, ainsi qu'elle étoit contenue en ces Livres : car il s'est tenu beaucoup de Conciles où il ne s'est traité aucune chose, qui fût decidée en l'Ecriture, comme au Concile de Mopsueste, où il ne se traita que de remettre le nom de Theodoret qui avoit été effacé des Tableaux, les saints Livres y étoient, & néanmoins il ne se traita rien en ce Concile qui fût décidé par la Parole de Dieu. L'Evangile se portoit donc aux Conciles pour obliger les Peres à juger selon la verité, & non pas que tout ce qui devoit être décidé au Concile, le dût être par la Parole de Dieu. Ils disent qu'au Concile de Chalcedoine, le Pape pria l'Empereur, de faire présider ses Legats : cela est faux ; mais ce qui se fit, fut que le Pape ayant envoyé plusieurs Legats, il écrit à l'Empereur, & lui fait entendre qu'il desire qu'un tel, à savoir Paschasinus y présidât, ce fut fait ; & il n'y

a point d'apparence que les Legats du Pape ne présidassent point en un Concile, auquel il ne s'est fait chose aucune au desavantage du Pape; au contraire toutes grandement à son avantage, & les Lettres de l'Empereur au Pape avant la tenue du Concile le désignoient assez, par lesquelles l'Empereur dit qu'il est besoin qu'il se tienne un Concile & sous l'autorité de sa Sainteté. Ce que Justel a fait imprimer des Conciles d'Afrique, c'est la Rapsodie des Grecs, qui déja étoit imprimée à Zurich, & à Paris par Monsieur du Tillet. C'est une Rapsodie de Canons qui a été faite par un Particulier, & cela se prouve parce que l'Epître de Celestin y est au devant, qui a été bien depuis les Conciles, desquels les Canons sont ramassez en cette Rapsodie. Celle qu'en firent les Latins est meilleure que celle des Grecs, & la plus vraye. Il y a cent cinq Canons. Justel s'est grandement mécompté sur la distinction de ces Conciles de Carthage, & a suivi en cela Baronius qui les a confondus. C'est un principe indubitable entre les Catholiques, que l'Eglise universelle parlant par la bouche d'un Concile œcumenique, ne peut errer en la Foi, ni proposer aucune doctrine, qui
soi-

soit contraire à la Parole de Dieu. La rectitude du résultat des Conciles universels dépend non de la qualité ou condition des Nations, mais de l'assistance infaillible de l'Esprit de Dieu promise aux Conciles œcumeniques, lequel Esprit inspire indifferemment aux Conciles generaux toute sorte de Nations, & fait que sans acception de personnes, aux Comices & Etats generaux de l'Eglise toutes sortes d'hommes, Parthes, Mediens, Elamites, Romains, Juifs, Cretoins, Arabes parlent des choses magnifiques de Dieu.

CONDITIO *pro Creatura, a condendo.* Tertul.

CONFESSION. Ceux qui veulent, qu'en matiere de leze-Majesté l'on puisse reveler les Confessions, outre le violement de la Foi & de la dignité du Sacrement, non seulement ne procurent aucun nouveau moyen de seureté pour les Rois, (d'autant que s'il est permis de découvrir les Confessions en ce cas, jamais plus personne ne se confessera, ni ne sera tenu de se confesser de cette sorte de crimes) mais même ils ôtent aux Rois le secours légitime qu'il leur est permis de tirer des Confessions, qui est que les Confesseurs peuvent détourner par l'aprel'aprehension de l'ire de Dieu, ceux qui ont ces pernicieux desseins, & outre cela peuvent avertir les Princes de se tenir sur leurs gardes & leur donner avis qu'il y a des conspirations sur leur vie. J'omets à dire que s'il étoit permis aux Confesseurs de reveler les Confessions en cas de leze-Majesté, il faudroit tout-à-fait abolir le Sacrement de la Penitence; car personne n'oseroit plus se confesser d'aucun peché de peur qu'il ne fût en la puissance de son Confesseur de l'exposer aux rigueurs par lesquelles on examine les crimes de leze-Majesté; & pourtant cet asyle des Penitens a toûjours été si sacré en l'Eglise, que là où les Papes mêmes sont Seigneurs temporels, il n'est non plus licite de reveler les Confessions contre leurs personnes, que contre celles des autres Princes; & nos Rois ont toûjours tenu la revelation des Confessions pour une trahison du Sacrement de Penitence; & ils l'ont euë en si grande horreur, que quand le Roi Philippe le Bel voulut accuser le Pape Boniface VIII. d'heresie, & poursuivit même qu'après sa mort ses os fussent brûlés, un des chefs de son accusation fut, qu'il avoit fait reveler une Confession.

CONFORMITÉ. Il y a bien loin entre la conformité actuelle, & la non-conformité, c'est à dire, difformité actuelle; cette disjonctive n'est pas immediate ; il se trouve plusieurs moyens fort distincts entre deux, à savoir la non-repugnance ou compatibilité, & la congruité. Pourtant quand il est question de conferer l'un & l'autre, il faut observer 4. degrez; la repugnance, la compatibilité, la congruité, & la conformité. La compatibilité est une conformité potentielle, & celle-là suffit seule entre la doctrine des Auteurs baillée par tradition, & l'Ecriture ; c'est à dire, une non-repugnance ; la congruité ajoute un degré de probabilité par dessus la compatibilité, mais n'emporte pas une expresse identité de paroles ou de consequences necessaires; la conformité actuelle veut que non seulement l'un ne se détruise pas par l'autre, comme la compatibilité, ni se prouve conjecturalement & vraisemblablement par l'autre comme la congruité, mais que l'un soit actuellement l'autre, ou contienne actuellement la preuve demonstrative de l'autre. Les Actes de S. Luc sont conformes à son Evangile en tout & par-tout quant à la conformité potentielle qui s'étend

tend jusques à la compatibilité ou congruité, mais non de la conformité actuelle. S. Mathieu & S. Jean, pour le regard du Baptême, sont de même, & S. Jean & les autres Apôtres pour l'Eucharistie. Saint Epiphane prend le mot de concordance pour non-repugnance, *concordare, id est, non repugnare*. La deception cachée sous ce mot de conformité est grande: car quand on demande aux simples, s'ils n'estiment pas raisonnable de retrancher de l'Eglise tout ce qui n'est point conforme à la Parole de Dieu? Ils n'osent répondre que non, de peur d'être crus vouloir maintenir quelque chose contre l'Ecriture, d'autant que la conformité proposée ainsi generalement semble se devoir entendre necessairement de toute conformité tant actuelle que potentielle; or la négation de conformité en ce sens emporte incompatibilité & contrarieté: puis lors qu'on a arraché cette confession de la bouche des simples, on leur dit qu'ils montrent donc la conformité de leurs traditions Apostoliques avec l'Ecriture, convertissant une stipulation de conformité potentielle, en laquelle on devoit être intentateur de l'action pour prouver la repugnance, en une demande de

preuve

preuve actuelle de conformité; qui de défendeurs rend les adversaires acteurs. Par ainsi il seroit beaucoup meilleur d'user du terme de compatibilité, pour ôter l'équivocation, & stipuler le retranchement de toutes les doctrines incompatibles avec l'Ecriture.

CONSANGUINITE'. Tertullien prend ce mot en matiere de Religion, non pour similitude, conformité ou correspondance, mais pour extraction, généalogie & succession de doctrine. *Consanguinitatem doctrinæ.*

CONSEQUENCES. C'est chose ordinaire à ceux de la Religion de tirer des conséquences des passages des Peres contre la doctrine que tiennent les Peres, & contre ce qu'ils ont même enseigné par Livres exprès; au lieu que par ces Livres-là, ils devroient plutôt tirer conséquence pour les autres passages.

CONSTANTIN. Sa donation est une pure imposture, il n'y a rien de si visible que ce mensonge, car ni les dates, ni les Consuls ne répondent point au temps, Baronius n'en dit guère contre: encore en a-t-il trop dit, & l'on vouloit sans moi qui l'empêchai, censurer cette partie de son
His-

Histoire où il en est parlé. J'en devisai un jour avec le Pape, & il ne me répondit autre chose, *che volete? Canonici la tengono:* il le disoit en riant. En se mocquant de la donation de Constantin le Cardinal disoit que Constantius fils, écrivant au Pape, en lui disant qu'il vint *urbem Nostram Romam*, il ne lui dit pas, elle n'est pas à vous, votre Pere me l'a donnée & cela en riant. La donation est faite par un homme Grec; les anciens Decrets n'en font aucune mention. La donation de Constantin & les miracles de Sylvestre sont des rêveries.

Le titre que Jean Evêque de *Constantinople* demanda du temps de Grégoire, ce ne fut qu'un titre d'honneur, *sine re*, car jamais il ne prétendit la jurisdiction : c'étoit un titre vain dont les Grecs étoient toujours fort jaloux, πρεσβεῖα τῆς τιμῆς, prérogative d'honneur après le Pape, & comme le Patriarche de Hierusalem l'avoit, *salva jurisdictione* de son Metropolitain, comme l'Evêque de Chalcedoine l'eut aussi.

La Ville de CONSTANTINOPLE est fille de l'Empire Romain, l'Eglise de Constantinople fille de la Romaine; & de fait Anatolius aussi-tôt que le Pape de Rome l'eut fait Evêque œcumenique, & lui eut

eut donné *æqualem Poteſtatem*, il voulut diſpoſer de tous les Evêchez d'Orient, & y faire ce que le Pape faiſoit en Occident: & de cela on peut prouver l'autorité du Pape par deſſus les autres Evêques, par l'autorité que prétendoit Anatolius. Les Grecs de Veniſe reconnoiſſent le Patriarche de Conſtantinople ; les Grecs n'ont jamais prétendu que le Patriarche de Conſtantinople devoit avoir le premier rang par deſſus le Pape ; ils ont ſeulement maintenu qu'il avoit même pouvoir au reſſort de ſon Diocèſe, comme celuy de Rome dans le ſien ; mais pour ce qui eſt de la préſéance, jamais ils ne l'ont demandée contre Rome, ils ont deſiré ſeulement l'honneur *poſt Papam*, c'eſt à dire, le ſecond rang. Le Patriarche de Conſtantinople a maintenant de revenu 8000. écus, le tout d'aumônes, & paye de tribut au Turc 18000. écus. Celui qui y eſt maintenant, appellé Cyrillus, eſt ennemi de l'Egliſe Latine. De 30. Evêques qui s'aſſemblerent il y a quelque temps à Conſtantinople, ainſi que m'a dit le Pere Canillac, il n'y en avoit que trois ou quatre qui ſe montraſſent ennemis des Latins. Quand on dit que l'Evêque de Conſtantinople aura même puiſſance que

le

le Pape dans le ressort de son Diocése, ce n'est pas à dire que le Pape n'ait encore une prééminence sur les Patriarches; car bien que le Capitaine ait puissance sur ses soldats, cela n'empêche pas que le Colonel n'en puisse avoir, & la puissance du Colonel n'est pas plus petite pour cela. Depuis que l'Empire fut transferé en Orient, Constantinople fut toûjours plus estimée que Rome, & l'Empire d'Orient plus que celui d'Occident, si bien que quand il y avoit deux freres Empereurs, l'aîné avoit toûjours Constantinople, qui s'appelloit πόλις βασιλέος. Toutes choses furent divisées lors de cette translation, les dignitez, le Senat, les Consuls: car il y en avoit un à Constantinople; c'est pourquoi dans Saint Augustin il est souvent dit, *Consule N. & eo qui nominandus est*, c'est à dire, celui qui étoit à Constantinople, qui ne se savoit pas toûjours en Occident parce qu'il pouvoit changer, & pour cette dignité on a donné à Constantinople le second rang. Quand l'Empire aussi fut divisé du temps de Charlemagne, l'Empereur d'Orient alloit toûjours le premier: aujourd'hui pour cette raison, le Turc se dit premier Empereur du Monde. Quant au Concile 2. de Nicée il fut ordonné que le Patriarche de

Constantinople auroit le second lieu, il faloit bien que le Pape eut le premier. Il ne se peut rien dire à l'avantage de l'Evêque de Constantinople qui ne soit à l'avantage du Pape, car il n'avoit rien qu'à l'exemple du Pape, & à cause qu'il étoit dans la seconde Rome; & lui seul entre les Patriarches a obtenu le titre d'œcumenique, à cause que le Pape avoit ce titre, lequel aucun des Patriarches n'a jamais eu.

CONSTANTIUS. La principale raison pour laquelle les Anciens l'accusoient d'être l'image de l'Antechrist, c'est parce qu'il entreprenoit de juger les Evêques, *novum & inauditum nefas est, ut Judex sæculi causam Ecclesiæ judicaret.* Saint Martin dans Sulpice Severe Hist. Eccl. lib. 2. Quelle merveille est-ce que lors que Constantius se mentoit Catholique aux Occidentaux, comme dit saint Hilaire, Hosius l'un des Evêques d'Occident, lui ait écrit comme présupposant qu'il fût Catholique, ou surpris des Ariens, & avec les respects dus à un Prince Catholique; car les Ariens, ausquels Athanase dit que l'Empereur convioit Osius de se joindre, n'étoient pas les Ariens qui tenoient la doctrine originelle d'Arius, mais ceux que les Catholiques

ap-

appelloient Ariens, parce qu'encore qu'ils fissent profession d'une vraye doctrine, neanmoins c'étoit en termes ambigus, & qui pouvoient cacher une doctrine équipollente à celle d'Arius, comme l'experience le montra puis après. L'Empereur Constantius mourut dans l'opinion des Exoudeniens, qui tenoient que Jesus-Christ avoit été fait de rien, comme le rapporte saint Athanase.

CORONATION. Il y a grande difference entre celles qui se font avant qu'un homme, soit en sa personne, soit en celle de ses predecesseurs, ait été élu & créé Roi, & celles qui se font après l'élection de lui, ou de ceux desquels il represente la personne. De cette seconde sorte fut le couronnement de Charlemagne, s'étant fait avant que ni lui ni aucun de ses Predecesseurs eût été élu Empereur; & par consequent n'entre point en comparaison avec les autres.

COTTON. Monsieur le premier President m'a dit que le P. Cotton étoit venu vers lui pour le prier de faire enteriner à la Cour les Lettres de noblesse de son frere, à quoi il lui avoit répondu, qu'est-ce que la Cour a affaire des Lettres de noblesse de votre frere? Cotton répondit, celles de Monsieur de la Varenne y ont bien été verifiées. Voyez l'ambition! le Cardinal nous dit cela à Monsieur du Perron & à moi en carosse sur le chemin de la Guette. Lors que je lui dis que le Remerciement des Beurrieres (*a*) disoit, que le Livre du P. Cotton courroit fortune de faire compagnie au Livre de Courbouzon, & que l'Imprimeur se plaignoit d'en avoir plus donné que vendu; il dit, Je ne m'étonne pas que ce Livre ne vaille rien, il se mêle de trop de choses pour bien faire; un homme qui fait la cour, qui prêche, qui répond toutes les semaines à tant de Lettres, ne peut pas faire grand' chose; il faudroit qu'il fût un Ange. Disant à Monsieur d'Aire (*b*) une solution, qu'il avoit trouvée d'un passage de Theodoret, il ajouta, il y en a quelques-uns, parlant du P. Cotton sans le nommer, qui s'en sont servis & l'ont fait imprimer: mais ils ne sauroient répondre

aux

_____

(*a*) *Le Remerciement des Beurrieres* &c.] Voyez le Dictionaire de Mr. Bayle à l'Article *Gournay*, Rem. (C.) D. M.

(*b*) *Monsieur d'Aire.*] Philippe Cospean, Evêque d'Aire depuis 1607. jusqu'en 1621. qu'il parvint à l'Evêché de Nantes. L. D.

aux objections que je pourrois faire contre, & ne sauroient soûtenir cette solution, ce qui montre bien qu'elle n'est pas à eux; car pour maintenir cette solution, j'ai 3. ou 4. raisons fortes, & je montrerai bien qu'elle n'est d'autre que de moi. Depuis il dit particulierement à Monsieur de Nantes qu'il parloit du P. Cotton, & qu'en ces deux gros Livres qu'il avoit fait imprimer, il apportoit cette solution comme ne la tenant de personne, mais elle est de moi. Il est bien vrai que je ne la lui ai pas donnée, mais M. de Sponde l'ayant eue de moi avec promesse de ne la point communiquer, s'en allant à Rome, & passant par Montpellier ou Nismes, rencontra le P. Cotton en conference avec un Ministre; lequel lui avoit opposé le passage, pour auquel répondre le P. Cotton demeura empêché. Monsieur de Sponde lui dit: J'ai une fort belle solution à ce passage, mais je ne vous la puis dire, parce que je la tiens de M. d'Evreux, à qui j'ai promis de ne la dire à homme qui vive. Sur cette difficulté le P. Cotton le prie, le conjure, & lui promet de ne l'écrire jamais, ce que neanmoins il n'a pas laissé de faire. Car après cette Conference de Montpellier, il fit imprimer un petit

Discours où il la mit, & depuis encore en ce grand Livre imprimé, sans faire aucune mention de moi, encore qu'il savoit bien qu'elle vient de moi, & il veut dire à cette heure qu'elle lui est venue en l'esprit, & qu'une même chose peut être trouvée par plusieurs personnes. Néanmoins Monsieur de Sponde en ma presence le lui a fait confesser, & il m'en a fait quelque espèce de satisfaction, avec promesse de reparer cette faute à la seconde édition ; s'il ne le fait, je ne l'oublierai pas. Le Cardinal se mocque fort d'une façon de parler du Pere Cotton, qui en un de ses Sermons, parlant du naturel des hommes plus enclin au vice qu'au bien, & qui comme les pourceaux se jettent plûtôt dans l'ordure qu'en belle eau : " „ Vous voyez, dit-il, le pourceau ; s'il y „ a un beau ruisseau d'eau claire d'un „ côté & un bourbier de l'autre, il se veautrera plûtôt dans la boue & *ira prendre la „ dedans sa chemise blanche*. „ Vrai Dieu, dit-il, cela est bien ridicule, & dit a ce propos, le Pere Gontier exhortoit un jour Madame de Simier (*a*) " à quitter les pen-
„ sées

___

(*a*) *Madame de Simier*] ou *Simié*, vieille Coquette, à laquelle la Bibliotheque de Maître Guillaume
attri-

„ fées du Monde, & qu'elle ne regardât
„ qu'au Ciel; qu'*il falloit qu'elle se coiffât
„ du Soleil, & se chauffât de la Lune.*

Le Coudre est ami des Pommiers, & engraisse la terre; il en est au contraire de la vigne; car de tout temps les Anciens ont appellé le Coudre μισάμπελος, & quand on faisoit rôtir les hosties des sacrifices qu'on faisoit à Bacchus, la broche étoit faite d'une baguette de bois de coudre.

Le Courage ne consiste pas à faire les fiolans (*a*), ni à se battre en duel; il consiste à resister aux difficultez, aux fatigues, aux travaux des longs voyages, aux rochers, aux mers, à combatre contre les necessitez.

La Crainte qui empêche les hommes de perdre leur salut éternel, même par l'appréhension des afflictions temporelles,
n'est

---

attribue un Livre *de la proprieté du blanc & du rouge* par elle *dedié aux Dames de la Cour.* L. D.

Touchant cette Dame, voyez les Remarques sur la *Bibliotheque de Maistre Guillaume*, imprimée à la suite du *Baron de Fœneste*, dans les dernieres éditions. D. M.

(*a*) *Fiolans.*] Le Dictionaire François-Italien d'Oudin; *Fiolant, Che fà del bravo*. Les Origines Françoises de Menage n'ont point ce mot. L. D.

n'est pas servitude, mais liberté, & se peut mettre au rang de cette sorte de necessité, dont on dit, heureuse necessité qui contraint à des choses meilleures.

CREDITE *& intelligetis*: quand on a la foi, Dieu par après nous fait capables de comprendre & d'entendre les choses difficiles. *Fidei præmium intellectus.*

CROIX. Les Rois & les Empereurs Chrétiens par l'empreinte de la Croix en leur monnoye se confessent Vassaux & Feudataires de Jesus-Christ, & le reconnoissent pour leur Prince Souverain; de sorte que quand ils viennent à lui déclarer la Guerre, & à se revolter ouvertement contre lui, se rendans Apostats & Persecuteurs de la Religion Chrétienne, ils tombent par leur propre jugement en crime de felonnie divine, & en privation des droits qu'ils tenoient de lui; ce que ne faisoient pas les Empereurs Payens, qui avoient toûjours été tels: comme quand Theodahath Roi d'Italie ne mettoit qu'une inscription en sa monnoye, on n'en pouvoit inferer autre chose, sinon qu'il étoit Roi d'Italie: mais quand il y mit deux inscriptions, l'une du nom de Justinien, avec ce titre de *Justinianus Aug.* l'autre du sien avec ce titre *D. N. Theoda-*
tus

tus Rex, alors on en pouvoit inferer qu'il reconnoissoit Justinien pour Souverain & se confessoit son feudataire: ainsi lors que les Empereurs ne mettoient que leurs Images en leur monnoye, on ne pouvoit inferer de la marque de la monnoye autre Souveraineté que la leur; mais depuis qu'outre leur Image ils y marquent celle de la Croix, alors il a été licite d'inferer de la marque de la monnoye, qu'ils reconnoissent Jesus-Christ pour Prince Souverain, & pour Roi des Rois, & Seigneur des Seigneurs. En la ville d'Edesse il y avoit une portion signalée de la vraye Croix, à laquelle Procope & Evagrius contemporain de Justinien & du Roi Clotaire, témoignent que ceux d'Edesse eurent recours pour se preserver contre les Perses. Asterius parlant de l'Image de Sainte Euphemie, dit, au dessous étoit le signe que les Chrétiens ont accoûtumé d'adorer & de peindre. S. Chrysostome écrit que les Prophetes mêmes témoignent que la Croix & sa figure est venerable & adorable, & lui-même pour dire les Chrétiens, dit les adorateurs de la Croix. Si quelque Infidele nous accuse que nous adorons le bois de la Croix, nous pouvons en separant les branches de la Croix rejetter ensuite le bois comme inutile & en ce faisant lui montrer que nous n'adorons pas le bois, mais la figure de la Croix, dit Saint Athanase, l'Auteur des Questions à Antiochus cité par saint Jean Damascene, & par le second Concile de Nicée, & par le Synode de Paris tenu sous Louïs le debonnaire; Saint Remy dit à Clovis, adore ce que tu as brûlé, brûle ce que tu as adoré. L'Empereur Justinien défend qu'on n'édifie des Monasteres que premierement on n'y plante la Croix veritable & adorable. Léontius Evêque de Chypre parlant des Croix de bois, que l'on érigeoit en memoire de la Croix, lors que tu verras, ô Juif, le Chrétien adorer la Croix, sache que c'est pour l'amour de Christ crucifié, & non pas qu'il adore le bois de la Croix; & le Concile *in Trullo*, nous déferons adoration à la Croix & avec l'esprit & avec la pensée, & avec le sens. Ceux qui pensent que l'adoration de la vraye Croix ait seulement commencé depuis Sergius, & croyent qu'il ait le premier institué l'adoration de la Croix, outre que c'est une stupidité merveilleuse de ne considerer pas que Beda & ceux qui l'ont suivi en cette histoire, ne parlent pas de l'adoration generale

de

de la vraye Croix qui se fait par toutes les parties de la terre, mais qu'il ordonna que cette piece-là qu'il avoit retrouvée & qui avoit été égarée & cachée si longtemps en tenebres, & sans honneur fut mise en lumiere, & en lieu de veneration, & adorée comme les autres, qui depuis le temps de Constantin avoient eu toûjours l'attestation & l'aspect des hommes; Qui ne voit que tous les Peres de l'Antiquité leur crachent au visage? Car Paulinus contemporain de Saint Augustin & de Saint Hierôme n'écrit-il pas que l'Evêque de Hierusalem proposoit tous les ans la vraye Croix à adorer, étant lui-même le premier de ceux qui la veneroient? Procope & Evagrius ne témoignent-ils pas qu'à Edesse le Clergé & le peuple adoroient la vraye Croix? Et afin qu'on ne dise pas que cela se faisoit seulement en Orient, Rusticus Diacre de Rome & contemporain du Roi Clotaire, ne dit-il pas, & la Croix & les Clouds, l'Eglise universelle les adore par tout le monde? S'ils veulent dire qu'il n'y avoit point alors de jours préfix instituez pour l'adoration de la Croix, outre ce qu'il est refuté par l'histoire même qu'ils alleguent, qui dit que Sergius commanda qu'elle fut montrée

trée au peuple en la Basilique Constantinienne le jour de son exaltation, d'où resulte que la fête de l'Exaltation de la Croix étoit instituée dès devant le temps de Sergius; & par le passage de Nicephore qu'ils citent, qui dit qu'Helene Mere de Constantin institua, c'est à dire fit instituer cette fête de l'Exaltation de la Croix en l'honneur de la Croix. Outre cela, dis-je, toute l'Antiquité leur fera leur procès, car non seulement Procope & Evagrius témoignent, que lors que la ville d'Apamée fut assiegée par Cosroès Roi de Perse; les habitans prierent Thomas leur Evêque de tirer la Croix & la proposer à adorer au peuple, comme l'on avoit accoûtumé de faire aux jours ordinaires des adorations. Mais Saint Chrysostome en l'Homelie de la mi-Carême, qui est un des jours que les Grecs dédient à l'adoration de la Croix, aujourd'hui, dit-il, est arrivé le jour anniversaire & tout venerable & tout lumineux, la semaine du milieu des jeûnes, qui nous propose la trois fois heureuse & vivifiante Croix de Jesus notre Sauveur, & nous la presente à adorer, & sanctifie tous ceux qui l'adorent avec un cœur sincere & des levres chastes; & Saint Gregoire le Grand insere

en

en son formulaire des Antiphones, une Oraison pour le jour de l'Exaltation de la Croix, qui est citée par Jonas Evêque d'Orleans contemporain de Charles le Chauve|en ces mots; Concede-nous, Seigneur, que ceux qui viennent pour adorer la Croix vivifique, soient delivrez de leurs pechez; & s'ils disent qu'alors le jour du Vendredi saint n'étoit pas encore mis entre les jours destinez à l'adoration de la vraye Croix, toute l'Antiquité les condamnera; Car pour ne dire rien de Paulinus contemporain de S. Augustin & de Saint Hierôme, qui écrit que l'Evêque de Hierusalem propose tous les ans au peuple la Croix à adorer, lors que la Pâque du Seigneur, (ainsi appellent les Orientaux le Jeûne de la semaine Sainte) se celebre; Saint Chrysostome n'a-t-il pas fait des homelies expresses pour le jour de la Parasceve, en l'une desquelles il appelle ce jour-là, la fête de la Croix, & en l'autre dit que les Peres qui avoient été avant lui en Orient, avoient ordonné que la solemnité de la Parasceve se celebrât hors de la ville, d'autant qu'en la Parasceve se celebre la mémoire de la Croix, & que Christ fut crucifié hors de la porte. Et Gregoire de Tours, qui étoit plus de

100. ans avant Sergius, ne dit-il pas, la Croix du Seigneur qui fut trouvée en Hierusalem, est adorée à la sainte 4. & 6. Férie? Car au lieu d'*ita*, il faut lire *sancta*; & S. Grégoire le Grand en son Formulaire des Antiphones tant celebré par nos Anciens Auteurs François, Alcuïn, Amalarius & autres, ne décrit-il pas l'adoration de la Croix, qui se faisoit en la Parasceve avec ces Antiphones; voyez le bois de la Croix, auquel le salut du monde a été attaché; Venez, adorons; & avec cet hymne de Claud. Mammertus, *Pange lingua gloriosi prælium certaminis*. Et Beda qui étoit contemporain du Pape Sergius, n'écrit-il pas qu'à Constantinople, l'Empereur alloit à l'adoration de la Croix le Jeudi saint, & l'Imperatrice avec ses Dames le Vendredi saint, & le Clergé le Samedi saint? Elle est, dit-il, proposée au peuple à adorer seulement par trois jours annuels, *id est*, en la Semaine sainte, le jour de la Céne du Seigneur, le jour de la Parasceve & du Samedi saint: & en France n'avons nous pas non seulement Alcuin Disciple de Beda & Precepteur de Charlemagne, qui en la solemnité de la Parasceve ou Vendredi saint décrit l'adoration de la Croix par ces mots;

mots; En toutes les Eglises Cathedrales, Parochiales & Monachales la Croix est preparée devant l'Autel, soutenuë par deux Acolythes, & un linge étant mis au devant, l'Evêque seul vient, & ayant adoré la Croix la baise, & puis les Prêtres, Diacres & autres Ecclesiastiques selon leur ordre, & puis le peuple; mais même Jonas Evêque d'Orleans, lequel vivoit au même siecle d'Alcuïn, qui écrit referant cet usage non à une nouvelle institution, mais à l'ancienne coûtume de l'Eglise; suivant la tradition Ecclesiastique, dit-il, l'Eglise adore tous les ans la Croix de Christ, *id est*, la saluë avec inclination de corps au trèssaint jour de la Parasceve, & s'éclattant par toute la terre avec gratitude en la louange de Christ, chante, Nous adorons ta Croix, Seigneur, & louons ta sainte Resurrection. Que si l'on demande pourquoi Sergius n'institua point que ce morceau de bois de la vraye Croix qu'il retrouva, fût proposé au peuple à adorer le jour de la Parasceve, mais le jour de l'exaltation de la Croix? La raison est évidente, à savoir que ce morceau avoit cela de commun avec la Croix entiere, qui avoit été trouvée par Helene, avec la portion de la Croix de
Hie-

Hierusalem reconquise par Heraclius sur les Perses, qu'il avoit été trouvé de nouveau & mis en lumiere; & pourtant il avoit choisi le jour qu'Helene & depuis Heraclius avoient dedié au recouvrement de la Croix, pour celebrer le recouvrement de cette piece, c'est à dire, le jour de l'exaltation de la Croix.

Cujas. Les premiers hommes, les plus excellens & éminens en notre Nation ont été Cujas, Ronsard, & Fernel. Un jour un Ecolier presenta une Epigramme à Cujas, lequel l'ayant lu & relu, lui dit, mon ami, je n'y trouve point de verbe, dites-moi où il est? L'Ecolier demeura un petit étonné; enfin il lui dit, Monsieur, j'étois venu pour vous le demander. Cujas outre qu'il étoit excellent Jurisconsulte, savoit fort bien l'Histoire Ecclesiastique; je suis bien aise de lire les observations de Cujas, ce qu'il a écrit est resserré & très-solide, il n'y a rien à perdre; je me suis efforcé d'écrire comme lui, qui ne sera rien que d'observations qui éclairciront beaucoup de points de l'Antiquité. Cujas est un excellent Ecrivain, & qui à mon avis écrit excellemment bien; ses Ecrits témoignent bien qu'il avoit l'esprit merveilleusement plein. D.

D.

DAMASCENE étoit un grand personnage.

DAMNATIO. Ce que les Infideles sont damnez n'est point précisement pour leur infidelité, attendu que la foy est un don de Dieu, & que S. Paul crie, comment croiront-ils si on ne les prêche? Mais pour les pechez qu'ils commettent, ausquels l'infidelité simple n'apporte autre chose, sinon qu'elle leur ôte l'appareil & le remede par lequel leurs pechez pourroient être effacez, à savoir la foy & les conditions dont elle doit être accompagnée.

DECALOGUE. Deux commandemens qui n'étoient que Ceremoniaux & non de la Loi Morale, y ont été inserés exprès par Moïse pour les Egyptiens, celui des Images & celui du Sabbat : l'un à cause de l'Idolatrie, à laquelle les Egyptiens étoient adonnez plus que Peuples du monde : l'autre servoit à détruire l'opinion des mêmes Egyptiens, qui croyoient le Monde éternel.

DECRETALES. Je voudrois qu'il m'eût coûté beaucoup, & même avoir donné né de mon sang, que les Epîtres des Papes ne fussent point imprimées; car nous n'avons autre chose à faire tous les jours qu'à refuter les objections que nous font les heretiques sur les choses que nous avons, disent-ils, innovées, & le montrent par ces Epîtres-là, lesquelles sont fausses la plûpart; comme celle du Pape Innocent par laquelle il excommunie Arcadius Empereur, est fausse manifestement, & moi j'ai le premier découvert la supposition, & il n'y a que Cedrenus & quelques autres, qui en fassent mention. Eusebe, Sozomene, Theodoret n'en parlent point: je le dis au Cardinal Baronius, qui a bien de la peine à les défendre, & apporte des autoritéz de Glycas. Il y a mille absurditez dans ces Epîtres, qu'un tel Pape a mis le Kyrie éleïson. Il dit que Telesphore institua le Carême. Le Livre que ceux de la Religion ont fait, intitulé, *l'Inventaire de la Messe* (a), est tout pris de cela. Il se trouve neanmoins des gens qui s'efforcent de les défen-

---

(a) *L'Inventaire de la Messe*] Je ne connois d'*Inventaire de la Messe*, que certaine vieille Rime Ms. intitulée *Inventaire des Messes de toute l'année, nouvellement redressées & mises sus par Hans Knobloch Notaire Apostolique.* La Piéce est de 376 vers, dont les 48 pre-

fendre. Ceux qui ont fait les Epîtres des Papes & quelques Decrets, ont fait un grand préjudice à la Religion; car ils nous donnent la peine de refuter ces Livres-là qui ne valent rien, & que nous rejettons. Le Livre est venu d'Espagne; le style en est barbare, & tout d'un Auteur, car il est par-tout semblable. Toutes les Epîtres des Papes ont été fabriquées par des Moines du temps de Charlemagne; elles sont très-barbares; il paroît qu'elles sont toutes d'une main; celles de Corneille sont barbares, & celles de son Clergé sont très-excellentes. Comment est-ce que cela se pourroit, que Corneille n'eût pu avoir un Secretaire qui écrivît mieux ? Les Epîtres des Papes sont toutes fausses absolument, jusques à Syricius : je m'étonne de Valafridus Strabo, qui pour le temps étoit assez poli,

premiers sont de dix Syllabes, & les autres de huit, la plûpart par Quatrains dont le premier est celui-ci.

Je Hans Knobloch reconnois & confesse,
Que maintenant ne vaut plus rien la Messe,
Et ne valut, depuis qu'elle est forgée,
Estant par Prestre & Moine desgorgée.

Jean Knobloch imprimoit à Strasbourg en Alsace vers l'année 1510. d'où on peut conclure, ce semble, que celui qui a pris son nom dans le titre & dans le premier vers de cette Satire, vivoit dans les premiéres années de la Reformation. *L. D.*

poli, & savoit la Langue Grecque, de ce qu'il s'est servi de ces Epîtres des Papes, & en tire toutes les prieres de la Messe, ainsi qu'il les y a trouvées. Les Moines nous les ont forgées, eux qui vivoient de transcrire les Livres.

DEFINITION. La plupart des hommes se trompent bien souvent, parce qu'ils prennent la description des choses pour leur definition. Nous ne saurions donner la définition d'aucune chose : Nous savons celle de l'Ame, laquelle Aristote nous a donnée; Celle de l'Homme aussi nous la savons, parce qu'elles sont tout-à-fait attachées à nous, d'autres nous n'en savons point, c'est Dieu qui les sait.

DEPOSITION. C'eût été non misericorde, mais imprudence & cruauté aux Papes, d'irriter les Princes Heretiques & Apostats, és temps où les Chrétiens n'étoient pas assez forts pour les executer, & pour accompagner les depositions de droit des depositions de fait, c'est à dire des depositions actuelles : car les Princes deposez du droit de la Royauté par sentence de l'Eglise, & demeurans en possession de fait, eussent eu toujours pareille puissance de mal faire, & plus grande volonté.

DIABLES. Il est certain que tout ce qui

qui se passe dans notre imagination, les Diables mêmes le connoissent, comme font toutes les pensées; car la maxime d'Aristote est indubitable, *oportet intelligentem speculari phantasmata.* Ce qui étant, il ne reste nul lieu de douter que les Anges & les ames bienheureuses n'entendent & ne connoissent clairement les prieres, voire mentales de ceux qui les reclament; mais si le cœur est feint ou droit, il n'y a que Dieu seul qui le puisse juger, & c'est en cela qu'il est veritablement scrutateur des cœurs. Si les Démons écoutent les conjurations de ceux qui les évoquent, comment est-ce que les Saints seront crus être sourds aux prieres de ceux qui les reclament?

DIACONISSÆ *institutæ, ne corpora mulierum in baptismo nuda à viris conspicerentur.* Epiph. *contr.* Collyride. *Refer ad disput. de bapt. Inf.*

DIALECTES sont en usage és Etats Populaires & Aristocratiques, & l'on s'y doit accommoder; mais aux Etats Monarchiques, il faut s'étudier à parler le seul langage de la Cour, en laquelle se trouve tout ce qu'il y a de politesse dans le Royaume; ce qui n'est pas aux Republiques ni Democraties.

DIA-

DIALECTIQUE. Ses Loix sont telles, que pour détruire une negative universelle il suffit de prouver une particuliere affirmative.

DIOECESIS n'étoit pas anciennement ce que nous appellons en François Diocese, c'étoit une grande Province, une Region; & *Exarchus Diœcesis*, c'est à dire: le Patriarche.

DIONYSIUS ALEXANDRINUS. Il y a en Italie une chaîne de lui sur Denys Areopagite.

DIONYSIUS AREOPAGITA. Il ne croit point que le Livre qui lui est attribué, soit de lui, & le tient pour une imposture & fait par un homme qui a voulu qu'on le crût Athenien : il est bien vrai qu'il avoit écrit *de Hierarchia*, car Saint Chrysostome l'appelle *Oiseau du Ciel*, & cela se doit entendre à cause de son Livre *de cœlesti Hierarchia*; mais en celui-ci il y a tant de choses dont les Peres comme Irenée, n'ont osé parler en assurance, lesquelles il sait sur le doigt ; je ne voudrois jamais citer les Oeuvres de Saint Denis. Le Livre de Dionysius Areopagita est incertain, il y a des argumens pour & contre ; je ne m'en voudrois pas servir. Soit que le Livre soit faux

& fait par un Imposteur, soit qu'il soit vrai, il est certain que l'Auteur est tout Attique, & qu'il y a des phrases qui sont toutes Attiques. Il y a un passage de Saint Chrysostome, où il est appellé *Oiseau du Ciel*. Cela peut être entendu à cause qu'il a écrit *de cœlesti Hierarchia*; mais cette Homelie de Saint Chrysostome est incertaine (*a*), Saint Gregoire, ou Saint Basile, parlant de ces mysteres de la Hierarchie, parle de quelqu'un qui en a écrit devant lui dignement ; on explique cela de Dionysius Areopagita (*b*).

DIONYSIUS EXIGUUS a traduit le livre des Canons que nous avons, & ce Code-là étoit imparfait, & ne contenoit point les Canons du Concile d'Ephese ; il avoit seulement ceux du Concile de Chalcedoine, & outre cela étoit un Code qui avoit été falsifié par Arsatius Evêque de Constan-

---

(*a*) *Cette Homelie est incertaine.*] L'Homelie où cet éloge est donné à Saint Denys, n'est pas de Saint Chrysostome, mais d'un Auteur qui a vécu longtems après lui ; car elle fait mention de Nestorius, & de sa condamnation, qui n'arriva qu'environ 24. ans après la mort de Saint Chrysostome. D.

(*b*) *On explique cela de Dionysius Areopagita.*] Mais mal, car il le faut entendre de Saint Athanase. *Cujus ipsissima verba refert S. Gregorius de Trisagio.* D.

stantinople, & cela paroît parce que dans les Canons de *Dionyſius Exiguus* les Canons du Concile d'Antioche y ſont traduits, & le 15. Canon de ce Concile porte, que ſi un Evêque a été interdit & qu'on lui ait défendu de communier, ſi nonobſtant il communie il doit être entierement dépoſé. Ce Canon fut fait par le Concile d'Antioche qui étoit un Concile d'Ariens, & fut fait pour le ſujet d'Athanaſe & contre lui, à cauſe que nonobſtant ſon interdiction & pendant ſon appel au Pape, il n'avoit pas laiſſé de communier. C'eſt par ce Canon-là auſſi que Saint Chryſoſtome fut depoſé, & il ne répondit autre choſe contre ce Canon ſinon qu'il étoit d'un Concile d'Ariens; par là il apert que ce Concile là ne ſe trouvoit point dans la Bibliotheque de Conſtantinople; il fut fait un *Corpus Canonum* par Arſatius, qui par la dépoſition de Chryſoſtome étoit intrus au Siege, & avoit inſeré le Concile d'Antioche afin de maintenir la depoſition de Chryſoſtome; & dans ce Corps le Concile de Sardique n'y étoit point, à cauſe qu'il condamnoit celui d'Antioche.

DIRUMPERE. *Utinam dirumperes cœlos & deſcenderes*; Ec. 24. *refer ad maſculinum*

culinum aperiens vulvam, diruptione scil. virtuali.

EN DISPUTE ce n'est pas un petit artifice de savoir énerver & attenuër les allegations de son adversaire.

DIVORCE. Cette Loi étoit une Loi morale, que Dieu institua par provision & à temps, c'est à savoir, jusques à la venuë de son fils.

DONATISTES. Le fait de Cecilianus & de Majorinus est un peu embrouillé; mais de la façon que je l'ai écrit, je l'ai rendu fort clair, & ne peut-on dire par cet exemple que l'on puisse rien tirer contre le Pape. Car il étoit question de juger des gens qui étoient schismatiques, & qui ne vouloient pas reconnoître le Pape pour Juge; là-dessus l'Empereur les juge avec mille protestations, & même d'en demander par après pardon aux Evêques; comme qui diroit que le Roi Charles a jugé & decidé des choses de la foi au préjudice du Pape, parce qu'après le Concile de Trente il donna le Colloque de Poissy aux Huguenots; mais le fait est, que Cecilianus ayant été fait Evêque de Carthage de la part des Catholiques, & Majorinus aussi ayant été créé Evêque par les Donatistes, ceux-ci maintenoient que Majorinus devoit être Evêque, & qu'au contraire Cecilianus ne le pouvoit être, parce qu'il avoit été ordonné par Felix, lequel les Donatistes soutenoient avoir sacrifié aux Idoles, & partant que Cecilianus n'ayant pas été bien ordonné ne pouvoit être Evêque & leur Juge; si bien qu'ils demanderent à l'Empereur d'être jugez en France par des Evêques François & Espagnols, qui n'avoient point enduré de persecution. L'Empereur par leur importunité leur donne trois Evêques, qui avec 15. autres Evêques viennent à Rome, où ils agiterent la cause avec Miltiades. Le Pape donc prend avec lui 15. Evêques, pour montrer que ce n'étoit point une communion de l'Empereur, puis qu'il prit avec lui tels Evêques qu'il voulut, & les condamne de nouveau. Derechef les Donatistes importunerent l'Empereur de faire revoir le procès, & presenterent Requête, qui est comme une Requête civile, & demanderent un Concile. Ils obtiennent un Concile à Arles de 200. Evêques, auquel assisterent les trois qui étoient venus à Rome, & les 15. que le Pape avoit pris avec eux auparavant, & derechef ils jugerent le procès; le Concile écrivit

crivit au Pape Sylvestre, que s'il y eût été present, les Peres eussent jugé bien plus rigoureusement. Les Donatistes ne se contenterent pas encore de ce jugement, & prierent l'Empereur de vouloir juger; il refuse, il est poursuivi, enfin se voyant trop importuné il dit qu'il jugera, mais il proteste d'en demander pardon aux Evêques. Par ce fait on peut voir s'il y a rien de contraire à la puissance & à l'autorité du Pape; on pourra dire que l'Empereur jugea au préjudice de ce qui avoit déja été jugé par le Synode, & que le jugement de l'Empereur est par dessus celuy de l'Eglise; mais qui ne voit que toute cette procedure est toute extraordinaire? Quand on disputoit contre les Donatistes, & qu'on leur montroit qu'ils n'étoient point en l'Eglise à cause qu'ils n'adheroient pas à l'Eglise Romaine, à la Chaire de Pierre, & qu'ils n'avoient point de succession, on ne les battit jamais de la pureté de la doctrine qui étoit en l'Eglise Romaine, mais seulement de la succession, & qu'eux ne la pouvans montrer, ils n'avoient point d'Eglise. Les Donatistes donnoient pour une des marques de leur Eglise, qu'elle souffroit persecution & qu'elle ne la faisoit pas; & Saint

Augustin leur prouve par l'exemple de Sara tantôt persecutée par Agar, & tantôt persecutante, & par l'exemple d'Helie tantôt persecuté par Achab, & tantôt persecutant les faux Prophetes d'Achab, que la vraye Eglise selon la diversité des temps tantôt étoit persecutée, & tantôt persecutoit.

E.

Les EAUX au printemps ont accoûtumé de se tourner.

L'EAU en Espagne est bien plus excellente qu'en ce païs, elle ne se corrompt jamais, & les Espagnols qui sont accoûtumez à en boire, trouvent la nôtre fort mauvaise; si bien qu'ils en apportent avec eux. Il y a un Espagnol logé chez Monsieur Zamet, qui est venu avec l'Ambassadeur extraordinaire, qui en a aporté qui est excellente; celle des Indes est d'autant plus excellente par dessus celle d'Espagne, comme celle d'Espagne est par dessus la nôtre, & quand les Flottes reviennent de ces païs-là, le reste de l'eau s'achete cherement. L'Ambassadeur d'Espagne qui est ici ordinaire, a eu bien de la peine à trouver de

l'eau

l'eau qui fut bonne, il en fait chercher à six lieues aux environs.

ECCLESIASTIQUES. Ils ont eu autrefois grand pouvoir en France, & l'Etat en étoit bien mieux (*a*), car ils ne font pas in‑
te‑

(*a*) *Et l'Etat en estoit bien mieux.*] Ici du Perron se déclare ingénument le disciple d'Homenas Evêque des Papimanes au ch. 53. du 4 Livre de Rabelais. Longtems auparavant, dans le *Roman de la Rose*, au feuillet 74 de l'edit. de 1531, (vers 12649 *& suiv.*) Faux‑semblant, ce bon‑Apôtre, avoit dit à peu près de même :

Est il plus grant forcenerie
Que d'exaulcer chevallerie
" Et aymer gens nobles & cointes
" Qui ont robes gentes & ceinctes
" S'ilz sont tels comment ils apparent
" Combien que nettement se parent
" Et leur dit s'accorde à leur faict,
" N'est ja grant dueil & grant meffaict
" S'ilz ne veulent estre ypocrites
" Telles nations sont mauldictes.
" Ja certes ne les aymerons
" Mais beguins à grans chaperons
" Aux cheres basses & alises
" Qui ont ces larges robes grises
" Toutes fretelées de crotes
" Houseaulx froncis & larges bottes
" Qui semblent bouses à cailler.
" A tels doyvent princes bailler
" A gouverner eulx & leur terre
" Soit en temps de paix ou de guerre,
" A eulx se doit prime tenir
" Qui veult à grant honneur venir.

teressez, n'ont point d'enfans qui succedent aux desseins qu'ils pourroient avoir: quand ils sont morts tout est mort avec eux. Quand un de nos Rois alla en la Terre sainte, il laissa pour Gouverneur en son absence l'Abbé de Saint Denis, Suger; s'il eût mis le gouvernement entre les mains d'un autre, possible qu'il se fût rendu maître. Les Espagnols l'entendent bien mieux que nous, qui se servent d'Ecclesiastiques qui de bas lieu sont agrandis, & n'ont autre soin devant les yeux que le bien du Prince. Nous avons l'exemple du Cardinal Ximenes Jacobin. Avec les Ecclesiastiques vicieux & de mauvaise vie, nous communiquons bien aux actes de Religion, non aux actes de conversation. Comme les mouches s'attachent ordinairement aux ulceres, s'il y en a quelques-uns sur un corps, & laissent les parties saines, ainsi les adversaires

D'un autre côté, la France s'est quelquefois mal trouvée de l'administration & du Conseil des Ecclesiastiques. Ne fut-ce pas le Clergé seul qui, contre l'avis du Conseil, de la Noblesse & du Tiers-Etat poussa à la roue pour determiner le jeune Roi Charles VIII à ce malheureux voïage de Naples qu'on lui avoit fait envisager comme un acheminement certain à la conquête de la Palestine? Voiez le Dialogue qui fait les premiers feuillets du *Verger d'Honneur*. L. D.

faires dans l'Eglise se prenent aux vices & aux abus des Prêtres, lors qu'il y en a la moindre aparence, & dissimulent malicieusement les bonnes actions, & passent par dessus les vertus de ceux qui sont sans reproche.

Rang des ECCLESIASTIQUES. Monsieur le Prince a grand tort d'avoir debatu contre Monsieur le Cardinal de Joyeuse la préséance pour recevoir l'Ordre en une action pure Ecclesiastique. Monsieur le Cardinal de Joyeuse en sera grandement loué par tout, & à Rome principalement ; le Pape trouvera cette action-là fort mauvaise, & tout le College des Cardinaux : il n'y a pas 200. ans, que les Evêques mêmes marchoient devant les Fils de France. Ce fut le Pere de Mr. le Prince, qui debâtit le premier la préséance contre le Cardinal de Guise, & l'emporta ; mais ce ne fut que pour le rang du Conseil & des ceremonies qui ne sont pas Ecclesiastiques. Par tout on a toûjours porté ce respect aux Ecclesiastiques de leur donner le premier rang. En Angleterre l'Evêque de Cantorbery est immediatement après la personne du Roi ; même en Turquie le Muphti marche avant tous les Bachas. Le Pape trouvera ceci fort mauvais de la Reine, & en une action si celebre comme est celle-ci; pour les autres rencontres, comme à passer à une porte, cela ne porte pas coup comme en une ceremonie telle que le Sacre. Il y a force lieux en l'Ecriture tonnans malediction contre les Laïques, qui veulent usurper la charge & les fonctions des Ecclesiastiques.

ECRITURE; défense de la lire. Comme il y a des passions ausquelles quelques-uns des hommes sont plus sujets que les autres, ainsi il y a des crédulitez ou incrédulitez, des facilitez ou repugnances d'imagination, ausquelles les uns sont plus enclins que les autres; de sorte qu'encore que tous les miracles & mysteres de la Religiou surpassent infiniment notre capacité, il y en a néanmoins à la créance desquels les uns sont plus tardifs qu'aux autres; comme nous lisons de Synesius, qui consentant à toutes les propositions de la Religion Chrétienne, fut long-temps avant que de se pouvoir resoudre à croire l'article de la Resurrection; partant les uns ont naturellement l'imagination plus disposée à recevoir une heresie qu'une autre, tant de l'inclination qu'ils apportent de leur naissance, que de la nourriture & des maximes dont ils sont prévenus.

Quand

Quand donc un homme qui aura naturellement ou par habitude l'imagination disposée à incliner plûtôt à l'herefie d'Arius que d'un autre, aura à ouïr les paroles de Notre Seigneur, où il dit, que son Pere est plus grand que lui, lequel vaudra mieux, qu'il les oye de la bouche de l'Eglise avec l'application presente des autres lieux de l'Ecriture & l'explication des Docteurs légitimes, que de les lire à part-soi, où bien souvent ne suspendant pas son jugement jusques à ce qu'il ait trouvé les autres lieux qui peuvent fournir de remede & d'expofition, il fomentera & confirmera par cette premiere rencontre l'opinion à quoi son imagination est disposée? Lequel vaudroit-il mieux, que les Ariens & Samosateniers qui sont aujourd'hui dans la Pologne & dans la Transsylvanie, se fussent contentez d'ouïr l'Ecriture de la bouche des Docteurs de l'Eglise, que de la lire eux-mêmes? Comme une mere est bien de mauvais naturel à l'endroit de son enfant, quand elle ne lui veut pas mettre un poisson tout entier entre les mains pour s'en paître à sa discretion, de peur qu'en avalant les arêtes, il ne se tuë au lieu de se nourrir, mais prend le soin & la peine de le lui éplucher elle-même,

même, pour le lui donner sans danger; ainsi l'Eglise doit bien être jugée dépouillée d'affection envers ses enfans, quand elle ne veut pas permettre aux simples de lire l'Ecriture, par où bon leur semble, de peur que par leur indiscretion se prenans à des lieux qu'ils ne pourront pas digerer à cause de leur imbecillité, elle ne se tourne en scandale & en poison pour eux; mais elle leur en choisit ce qui est proportionné à leur capacité, & le leur propose par les prédications des Docteurs, demêlé de toutes les épines & arêtes, c'est à dire de tous les scandales & de toutes les difficultez qui pourroient offenser leur infirmité? L'Eglise merite bien d'être calomniée de ce qu'elle ne veut pas que les simples qui ne peuvent penetrer plus avant que l'écorce de la lettre, lisent d'eux-mêmes & sans l'aide d'un Docteur ou d'un Interprete, une infinité de passages de l'Ecriture, lesquels d'autant plus qu'ils couvrent & recelent en l'interieur de profonds, d'admirables, voire souvent inexplicables mysteres, d'autant plus en l'apparence exterieure sont-ils revêtus de discours absurdes & prodigieux, soit pour le scandale des mœurs, soit pour la contradiction

diction de la verité de l'histoire ? Elle merite bien d'être reprise de ce qu'elle ne veut pas que les jeunes filles lisent le Cantique à part & dans les cabinets, de peur que leur imagination fragile s'arrête à la meditation du sens litteral, sans passer aux mysteres spirituels, ou si elle penetre à la fin jusques-là, qu'elle ne fasse auparavant une station en la lettre, & que l'impression ne lui en demeure en l'esprit; ni l'histoire de la femme du Levite, ni celle de Thamar, ni que les gens luxurieux, &c. ou sujets à vengeance, &c. mais s'ils ont ont à être instruits de ces particularitez, que ce soit de la Chaire de l'Eglise, par la bouche des Pasteurs, qui leur expliqueront en même temps les mysteres, pour lesquels ces choses sont inserées dans l'Ecriture; ou qui appliqueront au même instant, à l'impression qu'ils pourroient recevoir de ces lieux lûs separément, l'antidote des autres passages de l'Ecriture qui les peuvent empêcher d'abuser de l'intelligence litterale, ou de la dispensation temporelle d'iceux ? C'est un grand crime à l'Eglise de ce qu'elle aime mieux que les simples oyent de la bouche de leurs Pasteurs l'histoire du vieux & du nouveau Testament, en laquelle s'il

se presente quelque particularité qui leur puisse engendrer du scrupule, ou ils s'abstiendront de la leur proposer; ou s'ils la proposent, ils y ajoûteront le remede de la solution & de la reconciliation des passages, que de les abandonner à leur propre sens, qui sera bien capable de se former les scrupules, mais non pas de les résoudre, en danger de prendre de là occasion de perdre la créance & le respect de la verité des Ecritures, quand ils les trouveront selon leur sens; pleines de repugnances & de contradictions apparentes qu'ils ne pourront demêler ? Quand ils verront que S. Matthieu allegue ce verset, *il sera appellé Nazarien*, des écrits des Prophetes, où il ne se trouve point; car quand se feront-ils avisez d'eux-mêmes de faire servir à cette intention, le lieu où il est dit que Sanson sera consacré Nazaréen à Dieu, & l'appliquer à Jesus-Christ, à celui dont Sanson étoit la figure, s'ils ne sont aidez & éclairez de la conduite externe de quelque Docteur qui le leur enseigne ? Et encore si leur esprit n'est fort amolli & captivé sous l'autorité de ceux qui leur donneront cette solution, comment admettront-ils cette solution sans scrupule, que Nazarien, qui signifie

gnifie le discerné ou consacré, & écrit par un z; & Nasarien qui signifie ici de la ville de Nasareth, & écrit par un *ſ*, se puissent prendre pour une même chose? Nous n'avons jamais nié l'autorité à l'Ecriture; mais d'autant que nous la lui déferons entant qu'elle est parole de Dieu, nous la déferons aussi à tout ce qui porte qualité de la parole de Dieu, soit qu'elle nous ait été laissée par écrit, ou sans écrit; comme par exemple, nous retenons le symbole des Apotres pour loi aussi bien que les Epitres de saint Paul, ou de saint Jean; *in iis rebus de quibus nihil certi statuit scriptura divina, mos populi Dei vel majorum instituta servantur.* Aug. Ep. 86. Comme Phalaris fit éprouver à celui qui lui aporta l'invention du taureau de bronze l'ingenieuse cruauté de son suplice, ainsi est-il raisonnable que les heretiques voulans reduire l'Eglise en de si étroites & severes limites, que de lui arracher ce qu'elle a reçu & conservé par tradition de la vive voix de ses premiers Ministres; sous pretexte de l'obliger à la preuve des droits dont elle est en si longue possession; il est raisonnable, dis-je, que l'Eglise les reduise aux mêmes regles, & les oblige à prouver cette maxime par l'El'Ecriture seule. Aristote quand il dispute contre l'opinion de Protagoras, qui maintenoit qu'il n'y avoit rien de vrai au monde, renverse cette maxime sur lui, & lui remontre qu'il est raisonnable de commencer cette proposition par elle-même, & pourtant demande si cette proposition est vraye ou fausse: repliquant que si elle est fausse, il ne s'en peut servir ni y ajoûter foi; que si elle est vraye, il y a donc quelque chose de vrai, & partant elle est fausse. Ainsi s'il ne faut rien croire que ce qui est dans l'Ecriture, il faut voir avant toutes choses, si cette proposition est dans l'Ecriture, sans s'amuser à avancer d'autre preuve, vû qu'elle se prive elle même de tout autre moyen pour être prouvée, que celui de l'Ecriture. Tout ce qui appartient à la Religion est en l'Ecriture, ou en doctrine, ou en autorité. Quand on dit que l'Ecriture divine est parfaite, & par consequent qu'il n'est point besoin de traditions puis qu'elle est parfaite, ce mot de *perfecta*, n'est pas à dire parfaite en telle sorte qu'elle contienne toutes choses, mais c'est à dire excellente, irreprehensible, & comme Saint Chrysostome l'explique, ἄμω-μος; car l'Ecriture ne contient pas toutes cho-

choses, si ce n'est *autoritativè*, parce qu'elle nous enseigne d'où nous devons prendre les autres choses que nous devons croire, à savoir de l'Eglise : elle contient donc toutes choses *intensivè* en tant qu'elle nous enseigne où nous devons avoir recours pour les choses qui ne sont pas écrites, à savoir à l'Eglise. Tous ces lieux du nouveau Testament, par lesquels les heretiques veulent montrer qu'il ne faut avoir recours qu'aux Ecritures, qu'il les faut lire & non autres Livres, s'entendent tous de l'Ancien Testament, si bien qu'ils ne font en façon quelconque contre les traditions. Le lieu de Saint Paul, où il est dit *præterquam*, ne fait rien non plus contre les traditions ; car là *præter* signifie *contra*, & au Grec il y a παρὰ qui signifie toûjours en Grec, *contre*, comme παρὰ καιρὸν, παρὰ δόξαν ; le lieu de l'Apocalypse, où il est dit que quiconque ajoûtera à ces choses, il soit anatheme, ne fait rien non plus que les autres precedens : Car S. Jean a dit ces mots à cause qu'il y avoit de son temps plusieurs heretiques, qui corrompoient les Livres saints, & même les siens. Et si Saint Jean l'avoit entendu autrement il auroit écrit contre lui-même, car depuis il écrivit son Evangile. Or est-il que

que personne ne peut rejetter l'Evangile de S. Jean, & il ne peut être tenu pour anatheme pour l'avoir écrit depuis son Apocalypse. Ceux de la Religion opposent contre les traditions ce passage de l'Ecriture, *scrutamini scripturas*, qui ne fait pourtant rien pour eux. Car bien que ce mot *scrutamini* soit à l'Imperatif, cela pourtant n'exclut point les traditions ; car en ce lieu notre Seigneur parle aux Juifs, & leur commande, lisez les Ecritures, & vous y trouverez témoignage de moi. Tellement qu'il aparoît que là il est parlé de l'Ecriture du vieux Testament, où il est très-certain que toutes choses ne sont pas écrites, & qu'il est necessaire de croire beaucoup d'autres choses qu'il faut que nous croyions tous necessairement, quoi qu'elles ne soient pas écrites. Qu'ils m'y trouvent la Communion sous les deux especes, le Baptême des petits enfans, & une infinité d'autres choses qu'il faut croire necessairement. Les Juifs mêmes croyoient beaucoup de points qu'ils ne tenoient que par tradition, & qui ne se trouvent point dans l'Ecriture du vieux Testament desquels parle Saint Paul. Qu'ils me trouvent dans l'Ecriture qu'il fût commandé de mêler l'eau avec le sang de l'alliance

liance, il ne s'y lira point; neanmoins il est tout certain qu'ils le tenoient comme une chose de foi. Et pour revenir au mot de *scrutamini*, qu'ils tiennent se devoir prendre à l'Imperatif, plusieurs des Anciens l'ont expliqué à l'Indicatif, & plusieurs de leurs Docteurs l'ont ainsi entendu. Beze même dit, que c'est un Indicatif; si bien qu'il est incertain, & ils ne se peuvent servir de ce passage, lequel doit être pris à l'Indicatif; car c'est un reproche: & non pas un commandement, que notre Seigneur faisoit aux Juifs, qui leur disoit, vous Juifs, vous lisez les Ecritures, & neanmoins vous ne croyez pas de moi ce qu'elles vous enseignent de croire: cela est si clair & toutes leurs raisons si fragiles, qu'ils n'oseroient paroître devant personne qui ait tant soit peu de sens commun. Les Pharisiens n'alleguoient pas leurs traditions pour discerner l'avenement du vrai Christ, mais les Ecritures mal-entenduës; & pourtant notre Seigneur les renvoye à *l'examen* de la même Ecriture, en laquelle ils constituoient leur salut: sondez les Ecritures, parce qu'en elles vous pensez avoir la vie éternelle, celles-là mêmes sont celles qui rendent témoignage de moi.

E.

Edom. *Occidens*; d'où vient que la partie Occidentale de la Judée meridionale porte le nom d'Idumée, & que Tite est surnommé l'Iduméen, c'est à dire Romain.

Eglise. Les Eglises particulieres sont dites Catholiques par la relation & participation qu'elles ont avec l'Eglise Romaine. Il y a bien de la difference entre le fondement & la marque de l'Eglise; car la marque de quelque chose est connuë par le sens, & ce qui en est le fondement n'est compris que par l'intellect. Les marques de l'homme sont connuës & apprehendées par les sens, comme d'avoir des yeux, une bouche, & ainsi d'autres parties; mais le fondement n'en est aprehendé que par l'intellect, comme d'avoir une ame, d'être raisonnable. Toutes les marques de l'Eglise sont visibles & se connoissent au sens, comme d'avoir des Pasteurs & une societé de fideles. Il seroit bien dur à l'Eglise qu'il ne lui fût pas permis de s'opposer à un Prince, qui après avoir fait serment à J. C. ou a l'Eglise, soit par le Baptême ou par son Sacre, voudroit introduire le Mahometisme ou une heresie en son Royaume; & il ne faut pas dire, que si cette opposition est permise au Pape, selon le
bon

bon plaisir d'un Pape le Roi sera excommunié, & qu'on lui fera accroire qu'il voudra introduire une heresie: le Pape ne le peut faire; Quand Anastasius fut reçû à l'Empire d'Orient, il étoit Eutychien; Macedonius qui étoit Patriarche de Constantinople, ne le voulut point recevoir qu'il ne souscrivit au Concile de Chalcedoine; cela montre bien qu'il appartient à l'Eglise de juger des Empereurs, & de s'opposer à eux lors qu'ils voudroient apporter quelque mauvaise doctrine. L'Eglise en tout temps est le firmament & la colomne de la Verité, aussi bien en sa vieillesse qu'au temps de sa naissance, imitant en ce qui est de la doctrine l'exemple de Sara, qui pour être vieille n'enlaidissoit point. Comme la tige de l'arbre tient lieu de tout au respect des branches qui en sont retranchées; ainsi l'Eglise tient lieu de tout au respect de ceux qui font schisme, ou qui tombent en heresie; & comme les branches separées de leur tronc ne peuvent être faites parties de l'arbre, sinon qu'elles y soient entées, ainsi les Sectes heretiques retranchées de l'Eglise ne peuvent faire partie de ce Corps & de ce tout de l'Eglise, si par la réunion & la reconciliation elles n'y sont comme inserées;

&

& incorporées. Lors que N. S. vint au monde, il eut le soin de montrer que l'origine de son Eglise étoit extraordinaire & divine, de vouloir qu'elle s'établit par des voyes toutes contraires à l'aparence humaine; par ignorance, foiblesse & souffrance, & ne voulut choisir ni les personnes d'Etat, ni les hommes de Lettres, ni les gens de guerre, pour la planter, ains suppléa ce qui manqua de science humaine & de force en eux par les moyens extraordinaires qui sont les miracles & les œuvres surnaturelles qu'ils faisoient; mais depuis qu'elle a été établie par ces moyens extraordinaires il n'a point dédaigné qu'elle employât pour sa conservation les moyens humains & ordinaires; je veux dire les Lettres, l'étude, la doctrine des Ecclesiastiques; les armes, le courage & la force des Laïques, afin que lors qu'il a cessé & diminué de l'assister par le secours visible des miracles, elle ne fut pas destituée de tout autre secours. Tout l'état general de la controverse de l'Eglise entre nous & nos adversaires se tourne sur deux poles: Premierement s'il est de l'essence ou des conditions inseparables de l'Eglise terrestre & militante d'être visible ou non: & derechef, s'il est de l'essence ou des conditions essentielles de la même E-
glise

glife terreftre & militante d'être pure en la foi & en la propofition des moyens de falut ou non; de forte qu'elle ne puiffe retenir le nom & la definition d'Eglife fans ces chofes. L'on puniffoit autrefois ceux qui abandonnoient le bouclier, mais non pas ceux qui quittoient la lance, d'autant que le bouclier fervoit comme de rempart & défenfe generale à l'armée, là où la lance confervoit feulement le foldat qui la portoit: le premier eft le Symbole de la doctrine, le fecond fe peut appliquer à ce qui eft des mœurs. Celles-ci regardent le falut de chacun en particulier, celle-là le bien & la caufe generale de toute l'Eglife. *Populus in Ecclefia tribus gradibus diftinguebatur, erant enim, κατηχουμένοι πιςεύοντες, & μετανοοῦντες. Juftel. in Cam.* 12. L'Eglife peut bien être la focieté des élûs par attribution, mais parce qu'en elle feule font les élûs inveftis de la grace prefente de leur élection, comme la premiere cour du Parlement du Royaume s'appelle la Cour des Pairs, non qu'en elle foient les Pairs feulement. *Qui vult habere Spiritum Sanctum, caveat foris remanere, caveat fimulatè intrare.* Aug. Epif. 6. La vraye doctrine fe peut avoir hors l'Eglife, mais non d'ailleurs que de l'Eglife se ; la charité non, sinon en l'Eglise ; *quæ extra veritatem, extra Ecclesiam*. Gren. *sicut ergo Deus unus colitur ignoranter & extra Ecclesiam, nec ideo non est ipse, & fides una habetur sine charitate & extra Ecclesiam, nec ideo non est ipsa, unus est Deus, una fides, unum baptisma, una incorrupta Catholica Ecclesia, non in qua sola unus Deus piè colitur, nec in qua sola una fides retinetur, sed in qua sola una fides cum caritate retinetur.* Aug. *contra Cresconiam l.* 1. *c.* 28. Si l'Eglise étoit dans le symbole entant qu'invisible, il faudroit qu'elle fût perpetuellement invisible, car les choses de la foi sont perpetuelles, & de ce que l'Eglise entre dans le symbole sans raison de temps present, elle est perpetuelle. Comment instruira-t-elle notre foi, comment nous ouvrira-t-elle son sein pour échauffer notre charité si elle est invisible ? Quand on dit que Carthage n'a rien pu contre Rome, est-ce à dire que nuls Citoyens Romains ne soient morts en la guerre contre Carthage ? Ainsi quand Luther conclut que les puissances d'Enfer ont prevalu & prevalent tous les jours contre l'Eglise visible, pour ce que le diable en seduit tous les jours plusieurs membres, est-ce argumenter de bon-

bonne foi? l'Eglise ne convient à la societé Catholique & aux heretiques sinon équivoquement. Or jamais un terme ne se doit definir selon l'attribution équivoque & la seule convenance vocale, mais selon l'appellation univoque. Comme toute congregation d'heretiques ne peut être dite Eglise, & n'a point Christ pour chef, ainsi tout mariage par lequel la femme n'est point conjointe à son mari selon l'ordonnance de Christ, ne peut être appellé legitimement mariage. Saint Hierôme sur Eph. c. 5. Toutes les promesses faites à l'Eglise Judaïque lui sont faites ou conditionnellement ou figurativement, c'est à dire, que s'il y en a quelqu'une absoluë & sans condition, elle ne lui appartient qu'en ombre & qu'en figure, l'effet & la verité en étant reservé à l'Eglise Chrétienne. Saint Augustin employe l'argument de l'Eglise autrement contre les Manichéens, & il s'en sert autrement pour lui. Contre les Manichéens il ne le met en œuvre que comme un argument probable, ni plus ni moins que celui du consentement de l'Ecole pour verifier les Livres de Platon ou d'Aristote, d'autant que les Manichéens ne reconnoissent pas la societé Catholique pour

pour vraye Eglise, & pour une compagnie perpetuellement & infailliblement assistée de l'esprit de Dieu. Mais pour son particulier il le prend pour un moyen, non seulement conjectural, mais necessaire & propre à faire une foi non seulement humaine, mais divine, d'autant qu'il reconnoissoit & reveroit l'Eglise en cette qualité; quand il parloit de foi, il disoit, je ne croirois point à l'Evangile si l'autorité de l'Eglise ne m'y émouvoit: quand il parloit à eux, il disoit, de quel Livre tiendra-t-on l'Auteur pour certain, si l'on doute que les Lettres que l'Eglise tient des Apôtres soient d'eux? qui est comme s'il eût distribué son discours ainsi, à moi qui tiens la Societé Catholique composée du consentement de tous les peuples pour être l'Eglise de Dieu, la colomne de verité, ce m'est un argument institué de Dieu, une autorité surnaturelle, un moyen de foi divine; à vous qui ne la tenez pas en cette qualité, prenez-la pour le moins pour un moyen de foi humaine, pour un argument probable, pour une autorité profane & seculiere; l'un me rend coupable d'infidelité, si je n'y ajoûte foi; que l'autre vous rende pour le moins coupables d'opiniâtreté. L'Eglise a toûjours

jours les marques d'autorité ou ordinaires ou extraordinaires; au commencement elle avoit les miracles qui étoient les marques extraordinaires, & alors la multitude ne lui étoit pas encore nécessaire; qui ne lui a été donnée en qualité de marque d'autorité, que comme une marque ordinaire après la cessation de l'extraordinaire. *Christus offerens humano generi medicinam, primam miraculis conciliavit autoritatem, autoritate meruit fidem, fide contraxit multitudinem, multitudine obtinuit vetustatem, vetustate roboravit Religionem.* Aug. *de util. cred.* c. 4. Pourquoi est-ce, ô heretiques, disoit saint Augustin aux Donatistes (*de unit. Eccles.*) que vous vous glorifiez de votre petit nombre, si Notre Seigneur Jesus-Christ a été nommément livré à la mort, afin de posseder la multitude en heritage.

Εἴδωλον ne vient pas simplement de εἶδος mais de εἶδος ἕωλον, *species vana*.

Les ELECTIONS ne sont pas de droit divin: si cela étoit, le Pape n'en auroit pas dispensé, & tous les Evêques qui se sont faits depuis, seroient par consequent nuls, & tous les Prêtres; ce qui va à une très-grande consequence. Il y a tant d'exemples de l'antiquité d'Evêques qui n'ont point été élus; il étoit même défendu au

Concile de Laodicée, que le peuple élut l'Evêque. Il y a aussi des exemples d'Empereurs qui ont nommé aux Evêchez. Saint Augustin ne fut pas élu par le peuple, ce fut son Predecesseur qui le nomma; l'élection de Mathias fut faite par sort & par le Saint Esprit. Les Evêques anciennement n'alloient pas à Rome, prendre leur Bulle, ni aucune conformation; c'étoit assez qu'ils fussent reçus par leur Metropolitain; mais il falloit que le Metropolitain allât à Rome querir le *pallium*, qui est la marque d'autorité: les Evêques étoient ordonnez par leur Métropolitain, mais avant l'ordination, ils avoient le consentement du Pape: & c'est ce qu'aujourd'hui nous appellons les Bulles. Et ce pouvoir, tous les Patriarches l'avoient anciennement, & c'est ce qu'ils avoient de commun & de semblable avec le Patriarche de Rome: mais lors qu'il étoit question de condamner un Evêque, le Patriarche ne le pouvoit absolument; c'est à dire, il pouvoit bien le condamner, mais l'Evêque pouvoit appeller au Pape. Aujourd'hui en France, les Evêques ne rendent aucun respect à leur Métropolitain; car ils se font ordonner sans son su, & il n'y est nullement

ment appellé. Il ne se faut pas étonner, si les Metropolitains ordonnoient les Evêques car il eût été impossible que le Pape eût pû ordonner tant d'Evêques par le monde: mais lors qu'il est question de destituer un Evêque, ce qui n'étoit pas chose ordinaire, & qui n'avient pas si souvent, alors il en avoit la connoissance. Lors que les élections des Papes se faisoient par le peuple, l'Empereur comme chef du peuple avoit autorité sur telles élections quand il y avoit de la discorde entre le peuple, & pouvoit empêcher une partie, ayant élû l'un; & l'autre, l'autre; de reconnoître ni l'un ni l'autre, jusques à ce que le different de l'élection fût vuidé, & faire tenir pour cet effet des Assemblées Synodales, afin de le vuider, qui est ce que fit Honorius en la cause d'Eulalius & de Boniface, contestans le Pontificat, & ce que fit peu avant les jours de nos Peres, l'Empereur Sigismond & les autres Princes Chrétiens, quand ils firent tenir le Concile de Constance pour vuider le different qui étoit entre les trois competiteurs du Papat, & proceder à une nouvelle élection, qui fut celle de Martin V.

LES EMPEREURS. Il n'y a point de doute qu'ils n'ayent l'Empire des Papes, *titulo tenus.* Car qu'ils leur puissent avoir donné le temporel, il n'y a point d'apparence. Quand Charlemagne eut gagné l'Empire d'Occident, afin de n'être point déclaré usurpateur, & se conserver avec plus de tranquillité l'Empire, il en voulut avoir la confirmation du Pape; comme pour le fait de Pepin, il n'y a point de doute qu'il ne fût asseuré du Royaume avant que d'en avoir la confirmation par Zacharie. Les Princes ont desiré cette confirmation pour pretexte seulement. On ne met point en doute que les Empereurs ne convocassent les Conciles, c'est à dire qu'il ne fût besoin qu'ils consentissent à la celebration, mais ç'a toûjours été à la poursuite des Papes. Il falloit necessairement que les Empereurs y consentissent, à cause que l'Eglise étoit pauvre, & les Evêques ne pouvoient venir si les Empereurs ne les eussent aidez de voitures, de chevaux & de carosses; & puis un Concile ne se pouvoit faire, que tous les Evêques ne vinssent de toutes les parties du Monde; Et l'Empereur pouvoit craindre quelque conjuration sous pretexte de Concile; si bien qu'eux qu'eux y consentoient, mais à la poursuite des Papes; & le consentement de l'Empereur n'y est necessaire que par accident, car ce n'est pas une chose qui soit de l'essence du Concile, que le consentement & la volonté de l'Empereur. L'Empereur Henri IV. représentoit au Pape Gregoire, qu'il ne l'avoit pû déposer, parce qu'il n'erroit point en la foi; & que la tradition des Peres portoit, que s'il n'erroit en la foi, il ne pouvoit être déposé; ces paroles prennent la cause à la gorge, tranchent & décident le nœud de la question. Les peuples après le Couronnement des Empereurs avoient accoûtumé de les adorer, comme il apert par ces mots d'Ado Viennensis après le Couronnement de Charlemagne; *Perfectis laudibus à Pontifice, more Principum antiquorum adoratus est.* Les Protestans pour montrer qu'il fut adoré par le Pape, & que partant ce n'étoit pas lui qui l'avoit fait Empereur, ont changé la ponctuation, & transposé la virgule, qui doit suivre immediatement le mot *Pontifice*, en cette sorte, *Perfectis laudibus, à Pontifice, &c.* Ce qui ne peut être, car il n'y avoit jamais eu de Pape, qui eût couronné un Empereur. Ado veut donc dire, que les louanges, c'est à dire les actions de graces & benedictions, que l'on avoit accoûtumé de donner à Dieu après le Couronnement des Empereurs, comme il paroît par l'histoire du Couronnement de Charles le Chauve, étant ou ayant été achevées par le Pape, l'Empereur fut adoré par le peuple, selon la coûtume des anciens Empereurs. L'Empire spirituel est supérieur non seulement aux Magistratures dérivées & inferieures, mais à la Magistrature souveraine même. Saint Chrysostome dit que le Sacerdoce surpasse l'Empire d'un aussi grand intervalle, comme la nature du corps differe de celle de l'ame: & S. Ambroise, comme le lustre de l'or surpasse le metal du plomb. Quand nous lisons que les Empereurs confirment & convoquent les Conciles, cette confirmation, non plus que leur convocation, n'étoit pas pour rendre leurs decisions authentiques au Tribunal de l'Eglise, & obligatoires en conscience & spirituellement ; car qui a jamais ouï dire, comme s'écrie Saint Athanase, que les Decrets de l'Eglise ayent pris force de l'Empereur? mais pour leur donner force de Loi seculiere, & les rendre obligatoires & executoires au Tribunal

nal seculier, & faire que les Ministres de l'Empire fussent tenus de les executer, & de punir de peines temporelles ceux qui y contreviendroient, autrement il eût fallu que quand les Empereurs ont été Ariens, les Decrets de l'Eglise à faute d'être confirmez par eux, eussent été invalides au tribunal spirituel, & n'eussent point obligé en conscience: & pourtant quand l'authorité Imperiale concouroit avec l'Ecclesiastique pour la confirmation des Conciles, ce n'étoit que pour les rendre obligatoires & licites au Tribunal seculier, & non pas au spirituel en l'obligation de conscience; il faut appliquer ce que dessus au Concile de Constantin & au Concile *in Trullo*, qui d'ailleurs fut un Concile erroné, & auquel fut confirmé le Concile d'Afrique de Saint Cyprien.

Ἐπιμύθιον *Brevem admonitionem velut* ἐπιμύθιον *quoddam &* ἐπικιθάρισμα *post fabulam adjicit; Gallicè potest dici*, comme un dessert de musique après la comedie.

ERASME fait de grandes fautes au jugement qu'il donne des Auteurs. Sur le Livre de Saint Basile *de Spiritu sancto*, il dit que la seconde partie est supposée; & dit qu'Arnobe *in Psalmos* est le même Auteur

teur qui a écrit *contra Gentes*. Il est grand ennemi de la Trinité, grand ennemi des traditions.

Tout Espace est distance; toute distance relation.

Les Espagnols disent bien quand ils disent que pour manger & bâtir il ne faut que s'y mettre. Un Espagnol allant par les champs trouva un Gascon, avec lequel il fit amitié, le mit en croupe, lui voulut bailler son manteau à porter, ce que le Gascon refusa plusieurs fois; un peu après le Gascon voulut descendre de cheval & cheminer à pied, & alors il demanda à l'Espagnol son manteau à porter; l'Espagnol lui dit, *Signor Gascon, vous y avez pensé, & moi aussi, vous ne l'aurez pas*. Les Espagnols n'oublient ni les injures, ni les ennemis, ni les amis non plus. Le Roi d'Espagne n'a jamais pardonné une infidelité & a toûjours puni fort severement les traîtres. Il a aussi recompensé grandement ceux qui servent bien & fidelement. Cinquante Espagnols ne feront pas tant d'insolences dans un païs étranger que 4. François. Le Roi d'Espagne garde la foi, quoi qu'on ait voulu dire qu'il ait fait banqueroute aux Genois, cela n'est point, il
leur

leur paye fort bien les arrerages de l'argent qu'ils lui ont prêté (a). Les Espagnols font de braves soldats, & qui valent tout autre chose que les François ; ils ont leur milice bien ordonnée & la discipline conservée entr'eux ; ainsi ils font plus que toutes les nations du monde. Ce n'est pas d'aujourd'hui que les Espagnols ont cet avantage, je me suis étonné d'avoir lû dans Tite-Live, qu'en l'Armée d'Annibal, qui étoit composée d'une grande multitude d'hommes, 600 Espagnols étoient la force de l'Armée, cela ne fuit jamais, ils ont un courage froid, qui va pied à pied, mais jamais on ne les void tourner, persistans, perseverans, se contentans de peu ; au contraire les François montrent au commencement du courage, & l'on dit d'eux, qu'à la chaleur ils font plus qu'hommes, mais à la fin ils sont moins que femmes : cela est vrai, la moindre épouvante les met tellement en desordre, qu'il n'y a pas moyen de les remettre. Il n'en va pas de même aux Espagnols, parce qu'ils vont
meu-

_____

(a) *Il leur paye fort bien les arrerages de l'argent qu'ils lui ont preté.*] Oui, si bien que tout d'un coup il leur fit perdre dix ou douze années d'interêts. D.

meurement, considerans les perils, & vont aux hazards après les avoir vûs & considerez; aussi vont-ils à la mort courageusement. Les François ne font pas de même, parce qu'ils vont aux dangers sans considerer ce que c'est, & aussi le plus souvent la chose étant refroidie, ils font de grandes fautes; ils sont comme une poignée de puces au Soleil; pendant qu'il y a de la chaleur, ils font mille gambades, font des merveilles; mais pour la durée, pour être long-temps à un siege, celi ne se void gueres. Les Espagnols ont une autre chose, c'est qu'ils ont tous de l'honneur, & il n'y a si petit Espagnol qui n'ait opinion de voir en Espagne la Monarchie de tout le monde, aussi combatent-ils pour l'honneur; les François n'en ont point, ce sont la plûpart des soldats levez au tambour, gens de boutique, qui n'ont aucune discipline, sans honneur & sans courage: Tout le courage des François est en la noblesse, le bas peuple n'en a point, aussi n'a-t-il pas d'esprit pour en avoir; & la noblesse n'est pas capable de discipline, elle est bonne pour assister le Prince en quelque chaude & prompte occasion. Il se rendra près du Roi

Roi, près du Prince 4. ou 5. mille Gentilshommes; cela fait de l'effet, mais n'a point de tenuë; & pour les païs étrangers, nous n'y sommes nullement propres, nous sommes insupportables & insolens, & après avoir été quelque temps hors de France, nous nous lassons aussi-tôt, & si l'argent nous manque nous nous en revenons en notre païs, nous ne saurions souffrir. Les Armées de France ne sont faites que de volontaires, les Espagnols sont disciplinez & souffrent aux sieges, dans le froid, dans la faim, & viennent à bout de leurs entreprises, & puis après savent bien maintenir ce qu'ils ont gagné, & ne sont point insolens. J'ai vû parmi eux d'excellens esprits, & de beaux Gentilshommes; je vis en cette ville quelque noblesse, entre autres quelques Chevaliers de Malthe, que je trouvai excellens en la conversation, ils ont toûjours de l'orgueil, mais il y a toûjours en leurs esprits quelque chose de bien relevé & de poli; ils nous ont bien appris à vivre, & nous ont reduits à vivre en France. On dit qu'ils nous ont fait des perfidies, mais croyez, dit-il à Monsieur d'Orleans, que premierement nous leur en avons usé, & ont eu cela par dessus nous que d'avoir sû en user

mieux.

mieux que nous, & de nous avoir plus nui que nous leur en avons fait. Premierement ne fut-ce pas une grande perfidie au Roi François, lors qu'il se joignit avec les Protestans d'Allemagne contre l'Empereur, ce qui nous a apporté la Religion en France qui n'y étoit point auparavant ? car quand le Roi Henry revint d'Allemagne, la plûpart de ses gens étoient gâtez, d'Andelot & les autres; & ils ont fait par cette action & cette ligue avec les Allemans qu'aujourd'hui le Roi d'Espagne seul entre les Princes Chrétiens est regardé & tenu pour protecteur de la Religion Catholique; & si nous avions une guerre en France, on verroit tous les Catholiques jetter l'œil sur le Roi d'Espagne, & tous les Huguenots sur le Roi d'Angleterre. Une autre perfidie dont nous usâmes contre ce pauvre Roi d'Aragon, qui nous offroit je ne sai combien de mille écus de tribut; lors que nous nous allâmes allier avec l'Espagnol pour le ruiner & partager ensemble ses Etats, de quoi fut fort aise le Roi d'Espagne qui nous en chassa par après. Ne fut-ce pas aussi un autre trait que nous voulumes jouer au Roi d'Espagne, lors que

nous

nous lui voulumes ôter les Pays-bas ? Le voyage de Monsieur (*a*) ne fut à autre fin, il ne faut pas s'étonner si par après il s'en est vangé, & s'il nous l'a rendu au double. Ce fut aussi une grande perfidie & une chose honteuse pour la France à jamais, d'avoir fait alliance avec le Turc contre le Roi d'Espagne, & depuis peu pourquoi est-ce que le Roi d'Espagne a chassé les Morisques d'Espagne, si ce n'est parce que nous traittions avec eux ? Les François n'ont jamais rien épargné non pas même la Religion pour se vanger ; si les Espagnols se sont vangez sur nous, comme ils ont fait, ç'a été par d'autres voyes & avec plus de conduite ; aussi leur a-t-il mieux reussi.

Un ESPRIT élegant trouve des sujets de facetie, même aux matieres qui en sont les plus éloignées.

Es-

(*a*) *Le voyage de Monsieur &c.*] La Reine-Mere y contribua sous main, mais le Roi y eut si peu de part que même, selon Mezerai, il n'y en eut point du tout. Ce Prince aimoit trop son repos, & d'ailleurs, il étoit trop jaloux de l'aggrandissement de son Frere. Du Perron parle ici en Ligueur, qui cherche à justifier les armes d'un Prince étranger, que cette Faction avoit attirées, pour renverser la Monarchie. *L. D.*

Esprit perdu. Je tiens qu'un esprit est perdu quand il s'adonne à l'une de ces six choses, à la quadrature du cercle, à la duplication du cube, au mouvement perpetuel, à la pierre philosophale, à l'Astrologie judiciaire, & à la Magie. Les jeunes gens peuvent étudier toutes ces choses, mais ils ne s'y doivent pas arrêter, ce sont toutes choses contre le jugement. Les grands & éminens esprits se forment & se rendent tels dans les grands Etats comme les grands poissons dans les grandes eaux.

Etienne Pape. Le Roi Pepin pere de Charlemagne, & Charlemagne son fils, avec ses autres enfans, se prosternerent aux pieds du Pape Etienne venant à Paris, & menerent sa mule par les resnes ; accomplissant à l'endroit de Christ en la personne de son Vicaire, & de l'Eglise en la personne du Chef de son ministere, ces oracles du Prophete, les Rois prosternez en terre t'adoreront & secheront la poudre de tes pieds ; comme Anastase Bibliothecaire, Martinus Polonus, Blondus, les Centuriateurs d'Alemagne, & autres le rapportent.

Etude. J'étudie le matin, mais je suis bien interrompu, il n'y a pas moyen de travailler en cette ville. J'étudie pour écrire

crire, c'est l'etude la plus penible; il est bien difficile de faire *ex multis pauca*; il est bien aisé d'écrire *pauca* tout de même aussi d'écrire *multa*, mais de faire de beaucoup peu, c'est où il y a de la peine. J'ai tant de diverses conceptions que je me trouve empêché à les bien mettre: & puis on est si fâché de perdre & de rejetter ce que l'on a.

Ευάγγελος. Anciennement le Ministre qui annonçoit les oracles s'appelloit ainsi: de là notre Evangile.

EUCHARISTIE. Le corps de Christ y est avec nous en une union substantielle, immediate. Le corps de Christ est divisé en l'Euchariſtie, ainsi que disent les Grecs. Il n'y a qu'en l'Euchariſtie où l'on adore précisément l'humanité du Fils de Dieu, *verbum & corpus adoramus*, dit Theodoret. Quand nous disons que nos corps sont nourris de l'Euchariſtie, nous n'entendons pas que cette nourriture se faſſe par conversion de l'aliment en l'alimenté, c'est à dire, par conversion de la condition vile & corruptible de nos corps en la condition glorieuse & incorruptible du Corps de Chriſt. Car comme ceux qui ordonnent & font entrer l'or qui est un ingredient inconsumptible, dans les restaurans des malades,

lades, ne prétendent pas qu'il se convertisse en leur substance, mais croyent qu'il imprime dans leur corps une certaine qualité propre à reparer & fortifier la vertu vitale, & à resister & remedier à la corruption; ainsi la chair de Christ, encore qu'elle ne se consume pas, fait neanmoins par son attouchement une occulte impression de vie dans la nôtre, à l'occasion de laquelle elle est dite nous vivifier & nous nourrir à vie éternelle.

Autrefois les EVEQUES se faisoient par force & contre leur gré, *invitis à plebibus protrahebantur*, dit S. Augustin, bien loin d'être promus à l'Episcopat en vertu d'une suggestion ou vocation interieure, comme parlent les Ministres. Deux Evêques d'Angleterre sont louez dans Severus Sulpitius, à cause de leur pauvreté qu'il prefere à l'abondance des autres Prélats assemblez au Concile d'Arimini, lors qu'ils refuserent de prendre de l'Empereur la fourniture de leur voyage, *evectiones*, dit cet Auteur, au lieu que ces deux autres acceptans les deniers necessaires pour faire leur dépense, firent un acte & protestation d'humilité. Tout le corps des Evêques en general constituë un même Episcopat, dont chacun possede, me dit S. Cyprien, sa part solidairement par indivis. La couronne des Evêques s'appelloit autrefois *Regnum*, & a été depuis changée en mitre. Tous les Evêques se peuvent dire successeurs de S. Pierre & des Apôtres; le Pape est successeur de S. Pierre directement, les Evêques indirectement; comme un arbre a le tronc qui vient de la racine directement, les branches viennent de cette racine indirectement. Tous les Evêques donc se disent successeurs de S. Pierre, & jamais il ne s'est dit qu'aucun Evêque se soit dit successeur d'aucun des Apôtres particulierement, si ce n'est qu'il fût son successeur également, mais qu'aucun Evêque se dise successeur d'André, de Jean & de Philippe, jamais il ne s'est lû. Cela montre l'unité des membres de l'Eglise à un seul chef. Le lieu de S. Hierôme, où il est dit que les Evêques sont égaux, le mot d'Evêque ne veut pas dire en ce lieu là, *Episcopus*, il veut dire Prêtre, & S. Hierôme éleve les Prêtres le plus qu'il peut, pour abaisser l'orgueil de quelques Diacres, qui vouloient aux assemblées privées preceder les Prêtres & cela dans Rome seulement, à cause qu'ils étoient peu & riches, c'est pourquoi il dit qu'en quelque lieu que soit

soit un Evêque, il doit préceder, c'est à dire les Diacres, & là Evêque signifie Prêtre. Les Evêques ne faisoient rien qu'avec le Synode, c'est à dire qu'avec les Evêques de leur ressort, & quand il est dit que de ces Synodes on alloit *ad majorem Synodum*, ce n'est pas dire au Concile œcumenique, c'est à dire au Patriarchat, comme si de Sens on alloit à Lyon, ce seroit *major Synodus, autoritate, non numero Episcoporum*; comme le Pape ne decernoit rien si ce n'est *in Synodo*, c'est à dire, avec les Evêques de son ressort, & de son Diocese, considerez comme simples Evêques, qui étoient l'Evêque d'Ostia, de Port, &c. qui sont aujourd'hui les six Evêques Cardinaux, & ce Synode est representé par le Consistoire qui est proprement le *Synodus*, si bien que le Pape ne déliberoit rien sinon *in Synodo*. Le titre d'Evêque universel que Jean Evêque de Constantinople se vouloit attibuër, étoit un titre fort arrogant & plein d'impiété; car il entendoit par ce mot *universel*, que lui seul fût Evêque à l'exclusion des autres, & que les autres dépendissent de lui, & tirassent de lui leur jurisdiction, qui est une arrogance; car tous les Evêques *sunt omnes à Christo*; tous les Evêques se peuvent

vent dire succeffeurs *Petri*, *& effe in cathedra Petri*, mais c'eft *per communionem*; le Pape n'eft point obligé de communier avec cetui-ci, ni avec cetui-la, car il eft fucceffeur *Petri per fe*, & pour cette raifon-là les Donatiftes ne pouvoient avoir d'Eglife, parce qu'ils n'avoient point de communion avec la chaire de Pierre. Il n'y a point de perfonnes en France qui foient plus obligées à la conservation des Rois, que les Evêques, car ils ont leurs biens, leurs Evêchez de la pure liberalité des Rois, au lieu que ceux des autres ordres ont leurs charges & leurs offices par achat ; & ne s'oppoferont jamais lorsque l'on voudra faire une Loi fondamentale temporelle contre l'entreprife fur la vie des Rois ; à cela jamais ils ne s'oppoferont tant que cette loi fera de la forte, & que l'on ne la voudra pas joindre avec d'autres propofitions qui font problematiques, comme de la puiffance directe & indirecte du Pape fur les Rois : jamais ils ne fouffriront qu'il en faffe une Loi qui oblige à tenir l'une de ces propofitions plûtôt que l'autre, car la chofe ne fe pourroit faire fans jaloufie du Pape, qui ne nous tient pas moins pour fiens, pour ne tenir pas celle de ces opinions qu'il re-

reçoit ; ce que je trouve bon est de renouveller les anathêmes donnez au Concile de Constance contre ceux qui entreprennent sur la vie des Rois, qui sera un moyen bien plus seur, & comme étant spirituel il détournera bien davantage ceux qui auroient eu la fantaisie d'executer ces mauvais desseins : que si l'on vient à faire une Loi qui contienne confusément ces deux propositions, ce sera empêcher que les Papes n'assûrent par cette voye spirituelle d'anathêmes la personne des Rois. *Episcopi omnes immediate sunt a Christo, sed cum conditione, ut teneantur communicare cum Petro; ita is Episcopus, qui dissentit a Petro dissentit ab Ecclesia & ab unitate Ecclesiæ.* L'Empereur Constantin parlant des commandemens qu'il faisoit aux Payens de chommer les fêtes des Chrétiens, disoit aux Evêques, Dieu vous a constituez Evêques dans l'Eglise, & moi Evêque hors l'Eglise. *Episcopus ad extra*; ce n'est pas qu'il fût Evêque des choses spirituelles au dehors, mais il veut dire qu'il seroit Evêque au dehors contre les Payens, non pas au spirituel, mais pour les détruire ; car il dit nommément, qu'il mettra par terre leurs tem-

temples, & qu'il renversera leurs idoles (a). Ce n'étoit point le peuple qui élisoit les Evêques, il étoit seulement permis au peuple de dire ce qu'il avoit à reprocher contre celui qui étoit élû. Et cela pour ce qui est des mœurs, & non pour ce qui est de la capacité (b). Les Evêques Grecs ont vrayment le caractere, parce qu'ils l'ont reçû des gens qui l'avoient vrayment, & c'est chose qui ne se peut éfacer, & bien que maintenant ils soient Schismatiques, ils ne laissent pas de retenir ce caractere, & de le conferer à d'autres ; comme le Baptême : ils ont le caractere, mais ils n'ont pas l'autorité, laquelle ils perdent par le schisme ; car ils ne peuvent absoudre. Les Evêques d'Angleterre n'ont nulle mission & n'ont pas le caractere ni l'autorité, parce qu'ils ne le conferent plus en la forme que l'ont reçu ceux qui l'avoient lors que le schisme se fit ; & selon leur doctrine même

(a) *Qu'il renversera leurs Idoles.*] Minimè verò; Episcopus ad extra, quia ordinis & disciplinæ vindex, cujus est ἐπισκόπειν, ne quid Ecclesia detrimenti capiat, nam hæ sunt Principis partes. D.

(b) *Et non pour ce qui est de la capacité*] Vide Cypriani Epist. LXVIII. S.

me ils ne l'ont point, parce que ne le pouvant avoir que de nous, & nous tenan[t] pour heretiques, ils ne le peuvent avoi[r] par consequent. Puis ils communique[nt] avec les heretiques de France, qu'ils tiennent pour vrais Pasteurs, lesquels n'on[t] point de succession. Les Evêques d'Orien[t] n'avoient que faire de tirer leur confirmation du Pape, lors qu'ils étoient promûs à l'Episcopat, ils alloient seulement à leu[r] Metropolitain, mais le Metropolitain recevoit la confirmation du Pape; les Patriarches se faisoient par le Synode, mais aprè[s] qu'ils avoient été élûs, ils envoyoient à Rome leur profession de foi. Les Evêques d'Orient comme des autres Provinces, ne pouvoient être deposez par leur Metropolitain, s'il n'en avertissoit le Pape. Quand on recevoit anciennement les Evêques heretiques, ils ne pouvoient plus être Evêques.

Eusebe étoit Arien, il n'y a nul doute: Saint Hierôme l'appelle *Antesignanum Arianorum*; j'ai eu entre les mains 5 Livres d'Eusebe qui étoient tous Ariens. Il y a une Epitre dans Eusebe que Constantin écrit au Pape Miltiades, il y a pour titre,

Μιλτιάδη καὶ Μάρκῳ (*a*). Ce titre est corrompu, car on ne sçait ce que c'est que ce Μάρκῳ. Il y a longtemps que cette faute est dans Eusebe; Baronius est le premier qui l'a voulu corriger, & qui l'avoit observée, & tâcha d'y mettre au lieu de μάρκῳ, ἱπάρχῳ; je crois qu'il faut lire χαίρειν μάκρον, ou bien τιμιοτάτῳ, lequel titre qui se trouve à la fin de la même Epître au nombre singulier, montre qu'il y a faute au nombre. Du Plessis y voudroit lire Μαρινῶ (*b*).

EUSEBIUS EMISSENUS n'est point Auteur du Livre qu'on lui attribue; ce Livre-là n'a point été fait par un homme Grec; j'ai opinion qu'il a été composé par un François ou par un Auteur proche de la France, comme en Italie, & crois qu'il a été fait par un Eusebius Cremonensis.

EUTYCHES Son heresie au point de l'incarnation étoit une même heresie avec la Manichéenne.

EXAR-

(*a*) Καὶ Μάρκῳ.] Henri de Valois ne croit pas que ce titre soit corrompu. Selon lui, ce *Marc* étoit un Prêtre Romain qui succeda à Sylvestre I. l'an 336. L. D.

(*b*) Μαρινῶ.] Tu dic καὶ μοιρόκλη, qui erat Episcopus Mediolanensis. S.

Exarchus signifie autant comme Patriarche, & signifie aussi Archevêque.

Excommunication. Les flatteurs du Roi Lothaire lui voulans faire accroire qu'il ne pouvoit être excommunié, Hincmar Archevêque de Rheims leur répondit, que cette voix n'étoit point d'un Chrétien Catholique, mais d'un blasphemateur plein du diable. Il n'y a nul doute que les Rois & les Empereurs ne soient sujets aux censures Ecclesiastiques aussi-bien que les autres ouailles de la bergerie de Jesus-Christ, & il m'est avis que l'une des Loix de l'Ancien Capitulaire de Charlemagne, complié par l'avis des Evêques, portoit, que les criminels que le Roi avoit reçus à grace, ou admis à sa table ne devoient point être exclus de la communion des Evêques. Mais parce que cette Loi ne fut point faite particulierement pour les Rois de France, mais en general pour tous les Chrétiens, comme ayant pris son origine du 12. Concile de Tolede, où il fut ordonné que les criminels qui avoient été reçus en grace, ou admis à la table du Roi, fussent reçûs à la communion des Evêques; & à cause que cette Loi ne fut pas faite pour les excommunications émanées des Papes,

mais

mais pour celles des Evêques residens dans les ressorts des Rois sous qui se faisoit la Loi; joint aussi qu'elle ne fut point faite pour l'heresie ou apostasie de la Religion Chrétienne, mais pour les crimes des mœurs, d'autant que le Roi étant celui contre lequel, comme représentant le Public, l'offense des crimes seculiers est commise & auquel seul en appartient la punition, quand le criminel est purgé par devant lui, & lui a fait satisfaction, ou pour mieux dire, au Public en lui, & qu'il avoit remis le criminel en sa bonne reputation & renommée, & lui avoit levé la note de scandale & d'infamie, les Evêques & les peuples ne le devoient plus tenir pour une personne scandaleuse & indigne de leur communion. Cela apert par le texte exprès du Concile de Tolede, d'où est prise mot à mot la Loi du Capitulaire; & cela aussi apert parce qu'Yves de Chartres qui allegue & pratique cette Loi en la personne d'un nommé Gautier, non seulement s'abstint de communier avec le Roi Philippe premier durant le temps de son excommunication, mais sollicita le Pape de ne relâcher point son interdit, & de ne donner aucune absolution au Roi de l'anathême

thême qu'il avoit jetté contre lui, que premierement il n'eût rejetté, comme il fit, fa fausse Reine. Que si les Papes Martin IV. Alexandre IV. Gregoire IX. & autres, ont concédé des Bulles aux Rois de France, par lesquelles ils déclarent, à ce que quelques-uns prétendent, qu'ils ne peuvent être excommuniez, ç'a toûjours été avec cette exception, sans mandement ou licence speciale du Pape, laquelle est inserée dans les Bulles de tous ces Papes, comme il se verifie par la lecture de tous ces originaux. Etienne Evêque de Paris jetta un interdit contre la personne de Louïs le Jeune, dont est que le Roi pour empêcher que les Evêques de France ne se laissassent quelquefois emporter legerement, ou par les Seigneurs du Royaume qui alors tenoient une grande partie dudit Royaume, ou autrement, à jetter ces interdits, recourut au Pape, pour obtenir que nul des Prelats de leur ressort ne pussent jetter interdit ou sur le Royaume en general, ou sur les villes particulieres de l'Etat, sans mandement ou licence speciale du Siege Apostolique; ce que les Papes lui accorderent, comme il a été dit ci-devant, à l'occasion dequoi Pierre de Coigneres

gneres reprocha aux Prelats de ce Royaume devant le Roi Philippe de Valois, qu'ils avoient mis l'interdit en plusieurs villes & châteaux du Royaume, contre les privileges que les Rois de France avoient obtenus des Souverains Pontifes.

EZRAS a ajoûté ce qui est à la fin des Livres de Moïse, où il est parlé de sa mort, & qui par conséquent n'est pas de Moïse. Après la transmigration Ezras redigea en un corps toute l'Écriture, & ainsi que quelques Anciens ont remarqué, il remit en l'Ecriture 18 lieux qui avoient été corrompus.

F.

NIC. FABER. J'ai vû ces jours passez les Opuscules de M. le Fevre; c'étoit un bon homme, & qui écrivoit de bon sens, & assurément il ne va point à tâtons, il parle comme un homme qui a grande connoissance dans l'Antiquité; il s'est rencontré en quelques choses que j'ai autrefois observées, qui sont très-vrayes; entr'autres pour ce qui est du second Concile de Carthage.

Les FAUSSETEZ ne se peuvent maintenir que par des faussetez. Ceux qui s'inscrivent en faux contre la verité, ne la peuvent impugner de faux que par la fausseté.

Du FAY. Un jour étant à la Grange durant ces troubles, on recût un Livre de Monsieur du Fay, *le franc & libre Discours*: chacun étoit empêché à deviner qui en étoit l'Auteur, je jugeai incontinent que ce devoit être lui par une Lettre que j'avois vue 4 mois auparavant. Je vis à Chartres un Discours qu'on lui attribuoit : je dis aussi-tôt, qu'il n'étoit pas de lui, mais de son Frere qui est l'Archevêque d'Aix. Les autres Livres, que fit par après Monsieur du Fay, ne ressemblent pas au premier, ils ne lui réussirent point.

FERNEL. Les premiers hommes, les plus excellens & éminens en notre nation, ont été Cujas, Ronsard & Fernel.

Jeremie FERRIER (*a*). Le Cardinal lui dit après qu'il lui eut donné l'absolution, & qu'il l'eut reçu à l'Eglise, on use de cette baguette aux absolutions, c'est chose à quoi les Rois se sont soûmis, suivant ce mot de l'Apôtre, *in virga veniam*. Ceux de la Religion ont fait un Livre pour ex-

---

(*a*) Voyez l'Article de cet Ex-Ministre dans le Dictionaire de Mr. Bayle. *D. M.*

excuser la violence dont ils ont usé contre Ferrier, & se servent des lieux des Peres, & entre autres de S. Bernard; pour montrer qu'ils en pouvoient ainsi user, puis qu'il étoit excommunié, & qu'un Juge excommunié étoit suspendu. Il dit après ceci en riant, Saint Bernard parle de l'excommunication comme il faut, mais S. Bernard disoit tous les jours la Messe; ils se servent fort bien des Loix que nous avons, quand ils croyent qu'elles sont pour eux, autrement ils n'en veulent point ouïr parler, ce n'est qu'une pure injustice de leur fait; s'ils croyoient être assez forts, & que par excommunication ils pensassent occuper le Royaume & déposseder le Roi, je ne sai ce qu'ils ne feroient point.

FIDES, *de iis quæ fidei sunt*. Outre les points necessaires à salut, il y a encore deux autres degrez de choses; les unes utiles, comme selon les Ministres mêmes, vendre tout son bien & le donner aux pauvres, jeûner en affliction pour appaiser l'ire de Dieu, prier nos confreres en la foi de prier Dieu pour nous; les autres non repugnantes à salut & licites, comme fuïr durant la persecution, vivre de l'autel en servant à l'autel, repudier sa femme adultere, & autres semblables; car nous n'alleguons celles-là que pour exemple, & non pour inſtance. Or il eſt beſoin pour ſe conformer à l'integrité de la créance des Anciens, de croire toutes les choſes qu'ils ont crues, ſelon le degré auquel ils les ont crues; à ſavoir de croire neceſſaires à ſalut celles qu'ils ont reputées telles, & pour choſes utiles à ſalut celles qu'ils ont eſtimées l'être, & pour choſes licites & non repugnantes à ſalut celles qu'ils ont cru telles. Et ſous ombre que les deux dernieres claſſes ne ſont pas des choſes neceſſaires à ſalut, mais ſeulement utiles ou licites, ne les condamner pas, & ne ſe ſeparer pas à leur occaſion de l'Egliſe, qui les pratiquoit alors & les pratique encore maintenant. *Probaſti mihi te habere fidem, proba te habere charitatem.* Aug. *de geſt. cum Emerit.* captieuſement, oui ſubtilement; non; car qui a jamais vû argumenter de cette ſorte, tous ceux qui ſont douez de foi & de vraye charité ſont dans l'Egliſe, donc tous ceux qui ſont dans l'Egliſe, ſont douez de foi & de vraye charité, & conſéquemment ſont élûs à la vie éternelle; de la converſion d'une univerſelle affirmative en une univerſelle affirmative ? Tous les gers gens de bien & bons citoyens ſont en la communion de la Cité, tous ceux donc qui ſont en la communion de la Cité ſont gens de bien & bons citoyens, Tous les Magiſtrats ſont membres & parties de la Republique, tous ceux donc qui ſont membres de la Republique ſont Magiſtrats; tous les Sacrificateurs étoient en la lignée de Levi, & hors de cette Tribu il n'y avoit aucun legitime Sacrificateur; tous ceux donc qui étoient en la famille de Levi étoient Sacrificateurs. Si on entend par la Foi la juſtifiante, c'eſt à dire celle qui eſt animée & operante par charité, ſans doute elle ne peut être qu'en l'Egliſe, car la Charité ne peut ſubſiſter hors de l'Egliſe qui lui donne l'être juſtifiant: celle-là, dit S. Auguſtin, nul ne l'emporte hors de l'Egliſe Catholique. Si par la Foi on entend la ſimple apprehenſion & profeſſion de la vraye doctrine, elle peut ſe retrouver hors de l'Egliſe, hors de laquelle on peut avoir toutes choſes excepté le ſalut, comme dit le même Auguſtin. La foi n'exclud pas la vue comme compagne, mais cauſe de la perſuaſion; je crois que l'Egliſe Catholique eſt, non parce que je la vois, mais parce que Dieu me dit qu'elle eſt toûjours;

& les Donatiſtes & autres heretiques qui me diſent qu'elle eſt perie par l'impureté des mœurs & de la doctrine, & que cette Societé exterieure que je prens pour elle ne l'eſt pas, contrediſent à la Parole de Dieu, & au Symbole qui dit qu'elle doit être perpetuelle. Si la condition d'être au Symbole rend l'Egliſe inviſible, l'Egliſe ne peut être viſible, car la raiſon de la foi étant perpetuelle, il ne la faut point conſtituer quelquefois viſible, & quelquefois non. Si l'on dit auſſi que celle dont parle le Symbole eſt inviſible, nous ne ſommes donc aſtraints par aucun lien abſolument néceſſaire à ſalut, à aucun devoir envers l'Egliſe viſible; car le Symbole ſelon nos adverſaires contient tout ce qui eſt abſolument néceſſaire à ſalut.

FIGURE DE LANGAGE. Il y a des figures d'origine qui par l'uſage à la fin ne peuvent plus être appellées figures; comme nous diſons un verre d'eau, ce n'eſt pas que le verre ſoit d'eau, mais l'uſage veut que lors que l'on parle de cette ſorte, l'on entende un verre plein d'eau : comme nous diſons diſcourir, ce mot de ſon origine eſt figuré & ſignifie courir çà & là, & neanmoins l'uſage a fait qu'il n'eſt plus figuré;

cette

cette distinction sert pour éclaircir beaucoup de lieux de l'Ecriture. Les figures prophetiques sont plus nobles, que les figures historiques. Il y a deux sortes de figures, les unes verbales, les autres réelles; celles-ci sont elles-mêmes figures d'autres choses, celles-là non. S. Augustin dit; *allegoria facti & allegoria dicti. Catechumenis explicabatur locus Joannis figurativè, donec realis explicationis essent capaces, per modum provisorium, ut loquuntur, non autem definitivè.* Augustinus *de Christo quærente poma in arbore* Serm. 74. *de tempore, hoc factum nisi figuratè accipiatur, stultum invenitur.* En cet exemple le sens figuré est exclusif du litteral; mais aux suivans il est accessoire au litteral, tant s'en faut qu'il en soit exclusif. L'union charnelle & corporelle de l'homme & de la femme est la figure de l'union spirituelle, qui doit être entr'eux par le moyen de l'affection & de la bien-veillance conjugale, voire de celle de Christ & de l'Eglise. L'attouchement corporel dont la femme malade de flux de sang attoucha Jesus-Christ, (*Aug. Serm.* 152. *de temp.*) étoit figure de l'attouchement spirituel dont elle le touchoit avec l'ame mentalement & par la foi; &

pourtant en elle seule la figure corporelle étant jointe avec la verité spirituelle, il n'est dit que d'elle seule qu'elle le toucha; car encore qu'il fût environné de tous côtez du peuple qui l'opprimoit, il demanda en singulier, qui m'a touché? la foule te presse de toutes parts, dit saint Pierre, & tu demandes qui t'a touché? Mais, comme dit saint Augustin, les autres le pressoient, & celle-là seule le toucha, d'autant que celle-là seule y apporta la correspondance de l'attouchement spirituel, sans lequel l'autre vain & inutile, pouvoit & devoit être tenu pour nul, comme les choses inutilement faites sont reputées pour non faites; ainsi les méchans sont dits ne manger point le corps du Seigneur, non quant à la verité historique, mais quant à la mystique; non quant à la corporelle, mais quant à la spirituelle; non quant à la chose, mais quant à l'effet. *Exemplum Augustini de eleemosynis non figuratè accipiendum ob id quod adjectum figuratè nesciat sinistra quod facit dextra; de consensu Evangelistarum c. 2. Tantum timorem habeatis ne verbum Domini excidat à mentibus vestris, quam ne particula dominici corporis. Aug. Hom. 26. Christus ambulans super mare seipsum significavit calcantem capi-*

ta superborum, *in Psal.* 93. donc le sens figuré n'exclut pas toûjours le sens litteral. Nisus Roi des Megariens vêtit le corps de sa femme après qu'elle fut morte des mêmes habits qu'elle avoit portez en son vivant, & ordonna qu'il fût ainsi gardé à la posterité, pour en conserver la memoire perpetuelle. Plutarque *aux demandes des choses Grecques.* Le port corporel que faisoient les enfans d'Israël du Decalogue sur leurs fronts & sur les bras, étoit la figure du port spirituel, qu'ils en devoient faire en leurs pensées & en leurs actions.

FLEUVES. Le mouvement des fleuves & des ruisseaux n'est pas *motus ejsudem in eodem.*

Le Cardinal de FLORENCE qui fut depuis Leon XI. étoit fort judicieux. Monsieur le Chancelier de Bellievre & Monsieur de Villeroi m'ont dit, qu'ils n'avoient point traité avec personne qui eût plus de jugement.

FOLS. Il y en a plusieurs en Espagne, comme en tous les pays chauds, & en Gascogne où ils ont de grandes chaleurs: leur cerveau se desseche & ils deviennent tous fols; mais en Espagne plus qu'en autre lieu. Il avint un jour que le Roi d'Espagne envoya un Ambassadeur en Afrique, lequel passant par la Navarre fut logé en un Monastere, où l'on retiroit grande quantité de ces fols; l'Ambassadeur en trouva un entr'autres, qui l'entretint fort long-temps de sens rassis, lui représenta que la méchanceté de ses parens (a) l'avoit réduit à cette misere, & que le credit qu'ils avoient à la Cour, l'avoit fait enfermer en ce lieu où l'on ne mettoit que les insensez, & que lui avoit toûjours fait paroître qu'il étoit fort sage; prie l'Ambassadeur de faire en sorte auprès du Roi de le tirer de cette misere; l'Ambassadeur en eut pitié, croyant qu'il fût fort sage, & pour pouvoir parler de lui au Roi, le pria de lui dire qui il étoit & comment il s'appelloit? Il lui répondit, vous direz au Roi que je suis l'Ange Gabriel qui annonça la Vierge; il ne fut pas besoin d'autre propos pour faire voir à l'Ambassadeur qu'il étoit justement enfermé. Cet Ambassadeur poursuivant son voyage, vint en un autre Monastere en la Grenade, où ils logent & reçoivent magnifiquement les étrangers; là un autre fol vint

(a) *La Mechanceté de ses parens.*] Ce conte se trouve dans Don Quichot, L. D.

vint parler à lui, qui l'entretint longtemps & de bon sens, lui repréfentant les fervices qu'il avoit rendus au Roi d'Efpagne, & que fon fils pour avoir fon bien l'avoit fait reclurre en ce lieu où il mouroit mille fois le jour; & fur cela pria l'Ambaffadeur de vouloir interceder pour lui auprès du Roi, & que fi fa Majefté étoit informée du tort qu'on lui faifoit, il ne permettroit jamais qu'on le detînt ainfi. L'Ambaffadeur lui dit qu'il le feroit volontiers, mais qu'il y avoit quelques jours, qu'il avoit trouvé un homme enfermé dans un tel Monaftere, qui lui avoit fait cette même priere, & qu'après lui avoir demandé fon nom, il lui avoit répondu qu'il étoit l'Ange qui annonça la Vierge Sur ce mot le dernier fol lui répondit, Monfeigneur, ne le croyez pas, il n'en eft rien, car j'étois alors Dieu le Pere, fi cela étoit je le faurois bien. Qui peut répondre des caprices & vifions imaginaires des fols? Du temps d'Henri II. un fol fe mit en état de le tuer; & depuis un autre fol tua Mehemet Baffa, Lieutenant General de l'Empereur des Turcs au milieu de fon Armée Contre les fols il n'y a point de remede que de ne les laiffer point approcher des Princes; ce que le feu

Roi Henri le Grand jugeoit bien, quand il diſoit en ſes propos ordinaires, gardons-nous des fols, les ſages ne nous feront point de mal. (*a*)

FONTES *Cybires in Caria & Gerazar in Arabia, ea hora qua Chriſtus aquam in vinum convertit, in vinum convertebantur.* Epipha. *Hæreſ.* 51. *qui ait, ſe de fonte Cybires guſtaſſe.*

BONNE FOI. Je ne trouve point étrange qu'un Roi, qu'un Prince faſſe mourir ſes Sujets quand il en a juſte cauſe : [mais je trouve mauvais qu'un Prince donne ſa foi à ſes Sujets pour les attraper ſous ce prétexte, & que ſa foi ſerve de piege à ſes Sujets, leſquels il ne pouvoit avoir autrement. Je trouve cela très-mauvais, & ne le puis ſupporter (*b*)] & encore ces executions-là ſe doi-

(*a*) *Gardons nous des fols &c.*] Henri IV. parloit, non de ces fous à lier, qui étant enfermez ne peuvent faire de mal, mais de ces fous mélancoliques comme Ravaillac &c. à qui un Confeſſeur peut faire enviſager les plus horribles attentats, comme des actions méritoires devant Dieu. L. D

(*b*) *Mais je trouve mauvais ..... & ne le puis ſupporter.*] J'ai renfermé tout ceci dans une parentheſe, parce que ces cinq ou ſix lignes, mal liées avec le reſte, comme elles ſont, m'ont paru ne devoir pas être de Du Perron. L. D.

doivent faire rarement, de peur que le peuple ne croye enfin que le Prince devienne cruel.

NICOLO FRANCO (*a*). Quand il fut condamné à être pendu à Rome, le Cardinal Aldobrandin, frere du Pape Clement, qui étoit *de la compagnia della morte*, le confortoit; & Nicolo Franco étant monté à l'échelle & apprehendant la mort, dit ces mots, *Come, Nicolo Franco a le forche, e possibile?* Le Cardinal lui repondit, *come Messer Nicolo, ecce Christo in croce per voi*, en tirant de dessous sa robe un crucifix qu'il lui montra; ce qui le remit tout à soi & il se reconnut.

LES FRANÇOIS font fort insolens, indi-

(*a*) *Nicolo Franco.*] Nicolo Franco natif de Benevent, & Poete Satirique. "Il s'avisa, étant déja vieux, de commenter les Priapées. Paul IV. en ayant fait brûler les Copies, & l'Original, Nicolo Franco dechira la memoire de ce Pape, ce que Pie IV. son successeur ayant dissimulé à cause du Cardinal Moron protecteur alors de ce Poëte; l'injure faite au Pape Paul, fut sous Pie V. très-severement punie. Le Franco par ordre de ce Pape fut arrêté, & comme Auteur de Libelles diffamatoires, condamné à être pendu l'an 1569." La Monnoye, Notes sur les *Jugemens des Savans* de Baillet, N°. 1284. des Poëtes modernes. D. M.

discrets, déloyaux ; de cela nous avons l'exemple des choses que les François firent en Italie. Les François, les Princes & le Roi même ne font pas grande conscience de ne tenir point la foi, quand il est question d'argent. Si le Roi eût continué à faire le payement des rentes de la Ville ainsi qu'il se faisoit au commencement, il eût plus tiré de sa Ville de Paris qu'il n'a fait par tous les partis qui se sont faits, & cela vient pour ne tenir pas sa foi. Le Grand Duc me dit un jour passant par Florence au premier voyage que je fis en Italie, & me pria de dire au Roi, qu'il lui fourniroit dix millions d'or, avec quoi il acquiteroit une partie des rentes & racheteroit son domaine ; mais à condition qu'il tînt sa parole, & qu'il payât les arrerages. De cela, dit-il, il en viendra double profit : premierement, disoit-il, il en acquiteroit ses dettes ; & secondement tout cet argent n'ira pas en Espagne. Il ne s'est rien fait, parce qu'on ne veut pas tenir la foi. Les François ne sont pas capables de manier de l'argent ; & pour ne le savoir faire il en est arrivé de grands maux en France. La Justice ne se fait point en France, parce que les Rois pardonnent aisément ; ils recompensent aussi fort peu ceux qui les servent, & oublient aussi-tôt les services qu'ils ont reçus; & il ne faut pas penser qu'un François faisant service à son Prince en païs étranger, soit recompensé, parce que le Roi ne se souvient que de ceux qui sont presens. Et puis, la porte est si ouverte à la faveur & à la récommandation que ceux qui sont presens occupent tout par cette faveur; ainsi la Justice ne se fait point. Les Rois de France font de l'accessoire le principal & s'incommodent & ne s'établissent jamais. Il n'y y a point de doute que par honneur nous ne soyons obligez de secourir le Duc de Mantoue, mais aussi il faut considerer l'honneur final, car si après que nous lui aurons baillé secours, nous n'en venons à bout, & que le Roi d'Espagne se mette de la partie, ce nous sera une grande honte. Il y a encore une chose qui nous empêche & nous empêchera toûjours de rien faire au dehors de la France, qui est la crainte que nous avons qu'au dedans il ne se fasse aucun remuement pour le sujet de la Religion. Nous ne sommes point gens à entreprendre sur les Etrangers; c'est à faire aux Espagnols, qui savent bien conduire leurs affaires, & ne

se laissent aller à aucune passion, qui puisse porter préjudice à l'Etat. En France il n'en est pas de même, car le Roi pour un favori pervertira tout ce qui a été établi de tout temps. Il y a encore une autre chose qui est plus importante. C'est qu'il n'y a point de Discipline parmi les Soldats, il n'y a point de vraye justice, & s'il arrive une guerre, il faut lever des gens tout nouveaux, qui ne sont point aguerris, ni accoûtumez aux incommoditez de la guerre. Nos finances aussi vont toûjours très-mal, chacun en tire pour soi, & les Soldats ne sont point payez; au lieu que les Espagnols ont toûjours en leurs garnisons les Soldats disciplinez & bien payez (*a*), qui en un besoin sont toûjours prêts. Les François ne sont pas capables d'autre gouvernement que de la Monarchie, parce qu'étant ennemis, comme ils sont, de l'égalité, sur laquelle toute République est fondée, ils ne peuvent souffrir nuls égaux, ni s'accommoder avec leurs semblables. Le Clergé
&

(*a*) *Et bien payez.*] Témoin les *Mutinez* des Païs-Bas sous l'Archiduc Albert, & deja précédemment sous le Gouvernement du Duc de Parme. Voyez les Notes sur le *Catholicon d'Espagne* au mot *Mutinades*. L. D.

& la Noblesse étoient anciennement les seuls Etats du Royaume en France. Les Rois de France sont Souverains de toute sorte de Souveraineté temporelle.

FRANÇOIS I. savoit fort sur la fin de son âge, il est impossible que les Princes ne sachent quelque chose, car si un bel-Esprit a remarqué quelque chose d'excellent, il le lui vient dire aussitôt, & ils ont les fruits des peines de tous ceux qui étudient, si bien qu'un homme qui aura travaillé dix jours ou un mois sur quelque sujet que ce soit, en un quart d'heure le Roi entend tout. Au dîner du Roi excitant sa Majesté à vouloir affectionner les gens de Lettres, afin que quelqu'un écrivît la Vie de son Pere & des siens, il dit, que le Roi François avoit mis les Lettres en France, qui devant étoit un païs barbare. Monsieur de Sourdeac lui demanda, si le Roi François étoit savant? Non, répondit-il, mais il aimoit les Lettres, & cet amour fit que l'on étudia, & que les François se sont rendus très-polis. L'Auteur du Courtisan Italien (a) parlant

---

(a) *L'Auteur du Courtisan Italien.*] Baldassar Castiglione, qui nous a donné *Il Corteggiano*, imprimé à Venise en 1528. in folio. C'est la premiere édition, qui a été suivie d'un grand nombre d'autres. D. M.

lant des François, devina qu'ils seroient un jour polis, s'ils avoient un Roi qui aimât les Lettres ; car il dit, les François sont maintenant barbares, mais ils se rendront polis, car Monsieur d'Angoulême, qui est le plus proche héritier de la Couronne, aime les Lettres.

Monsieur DE FRESNES FORGET étant chez la Reine Marguerite, lui dit une fois, qu'il s'étonnoit, comme les hommes qui portent de si grandes fraises, peuvent manger du potage sans se gâter, & comme les femmes peuvent faire l'amour avec ces grands vertugadins. La Reine pour lors ne lui répondit autre chose ; mais quelques jours après ayant mis une fort grande fraise, voulut manger de la bouillie, & se fit apporter une cueiller qui avoit un fort grand manche, si bien qu'elle pouvoit manger sa bouillie sans gâter sa fraise, ce qui la fit souvenir du discours qu'elle avoit ouï de Monsieur de Fresnes, & l'envoya querir aussi-tôt ; lequel arrivé la Reine lui dit soudain qu'elle l'eût apperçu, Eh bien, Monsieur de Fresnes, que dites-vous à cette heure, vous ne pouviez comprendre l'autre jour, comment on se pouvoit accommoder avec ces grandes fraises pour manger de la bouillie, vous voyez maintenant le remede que j'ai apporté? Je le vois fort bien, Madame, répondit-il, cela est fort bon pour le haut, mais non pas pour le bas, il ne se trouve pas de si grands manches.

FULMINER. Ceux de la Religion trouvent fort étrange ce mot fulminer & de fulmination, dont on use en l'Eglise, lequel mot ne signifie que condamner, & il se trouve dans les Auteurs en cette signification, le mot Grec aussi κεραυνὸς, & le verbe qui en vient signifie condamnation, je l'ai remarqué il y a long-temps.

In FUNERUM *sacris, non lotione, sed aspersione Ethnici utebantur.* LILIUS GIRALDUS.

G.

PRince de GALES (*a*). Après la mort du Prince de Gales Monsieur N. lui dit que ce Prince étoit fort malsain, & que deja il n'avoit plus de dents : il repondit, pourquoi est-ce que nous le craignions? il n'avoit garde de nous mordre.

GANGRES. On voit des Canons du Con-

(*a*) *Prince de Galles.*] Henri, mort à l'age de 18 ans en 1612. On croit qu'il fut empoisonné. Voyez son éloge dans Rapin Histoire d'Angleterre, Tom. VII. pag. 75. *L. D.*

Concile de Gangres sous le nom du Concile de Nicée, il n'y a eu que 20 Canons au Concile de Nicée.

GENEBRARD aussi bien que Turrianus est fort dangereux en ses jugemens, il soûtient la Donation de Constantin par trois raisons, la premiere qu'il dit, *Constantinus cessit Roma*, c'est à dire, qu'il partit de Rome, car il n'y a pas *cessit Romam*, il le prouve aussi par Photius, mais il se trompe & prend Balsamon pour Photius.

Les GOTHS furent convertis immediatement du Paganisme à l'Arianisme, de sorte que ni les Rois Ostrogoths en Italie, ni les Wisigoths en Espagne n'étoient Catholiques; & de fait quand Rodigilde se voulut déclarer Catholique, il n'osa pour la crainte qu'il avoit de ses Sujets Wisigoths qui étoient Ariens; ni les Wandales en Afrique n'avoient jamais été Catholiques, ni aucuns de leurs prédecesseurs non plus; & d'ailleurs les Rois Ariens qui regnoient en Afrique & en Espagne, ne regnoient pas immediatement sur les Africains & les Espagnols, mais sur les Wisigoths & les Wandales, qui étoient les conquerans, les dominans & les Maîtres de l'Etat, & desquels dépendoit l'élection & la domination

des

des Rois Wisigoths. Ce fut pourquoi l'Eglise ne procéda pas contr'eux aux censures & sentences d'interdiction; car quand bien même elle l'eût fait c'eût été vainement & imprudemment. Quant aux Ostrogoths, ils tenoient les Peuples d'Italie tellement subjuguez, qu'ils ne pouvoient lever la tête, & lors qu'il leur plaisoit ils faisoient mourir les Senateurs sous la moindre accusation qu'on leur mettoit sus, d'avoir intelligence avec l'Empereur; comme entre autres ils mirent à mort ce celebre Senateur Severin Boëce, que l'Eglise a enrollé au Catalogue des Martyrs, pource qu'ils soupçonnoient qu'il vouloit appeller l'Empereur qui étoit Catholique en Italie, & ne traitoient pas les Papes avec plus de douceur; car ils les emprisonnoient, bannissoient & mettoient à mort pour les moindres ombrages; de maniere que tout ce que le Pape eût pu faire pour exciter les Catholiques à secouer le joug des Rois Goths, eût été inutile, voire pernicieux; les Goths en Italie tuerent leur Roi Theodat pour le soupçon qu'ils avoient qu'il s'entendoit avec Justinien, & pour le peu d'effort qu'il faisoit de lui resister, & élûrent Vitigès Roi en son lieu.

GOURNAI. Comme Monsieur Pelletier lui disoit un jour, qu'il avoit rencontré Mademoiselle de Gournai, qui alloit presenter requête au Lieutenant Criminel, pour faire défendre la *Défense des Beurrieres*, parce que là dedans elle est appellée coureuse, & qui a servi le Public; il dit, je crois que le Lieutenant n'ordonnera pas qu'on la prenne au corps, il s'en trouveroit fort peu qui voudroient prendre cette peine, & pour ce qui est dit qu'elle a servi le Public, ç'a été si particulierement qu'on n'en parle que par conjecture, il faut seulement que pour faire croire le contraire, elle se fasse peindre devant son Livre (*a*). C'est ce que je dis une fois à Mademoiselle de Surgeres (*b*), qui me prioit chez Monsieur

---

(*a*) *Qu'elle se fasse peindre devant son Livre*] On voit le portrait de Mademoiselle de Gournai à la tête de l'édition de ses Oeuvres faite à Paris en 1634, in 4º. Au reste Mr. Bayle a censuré cette tirade Satirique de du Perron, dans son Dictionaire où il donne l'article de cette Dame. D. M.

(*b*) *Mademoiselle de Surgeres*.] Helene de Surgeres Saintongeoise, une des filles d'honneur de la Reine. Brantôme dans la Vie de Catherine de Médicis, nomme cette fille *Surgeres*, & non pas *Sugeres*, comme elle est nommée dans le Dictionaire critique, Remarque H. de l'article *Ronsard*. Comme elle n'étoit rien
moins

sieur de Rets que je fisse une Epître devant les Oeuvres de Ronsard, pour montrer qu'il ne l'aimoit pas d'amour impudique. Je lui dis, au lieu de cette Epître, il y faut seulement mettre votre portrait.

DE GRATIA. Parlant de cette subtile dispute *de Gratia*, il dit, le plus expedient est de ne s'y point amuser, & je le conseillerai toûjours: pourvû qu'on en sache ce qui est besoin pour notre salut, c'est assez, car quand on écrira d'ici à dix mille ans & avec ces subtilitez qu'on va cherchant aujourd'hui, ce ne sera rien autre chose que méchantes subtilitez pour éblouïr la vûe, & au bout, qui y voudra bien penser, trouvera que tout s'évanouira comme des illusions. Parlant à Messieurs de Nantes & de Saint Victor de cette même dispute, tous les Jesuites, dit-il, ne savoient où ils étoient; Valentia demeûra le plus confus homme du monde & le plus honteux, il en mourut de déplaisir.

GRATIAN Empereur, les delices des Catholiques, l'ame & le cœur de Saint Ambroise,

moins que belle, & que d'ailleurs Ronsard étoit vieux lorsqu'il s'avisa de la célebrer par des Sonnets, on peut croire que sa passion pour cette Héléne n'avoit rien de lascif. L. D.

broife, fut tué par le Tyran Maxime, qui avoit occupé les Gaules, l'Allemagne & l'Angleterre.

Les Grecs pour le regard du Mariage des Prêtres, ne font point feparez de la Communion de l'Eglife, non plus que pour la Primauté du Pape, qu'ils reconnoiffent pour premier Patriarche; il n'y a que le fait de la Proceffion du Saint Efprit, qui les a feparez, & qui les fepare de nous. Ils fe plaignent de nous, & difent, que nous fommes anathême pour avoir ajoûté au Symbole *Filioque*, ce qui étoit défendu fous peine d'anathême par le Concile d'Ephefe; que neanmoins au Concile de Gentilly contre cette défenfe on n'a pas laiffé d'y ajoûter ce mot, c'eft ce qui les a irritez. La créance de l'ancienne Eglife avant ce Concile, étoit que le Saint Efprit procedoit du Pere & du Fils; il paroît par les paffages de Saint Auguftin & d'autres Peres. Le Symbole auffi de Saint Athanafe le dit manifeftement, lequel pourtant ils ne reçoivent point, quoi qu'il fût Grec; car il le fit en Occident & lors qu'il voulut être reçu à la Communion de l'Eglife de Rome. Le point donc feul de la Proceffion du Saint Efprit empêche que les Grecs ne

foient

soient reçus en la Communion Romaine; car pour le regard de communier sous les deux especes, il seroit fort aisé de les faire revenir, ils la donnent aux malades sous l'espece du pain seul, & aux petits enfans tout de même, comme aussi anciennement en l'Eglise Latine ils donnoient l'Eucharistie aux petits enfans après avoir été baptisez. Les Grecs donnoient l'espece du pain seule aux malades, & gardoient les Hosties longtemps pour cet effet; car premierement ils trempoient le pain dans l'espece du vin, & puis la gardoient 5. 6. 7. mois, & la laissoient secher, & ces hosties toutes seches se portoient aux malades; *intincta*. L'Eglise Grecque est entierement ruinée & aneantie par punition de Dieu, qui en a abandonné la conduite pour la guerre qu'elle a fait au Saint Esprit. On remarque que Constantinople fut prise un jour de Pentecôte en 1452. ce qui n'est pas sans mystere (*a*). C'est le Concile 5. de Carthage, auquel les Grecs sur l'ambiguité du mot ἄρος crurent ou voulurent croire, que leurs femmes leur étoient conservées;

(*a*) *Un jour de Pentecôte &c.*] Oui bien dans l'Octave de la Pentecôte. S.

vées; mais cela s'entend seulement s'ils étoient mariez avant le Sacerdoce; car encore aujourd'hui s'ils ne sont mariez avant que de se faire Prêtres, ou si leurs femmes sont mortes, ils ne se peuvent plus marier, & ceux qui se marient sont punis par les Loix Civiles; si bien que s'ils sont mariez avant le Sacerdoce, ils retiennent leurs femmes, & s'en abstiennent seulement par tour, διὰ ὄρες, lors qu'ils celebrent à leur tour; comme faisoient les Juifs, qui s'abstenoient de leurs femmes quelques jours avant que de sacrifier *per vices*; l'ambiguité de ce mot ὄρος, qui signifie & tour & statut, a été cause de cette division, bien qu'elle ne soit pas telle que pour ce point l'Eglise Romaine ne reçoive point les Grecs à sa Communion; il y avoit au Latin *secundum propria statuta*, ou, selon quelques-uns, *secundum priora statuta*. Et aujourd'hui les Prêtres seuls retiennent leurs femmes; cela ne s'entend pas des Evêques, qui doivent être Moines avant que d'être promûs à l'Episcopat, & faire vœu de célibat avant que d'être Prêtres. Les Grecs se sont plusieurs fois separez, & plusieurs fois revenus à l'Eglise Romaine; mais jamais l'Eglise Latine n'a été à eux; cela est bien un témoignage de la fausseté de leur doctrine. Les Grecs tiennent la Communion sous les deux especes, mais ils ne tiennent pas pourtant qu'elle soit necessaire, il n'y a autre chose qui les retienne que la Procession du S. Esprit. Au Concile de Florence il ne fut point parlé de la Communion sous les deux especes, parce qu'ils ne disputerent point sur ce point, & en ce Concile les choses étoient toutes accommodées, n'eût été un Marcus Ephesius, qui renversa tout, & en Grece fit renverser tout ce qui s'étoit fait au Concile de Florence; & incontinent après ils en furent punis, parce qu'on a remarqué que Constantinople fut prise un jour de Pentecôte, ce qui est une chose remarquable. L'Office des Grecs est fort long, & ils sont toûjours debout; ils sont contraints d'avoir des crosses pour se soûtenir. Il y a dans leur Messe deux adorations, l'une qui se fait en l'Autel de la Prothese, qui n'est qu'adoration de Dulie, parce qu'elle se fait avant la consecration, & ils disent *memento mei, Domine, quando veneris in regnum tuum.* L'autre adoration qui se fait en l'Autel de l'Apothese, est adoration de Latrie, & ils disent, *Domine, esto propitius mihi peccatori.* Cabasilas, qui a le mieux expliqué la Liturgie,

gie, c. 34, 37, 38. Je ne regrette rien tant en mes jours que de ne pouvoir voir la réunion de l'Eglise Grecque, cette Eglise autrefois si belle, si florissante, ce païs où il y avoit tant de beaux & excellens esprits. Si les Princes Chrétiens étoient en bonne intelligence, & qu'ils aimassent ce qui est de la Religion, ils devroient tous contribuer pour réunir cette Eglise, qu'il seroit aisé de gagner, car ils ne nous sont pas tant contraires; s'il y avoit moyen de les détromper pour ce qui est du Saint Esprit, il n'y a rien qui les retienne. Si le Pape n'employoit pas tant d'argent pour l'enrichissement de ses Neveus, il le pourroit faire lui seul en entretenant des Seminaires sur les lieux; il se feroit des gens savans, & qui seroient instruits en la bonne doctrine, & parviendroient après aux Charges, aux Evêchez & Archevêchez. Le Pape Gregoire XIII. le feroit s'il avoit ce courage. L'Eglise Grecque tenoit que les Martyrs & tous les Fideles qui mouroient *in Christo*, jouissoient de la presence de Dieu après leur mort. L'Eglise Latine & tout l'Occident croyoit seulement, que les Martyrs eussent cette grace, se fondans sur cette parole, *majorem*

rem charitatem nemo habet, &c. Depuis à cause qu'il a été décidé par la voix commune de l'Eglise sous le Pape Jean XXII. ou XXIII. on le tient aussi bien des Fideles comme des Martyrs. Il y a grande apparence que les Grecs ayent pris leur Langue des anciens Egyptiens; car Cecrops étoit Egyptien, qui apporta le premier les lettres Grecques d'Egypte; l'affinité des caracteres de l'une & l'autre Langue confirme la même chose

S. GREGOIRE fut le premier Pape qui s'intitula Serviteur des Serviteurs de Dieu: car Saint Augustin dit (*a*), que nul n'a usé de ce titre auparavant.

GRENADE. Sur ce que Monsieur des Yveteaux (*b*) lui disoit, que les Espagnols disent qu'en Grenade l'air est si pur que la chair ne s'y corrompt point, il dit, je ne sai,

(*a*) *Saint Augustin dit.*] St. Augustin étant de 200 ans plus ancien que Saint Gregoire, comment peut il avoir fait mention de ce dernier? *L. D.*

Dans la troisiéme édition du *Perroniana*, imprimée à Rouen en 1691, on a mis ici une Note, où l'on marque qu'il s'agit du Moine Augustin que Saint Gregoire envoya en Angleterre. *D. M.*

(*b*) *Monsieur des Yveteaux.*] Vauquelin des Yveteaux, Precepteur du Roi Louis XIII. jusqu'en 1611. Voyez les *Mélanges* de Vigneul-Marville, Tom. I. pag. 173. de l'édition de Paris 1713. *L. D.*

fai, cela pourroit venir de la grande sécheresse, qui dissipe incontinent l'humeur qui se pourroit corrompre.

GRETSERUS. Quand je lui dis que ce Jesuite avoit écrit un Livre intitulé *Lexivium*, pour laver les Jesuites de ce qu'on leur met sus, il me dit, à laver la tête d'un âne on n'y perd que la lessive; Gretserus est grandement louable, il a bien de l'esprit pour un Allemand (*a*).

GUEULES en blasons. Etant à Clervaux & devisant avec le Prieur, je lui dis parlant de Saint Bernard, qu'il avoit appris dans une Epître qu'il écrit *ad Petrum aut Henricum Episcopum Senonensem*, d'où venoit ce mot de gueules, qui est un terme
dont

_____

(*a*) *Il a bien de l'esprit pour un Allemand.*] Le Pere Bouhours s'autorisant de ce trait satirique de Du Perron, a mis en question *si un Allemand pouvoit être bel esprit*; mais il en a été fortement censuré par Barbier d'Aucour, dans sa Critique des *Entretiens d'Ariste & d'Eugene*; par Mr. Chevreau dans le *Chevræana*, Tom. I. pag. m. 91, 92; par plusieurs autres Ecrivains François, qui ont remarqué combien ces sortes d'injures nationales étoient contraires à la raison & à la bienseance. Voyez les *Memoires* de Mr. Ancillon *concernant les Vies & les Ouvrages de plusieurs Modernes célèbres dans la République des Lettres*, pag. 264. & suiv.

dont on use en armoiries pour dire le rouge, *murium rubricatas pelliculas quas gulas vocant.* C'est l'Epitre 42. *ad Henricum Senonensem Archiepiscopum fol.* 213. *vers. col.* 2. *edit Paris. apud Joan. Petit* en Gothique.

GUICCIARDIN. C'est une fort belle Histoire que celle de Guicciardin; il vouloit un grand mal aux François, & les appelloit barbares (a).

Maître GUILLAUME étoit ennemi mortel des Pages & des Laquais, & portoit toûjours sous sa robbe un bâton court qu'il appelloit son oysel, & en frappant crioit toûjours le premier au meurtre. Il disoit qu'en même temps que Dieu faisoit les Anges, le Diable faisoit les Pages & les Laquais. Il vit en Normandie le Pourvoyeur de

(a) *Guicciardin ..... appelloit les François barbares.* Guichardin n'est pas le seul Ecrivain de sa Nation qui traite de barbares les François; & la Nation Françoise n'est pas non plus la seule que les Auteurs Italiens qualifient de la sorte. Le dernier Chapitre du *Prince* de Machiavel n'est-il pas intitulé *Essortatione a liberare la Italia dalli Barbari*; & lors que le Pape Jule II. se proposa de chasser de l'Italie tous les *Barbares*, ne comprenoit-il pas déja sous cette injurieuse dénomination les Allemans, & même les Espagnols, comme les François? *L. D.*

M 5

de Monsieur le Cardinal de Bourbon, qui menoit toûjours où alloit son maître, une troupe de moutons pour la provision, & celui qui les menoit étoit monté à cheval; Maître Guillaume qui le vit passer, dit, voila le grand Moutonnier de Cholcos, qui garde ses moutons à cheval. Quand Maître Guillaume vouloit dire ruïner, il disoit reformer, à cause qu'au commencement des troubles, ceux de la Religion pillerent Louviers; d'où il étoit, & eux s'appelloient Reformez. Monsieur le Comte de Soissons lui dit un jour, il faut que tu ailles devant une compagnie de Dames qui étoient au Louvre, & que devant elles tu montres ton cul, & que tu le remuës, mais garde-toi bien de dire que c'est moi qui t'ai appris cela, car tu auras des coups de bâton; mais dis ainsi, c'est ma mere qui me l'a appris, entendant parler de la mere de Maître Guillaume. Maître Guillaume ne manqua pas de venir en cette compagnie où le Comte se trouva exprès, & où aussi étoit sa mere; aussi-tôt le Bouffon commença à faire les gestes, que lui avoit appris le Comte de Soissons. Ces Dames se mirent à crier & à le vouloir-chasser de la salle; on lui demanda qui t'a appris cette

cette vilainie-là, c'est le Comte de Soiſſons, dit-il; le Comte qui étoit-là lui fit
ſigne qu'il le battroit, auſſi-tôt il ſe reprit,
non, ce n'eſt pas le Comte de Soiſſons,
mais c'eſt ſa mere qui le lui a appris. Je le
rendis une fois bien muet devant le feu Roi,
& il ſe trouva pris ſans pouvoir repliquer; il
diſoit au Roi, qu'il avoit été dans l'Arche
de Noé avec ſa femme & ſes enfans; là-deſſus je lui dis, venez ça Maître Guillaume,
il n'y avoit dans l'Arche que 8 perſonnes,
Noé, ſa femme, ſes trois enfans & les femmes de ſes trois enfans: vous n'étiez pas
Noé; non dit-il; vous n'étiez pas ſa femme, non; vous n'étiez pas de ſes enfans,
non; vous n'étiez pas une des femmes de
ſes fils, non, vous étiez donc une bête,
car il n'y avoit que ces perſonnes-là, tout
le reſte étoit des bêtes, il ſe trouva bien
empêché, & ne ſut que répondre. Le
Roi le lui reprochoit ſouvent. Enfin il
s'aviſa de dire, quand on compte ceux de
quelque grande Maiſon, on dit, le Maître,
ſa femme, ſes fils, & ſes filles, on ne parle point des valets de Noé. Il diſoit au lieu
de ruiner, reformer, & quand il vouloit
dire que Louviers fut ruïnée, il diſoit refor-
mée. A propos de cela je dis il y a quel-

que temps au Conseil sur les plaintes que quelques-uns faisoient de certains Reformateurs qui avoient plus fait de ruïne qu'il n'y en avoit avant qu'ils fussent établis, je dis, ceux-ci ont raison de s'appeller Reformateurs, mais c'est au langage de Maître Guillaume. Il s'appelloit Guillaume le Marchand, & s'appelloit Cavalier des chiffres, il disoit qu'il étoit descendu aux Enfers, & que là il combattit Pythagoras. Toute sa Science étoit tirée du Livre des Quenouilles (a) qu'il avoit merveilleusement bien étudié ; il avoit aussi vu tout plein de tapisseries, & il lui en étoit demeuré force visions, il avoit aussi été souventefois aux Sermons ; il n'y avoit pas moyen de le faire obliger ni repondre pour personne. Les Bouffons plaisans donnent de mer-

(a) *Livre des Quenouilles.*] Autrement l'*Evangile des Quenouilles*, vieux Livre aujourd'hui fort rare, & qui originairement a été écrit par un Picard, en Patois du païs. Voiez les *Memoires de Literature* la Haie, 1715. Tom. I. pag. 274. A juger de ce Livre par le titre, c'est un Recueil de Contes à rire, qu'auroient faits entre elles des vieilles en filant leur quenouille. Adrien du Jon No. 93. de la VII. Centurie de ses Adages: *Et nos Belgæ nugas appellamus anilis colus evangelia*, comme qui diroit des contes qui, entre de bonnes commères font ce qu'on appelle l'*Evangile du jour*; L. P.

merveilleux contentemens, mais ils font dangereux quelquefois. Maître Guillaume avoit de certaines visions admirables, quand on l'interrogeoit, qui étoit cettui-ci, cettui-là, & de certains mots propres qui lui étoient naturels, & à lui seulement.

H.

Harangues. J'en ai vu autrefois trois, une de Monsieur de Châtillon, la deuxiéme de Monsieur N. & la troisiéme de Monsieur le Maréchal de Tavanes, toutes bien faites ; celle de Monsieur de Châtillon entre autres. Celle de Monsieur le Chancelier (*a*) qu'il fit aux Etats de Blois est

(*a*) *Celle de Monsieur le Chancelier qu'il fit aux Etats de Blois &c.*] Ce Chancelier est René de Biragues, & ces Etats sont ceux qui furent tenus à Blois en 1576. Le Chancelier n'y fit rien qui vaille, & il réussit encore moins en 1583 dans la Harangue qu'il prononça au Parlement de Paris. Voiez Mr. de Thou, Liv. 78. J'ai dit que celle que ce Chancelier avoit faite à Blois ne valoit déja rien : c'est ce qu'exprime bien clairement ce Quatrain, inséré Tom. I pag. 75. du Journal de l'Etoile :

> Tels sont les faits des hommes que les dits ;
> Le Roi dit bien, d'autant qu'il fait bien faire,
> Son Chancelier est bien tout au contraire,
> Car il dit mal, & fait encore pis.

est une excellente Piece, j'en ai vu d'autres de lui qui ne sont pas si belles. Je fis une Harangue pour le Roi Henri III. qui fut achevée en peu de temps, il n'y avoit rien que de la force d'esprit.

HEBREU. La Langue Hebraïque est fort pauvre, si bien qu'un même mot signifie plusieurs choses; ce qui bien souvent a causé de grandes diversitez en l'Ecriture, & que les Peres expliquent quelquefois si diversement les lieux; cela vient aussi des points qui ont été fort long-temps, & plus de 2000 ans avant que d'être mis en la Langue Hebraïque; neanmoins l'Ecriture se lisoit anciennement, & avant que les points y fussent, & pendant un fort long-temps toûjours d'une même façon. En quoi on peut remarquer la force de la tradition, qui avoit conservé pendant tout cet espace de siecles, la lecture en cette façon.

Cet HEGESIPPUS que nous avons en Latin, est fort suspect, il a écrit en Grec; les vrayes Oeuvres de cet Auteur étoient encore du temps d'Eusebe.

Suivant ce Quatrain, la Harangue du Roi aux mêmes Etats avoit été fort applaudie. Pardonnons donc à Du Perron la petite vanité de nous apprendre ici que c'étoit lui qui l'avoit faite. *L. D.*

HENRI III. Monsieur Miron son Medecin disoit de lui, qu'il étoit courageux de la tête, & non pas du cœur (a), magnanime de jugement & de resolution, plûtôt que d'inclination naturelle.

HENRI IV (b). Le Roi défunt n'entendoit rien, ni en la Musique, ni en la Poesie, & pour cela de son temps il n'y a eu personne qui y excellât. Ceux qui y sont, sont des restes du regne de Charles IX. & Henri III. Le Roi défunt savoit force choses; il ne fut Catholique que depuis la Conference de Fontainebleau. Il a à répondre du mal que la France recevra pour

(a) *Et non pas du cœur*] Le Journal de l'Etoile, sous le mois de Decembre 1587. Tom. I, pag. 233. parlant de quelque vigueur que Henri III avoit témoignée en paroles contre quelques Prédicateurs qui ne cessoient de le déchirer par leurs Sermons; *Mais*, continue l'Auteur, *il en demeuroit là, habens quidem animum, sed non satis animi.* L. D.

(b) *Henri IV.*] Cet Article fait dire à Du Perron que sous le regne de Henri IV. personne n'a excellé dans la Poësie Françoise; & cependant, plus bas, au mot *Malherbe*, ce Poëte est loué, & pour ses vers, & pour sa prose. Je crois donc que cet Article ci ne regarde proprement que les Poëtes *Chansonniers*, tels que Du Perron dans sa jeunesse. Autrement, sans parler de Malherbe, auroit il oublié Régnier le Satirique & quelques autres? L. D.

pour la Religion, car il pouvoit la mettre bien bas.

HERESIE. Il faut qu'elle se détruise en France par des Livres François, un Livre en langage François y fera plus de fruit que 30 en Latin; les heretiques ont eu l'avantage au commencement, maintenant nous commençons fort à les passer, ils n'ont plus personne qui sache écrire. Il y a des heresies qui commencent par schismes & finissent en heresies, il y en a d'autres qui commencent par heresies, comme celle des Ariens : les heresies subtiles se maintiennent plus au païs d'Orient & de Midi qu'ailleurs, parce qu'elles sont sur des matieres toutes metaphysiques : celles qui sont plus grossieres, & qui sont plus contre le sens, comme de l'Eucharistie, elles durent aux païs froids & Septentrionaux, parce qu'elles sont sur la physique, & les esprits plus relevez surmontent aisément toutes ces dificultez par la toute-puissance de Dieu; elles ne sont pas durables aux païs chauds. Si ce n'étoit la crainte de l'Arianisme & du Mahometisme, l'heresie auroit apporté un bien; c'est d'avoir fait renaître les Lettres qui étoient grandement déchûës, & d'avoir été cause que la doctrine de l'Eglise a
été

été plus examinée & plus prêchée; la tranſlation de l'Empire avoit été cauſe de cette ignorance. Car les eſprits d'Occident avoient par cette diviſion negligé les Ecrits des Peres Grecs ; & beaucoup de choſes des ceremonies de l'Ancienne Egliſe avoient été oubliées; perſonne n'étudioit plus, on étoit en paix & en oiſiveté: cela fut cauſe que beaucoup d'eſprits ſe mirent à la Scholaſtique & aux diſputes, & qu'ils hiſſerent pluſieurs gens imbus de leur doctrine, qui s'amuſoient plûtôt aux altercations & à ces queſtions ſubtiles, qu'aux choſes plus ſolides. *Hæretici noſtra ſuffodiunt ut ſua ædificent. Tertul.* & ſont comme Fauſtus, plus vaillans aux attaques qu'à la défenſe, *apud Aug.* Jamais on n'a traité parfaitement de la Trinité avant que les Ariens abboyaſſent contre; jamais parfaitement de la penitence, avant que les Novatiens s'y oppoſaſſent; jamais parfaitement du Baptême, avant que les Rebaptiſateurs s'élevaſſent: *Aug.* Non que la creance de l'Egliſe des premiers ſiecles & celle des derniers ne ſoit une même, mais parce que les Peres des premiers ſiecles, qui ont parlé de ces matieres avant que d'être éveillés par aucune contradiction, en ont parlé beaucoup plus confusément, ambiguement & négligemment, que ceux qui sont venus depuis que les questions ont été traitées & examinées.

HERETIQUES. *Invenimus quod multi Sanctorum Patrum quosdam hæreticos laudaverunt; sicut & S. Damasus & S. Basilius & S. Athanasius Apollinarium, & Sanctus Leo Eutychem, & non propter hoc hæretici facti sunt, cognita eorum impietate anathemate damnarunt. Just. Imperator in edicto fidei Conf. ad Joannem Papam. Hæretici generaliter scientiæ pollicitatione decipiunt & reprehendunt eos quos simpliciter credentes inveniunt. Aug. in Gen. contr. Manich. c. 25.*

HERMAS est un fort bon Auteur, & dont les Anciens se servoient grandement: il est souvent cité par eux, comme par Tertullien, il fut tenu quelque temps pour Canonique, jusques aux Ariens qui s'en servoient.

HERUS. Le mot de *Sire* vient du Latin *Herus*, duquel les Allemans ont fait leur *Herr*, les Anglois & les Italiens *Sir*, *Ser* & *Messer*, & les François *Sire* & *Messire*.

HIEREMIAS, Patriarche de Constantinople étoit un savant homme, pour le moins il avoit avec lui de savans personnages, car en cette Conference qu'il eut avec
les

les Protestans qui lui écrivirent & recherchèrent sa communion, il leur repondit, & leur repliqua, & leur fit une seconde réponse, & jusques à une troisiéme, par lesquelles il paroît qu'en tous les points pour lesquels Luther s'est separé d'avec nous, il convient avec notre doctrine & les tient pour heretiques, & ne les admet en sa communion.

HILAIRE, un nouveau converti (a) fit un Livre contre ceux de la Religion, où il prouve tout par la Bible, & disoit qu'ils n'avoient été que trois à faire son Livre, une Bible, son valet, & lui.

HILARII FRAGMENTA. Ce Livre n'est pas de grande foi. Saint Hilaire n'avoit étudié que la Bible, & ne savoit rien que cela, & vouloit y trouver tout. Tout ce qu'il a fait de la Trinité contre les Ariens; s'il revenoit au monde, cela ne serviroit pas d'un clou.

HISTOIRE. Nous n'aurions point d'Ecrits en l'Histoire Ecclesiastique, si les heretiques n'eussent écrit; les Catholiques étoient endormis. Les Historiens Grecs, Eu-

_____
(a) *Hilaire, un nouveau Converti*] Qui depuis fut pendu. D.

Eusebe, Socrate & Sozomene sont heretiques, & les lieux qu'ils ont pour le Siege de Rome, nous sont de forts remparts. Car étant heretiques, il faut croire qu'ils ont été forcez par la verité, de dire ce qu'ils ont dit : & leur silence ne peut être allegué contre nous, puis qu'ils étoient heretiques. Ruffin aussi étoit ennemi de l'Eglise Romaine. Il faut faire en l'Histoire comme en la narration, *in qua ponere argumenta licet, non argumentari.* L'Historien ne se doit pas licentier de juger de lui-même des choses, mais se contenter de les déduire simplement, laissant aux Lecteurs à tirer les consequences.

HUGUENOTS. Quand ils répondent aux Jesuites, les Jesuites ont de l'avantage seulement, parce que les Huguenots sont leurs ennemis; mais quand quelque Cathólique écrit, alors les Jesuites n'ont pas cet avantage. Il y a bien de l'ignorance au fait des Huguenots, & aussi beaucoup de malice, non pas seulement au fait de la doctrine, mais aussi à l'Etat, ce qu'ils font tous les jours le témoigne assez: je sai de fort bonne part & d'une personne qui est reçuë dans leurs conseils, qu'ils tiennent
que

que le Roi est obligé de vivre avec eux par le droit des Gens, & qu'ayant fait la guerre au Roi & depuis fait la paix avec lui, ils sont en France sous le droit des Gens, ce sont leurs discours ordinaires en leurs Synodes & Assemblées. Ce sont de pernicieuses maximes: (a) *oui bien celle de ne tenir point la foi aux heretiques, laquelle on met tous les jours en pratique contre eux, & avec tant d'inhumanité qu'on les desabuse bien de l'opinion qu'ils avoient, de vivre en France sous le droit des Gens, puis qu'on le viole à toute heure en leurs personnes & dans leurs affaires, & qu'on les traite si injustement, qu'ils trouveroient peut-être moins de barbarie chez les Cannibales, que parmi leurs propres Concitoyens.*

HUMILITÉ. L'humilité doit être en la volonté, & non pas en l'intellect. Ils cherchent aujourd'hui la simplicité à ne savoir rien; mais ils se trompent, cette simpli-

―――――――――――――

(a) *Oui bien* &c] Ce qui suit n'est pas du style du Cardinal, & sent bien la liberté du pays où la premiere edition a été faite. Aussi ne l'avons nous pas trouvé dans le manuscrit sur lequel nous avons revû celle-ci; c'est pourquoi nous l'avons mis en d'autres lettres, afin que le Lecteur ne s'y trompe pas. D.

plicité à ne savoir rien est proche de l'ânerie (a).

I.

JASON. *Jesus Sacerdos Jasonis nomen assumpsit*, *Josephus. Ib. Jesus qui & Jason dictus. Theod. in Daniel. Genev. p.* 192.

Les Jesuites (b) se mêlent de trop de choses, ils ne font que harceler Casaubon, disent des médisances de lui, écrivent en Allemagne contre lui. Le Pape Clement VIII. m'a dit autrefois, que les Jesuites font trop. Monsieur de Saint Victor m'a dit, que les Jesuites avoient leur régle de n'étudier pas plus de deux heures d'arrache-pied; c'est une regle pour ne savoir gueres de choses, car laisser l'étude au bout de deux heures, c'est lors que l'esprit commence a s'échaufer. Aux Lettres comme

aux

(a) *Simplicité à ne savoir rien* &c.] *Non hæc simplicitas est, sed stulta potius credulitas*, a dit il y a long-temps Pasquin, de la *Foi implicite*, qui n'est autre chose que cette *simplicité*, que blâme ici du Perron. Voyez le *Pasquillus extaticus*, pag. 539. du *Pasquillorum Tomi duo. L. D.*

(b) *Les Jesuites* &c.] Du Perron parloit de la sorte sous le Regne de Henri IV. Mais tôt après la mort de ce Prince, il se declara hautement le partisan des Jesuites, & des opinions ultramontaines. Voiez la Vie d'Edmond Richer, pag. 76. *L. D.*

aux armes, qui a soin de sa vie ne fait rien. Les Jesuites sont d'assez mauvains Ecrivains; le Pere Gontier & Fronton reconnoissent bien qu'ils ont faute de gens qui écrivent bien.

Jejunium. Il y en a de trois sortes, *jejunium ablati, dilati, & diminuti cibi*: *ablati* c'est le Carême & lors qu'ils ne mangeoient point du tout, comme la semaine de Pâques: les Grecs la passoient quelquefois toute entiere sans manger, les autres passoient seulement trois jours, cette semaine s'appelloit *jejunium Paschæ. Diminuti cibi*, c'étoit *feria quarta & sexta*, le Mercredi & le Vendredi. *Dilati*, c'étoit ce qu'ils appelloient *statio*, le nommant ainsi *ad instar stationis militaris*, car tout ainsi que les Soldats qui font la sentinelle se garentissent par ce moyen de l'embuche de l'ennemi, aussi ceux qui jeunoient étoient au guet, pour se garder des embuches du Diable. Le lieu de Tertullien à la fin du Livre *de Oratione* y est exprès, & Rabanus Maurus lors qu'au Livre *de Ecclesiasticis Ceremoniis*, il parle *de jejunio*, il cite le Livre de Tertullien. Ceux qui *faciebant stationem* s'ils étoient à l'Eglise & qu'ils fussent

sent à la Messe, à cause qu'il falloit que tous ceux qui avoient assisté communiassent, eux pour ne rompre point leur jeûne (car en l'Ancienne Eglise il a été long-temps tenu, que l'Eucharistie rompoit le jeûne (a), *sumebant corpus Christi, & reservabant*, ainsi qu'il apert par un lieu de Tertullien, où il est dit, *sumptio corporis Christi & reservatio*, lequel lieu Junius veut corriger, & lit *reservata*, pour énerver ce passage, duquel nous nous servons pour montrer que l'Eucharistie se gardoit (b).

IGNATIUS. Ses Epîtres sont supposées, & faites par les Moines de Sainte Catherine du Mont Sinaï. Ces Moines ont crû qu'il y avoit dans Eusebe écrit *ad Smyrnæos*, ils ont aussi écrit *ad Smyrnæos*; ils n'avoient pas vû les lieux de Theodoret, & ceux de la Religion font une conséquence contre ce que Theodoret cite d'Ignatius touchant l'Eucharistie *ad Smyrnæos*, parce qu'elle n'est point dans les Epîtres d'Ignatius. Mais tout au contraire, il faut faire
une

(a) *Que l'Eucharistie rompoit le jeûne*] On ne croyoit donc pas la Transsubstantiation. D.

(b) *Duquel nous nous servons &c.*] Et qu'est ce que cela fait pour vous? *imò contra.* D.

une autre conséquence, & dire, que ces Epîtres ne sont pas vrayes, parce qu'elles ne se trouvent pas dans Theodoret.

ILLYRICUM étoit divisé en deux parties; l'une s'appelloit *Illyricum Orientale*, qui étoit sujet au Patriarche de Constantinople; l'autre *Illyricum Occidentale*, sur lequel le Patriarche de Constantinople n'avoit aucune Jurisdiction. Dans la Loi, *omni innovatione cessante*, au Code, *per omnes Illyrici Provincias*, s'entend *Illyrici Orientalis*. Cette Loi a été la premiere en faveur du Patriarche de Constantinople. Photius la cite au Nomocanon; il y a en cette Loi-là, *scientia reverendissimi viri*, il faut lire, *sententia*, car Photius lit ainsi citant cette même Loi.

IMAGES. Ceux de la Religion pensent avoir une grande prise sur nous pour le regard des images, quand ils nous disent que les Grecs n'ont point d'images en bosse, & les ont abolies. Je répons & le puis prouver par plusieurs lieux de l'Antiquité & de Ciceron même, *Verrina secunda*, qu'en Orient il n'y avoit point d'images en bosse qu'ils ne crussent y avoir quelque Divinité, & ils n'en consacroient point qu'en cette façon: en Occident cela n'étoit point,

Tome I. N &

& ils faisoient aussi bien une image à un Capitaine, à un Soldat. C'est pour cela qu'en Orient les Chrétiens ne reçoivent point les images en bosse, mais seulement les peintures plates, & en Occident ils ont retenu les images en bosse aussi bien que les autres, & qu'elles ne les scandalisent point. Il se mocquoit un jour du Livre des images qui est attribué à Charlemagne, de ce que parlant du premier & second Concile de Nicée, il estime le premier par dessus l'autre beaucoup, à cause qu'il y avoit au premier douze Evêques plus qu'en l'autre, & sur ce nombre de douze puis après il vient à philosopher, qu'il y avoit 12 Apôtres, 12 mois, 12 signes, &c. Charlemagne n'est point Auteur du Livre des images (a); il fut bien fait de son temps, & envoyé par lui au Pape; il est fait par un Auteur ignorant, & qui n'avoit pas vû le Livre contre lequel il écrivoit, ce que du Tillet qui l'a fait imprimer, témoigne en sa Préface. Il est si brutal que quelquefois il prend pour opinion du Concile de Nicée, celle que ledit Concile a condamnée,

(a) *Charlemagne n'est point Auteur &c.*] Voyez ci-dessus au mot *Charlemagne*. D. M.

née, & fait là-dessus de beaux discours. Il n'y a rien qui soit tant à l'avantage du Pape & de l'Eglise que les Capitulaires de Charlemagne. Le Concile de Paris des images est bien suspect, car il y a là dedans pour & contre les images; Il y a une Epître d'Eugene qu'il n'a jamais faite, mais que le Concile vouloit qu'Eugene écrivit aux Evêques de Levant: ce Livre est de peu de foi. Nous ne faisons point d'honneur aux images du Saint Esprit, ni de Dieu le Pere, car ces images sont figures historiques & images des apparitions que nous voyons en l'Ecriture; & quand nous voyons une colombe qui represente le Saint Esprit, personne ne lui fera honneur, ni ne lui ôtera son chapeau; il n'en est pas de même des images de Jesus-Christ; parce qu'elles nous le representent en son humanité. La défense de ne tailler point d'image qui est dans le Decalogue ne s'entend que des choses qui representent la Divinité.

IMITATION. La transcription & la traduction sont deux des meilleurs moyens de l'imitation. Thucydide fut transcrit 22 fois par Demosthene.

IMPRIMEURS. Il faut mettre ordre aux

Imprimeurs, ils font tant de fautes que c'est une pitié, ils ont fait la plus grande faute en cette derniere édition de Ronsard, & en ma Harangue, ils m'ont fait dire une chose à laquelle je ne pensai jamais, ni ne l'ai pu penser; ils ont imprimé *les barbares Grecs* au lieu *des barbares Getes*; ils appellent *barbares* la plus polie Nation qui ait jamais été. Il faut un jour remedier au desordre qui se commet en l'Imprimerie, car indifferemment tous les Livres s'impriment & plus de mauvais que de bons, qui tombent entre les mains des Ecoliers, & il leur en demeure de mauvaises impressions. La quantité de gens qui écrivent nous ruine en écrivant si mal que c'est une honte, & il y a tant d'ignorance. C'est mettre des armes en main à nos ennemis pour nous combattre: il n'y a si petit converti qui ne pense être obligé d'écrire quelques Livres; & il y a tant de fautes. Monsieur de Tiron disoit qu'il n'apprehendoit rien tant que de se trouver en la compagnie des nouveaux Convertis, car ils ne parlent jamais que de Purgatoire & de prieres des Saints. Nous devrions nous assembler tous les mois une fois (parlant à Monsieur de Beauvais) seulement les Evêques, qui se trouveroient à

la

la Cour (*Episcopi in Comitatu*) cela nous tiendroit en credit, & nous pourrions remedier à une infinité de choses qui arrivent tous les jours. Il sera besoin d'établir un nombre d'honnêtes gens & doctes, qui seuls pourront écrire & voir aussi tous les Livres qui se voudront imprimer, pour juger s'ils sont dignes de l'être, ou non.

INFAILLIBILITE'. Ceux qui tiennent qu'elle est égale au Pape & au Concile, quant à la certitude, ne tiennent pas pourtant qu'elle soit égale quant à l'évidence, d'autant que plus de personnes conviennent de l'infaillibilité du Concile, que de celle du Pape : au moyen dequoi poser que l'infaillibilité soit égale en l'un & en l'autre quant à la certitude, n'est pas pour cela exclurre le besoin des Conciles œcumeniques. Car l'infaillibilité que l'on présuppose être au Pape (séant comme a été dit, au Tribunal Souverain de l'Eglise,) n'est pas pour dire qu'il soit assisté de l'Esprit de Dieu, pour avoir la lumiere necessaire à décider toutes les questions; mais son infaillibilité consiste en ce que toutes les questions ausquelles il se sent assisté d'assez de lumiere pour les juger, il les juge, & les autres, ausquelles il ne se sent pas assez assisté de

lumiere pour les juger, il les remet au Concile. La Grace Pontificale, c'est à dire, l'assistance de l'Esprit de Dieu, est bien promise aux Papes, lors qu'ils opinent synodiquement, & comme Chefs de l'Eglise sont assis au Tribunal judiciaire pour décider les choses de la foi; mais en leurs actions personnelles & privées, il n'en est pas de même, d'autant que l'Esprit de Dieu assiste ses Ministres à certains temps & à certaines occasions, ainsi qu'il le connoit être expedient pour le salut de son Eglise, & ne les assiste pas en d'autres. Adam fut Prophete & l'Esprit de Dieu l'assista, quand il prophetisa en figure de Jesus Christ & de son Eglise, que les deux seroient un en une chair, & quand il donna les noms à tous les animaux selon leurs proprietez; & toutefois l'Esprit de Dieu ne l'assista pas, ou tout le moins avec la même efficace quand il se laissa seduire à sa femme. S'il est permis de demander du Pape, pourquoi le Pape n'instruit-il pas l'homme, ou pourquoi l'homme ne demande-t-il pas conseil au Pape, qui empêchera qu'on ne demande tout de même d'Adam, pourquoi le Prophete n'instruisoit-il pas l'homme, ou pourquoi l'homme ne demandoit-il pas conseil
au

au Prophete ? Celui qui s'adreſſa à Jeroboam lors qu'il offroit de l'encens ſur l'Autel étoit Prophete, & neanmoins il ſe laiſſa ſeduire à un autre Prophete, qui lui impoſa que Dieu avoit parlé à lui. Pourquoi le Prophete n'inſtruiſoit-il pas l'homme ? Caïphe étant aſſis au Concile des Prêtres de Hieruſalem prophetiſa, parce qu'il étoit le Pontife de cette année-là ; & neanmoins en ſes autres actions il fut abandonné de l'Eſprit de Dieu. Pourquoi donc hors de là le Souverain Pontife n'inſtruiſoit-il pas l'homme ? Jonas étoit Prophete, & neanmoins avant le voyage de Ninive il refuſa d'obeïr au commandement de Dieu ; & depuis s'être retiré de Ninive, il murmura contre Dieu. Pourquoi alors le Prophete, &c. Saint Pierre comme homme en ſa converſation particuliere erra, ſi nous croyons Saint Auguſtin, ſur le fait des choſes légales ; & néanmoins non ſeulement comme Chef des Apôtres, mais comme Apôtre, il ne pouvoit errer en acte judiciaire ; & donc pourquoi l'Apôtre n'inſtruiſoit-il pas l'homme ? Comme le Maître de Muſique qui enſeignoit à Alexandre le jeu de la lyre, l'eut averti de toucher une certaine corde, & qu'Alexandre

lui eut dit, quel inconvenient y a-t il si j'en touche une autre? Il répondit, si comme Roi l'inconvenient seroit petit, si comme Musicien il seroit grand; ainsi si quelque Prince ou autre faisant profession des armes, venoit à se mécompter grandement en l'usage des termes de l'Ecole, l'erreur seroit petite, car il importe peu qu'une personne de cette qualité sache, ou ne sache pas telles choses, mais si ce sont des Docteurs ou d'autres constituez en des charges, qui les obligent non seulement de savoir, mais même d'enseigner aux autres, l'erreur est inexcusable & insupportable. Quand on dit que quelque Juge Ecclesiastique, ou même le Concile & le Pape peuvent errer aux questions de fait, & non aux questions de droit, on n'entend pas par les choses de fait, les faits qui sont contenus dans l'Ecriture & revelez par la lumiere divine, car ces faits-là étant des choses de la foi, ni le Juge Ecclesiastique, ni les Conciles, ni le Pape parlant comme on dit *de Cathedra*, n'y peuvent errer, que par consequent ils n'errent en la foi; mais par les choses de fait on entend les seuls faits qui ne sont connus que par le rapport de témoins humains & oculaires; le
Con-

Concile donc ne peut errer au fait qui peut être tiré de l'Ecriture & des saintes Lettres, parce que consequemment il erreroit aux choses de la foi; mais dans un fait qui ne peut être tiré des Saintes Lettres, le Concile peut errer. Toute la certitude qui étoit tant en l'Ordre Sacerdotal que Prophetique de l'Ancien Testament, s'étant ramassée & rassemblée au seul Ordre Sacerdotal de la Loi Evangelique, en laquelle nous n'entendons plus de Prophetes, la même infaillibilité & assistance du S. Esprit, qui étoit aux Prophetes, est au corps universel de l'Eglise, representé par les Conciles œcumeniques.

INVOCATION DES SAINTS. Ceux de la Religion confessent que les Saints prient pour nous, mais ils ne veulent pas que nous les priions, ils apportent ce lieu que J. C. est seul Médiateur, il n'y a pas *solus Mediator*, mais *unus*, qui n'est pas *unus numero*, mais *communione*, c'est-à-dire, commun Mediateur, Mediateur de tous; il est bien dit, *Deus solus immortalis*, ce n'est pas à dire qu'il soit lui seul immortel; les ames sont immortelles; *unus* donc signifie non pas *unus numero*, mais *unus communione*, comme dans Virgile, où il est dit, je vous donnerai une Ville, il ne donna pas une seule Ville pour les Tyriens, mais il veut dire, qu'il leur donneroit cette Ville-là comme aux Tyriens. Comme quand il est dit, *unus Pater Abraham*, il ne se peut pas entendre, qu'ils n'eussent qu'Abraham pour Pere, mais c'est-à-dire, qu'il étoit Pere commun. Aussi si Christ étoit seul Médiateur, il faudroit exclurre la priere des vivans; Christ donc est Médiateur, & les Saints sont Médiateurs; Jesus-Christ de redemption, les Saints d'intercession. Ils se servent des passages si fresles, qu'il n'y a rien de si aisé que de les rompre; & quasi tous sur des subtilitez de Grammaire. Il y a là même difference entre Médiateur de redemption, & Médiateur d'intercession, qu'entre celui qui prieroit un créancier de quitter à son debiteur une somme d'argent, & celui qui payeroit pour le debiteur cette somme au créancier: celui qui payeroit pour le debiteur l'acquiteroit, le redimeroit; au lieu que l'autre ne fait que prier que l'on quitte le debiteur. Nous ne prions jamais les Saints qu'ils nous pardonnent, mais bien qu'ils prient pour nous, afin que nos fautes nous soient pardonnées.

JOB.

Job. Les Theologiens croient que le Livre de Job eſt une Hiſtoire, & non pas une parabole.

Joseph étoit ſavant; & les Livres qu'il a faits contre Appion ſont fort doctes.

Irene'e. Il y a dans Irenée, *Scripturam de Scriptura faciunt, texentes funem de arena.* Ceux de la Religion ſe ſont grandement trompez, qui interpretent ce lieu des traditions, mais S. Irenée parle des heretiques, qui tronquoient les lieux de l'Ecriture, & en faiſoient des centons, & ainſi faiſoient une corde d'arene, pour montrer que ce qu'ils faiſoient ne valoit rien, parce qu'il n'y a rien qui ſoit ſi peu lié qu'une corde de ſablon.

Ironia, *aliquando nimia ſuæ virtutis diſſimulatio, & hoc ſenſu Socrates* εἴρων *dicebatur. Idem dictus, Scurra Atticus.*

Italie. Les Italiens diſent qu'en France il y a trois mois *d'inverno,* & trois *d'inferno;* l'hyver ſe paſſe mieux aux lieux chauds. Monſieur le Cardinal de Joyeuſe ne peut endurer le chaud de Rome; pour moi je ſupporte bien plus aiſément le chaud que le froid. En été pourvû qu'on ſe tienne en repos en une bonne chambre Septentrionale, on vit fort bien; ils ont en Italie leurs logis bâtis pour cela, celui d'été & celui d'hyver. Mais toutes leurs chambres d'été font tournées vers le Septentrion; c'est le feul remede, pourvû qu'il n'y ait point de logis qui renvoye la reverberation, car alors ces chambres-là font pires que les autres. Nous fommes obligez aux Italiens de trois chofes excellentes, la Peinture, la Sculpture, & l'Architecture, & eux eurent toutes ces chofes des Grecs. Ils bâtiffent extrêmement bien, leurs chambres exhauffées. Quand je vins d'Italie & que j'entrai à Fontainebleau, je trouvai tout fort bas. Les efprits Italiens ne jettent pas ordinairement leur feu dès le commencement, ils font de garde & réuffiffent fur la fin; les meilleurs font ainfi & les plus judicieux, c'est la partie qu'on defire aux Princes pour juger des Confeils qu'ils entendent des uns & des autres.

JUDÆI. Ils étoient tous foupçonnez en general de fouffrir impatiemment le joug Romain; tant à caufe de leurs frequentes revoltes, que parce qu'il y avoit des Sectes entr'eux, qui prêchoient qu'il leur étoit illicite de vivre fous la domination des Romains; & pour cela les Apôtres avertiffent

foisoigneusement les Chrétiens, de rendre obeïssance aux Empereurs, de peur que les Chrétiens, que les Anciens comprenoient sous le nom commun de Juifs, ne fussent enveloppez en l'opinion que l'on avoit des Juifs, & principalement à cause que le bruit s'étoit répandu en Orient, dit Tacite, que le Monarque de Judée étoit venu, & que les Juifs attendoient un Roi (le Messie) qui les devoit mettre en liberté & tirer de dessus la servitude des Etrangers, & que les Chrétiens croyoient qu'il étoit déja venu.

JUDITH. Quand Saint Hierôme dit que le Concile de Nicée reçoit le Livre de Judith, ce n'est pas à dire que cela ait passé en Canon, mais c'est que dans les Actes du Concile il en étoit parlé, & que quelqu'un des Peres l'y avoit cité.

IVES DE CHARTRES étoit un bon homme, mais il ne savoit pas grand'chose de l'antiquité; dans son Decret il y a de grande ignorance, il étoit savant de son temps, comme Burchardus du sien, comme Eckius de son temps, mais si ces gens-là revenoient aujourd'hui, ils auroient honte de paroître, il n'y a aujourd'hui personne si peu qu'il ait étudié, qui n'en sache autant que ces gens-là. Il n'y a point d'Auteur du temps d'Ivo qui soit plus pour le Pape que lui; il étoit contre le Roi que le Pape avoit excommunié, & il tenoit même Chartres contre le Roi, je dis temporellement ; c'étoit un bon homme, & qui savoit pour son temps, car alors il n'y avoit pas grands Livres; il n'avoit vû aucun Concile; il savoit ce qui étoit de l'Occident, que l'on voye son Decret, on y verra ce qu'il dit pour le Pape.

JUGE DES CONTROVERSES. La Loi ne juge point, mais c'est le Juge, & pour cette raison l'Ecriture qui est la Loi n'est pas le Juge: πᾶσα γραφὴ θεόπνευστος ὠφέλιμος, ils alleguent cela pour montrer que l'Ecriture doit être Juge, mais c'est une resverie ; premierement cette proposition ne se peut interpreter de l'Ecriture du Nouveau Testament, & puis elle est collective, & non pas distributive; car il y a πᾶσα γραφὴ, & non pas πᾶσα ἡ γραφὴ, *hæc scriptura* : En outre il y a ὠφέλιμος, qui ne veut dire qu'*utilis* & non pas αὐτάρκης, *sufficiens*. La Loi est à l'égard du Juge, comme la puissance est à l'acte; ce qui fait qu'une même chose ne peut être la Loi & le Juge tout ensemble, de sorte qu'outre la Loi, il faut un Juge vivant & animé qui de la puissance & des entrailles de la Loi tire des conclusions & des décisions des differends, & les mettre comme en acte. Tout jugement requiert trois personnes, le Demandeur, le Défendeur, & le Juge, qui lui sont tellement essentielles, que si aucune d'elles lui defaut, il ne peut subsister. Il y a, dit-on, par dessus les opinions des Parties, des Avocats, qui debattent le droit, & une Loi qui en juge. Et de Juge pour appliquer la Loi & en extraire & former le jugement? Quoi, la Loi s'appliquera-t-elle toute seule? se remettra-t-elle entre les mains de l'une & de l'autre Partie, pour l'appliquer selon le préjugé de sa passion & de son opinion? Qui a jamais vû terminer un procès de cette sorte, qu'après le Plaidoyé seul des Avocats ou des Parties, la Loi seule l'ait décidé sans l'œuvre & le ministere d'un Juge authentique & legitime, & reconnu ou reconnoissable pour tel par toutes les deux Parties?

JULIEN l'Apostat défendit par Edits exprès qu'aucun Chrétien ne fût enrôlé en la Milice Romaine, disant que leurs propres Loix les en excluoient, qui leur interdisoient l'usage du glaive. La persecution de Julien contre les Chrétiens ne s'étendoit
point

point au sang, si ce n'est pour d'autres prétextes que celui du Christianisme, car il ne voulut jamais permettre aux Chrétiens d'acquerir le titre des Martyrs. Il n'avoit fait aucun serment à ses Sujets venant à l'Empire, d'embrasser & de defendre la Religion Chrétienne; au moyen dequoi ne s'étant lié par aucun contrat mutuel & reciproque pour ce regard avec ses Sujets, ils ne pouvoient prétendre que lui renonçant à son serment, ils fussent libres de se départir du leur, & de renoncer à son obéïssance. S. Gregoire de Nazianze appelle l'action de celui qui tua Julien l'Apostat, une action glorieuse.

JUNIUS est une grande bête (*a*), quand il veut expliquer le passage de Saint Chrysostome de la priere des morts; car il y a ce mot ἀπελθόντων, *qui hinc discesserunt*, & il dit qu'il le faut entendre de ceux qui sont ex-

---

(*a*) *Junius est une grande bête &c.*] Scaliger qui haïssoit Junius, ou du Jon, en disoit tout le mal qu'il pouvoit comme cela paroît par le *Scaligerana*, & il a sans doute été cause que l'illustre de Thou ne lui a pas rendu justice dans son Histoire. Du Perron imite ici Scaliger dans ses invectives. Voyez l'Article de Junius dans le Dictionaire de Mr. Bayle, Rem. O. & P. *D. M.*

excommuniez & hors de l'Eglise; mais il est si bête & si méchant, qu'il n'a pas voulu lire l'antécedent & le subsequent, qui lui eussent apris que ce lieu ne se peut entendre que de ceux qui sont morts. Il est dit au même lieu qu'on ne prioit pas pour les Catechumenes, mais seulement, qu'on faisoit des aumônes pour eux, on ne faisoit point de prieres pour eux à cause qu'ils n'étoient pas baptisés, & n'avoient point la foi, & n'étoient point fideles. Junius étoit fort ignorant; dans le Tertullien il a fait de grandes impertinences. Pour expliquer un lieu de Tertullien, où il est dit qu'aux Eglises on prioit pour les morts, il dit que c'est qu'il y en avoit quelques-uns qui prioient en la place de ceux qui étoient morts; il y en a tant d'autres. On dit qu'il étoit versé en l'Humanité; je pense qu'il savoit de la Theologie entre les Humanistes, & des Humanitez entre les Theologiens.

CAL. JUN. pour *Cal. Jan.* méprise fort familiere aux Copistes des anciennes dates.

JURANÇON. Si j'avois envie de jouer aujourd'hui aux échets, je ne boirois pas du vin de Jurançon, (*a*). Il me dit un jour voulant jouer aux échets, vous aurez bon marché de moi, car j'ai bû du vin de Jurançon.

JURARE. La coûtume de faire jurer les Empereurs venans à l'Empire, de maintenir la Religion Catholique, ne se lit point avoir été pratiquée au tems des premiers Empereurs Hérétiques ou Apostats; n'ayant été introduite que depuis, lors qu'on voulut empêcher la Religion de retomber aux mêmes perils où elle avoit été sous Constantius, Julien, & autres Empereurs, qui de Chrétiens s'étoient faits Payens, ou heretiques ou persecuteurs. Et je crois, que les deux premiers exemples exprès que nous ayons, sont d'Anastase, Phocas, Leon Isaurien. Il y a grande difference entre les simples contraventions qui se font aux sermens; & les destructions de sermens; entre-rompre le serment par un sim-

---

(*a*) *Je ne boirois pas du vin de Jurançon.*] "Jurançon est à demie lieu de Pau en Bearn. Le vin de Jurançon est un des meilleurs, & des plus forts Vins de France. C'est une eau de vie & vin tout ensemble, mais fort doux, blanc, & fort bon". *Patiniana* pag. 109, 110. de l'édition d'Amsterdam 1703. *D. M.*

simple acte de contrarieté, & par un serment contraire; entre un simple acte de repugnance, & une profession d'y vouloir toûjours repugner: car quand un Prince Chrétien par fragilité ou par passion humaine commet quelque injustice, il contrevient bien au serment qu'il a fait à ses Peuples de leur rendre justice, mais neanmoins il ne detruit pas pour cela son serment. Les juremens sont personnels, il est vrai; mais l'obligation de jurer ne l'est pas; il y a grande difference entre être obligé de faire une chose à cause qu'elle est bonne, & de la faire à cause qu'on l'a jurée. Car plusieurs choses considerées en elles-mêmes, sont bonnes, qui pour cela ne sont pas necessaires: mais depuis qu'on les a jurées, elles deviennent necessaires. Euphemius Patriarche de Constantinople refusa de couronner Anastase, qu'il n'eût juré & signé d'embrasser & de maintenir la foi du Concile de Chalcedoine. Cyprien Patriarche du même lieu, obligea l'Empereur Phocas, de jurer qu'il suivroit la Foi Orthodoxe, & qu'il n'innoveroit rien en la Religion. Theophanes aussi témoigne que le Patriarche de Constantinople ramentut à Leo l'Isaurien le serment qu'il avoit fait venant à
l'Em-

l'Empire, de conserver la Religion Catholique.

JUSTEL Parlant de Justel qui a écrit sur les Canons, il dit, si c'est un jeune homme il y a quelque esperance, sinon, ce n'est pas grand cas. Il a tiré beaucoup de choses de Mr. du Plessis; je crois que Justel ne sera pas toûjours Huguenot (*a*), puis qu'il se plaît à lire les Anciens & prend plaisir à l'antiquité de l'Eglise.

L'Empereur JUSTINIEN en sa vieillesse tomba en l'heresie des Aphtartodocites, de ceux qui pensoient que le Corps de notre Seigneur avoit été de pareille condition les 33. ans qu'il resida sur terre avant sa mort, que les 40. jours qu'il conversa avec ses disciples après sa mort; mais outre que cette opinion n'avoit pas encore été condamnée par aucune sentence précedente de l'Eglise (car Justinien ne tenoit pas comme les Eutychiens, que Jesus-Christ n'eût pas un vrai corps, ni qu'il ne fût pas vraiment

---

(*a*) *Justel ne sera pas toujours Huguenot* &c.] Le Cardinal a été mauvais Prophete, car Mr. Justel est mort fort bon Huguenot. D. Voyez les *Memoires* &c. de Mr. Ancillon à l'Article *Justel* pag. 220. & suiv.

ment constitué de deux Natures, mais il tenoit que les mêmes privileges qu'il eut après la Resurrection, il les avoit dès-avant la Resurrection, (qui est une opinion que quelques-uns attribuent à Saint Hilaire) il ne fut pas besoin que les hommes y apportassent remede, d'autant que Dieu l'apporta lui-même; car Justinien n'entreprit cette innovation que sur la fin de sa vie, & avant qu'il eût loisir de publier l'Edit qu'il avoit dicté contre les Catholiques. Dieu le frapa d'une playe invisible; & le fit mourir subitement, ainsi que le raconte Evagrius.

JUSTIN & JUSTINIEN ont été deux grands Empereurs pour les Chrétiens, & pour l'autorité du Pape; ils succederent à des Empereurs Payens, mais ils le reparerent bien. Avant Justinien jamais on ne donna au Patriarche de Constantinople le titre de Patriarche.

K.

K ρκόλ-ρτος *genus adulationis à legendis floccis vestium.*

L.

Lætamen *Veteres vocabant stercorationem, quod lætas faceret segetes.*

Langues. Il dit un jour à Monsieur Gillot à Langres, (le Braghetta Italien avec sa compagnie l'étant venu visiter) que la Langue Françoise ne réussit pas en Comedie comme fait l'Italienne, & que cela venoit de ce qu'il n'y avoit pas d'accens en notre Langue comme en l'Italienne. La Langue Italienne est fort propre pour les choses d'amour, à cause de la quantité de diminutifs qu'elle possede, & est propre à representer quelque chose plus petite qu'elle n'est: au contraire l'Espagnole est fort propre pour les rodomontades, & pour representer les choses plus grandes qu'elles ne sont: la Françoise tient le milieu, & est celle d'entre toutes, qui represente mieux les choses telles qu'elles sont: elle est fort propre pour l'Histoire, la Controverse, la Theologie, & pour representer les affaires d'Etat; & de fait Charles V. l'appelloit la Langue d'Etat. Les Langues commencent par la naïveté & se perdent par l'affectation, & finissent par là. Je crois que la Langue Françoise est parvenuë à sa perfection,

tion, parce qu'elle commence à decliner, & tous ceux qui écrivent aujourd'hui, ne font rien qui vaille; ils font tous ou fort niais, ou phrenetiques. Quel bel Ecrivain c'eſt que Matthieu, & ce Bearnois (*a*) qui a écrit le Soldat? C'eſt un furieux; ils font toûjours fur les métaphores, & les plus vicieuſes du monde. Il a été de notre Langue ainſi que des fruits qui ſe corrompent par les vers, avant que de venir à maturité (*b*).

Le bon LARRON. Les Peres tiennent que le bon Larron fut ſauvé à cauſe de ſa foi, & qu'il reçût *baptiſmum flaminis Spiritus*; car il faut bien que ſa foi fût grande, d'avoir crû en Jeſus-Chriſt, lui qui étoit abandonné de tous les ſiens, lors que le Ciel s'obſcurciſſoit, lors qu'il vit Chriſt non en ſa Divinité, mais en ſon infirmité, mortel;

(*a*) *Ce Bearnois* &c.] Le même Loſtal à qui plus bas au mot *Loſtal* eſt auſſi attribué l'*Avant Victorieux*. Le premier Tome du Mercure François fait peu d'honneur à ces Brochures, & l'Auteur en eſt traité fort cavalierement dans le *Scaligerana*, au mot *Loſtaut*. L. D.

(*b*) *Il a été de notre Langue ainſi que des fruits* &c.] Cette Remarque & quelques autres avoient paſſé dans le *Thuana*. Voyez la derniere Note du *Thuana*. D. M.

tel; c'est pourquoi les Peres ont cru qu'à cause du Baptême *flaminis*, qu'il avoit reçu en Dieu, il avoit été sauvé. *Jam significabat Christus quid facturus est de vivis & mortuis, alios positurus ad dexteram, alios ad sinistram. De Christo inter bonum & malum latronem constituto.* Aug. *in. Joan. Tract.* 32.

LATRAN Le Concile universel de Latran tenu il y a 400 ans, composé de 1332 Prélats, étoit non seulement un Concile, mais une Assemblée generale de toute la République Chrétienne, tant Ecclesiastique que Politique, pour mieux dire une forme de Comices & d'Etats generaux de toute la Chrétienté. Concile qui le premier établit en qualité de Concile general, l'article de la Procession du Saint Esprit par derivation du Pere & du Fils, l'article de la Transsubstantiation, le precepte de la Confession annuelle.

LATRIE. Le culte que nous déférons à Dieu seul, nous l'appellons Latrie, parce que c'est de lui seul que nous attendons notre récompense; le mot de λάτρις signifiant particulierement mercenaire; aux Saints nous déférons l'honneur qu'on appelle Dulie, comme étans serviteurs du même Dieu

que

que nous adorons, *tanquam conservis & creaturis.*

Les Legions Romaines d'Italie & de l'Illyrie ayant su que Julien étoit mort, & que Jovian avoit été élû en son lieu, tuerent Lucilianus, beau-pere de l'Empereur Jovian, qui leur apportoit les dépêches de son élection.

Leon I. étoit un des savans hommes de son siecle, & avoit avec lui Prosper, un très-savant homme, qui faisoit ses Ecrits.

La Lepre en l'Ancien Testament n'étoit pas une simple maladie naturelle, mais une punition divine, attachée tantôt aux vêtemens, tantôt aux bâtimens, de laquelle le jugement appartenoit aux Sacrificateurs, qui étoient les Interpretes ordinaires de l'ire de Dieu. La lepre rendoit ceux qui en étoient atteints, pollus non seulement de pollution corporelle ; mais aussi de pollution legale. Quand les maladies sont inferées pour signal de crime, la Loi en punit & les maladies & les crimes ; comme quand la sœur de Moïse fut frappée de lepre, pour avoir murmuré contre Dieu, Dieu ne voulut pas lui rendre sa santé qu'elle n'eût souffert sept jours la peine de la lepre, qui étoit d'être separée de la société des hommes; plûtôt il faut dire, que Dieu impofe fouvent aux crimes deux peines, l'une immediate, & l'autre mediate; comme la Lepre, qui étoit inferée pour le péché, étoit la premiere peine, & la feparation de la focieté du peuple, qui étoit enjointe aux lepreux, étoit une feconde peine du peché, pour lequel, la lepre avoit été inferée. Encore qu'elle figure en general toutes fortes de péchez, néanmoins elle figure fpecialement & particulierement l'herefie, & cela par trois raifons, la premiere, que comme ce n'eft pas chofe commune à tous les autres péchez de fe communiquer par contagion, comme fait l'herefie, auffi ce n'eft pas chofe commune à toutes les maladies de fe communiquer par contagion, comme fait la lepre. Et pour cela Saint Auguftin parlant des crimes qui font en une Société dit, que les autres crimes font crimes de quelques-uns, mais que l'herefie & le fchifme font crimes de tous. La feconde, que l'Ecriture compare l'herefie à l'ulcere que les Medecins appellent *Cancer*. Or les Medecins tiennent, que la lepre eft un *Cancer* univerfel, & partant elle figure fort convenablement l'herefie : La parole des heretiques, dit Saint Paul, ronge ge comme un *Cancer*. La troisiéme, comme il n'y avoit que la lepre seule qui rendît par l'ordonnance de la Loi, ceux qui en étoient infectez privez à perpetuité de la communion & de la conversation du peuple; ainsi il n'y a que l'heresie seule, qui infere de droit, excommunication contre ceux qui en sont entachez: Car les heretiques, dit Saint Paul, sont pervertis par leur propre jugement. A quoi l'on peut aussi ajoûter, que la lepre au front figuroit encore plus particulierement l'heresie. Car le front est le lieu où s'imprime la marque de la foi, *id est*, le signe de la Croix, d'où vient qu'Ezechiel represente les fideles par ceux qui ont le signe de l'ancienne lettre hebraïque *Thau*, c'est à dire, le signe de la Croix marqué sur leurs fronts. Et que la premiere chose que l'on faisoit aux Catechumenes venant de l'Infidelité à la Religion Chrétienne, étoit de leur marquer le signe de la Croix sur le front, il paroît parce que, dit S. Augustin, les Catechumenes portent sur le front la foi de Christ, *per crucem concepti, per baptismum renati.*

LEVIA tendent en haut, *gravia* en bas, parce que les espaces tirant vers le centre se vont retressissant, les choses pesantes donc étant celles qui dans peu d'espace contiennent beaucoup de matiere; leur lieu naturel est autour du centre, duquel elles s'approchent à proportion de leur pesanteur; ainsi qu'on voit les legeres monter en haut, où les espaces, comme j'ai dit, sont plus grands, à cause qu'ayant peu de matiere en beaucoup d'étenduë, le lieu le plus convenable & le plus proportionné à leur nature, est la region superieure.

Le LEVITIQUE est toute chose ceremonielle, & il s'observe en ce en quoi l'Eglise l'a suivi : car on ne l'observe pas en beaucoup de choses que l'Eglise a défenduës. Par le Levitique, il étoit permis, voiré enjoint, d'épouser sa belle-sœur, & de susciter de la semence à son frere; par la Loi de l'Eglise il est défendu. Le Levitique défendoit à la Tante d'épouser le Neveu, & ne le défendoit point à l'Oncle; & n'en parle point : Aussi l'Eglise permet quelquefois à l'Oncle d'épouser sa Niéce, & il semble qu'elle le doive plutôt permettre que non pas à la Tante d'épouser le Neveu; parce que naturellement la Tante a superiorité sur le Neveu, & venant à se marier avec lui, par le mariage elle lui est

ren-

rendue sujette, si bien qu'il semble qu'en ce cas le mariage ne doive pas être permis: au lieu que l'Oncle naturellement a puissance sur sa Niéce, & venant à se marier à elle, le mariage lui donne encore une autre puissance, qui s'accorde avec celle qui lui est donnée par la nature. Dans Leunclavius il y a une Constitution, qui permet à l'Oncle d'épouser sa Niéce.

LIBERIUS n'étoit point Arien, & ne souscrivit à la condamnation d'Athanase que par la force, étant prisonnier. (Hosius y souscrivit aussi par la violence.) Tant s'en faut qu'il fût Arien, que les Ariens crioient contre lui, & firent Pape Fœlix parce qu'il étoit Arien, lequel aussi-tôt qu'il fut Pape, reconnut son erreur. Il y a deux miracles au fait de Liberius, l'un que Fœlix aussitôt qu'il fut fait Pape, se fit Catholique, & renonça à l'Arianisme; & l'autre, qu'aussi-tôt que Liberius fut remis, & qu'il revint à Rome, Fœlix mourut, & lui ceda sa place. Liberius peut bien être Arien, mais ce fut une action particuliere, & il n'y a rien d'asseuré; il fut contraint de ceder à la force; ce ne fut point une action publique. On ne dit pas que le Pape ne puisse être heretique par opinion particuliere; mais l'assistance de l'infaillibilité ne lui est point donnée que lors qu'il prononce *ex Cathedra*, & alors il ne peut faillir, & il ne faut point se faire tant fort du lieu d'Athanase (a) *Anathema tibi Liberi*, car il n'y a point de doute qu'étant Arien, il n'ait été permis à tout homme de crier Anathême contre lui ; ce qui se peut faire contre toutes personnes, quand elles seront convaincues d'heresie condamnée, comme étoit celle d'Arius, qui avoit été condamnée au Concile de Nicée. Autrement si ce n'est pas une heresie condamnée, il n'est pas loisible de prononcer Anathême, car il faut que ce soit une heresie publique, & comme telle condamnée, & puis comme heretique il n'étoit plus Pape en ce cas.

LIPSIUS; on dit que tandis qu'il fut à Leide, il ne fit jamais la Cene.

LITTERÆ *istæ quamvis ad te scriptæ, non tamen tantummodo tibi scribendæ fuerunt, sed ut aliis per te quoque prodessent* ; liber *Augustino tributus de bono viduitatis. Refer ad illud Hieronymi, Paulus Hebræis scribebat non fidelibus.*

Li-

___

(a) D'*Athanase.*] C'est d'Hilaire. D.

Livre. Dix livres d'or, c'est à-dire mille écus ou environ.

Λόγος. Ce mot dans S. Jean est pris au même sens que Platon l'employe *pro verbo mentis, pro ratione interna*, & c'est à ce propos que Julien l'Apostat disoit & reprochoit aux Chrétiens, qu'ils lisoient Platon.

Lombards. Sous Gregoire premier, les Rois des Lombards n'étoient plus infideles; car Agiluphus Roi des Lombards à la persuasion de la Reine Theodohude sa femme, s'étoit fait d'Arien Catholique, & avoit attiré tout ce qui restoit de Lombards Payens ou Ariens à la Foi Catholique, & les querelles qui se renouvellerent depuis entre les Lombards & le Pape Gregoire, & qui durerent jusques au temps de Phocas, comme il paroît par la plainte que Saint Gregoire lui en fait, furent querelles non de Religion, mais d'Etat, d'autant que les Lombards étoient ennemis de l'Empire que S. Gregoire maintenoit.

Lorraine. Il n'y a plus de Princes liberaux & magnifiques en cette Maison là, s'il est vrai que Monsieur du Maine soit mort; la perle en est ôtée. Monsieur de Rheims est un gentil Prince, tant courtois,

tois, tant doux, il a de petites débauches; je vous asseure qu'il est de fort bon naturel, & il est quelquefois expedient que ces petites jeunesses se passent.

LOSTAL. Monsieur de la Brosse lui apporta un Discours fait par cet homme de Bearn intitulé l'*Avant-Victorieux* (a). Aprés en avoir entendu lire quelque chose il dit, jamais je ne vis Livre plus maniaque que celui-là; c'est un fou qui devroit être enchaîné, c'est le plus impertinent qu'il est possible de trouver. Matthieu pourtant est encore plus insupportable, & a les metaphores plus impures que lui. Notre Langue s'en va perdue, puis que telles gens trouvent qui leur applaudissent: j'ai toûjours dit que la Langue Françoise ne dureroit pas, ni ne viendroit à sa maturité: nous allons entrer en une grande barbarie.

Le Roi Saint LOUÏS se joignit à la cause d'Innocent IV. lors qu'il fut question d'excommunier l'Empereur Frederic, au raport de Paul Emile; ce fut au Concile de Lyon.

LOUIS XIII. D'Aubigny m'a dit autrefois que ce Roi-ci ruïneroit la Religion Hu-

(a) *L'Avant-Victorieux.*] Imprimé à Orthès en 1610 in 8o.

Huguenotte, & qu'il étoit obligé de maintenir & défendre le Pape, à cause du mariage de la Reine, qui est approuvé par le Pape, & par consequent sa naissance.

Louis le Debonnaire. Les Evêques qui le deposerent firent contre la volonté du Pape, car le Pape le tenoit pour Roi.

Lucifugæ Scripturarum. Il le faut entendre de ceux qui alloient chercher des passages obscurs de l'Ecriture, & ne s'arrêtoient pas à ceux qui étoient manifestes.

Lustralis *aqua, seu benedicta contra Incantationes*, Epiph. *hæres*. 30. *Aqua Sacerdotis prece in Ecclesia sanctificata abluit delicta*. Concil. Africanum *apud Cyprianum*.

Luther & Zuingle étoient deux grands forcenez; Oecolampade & Melanchthon étoient plus modérez. Luther dit, que le Diable emporta Oecolampade. Il ne le dit pas si cruëment, mais en paroles qui veulent dire la même chose; Oecolampade mourut tout soudain. Luther se travaille fort à trouver l'Antechrist; Il dit qu'il apparut au Concile de Constance lors qu'on condamna Jean Hus, en quoi il montre qu'il est une grosse bête. Car lors que

les articles contre Wiclef & Hus furent proposez, il n'y avoit point de Pape. Luther étoit bien ignorant, il avoit une grande facilité de parler ; & puis la Religion qu'il introduisoit avoit fort du libertinage. Ce qui fit beaucoup pour la maintenir, c'est qu'il trouva des Princes d'Allemagne lassez de la Maison d'Austriche, qui avoit tenu longtemps l'Empire, & ils ne la pouvoient plus supporter ; ils furent plus aises de se jetter ainsi en cette nouvelle revolte, que d'appeller le Turc, ainsi qu'ils avoient deliberé. Et de fait l'Alcoran fut alors traduit en Latin, & Luther le fit pour le Duc de Saxe (*a*). Luther nioit l'immortalité de l'ame (*b*), & disoit qu'elle mouroit avec le corps, & que Dieu ressuscitoit par après l'un & l'autre, si bien que selon
son

(*a*) *L'Alcoran fut alors traduit en Latin, & Luther le fit &c.*] Comme j'ignore qu'on ait jamais attribué à Luther une Traduction Latine de l'Alcoran, je soupçonne qu'ici Du Perron aura confondu avec l'*Alcoran* de Mahomet, l'*Alcoranus Franciscanorum*, Ouvrage du Docteur Erasme Albere, publié avec une Preface de Luther l'an 1543. Voyez les Notes sur le Chapitre II. du premier Livre de la Confession de Sanci. L. D.

(*b*) *Luther nioit l'immortalité de l'Ame*, &c.] Mr. Bayle a trouvé fort étrange que Du Perron ait osé avancer cette fausseté. Voyez son Dictionaire, Article

son opinion, nul ne jouïssoit de la présence visible de Dieu, & de là il tire un argument contre la priere des Saints, pour montrer que les Saints n'entendent point nos prieres. L'Eglise croit que les ames des Saints & des bienheureux jouïssent de la présence de Dieu aussi-tôt qu'ils sont morts, & Luther entre les impietez de l'Eglise Romaine il y met celle-là, qu'elle croit l'immortalité de l'ame.

Nicolaus de LYRA Juif converti, & apostillateur de la glosse ordinaire.

M.

MACHABEES. Toutes les oppositions qu'on peut faire contre pour les repugnances qu'il y a en l'Histoire, se peuvent toutes resoudre. Il y en a une qui est difficile, comme elle l'est à la verité, sans la connoissance des bonnes Lettres ; & un homme qui n'a pas la lecture des bons Livres, il est bien malaisé d'en venir à bout. Comme lors qu'il est parlé d'Assuerus & de Mar-

---

ticle *Luther*, Rem. (DD). Voyez aussi la Remarque (E), où il réfute d'autres Auteurs qui ont débité la même calomnie. D. M.

Mardochée Macedonien; Tous les Interprétes sont bien empêchez d'accorder cela; car du temps d'Asuerus l'Empire de Macedoine n'étoit pas commencé, si bien qu'il ne pouvoit craindre les Macedoniens; mais la solution dépend de Josephe, qui rapporte ce passage, & ne dit pas Macedonien, mais Etranger, & ce mot de Macedonien vouloit dire Etranger anciennement; je le puis prouver par plusieurs passages. Aucun de nos Docteurs n'a encore sû montrer que les Machabées sont canoniques. *Machabæorum libros Scripturam vocat Hieronymus in Es. lib. 5. ad c. 23.*

Ces MAISONS où il faut tant monter & descendre; Monsieur de Sens disoit que c'étoit des maisons de Perroquets.

MALDONAT étoit un grand homme, & vrai Theologien; Il avoit les parties requises pour bien faire, l'élocution bonne, la lecture des Peres, la Philosophie, la Scholastique, la connoissance des Langues; je ne l'ai jamais vu, il étoit déja mort avant que je vinsse à la Cour. Les Espagnols ont eu en Maldonat un grand personnage.

MALHERBE. Le Roi d'Espagne a donné à un Gentilhomme François 100 mille écus de rente pour recompense de lui avoir découvert quelques terres aux Indes non encore trouvées. Il s'appelle Malherbe; il en tirera plus d'or qu'il ne fait des Indes Occidentales & Orientales. Le Gentilhomme vint au Roi premierement lui declarer son secret, lequel se mocqua de lui; ce que voyant il s'en alla vers le Roi d'Espagne, qui l'écouta, & voyant qu'il y avoit apparence; ce qu'il disoit, lui fit armer quelques vaisseaux, & il fit voir à ceux que le Roi lui avoit donnez, quel profit il en viendroit au Roi, lequel ayant jugé que la chose étoit ainsi comme la disoit Malherbe, & étant de retour le Roi lui donna 10000 écus de pension pour récompense de tant de voyages qu'il avoit autrefois faits; & le 60 denier de tout l'or que le Roi tire de ces terres-là dequoi il a fait party, & en tire par an 90 mille écus, si bien qu'il a de revenu, 100 mille écus. Ce Malherbe fut nourri en Espagne fort jeune & apprit la Langue Espagnole fort bien; se mit sur les Flottes des Indes, alla au Perou, & après ses voyages s'en revint en France, pour decouvrir à sa patrie un si bon revenu, mais on n'en tint conte. C'est comme l'on fit de Christophorus Columbus,

bus, qui avoit decouvert les Indes, & qui fut reçû après par le Roi d'Espagne, lequel a toûjours eu notre refus. Le Roi de France refusa l'heritiere de Bourgogne, refusa Colomb, refusa Spinola, & le Roi d'Espagne l'a reçu, & s'en est bien trouvé. Le Roi ne s'en fut pas mal trouvé, parce qu'il avoit un million d'or. Spinola est de famille Françoise.

MALHERBE est un bon esprit, qui écrit fort bien en vers & en prose. Monsieur Bertaut m'envoya un jour cette Ode à la Reine, sans me dire l'Auteur, je la trouvai bien faite, il m'a écrit une Lettre de remerciement qui est excellente ; il a même en ses discours quelque chose de bon & de hardy : il est fils d'un Pere qui avoit bon esprit, qui étoit Lieutenant General à Saint Lo ; c'étoit la fleur du païs, il étoit grand ami de mon Pere.

Les MANICHEENS ne bûvoient point de vin, & le reprochoient aux Catholiques. Saint Augustin leur répondit, qu'eux se pouvoient bien passer de vin, qui usoient *succis pomorum vinosissimis*, qui étoit le Citre. Il est venu premierement d'Afrique, & de-là porté en Biscaye, puis en Normandie.

MAR-

MARCOMIRE. Pere de Pharamond, fut pris par les Romains & mené à Rome, & confiné dans la Toscane, comme Claudian le témoigne.

MARIANA. Parlant de son Livre, qui dit qu'il faut tuer les Tyrans (*a*), il dit qu'il étoit tres dangereux de mettre ces questions en un Etat Monarchique, puis qu'il est si aisé qu'un Prince, qu'un Roi dégenere en Tyrannie; si bien qu'aux Monarchies ces opinions doivent être défendues, aux Etats populaires, aux Républiques, elles sont supportables, à cause qu'elles ne peuvent préjudicier, y ayant grande difference de la façon de gouverner d'un seul, à celle de plusieurs, ou du Peuple. Saint Louïs même pouvoit n'être exempt d'être appellé Tyran, avant des Princes voisins ennemis. Il est très-pernicieux de disputer de ces Theses & même d'en parler. Quand ce Livre-là vint je conseillai à ces

_____

(*a*) *Son Livre qui dit qu'il faut tuer les Tyrans.*] Il a pour titre *de Rege & Regis Institutione*; & il fût imprimé à Tolede en 1598, avec Privilege du Roi, & avec les Approbations necessaires. Voyez le jugement que Mr. Bayle fait de cet Ouvrage dans son Dictionaire, à l'Article de Mariana. D. M.

ces Messieurs (les Jésuites) d'écrire contre, & s'ils m'eussent cru, depuis la mort du Roi, ils n'eussent point écrit, & n'eussent fait aucune déclaration.

Monsieur MARION étoit un grand Orateur, & avoit cette partie, qu'en discourant il persuadoit fort, & n'émouvoit pas moins mettant par écrit. Il avoit la voix fort émouvante. Monsieur d'Avoye lui dit, il me souvient que vous prêchâtes à Saint Merry, Messieurs Marion & Arnaud (*a*) vous furent ouïr. Monsieur Marion dit en sortant, ce n'est pas un homme qui prêche, c'est un Ange. Il dit, je l'ai bien reconnu aussi, je lui ai fait son

---

(*a*) *Messieurs Marion & Arnaud.*] Simon Marion Avocat General, mort en 1605. Antoine Arnauld, Avocat au Parlement mort environ l'année 1618. Touchant ces Sermons pretendus *angeliques*, de Du Perron à St. Merry en 1596, voyez-en la pompe & l'objet principal dans une des Notes sur le Chapitre 9. du I. Livre de la *Confession de Sancy*, pag. 232. de l'édition de 1720. L. D.

Les *Plaidoyez* de Marion ont été imprimez plusieurs fois: la meilleure édition est celle de Paris chez Michel Sonnius en 1598. in 8o. sous ce titre: *Plaidoyez de Mre. Simon Marion, Baron de Druy, ci-devant Advocat en Parlement, & de present Conseiller du Roy en son Conseil d'Estat, & son Advocat General. Reveus, corrigez & augmentez, outre les precedentes*

son épitaphe à Rome où j'étois quand on me dit la nouvelle de sa mort, c'est le premier du palais qui ait bien écrit, & possible qu'il ne s'en trouvera jamais un qui le vaille; je dis plus, que depuis Ciceron je crois qu'il n'y a pas eu un Avocat tel que lui.

MARONITE ne vient pas d'un nom d'un Saint personnage nommé *Maro*, que quelques-uns veulent avoir donné le nom aux Maronites. Saint Hierôme dit que le pays qu'ils habitent s'appelle *Maronia*, c'est la valée du Mont Liban: ils sont Orthodoxes.

MARTYRS. Il n'est pas besoin de les canoniser, l'Eglise ne les canonise point; elle canonise seulement les Confesseurs, les Martyrs se canonisent par leur Martyre.

MATTHIAS Souverain Sacrificateur & tige de la Maison des Machabées, voyant qu'Antiochus qui regnoit en Judée, s'étoit mis à forcer les Juifs en leurs An-

---

dentes *impressions*. Ce volume contient quinze Plaidoyez, dont le dernier est contre les Jesuites. Touchant Antoine Arnauld l'Avocat & sa famille, voyez les *Memoires de Messire Robert Arnauld d'Andilly, écrits par lui-même*, & imprimez en 1734. in 8º; & le *Dictionaire* de Mr. Bayle. D. M.

anciennes coûtumes, & à détruire leur Loi, & à les persecuter par tourmens & par supplices, prit les armes, & rallia les Serviteurs de Dieu, qui firent tant sous la conduite de lui & de ses enfans, qu'ils délivrerent le peuple du joug des Seleucides, & leur ôterent le Royaume de Judée, & par ce moyen sauverent la Religion Judaïque, qui sans cette resolution favorisée de l'assistance visible de Dieu, eût été exterminée de la terre. Toute l'assemblée d'Israël ordonna que l'on celebreroit une fête annuelle en memoire de cette action, laquelle notre Seigneur deux cens ans après, daigna honorer de sa présence.

MATTHIEU. Jamet Imprimeur, apporta un jour au Cardinal l'Histoire de Matthieu de Louis XI. laquelle il feuilleta se mocquant & reprenant quelque chose en tous les lieux où il s'arrêtoit, soit pour les choses, mais particulierement pour le stile, & dit qu'il étoit toûjours sur les cimes des Arbres. En se mocquant de l'Histoire de Matthieu, il disoit, quand il seroit payé pour mal faire, il seroit impossible qu'il fit plus mal, & se mocquoit de ce qu'il parloit de Monsieur Duret. Toute l'Histoire toile de Matthieu est sur des pointilles, comme *le barbet de mon service a pris la canne de vos bonnes graces.* Monsieur de la Brosse lui dit, que Jamet Imprimeur avoit donné 100 écus à Matthieu pour son Histoire de Louis XI. & avec cela plusieurs exemplaires reliez, les uns en Marroquin, les autres en velin & en veau; & le tout fourré de veau, dit le Cardinal.

MEDECINE. C'est trop qu'il y ait en Medecine trois Professeurs; car les Professeurs du Roi sont pour ceux qui sont déja avancez, & non pour les élementaires, car c'est une pitié d'entendre aux salles du Roi enseigner les élemens. Ceci est aussi bien pour la Medecine que pour les Mathematiques & autres; il dit cela aux Professeurs de Medecine, qui l'étoient venus voir. Il seroit à souhaiter que toutes les autres Universitez en Medecine, comme Caen & Rheims, excepté Montpelier, fussent abolies, car elles ne servent que d'asyle à l'Ignorance.

MELANCHTHON étoit savant en la Langue Latine, mais c'étoit un esprit sans nerfs, lâche, mol. Il étoit assez paisible: ils en font encore aujourd'hui grand cas en

Alle-

Allemagne; quand ils difent *Dominus Phi-lippus*, cela s'entend de Melanchthon.

MELETIUS eſt grand ennemi de l'Egliſe Latine.

Le MELON s'accommode bien avec le vin & le fait trouver bon. La raiſon eſt parce qu'il eſt fort abſterſif, & ôte toute humeur de deſſus la langue. Les Melons vineux ne ſont pas trouvez les meilleurs en Italie, mais les doux & les ſucrins. Le Pape Clement diſoit, qu'il avoit caution banquiere de n'être plus malade depuis que les melons ſont venus.

Monſieur de MERCOEUR diſoit que s'il avoit eu 4000 chevaux François il eût chaſſé le Turc de Hongrie.

MERS. Elles viennent toutes de la Mediterranée, qui vient des Palus Meotides, lesquelles ſe font d'une grande quantité de fleuves, qu'elles reçoivent & tombent puis après dans la Mer majeur. Et de fait on a remarqué que les voyages font plus courts de quelques jours, d'Orient en Occident, que non pas d'Occident en Orient à cauſe que le coulant eſt plus vers l'Occident. La raiſon pourquoi il y a flux & reflux en la mer de Veniſe, & non en celle de Marſeille, c'eſt parce que celle de Veniſe n'a

poin

point d'iſſuë, à cauſe du coude qui le lui empêche, au lieu que celle de Marſeille a une iſſuë par le Détroit. Le Soleil conſume par jour autant d'eau de la Mer, que les fleuves tous enſemble en peuvent apporter.

MESSE. On appelle le Canon de la Meſſe parce qu'il ne change jamais; c'eſt comme une regle. On ne prie pas directement les Saints en la Meſſe, on ne prie pas même le Fils. Fulgence en rend une belle raiſon. Saint Epiphane appelle la Meſſe œconomie de l'adoration; *Oeconomia Latriæ*. Elle eſt toûjours publique encore qu'il n'y ait que le Prêtre qui communie, d'autant qu'avec ce qu'il eſt permis à chacun d'y communier quand il y eſt diſpoſé, nous ne la conſiderons pas ſeulement en qualité de Sacrement, mais de ſacrifice, auquel communient non ſeulement les preſens, mais les abſens, non ſeulement les vivans, mais les morts, comme faiſans tous partie d'un même corps, qui eſt l'Egliſe, par laquelle & en laquelle il eſt offert, & d'ailleurs l'action ne peut être que publique, à cauſe que tous les aſſiſtans y adorent l'Euchariſtie.

MESURE. La choſe meſurée ſe nomme

ordinairement du même nom de la mesurante. *Plutarch. in Sylla.*

Metaphores. Ciceron dit que ce sont comme des pucelles, qui ne s'osent quasi montrer, & doivent paroître sans affectation. Celles qu'ils font aujourd'hui ne sont pas seulement vicieuses, mais sales, & ils ne le reconnoissent pas. Est-il possible qu'ils ne sachent pas que le style est pour delecter, & qu'en écrivant si l'on use de quelque Metaphore vicieuse & sale, cela offense? comme celle-ci d'un Prêcheur: *Seigneur, nettoye moi le bec, de la serviette de ton amour; le fallot d'amour, la chandelle d'amour.* Et il ne faut jamais en usant de Metaphores, qu'elles descendent du genre à l'Espece; on peut bien dire les flammes d'amour, mais non pas les tisons, le fallot, la mêche d'amour: tous nos Ecrivains d'aujourd'hui ne peuvent écrire autrement. La Metaphore est une petite similitude, un abregé de similitude, il faut qu'elle passe vîte, il ne s'y faut pas arrêter; quand elle est trop continuée, elle est vicieuse & degenere en énigme.

Metaux. Il est incertain, si c'est le chaud ou le froid qui engendre les metaux, car outre que les Mines d'or se trouvent
tou-

toûjours aux endroits les plus froids des païs chauds, à savoir aux montagnes; il y en a quantité même dans les plus froides contrées comme dans la Hongrie, aux monts Pyrenées & dans les Alpes, où étoit autrefois la grande mine des Romains.

MILEVITANUM CONCILIUM. Il y a dans ce Concile, *Presbyteris & Clericis non liceat appellare ad Episcopum Romanum.* Les Grecs qui ont falsifié ce Concile en la rapsodie qu'ils ont faite, y ont mis *& Episcopis*, ce qui est faux; car dans tous les exemplaires que nous avons où le texte seulement du Concile Milevitain est apporté, il n'y a point *& Episcopis*; les Grecs dans leur rapsodie du Concile de Carthage l'y ont ajoûté: & de fait dans la collection des Canons faite par Cresconius Africain qui est imprimée à la fin des Capitulaires de Charlemagne, ces mots *& Episcopis* n'y sont point. J'ai ouï dire que Monsieur le Président de Thou avoit un MS. de ce Concile.

MILTIADI & MARCO: *vide supra in voce* EUSEBE.

MIRÆUS. Le Livre qu'il a fait *de Notitia Patriarchatuum*, n'est pas fait exactement. Il a quasi tout pris de Berterius: il
ci-

cite un lieu de Caffiodore, par lequel le Pape eft appellé *Epifcopus Patriarcharum*, mais je crois que le lieu eft corrompu, car l'antecedent & le fubfequent me le font croire.

Miracles. Quelquefois il s'en fait parmi ceux qui tiennent une fauffe Religion, mais c'eft pour la confirmation de la vraye. En Angleterre il y a eu un enfant, qui a fait pendant fon enfance des miracles par le figne de la Croix; tout le monde y couroit. Tous miracles font abfurdes aux Sens. Gregorius Thaumaturgus changea une montagne, & Saint Gregoire de Nazianze applique le lieu de l'Ecriture, que quiconque aura de foi comme un grain de moutarde il changera les montagnes, à ce miracle, & en l'Antiquité nous n'en avons d'autres exemples que celui-là.

Mission. Une même perfonne peut bien avoir eu la miffion ordinaire & extraordinaire tout enfemble, l'ordre de Prophetie & de Sacrificature, comme Saint Jean Baptifte; mais ce n'eft pas à dire pour cela que l'extraordinaire puiffe fuppléer l'ordinaire.

Moineaux d'Inde. Etant au Cabinet du Roi, il vit en une cage de certains pe-

petits oiseaux qu'on appelle Moineaux des Indes, il dit, je crois qu'en ce Climat tous les oiseaux sont verds, jaunes, & peints. Monsieur des Yveteaux lui dit qu'ils avoient la langue fort grosse, épaisse & seche. Il dit, je m'étonne comme ils peuvent parler, je pense qu'ils parlent à cause qu'ils ont la langue fort seche.

MONACHI. *Ut non sum expertus meliores quam qui in Monasteriis profecerunt, ita non sum expertus pejores quam qui in Monasteriis ceciderunt.* Aug. ep. 137.

MONANTEUIL (a). Il ne se doit permettre qu'un Professeur du Roi exerce une vocation contraire à la profession qu'il a du Roi ; comme Monsieur de Monanteuil qui avec les Mathematiques exerçoit la Medecine, & de son temps c'étoit pauvre chose que les Mathematiques. Et comme le Medecin Seguin repliqua, qu'il étoit tenu pour habile homme, il dit, qu'il ne l'avoit pas montré lors qu'il publia que Scaliger

(a) *Monanteuil.*] Henri de Monanthueil, car il signe de la sorte la LXXIV. Lettre du Recueil de Jaques de Reves. Il étoit Docteur en Medecine, & Mathematicien, & par ce dernier endroit, il étoit en relation avec Joseph Scaliger. L. D.

Tome I. P

ger avoit trouvé la quadrature du Cercle; car c'est toute folie, encore qu'Aristote dise que, *est scibilis*.

MONSIEUR. Je ne crois pas que son mariage avec Mademoiselle de Montpensier s'acheve, je crois que cela pourra être pour le fils de Monsieur le Comte de Soissons : il y en a qui croyent qu'on tâchera de lui faire épouser la fille de Monsieur de Lorraine. De cette façon-là, la Lorraine lui pourroit venir. Messieurs de la Maison de Lorraine feront tout ce qu'ils pourront pour ne laisser échapper de leurs mains la Souveraineté de Lorraine; c'est leur grandeur; ils feront en sorte que le fils de Monsieur de Vaudemont l'épousera.

MORLAS (*a*) étoit aussi Catholique, & il y avoit plus de 10 ans qu'il l'étoit quand il mourut; il ne se déclara pas pourtant, parce que devant, il vouloit aller à Geneve voir Beze, & communiquer avec lui, pour après en faire quelque écrit; mais il n'eut pas le tems, car la mort le prévint.

DU MOUSTIER lui disoit en se moquant
d'un

(*a*) *Morlas.*] Dans la Confession de Sanci, & dans les Notes sur cette Satire, il est souvent parlé de lui. L. D.

d'un certain Livre; dans lequel il avoit trouvé à l'ouverture, *Seigneur Auteur de tout bon don*; c'est quasi la même chose qu'un certain mari disoit à sa femme, *m'amie, vous desirez le bon temps, je prie Dieu de vous le bon donner*.

MUNDI *excidia duo, unum per aquam, alterum per ignem futura scivisse ex traditione Adam, Seth & posteros ejus scribit Josephus.* Pererius *in Gen.* 5.

MUSICIEN. Un Musicien chanta un jour devant lui quelques vers, & entr'autres celui qui commence, *quand l'infidelle usoit contre moi de ses charmes*, & un autre qui commence, *quand le flambeau du Monde*. Il dit, vous me representez ici deux de mes filles (a), mais mieux habillées qu'elles ne furent jamais. Ce Musicien chantoit si bien, & avoit de si belles tirades, qu'il le loua fort & disoit que ses tirades étoient si belles, & venoient si bien les unes après les autres, qu'il sembloit que ce fussent des perles qui tombassent. En oyant la Musique,

(a) *Deux de mes filles*] Du Perron debuta à la Cour de Henri III. par des Vers tendres, qui notez ensuite par d'habiles Musiciens, eurent tout le mérite de Chansons nouvelles. L D.

que, lors que l'on jouoit, *une jeune fillette*, il dit c'est une fort bonne chanson, elle est estimée par tout le monde; & on la joue par tout, à Constantinople, au grand Caire, en Perse.

MYSTIQUE signifie quelquefois, religieux.

N.

NAGER. Jamais je n'ai sû rien apprendre à ce métier-là; j'ai vû un Indien, qui nageoit sur mer, aussi vîte qu'un Navire à pleines voiles.

NARSES, Lieutenant General de l'Empereur Justinien, fit l'expulsion des François hors de l'Italie.

NATURAS *in Christo mixtas quidam Patrum in principio asseruerunt, postea alii negarunt; sed intelligendum, mixtas hypostaticè non essentialiter.*

NEGATIVUM ARGUMENTUM. C'est un fort mauvais argument que celui qui est pris du silence des Peres; & de dire, que puis qu'un Pere n'a point parlé d'une telle chose, elle ne s'observoit point en l'ancienne Eglise; & bien souvent le silence se trouve aux Livres des Peres écrits contre les Payens, ausquels il n'étoit pas be-

besoin d'en parler, & il étoit défendu de déclarer les mysteres de notre foi; comme qui diroit qu'un Pere parlant à un Payen, qui lui demanderoit, s'il y avoit un sacrifice, le Père lui répondroit, que non; & le même Pere parlant à un Chrétien, lui répondroit, qu'oui: ces deux réponses sont veritables; la réponse au Payen, qu'il n'y a point de sacrifice, est vraye, c'est-à-dire, de sacrifice sanglant des bêtes, semblable à celui des Payens; mais à un Chrétien il diroit, qu'il y a un sacrifice Eucharistique propitiatoire. Comme quand un Payen demande à un Chrétien, s'il y a des autels; le Chrétien répond que non; mais il faut entendre qu'il n'y en a point à la façon des Payens, c'est-à-dire, qu'ils n'avoient point *Aras, sed Altaria*; & si quelqu'un vouloit inferer, qu'en l'ancienne Eglise on ne prioit point pour les morts, à cause que Tertullien n'en parle point; & si l'on me demandoit si de ce temps-là l'Eglise avoit cette coûtume, je dirois, qu'oui, parce que Saint Cyprien dit, qu'anciennement il étoit défendu de prier à l'autel pour l'ame de celui qui avoit institué un Prêtre executeur de son Testament: & la raison qu'il en rend, c'est que celui-là est indigne d'êd'être aidé de la priere de celui lequel il a voulu détourner de l'Autel. Les argumens negatifs tirez de l'autorité n'ont aucune force, moins encore ceux qui procedent de la negation du fait à la negation du droit, & pour conclure du non usage de la puissance, il faut qu'il y ait eu juste, utile, & necessaire cause de l'exercer. Que si au contraire il y a eu juste, utile, & necessaire cause de ne l'exercer point, l'on ne peut du defaut de l'exercer, inferer le defaut de l'autorité; l'Eglise n'a jamais mis l'article de la procession du Saint Esprit par derivation du Pere & du Fils dans le Symbole, avant la seconde race de nos Rois, il ne s'ensuit pas pour cela, qu'elle ne l'ait pû mettre, & ainsi des autres, n'est pas bon pour inferer la negation de la puissance. L'argument du non usage de la puissance; n'est pas bon pour inferer la negation de la puissance, nous ne trouvons point que ni le Pape, ni aucun Concile ait jamais excommunié nommément & personnellement les Empereurs Ariens; non que l'Eglise ne les pût excommunier, aussi-bien que les autres Ariens, qu'elle excommunioit tous les jours, & que les autres Empereurs heretiques qu'elle a depuis excommuniez; mais parce qu'elle estimoit que c'étoit une chose imprudente & pernicieuse à la Religion, de les irriter, n'ayant pas la force de les reprimer; car il ne suffit pas pour obliger l'Eglise, à déclarer les Princes infideles, déchûs de leurs droits, qu'elle le puisse faire licitement, mais il faut aussi qu'elle le puisse faire prudemment & utilement. C'est une maxime en l'Ecole que les argumens de l'autorité employez negativement ne valent rien.

Monsieur de NEVERS (a) entreprend de faire un genereux voyage, c'est une entreprise digne de gloire. Ce Prince a toûjours montré par plusieurs actions, qu'il avoit du courage: c'est le moyen de s'immortaliser, & se faire estimer Dieu, que se faire Roi en ces païs éloignez, & il y faudroit mener des colonies, comme les Anciens; Saturne en Italie. Il parloit du voyage que Monsieur de Nevers vouloit faire au Brezil; Ce Prince est grandement genereux, tous nos autres Princes ont l'ame endormie au prix de lui; Il n'entreprend rien que des choses grandes, son voyage en Hongrie, celui de Rome; & puis cette ville au Nivernois; s'il eût eû à s'occuper
de

_____

(a) *Monsieur de Nevers.*] Charles de Gonzagues & de Cleves I. du nom, Duc de Nevers, & depuis de Mantoué. L. D.

de delà, il n'en fût pas sorti. Ce Prince ne mourra jamais sans gloire, lui qui va chercher des assauts en Hongrie.

NILUS DE PRIMATU. Il ne dit rien contre le Pape, & ne fait rien pour ceux de la Religion; car il finit son Livre par ces mots, que si le Pape suit le bon chemin, & qu'il ne soit point heretique, il est le chef de l'Eglise, le successeur de Saint Pierre.

NORMA FIDEI. Platon avoit bien raison de dire, que tous les naufrages qui se faisoient en la ratiocination humaine venoient de heurter contre les écueils des fausses similitudes. Il n'y a rien plus aisé de juger quand une équierre est droitement appliquée, ou quand un vaisseau suit le cours qui lui est montré par le compas. Cela est vrai, mais toutes ces regles-là dont ces Messieurs se servent, & dont les adversaires de l'Eglise empruntent l'exemple contre nous, sont des regles sensibles. L'entendement au contraire s'abuse fort souvent en ses discours, & partant il est très-difficile d'appliquer les régles intelligibles. Le corps des Loix aux païs de Droit écrit est la regle pour juger & décider tous les procès, il n'y a donc si ignorant Juris-
con-

consulte, pourvû qu'il ait le corps des Loix sur sa table, qui ne les sache bien appliquer. L'Art de la Medecine est la regle pour traiter & guèrir toute sorte de maladie curable. Il n'y a donc si ignorant Medecin, pourvû qu'il ait les Livres d'Hippocrate ou de Galien entre les mains, qui ne les sache bien appliquer. Les regles intellectuelles ne s'appliquent pas avec les mains, mais avec l'esprit, & les erreurs qui s'y commettent ne se voyent pas avec les yeux, mais avec le discours, dont ordinairement les plus mal pourvûs & par étude & par nature, présument être les mieux partagez. Anacharsis se mocquoit de ce que parmi les Grecs les non-musiciens jugeoient des Musiciens, c'est à-dire en chaque Art les non-professeurs des Professeurs, & les ignorans des savans. Que si ce reproche étoit juste pour les Sciences qui se contentent de la seule lumiere du discours humain, combien plus doit-il avoir lieu pour l'application de l'Ecriture, dont nul ne se peut promettre la seûre & droite intelligence, quelque étude & quelque esprit qu'il y apporte, sans une illumination surnaturelle, faite soit à lui, soit à ceux desquels il suit l'interpretation? David disoit, illumine mes yeux, Seigneur, & je sonderai ta Loi; donne-moi entendement, & je considererai les merveilles de ta Loi; sur lesquelles paroles Saint Hierôme faisoit cette meditation, si ce grand Prophete confesse les tenebres de son ignorance, de quelle nuit pensez-vous que nous soyons enveloppez? & les Ministres disent, il n'y a si petit Maçon, pourvû qu'il ait son équierre, qui ne connoisse bien ce qui est droit & ce qui est tortu. Il s'écrioit, il y a grand danger de parler en l'Eglise de Dieu, de peur que par une perverse interpretation on ne fasse de l'Evangile de Dieu, l'Evangile d'un homme, ou, qui pis est, l'Evangile du Diable; les Ministres disent, il n'y a si petit Marinier pourvû qu'il ait son compas entre les mains, qui n'apperçoive bien, si le vaisseau tient son cours, ou non. Il déclamoit contre l'impudence de ceux qui se mêloient indifferemment de discourir des Ecritures. Ce qui est de la Medecine, disoit-il, les Medecins le promettent sans plus, ce qui est de la forge les Forgerons l'entreprennent, il n'y a que la seule Science des Ecritures, que chacun s'attribue indifferemment, ignorans & savans, nous faisons tous des vûs. Celles-là, la vieille babillarde, le vieillard radoteur, le Sophiste causeur, tous la présument, la déchirent, l'enseignent avant que de l'avoir aprise, & les Ministres nous disent, il n'y a doctes, ni ignorans, ni Clercs, ni Laïcs, qui ne puissent trouver le jugement de la parole en la parole. Des regles sensibles l'application est très-aisée, des intelligibles très-mal aisée, il n'y a rien de plus difficile; la Jurisprudence contenue dans les Loix & dans les Ordonnances du Prince est la regle pour se conduire au jugement & à la décision de tous les differends des Sujets; il n'y a donc si ignorant Juge, qui ne la sache bien appliquer, ou juger quand elle est bien appliquée. L'Art de la Medecine consignée à la posterité par Hippocrate, Galien & autres semblables, est la regle pour se gouverner au traitement & en la guerison des maladies; il n'y a donc si nouveau aprentif qui ne la sache bien appliquer; je crois que les Ministres ne voudroient pas sous cette caution confier leurs biens & leur santé, ni aux uns, ni aux autres; combien donc moins le salut de leur conscience, qui leur doit être plus précieux que tous les deux?

NORMANDIE Occidentale, qui étoit de delà la riviere de Seine vers la Bretagne,

tagne, étoit autrefois du partage du Royaume de Paris; mais la Normandie Orientale, qui étoit de l'autre côté de la Riviere entrant vers la Picardie, étoit du partage du Royaume de Soissons. Depuis Charles le Chauve jusques au Roi Charles VII. la Normandie a été entre les mains ou des Danois, ou des Anglois, & hors de la possession des Rois de France.

NOVARE. Sur le bruit de la venue du Roi en Italie (a), on demandoit à ceux de Novare ce qu'ils étoient déliberez de faire? Ils répondirent, nous étions resolus d'aller au devant de lui le plus loin que nous eussions pu, & le prier de nous faire le moins de mal qu'il seroit possible. Tous les Italiens eussent tendu les bras au Roi, les Espagnols regardoient de quel côté se sauver.

NUPTIARUM *in Ecclesia non solum vinculum, sed etiam sacramentum ita consideratur, ut non liceat viro uxorem suam alteri tradere.* August. *de fide & operibus.*

(a) *Sur le bruit de la venue du Roi en Italie* &c.] Apparemment lorsque Henri IV. porta la guerre en Savoye pour se faire raison du Marquisat de Salusses, que lui retenoit le Duc Charles Emanuel. *L. D.*

O.

OBEDIENTIA *melior victima, quia per victimas aliena caro, per obedientiam propria voluntas mactabatur.* Rabanus *in* 1 *Reg.* 15. *Refer ad collationes analogicas.*

OCKAM bien qu'Anglois de naissance, étoit néanmoins François d'adoption, car il étoit Docteur de la Faculté de Paris, & si animé contre le Pape, & si affectionné pour l'Empereur, que l'on dit qu'il lui répondit, défens-moi avec ton épée, & je te défendrai avec ma plume, & pour sa passion trop violente contre le Pape, il fut chassé de l'Université de Paris.

ONUPHRE étoit un fort savant Moine.

OPTATUS MILEVITANUS. Quand il a dit *caput ejus Cephas*, il n'a pas fait allusion au lieu du Nouveau Testament, voulant dire, que κεφαλή vient de Cephas, ainsi que l'a voulu dire Balduin, arguant d'ignorance Optat; mais il fait allusion au passage du Cantique; *aurum Cephas,* dont il est parlé dans Philo Carpathius. Je disois dernierement à quelques Prélats qui étoient céans, comment il faut entendre ce lieu où il est dit, *Petrus erat Cephas*, dequoi se mocquent ceux de la Religion, & l'appellent ignorant; mais il n'a pas fait allusion au lieu du Nouveau Testament, mais à celui du Cantique où il est dit, *Caput ejus aurum Cephas*, en quoi le Prophete a voulu entendre Saint Pierre; Theodotio & Symmachus ont traduit *Petrus*. C'est un bel Auteur qu'Optatus, tant estimé par les Anciens; Saint Augustin l'a toûjours eu en la bouche; Fulgentius l'appelle, *Sanctus Optatus*. Il s'est trompé quand il s'est opiniâtré en disputant contre les Donatistes, à prouver par l'Ecriture le Baptême, ce que ne fait pas Saint Augustin, & ne se sert des traditions. Il répond bien par l'Ecriture aux passages qu'alleguent ses adversaires: mais la preuve actuelle il la tire des traditions; c'est une folie de vouloir tout prouver par l'Ecriture, ils sont contraints de demeurer court, & se font mocquer d'eux. Optatus est un des méchans Auteurs que nous ayons, pour prouver la Primauté de Saint Pierre.

OPUS IMPERFECTUM IN MATTHÆUM est Arien, cela est manifeste; il dispute de propos deliberé contre les Homousiens, & dit, que Constantius est fauteur de l'heresie;

fie; il y a néanmoins de fort belles choses principalement pour les mœurs. Je m'en suis servi pour l'Euchariſtie.

ORATEURS. Les Républiques les font & les entretiennent: aux Monarchies il n'y en peut avoir, parce que les Rois ne veulent pas entendre de grandes harangues, à cauſe qu'ils ſont informez de tout ce qu'on leur veut dire avant que ceux qui leur doivent parler ſoient admis devant eux. Du temps de Ciceron ſur la fin de la République, tous parloient bien, tous écrivoient bien, & il y avoit alors cent Orateurs, le moindre deſquels valoit mieux cent fois que tout ce que nous avons eu ici. Il eſt bien aiſé de donner des préceptes pour l'éloquence & pour l'art Oratoire : les préceptes ſont des choſes qui s'apprennent aux enfans par les Pédans, & on les peut apprendre avant le jugement: mais de donner des Conſeils de l'éloquence, il eſt bien mal aiſé, parce que l'éloquence conſiſte toute en jugement.

ORATOIRE. C'eſt une belle inſtitution que celle des Prêtres de l'Oratoire, *de la Chieſa nuova*; ils ſont je ne ſai combien de Prêtres qui ſe mettent enſemble, vivent enſemble & apportent ce qu'ils ont de biens, ne font point de vœu, & ſortent
de

de la compagnie quand bon leur semble; à dîner ils font lire un quart d'heure; après la lecture, le Superieur propose deux ou trois questions, sur lesquelles il faut que chacun dise son avis. Il y a des Cardinaux qui y vont souvent dîner, j'y allois quelquefois avec les Cardinaux Baronius & Bellarmin, où je vous assûre que nous étions bien traitez. Là on nous donnoit comme aux autres Prêtres, chacun notre portion separée; c'est une fort belle vie, & qui se voudroit retirer du monde, ne pourroit choisir une plus belle retraite. Ils y sont si bien, qu'on n'entend point dire, qu'ils en sortent jamais, & si ils n'y sont point obligez par vœu. Ils sont après à établir cet ordre à Paris, & ils eussent acheté l'Hôtel du Luxembourg (*a*), si la Reine ne l'eût acheté. Ils ont eû déja tout plein de saints personnages, leur fondateur qui est prêt d'être canonisé, le Cardinal Baronius, & plusieurs autres. Je serois fort aise de vivre comme ils font à Rome, à la Vallicelle, ils ont chacun leur portion & suffisamment: je serois bien aise qu'on en pût faire ainsi, car il est impossible, que voyant plusieurs
sor-

(*a*) *L'Hôtel de Luxembourg.*] Aujourd'hui le *Palais de Luxembourg*. L. D.

fortes de viandes, on se puisse tant commander que de n'y toucher point, j'ai mangé autrefois avec Monsieur le Cardinal Baronius, & nous vivions ainsi.

ORIENT. Ce mot est très-ambigu, quelquefois il se prend simplement pour la Natolie, il se prend aussi pour l'Orient au respect de l'Europe. Il le faut aussi considerer selon le lieu où sont ceux qui écrivent. Dans le Concile de Constantinople, il est dit que l'Orient seroit gouverné par l'Evêque d'Antioche, il le faut entendre de la Natolie. L'Orient a plusieurs significations: la Thrace étoit contenue sous l'Occident: les Gaules, l'Afrique, l'Espagne, l'Angleterre, étoient du partage, *Præfecti Prætorio Galliarum*, Alexandrie, *id est Ægyptus*, fut depuis faite *Prætura Augustalis*, & fut separée *à Præfecto Orientis*. Tout ce qui étoit depuis la Thrace, étoit Occident: ce qui étoit au delà étoit Orient.

ORIGENEM *sex millia librorum composuisse falsum est*. Hieron. *ad Ruffin*.

ORLANDE Musicien a une grande naïveté.

D'ORLEANS. (*a*) écrit très-vicieusement

(a) *D'Orleans.*] Louïs Dorleans, fameux Ligueur. On lui a donné un ample Article dans les Notes sur le *Catholicon d'Espagne*. L. D.

ment en son Catholique Anglois, il use d'une metaphore continuelle de la Medecine depuis le commencement de son Livre jusques à la fin. Du Moustier me fait souvenir du Livre du même d'Orleans intitulé, *la Plante humaine à la Reine*, ce titre est ridicule, cela me fait souvenir de Diogene, *Planto hominem*.

Osius Cordubensis, qui a présidé à Nicée, n'y a pas présidé en vertu de sa personne, mais en vertu de celui qu'il representoit. Car aux Conciles particuliers il n'a pas été le premier. Photius dit avoir eu les Actes du Concile de Nicée, & qu'Osius présidoit *nomine Sylvestri*. Osius presida aussi à Sardique. Il présidoit sans doute au Concile de Nicée, comme Legat du Pape *à latere*; & ne falloit point dire que ce fut par son mérite; on n'a point vû que l'âge ou le mérite ait fait préferer quelqu'un en telles occasions: l'Empereur n'y étoit pas assis même, au Concile. Osius en celui d'Arles du temps de Constantin, ne présidoit point. Osius n'étoit pas fort vieil au Concile de Nicée, & il y en avoit de plus âgez que lui. Au Concile de Sardique, il pouvoit être vieux; car il fut celebré 22. ans après celui de Nicée. Eusebe ne dit point qu'Osius fût Legat du Pape; aussi ne dit-il point qu'il y présidât comme par soi, & du silence d'Eusebe on n'en peut argumenter. C'est Socrate qui dit, qu'Osius y présida ; & Sozomene ne met point le Pape le dernier, comme il y en a qui se servent du lieu de Sozomene contre le Pape; au contraire, il sert grandement pour l'autorité du Pape. Car quand il raconte ceux qui assistent au Concile, il les dit *ordine inverso*, & commence par Macarius Patriarche de Hierusalem qui étoit le dernier, & le met le premier ; puis il vient à celui d'Antioche, puis au Pape, lequel il nomme le dernier par honneur, parce qu'il les nomme tous *ordine inverso*; car il n'y a personne qui veuille maintenir, que le Patriarche de Hierusalem fut le premier, & précedât celui d'Alexandrie; au contraire, celui d'Alexandrie a toûjours eu le premier rang. Osius est appellé *Aegyptius*, à cause qu'il fut envoyé en Egypte pour l'heresie d'Arius.

OUTARDE Oiseau de la grandeur d'une oye, & plus; Il vient de oye tarde (*a*).

P.

(*a*) *Il vient de oye tarde*] Car anciennement on disoit

P.

P. Les Hebreux n'en ont point, au lieu ils se servent de *Ph*. Saint Hierôme le remarque sur Daniel, où il dit, qu'il n'y a que ce seul mot *Apadno* dans toute l'Ecriture qui se lise par P. Dan. c. 11.

PAIN. Je crois que qui mangeroit du pain & de la viande également, s'en porteroit beaucoup mieux. Il y en a qui ne man-

soit *oüe* pour *oye*; témoin *la rüe aux Oües*, que quelques-uns appellent mal, *la rue aux Ours*. Elle est nommée, *rue aux Oües*, à cause des celebres rotisseries qui y sont, où l'on faisoit rôtir ordinairement quantité d'*Oyes*, qui étoient les délices de nos Peres; témoin Patelin, qui convie le Marchand à venir manger de l'Oye que sa femme rôtissoit. Un bon Italien disoit de ces rôtisseries, *Sono cosa stupenda queste rotisserie*. D'autres veulent qu'*outarde* vienne de *Avis tarda*. D.

Mr. de Valois a inseré cette Remarque dans le *Valesiana*, pag. 38, 39 de l'édition de Paris 1694, comme étant d'Adrien de Valois son Pere; & après l'avoir rapportée à peu près telle qu'on vient de la voir, il ajoûte; *Celui qui a fait de petites Notes sur le Perroniana y a inseré cette remarque; mais comme elle vient de mon Pere, j'ai cru être obligé de la faire paroitre sous son nom.* La Fontaine a dit:

Le Proverbe est bon selon moi
Que qui l'Oüe a mangé du Roi,
Cent ans après en rend les plumes. D. M.

mangent du pain que pour se nettoyer la bouche; c'est une bonne nourriture que le pain, & qui se corrompt le moins, j'en mange beaucoup. Il y a grande différence entre *Panis Dominus*, & *panis Domini*; & ceux de la Religion pensent avoir un grand avantage sur nous lors qu'ils alleguent le lieu de Saint Augustin, où il est parlé de *Panis Dominus* & *panis Domini*: mais je l'ai solu si clairement qu'il n'y a plus de difficulté, *panis Domini*, c'étoit *buccella*, qui fut baillée à Judas, *id est panis datus, traditus à Domino*, qui ne contenoit pas le corps du Seigneur, mais *panis Dominus*, c'étoit *corpus Domini, sacramentum*.

PALLADII LAUSIACA sont vrayes, mais la Vie de Saint Chrysostome de Palladius est douteuse il y a quelque chose qui repugne en l'histoire.

FRA PAOLO; Je le vis à mon second voyage de Venise, & Monsieur de Messe (a) me le fit voir, je ne remarquai rien d'éminent en cet homme; il a un bon jugement & bon sens, mais de grand savoir, point, je ne vis rien que de commun, & un peu plus

(a) *Monsieur de Messe.*] André Hurault Sieur de Meisse, Ambassadeur de France à Venise. L. D.

plus que de Moine (a).

PAON. Sa chair ne se corrompt jamais, je l'ai essayé, & il n'y en a point de raison. Saint Augustin, traitant de la Resurrection apporte cet exemple, pour montrer qu'il y a de certains secrets, dont nous ne pouvons rendre raison, cela est étrange, car le paon a la chair blanche, comme d'autres oiseaux, il mange des serpents & d'autres choses fort corruptibles: il a la chair fort pressée & fort solide.

PAPE. Le 6. Canon de Nicée ne fait rien contre le Pape, car *parilis mos est*, n'est pas à dire que les Patriarches ayent pareille puissance que le Pape a dans son Diocese, ce que quelques-uns ont dit *habere S. R. E. prærogativam*. — Si l'Eglise se pouvoit regir elle-même, expliquer elle-même, faire des Loix elle-même, elle n'auroit que faire de Ministres; mais parce qu'elle ne se peut expliquer elle-même, elle a besoin d'un Interprete infaillible, qui est le Pape; il ne peut changer aux choses de la foi,

___

(a) *Je ne vis rien que de commun, & un peu plus que de Moine.*] Ce jugement ne fait pas honneur à Du Perron, mais il marque assez bien son caractere. *D. M.*

foi, mais sur les choses de la foi, qui sont de quelque difficulté, il peut donner des interpretations & faire des canons, qui seront *de fide*. Il peut dispenser de beaucoup de Canons qui sont de la foi, lesquels pour cela, il n'énerve pas, comme *de Bigams*, il en dispense; voy. PRIMAUTE'. Le Pape ne peut pas manifestement excommunier un Roi, s'il n'est manifeste que ce Roi veuille introduire une heresie condamnée par les Conciles & par l'Eglise, car si le Pape le faisoit, le Roi en pourroit appeller au futur Concile. L'Empereur Henri ne répondit autre chose contre l'excommunication de Gregoire VII. qu'il ne pechoit point en la foi, & par consequent qu'il ne pouvoit être excommunié. Par-là il paroît qu'il jugeoit, qu'il pouvoit être excommunié, s'il eût peché en la foi. Le *parilis mos est* de quelque façon qu'il s'entende, ne peut nuire au Pape. Car le Canon de Nicée fut lû au Concile de Chalcedoine, & à la fin de ce Concile, le Pape fut declaré Evêque universel. Le Pape à la face du Concile de Nicée, les Evêques encore vivans & respirans, ne rétablit-il pas les Patriarches en leurs Patriarchats, ne remit-il pas Athana-ce? Il y a une chose que j'ai remarqué moi seul,

seul, c'est que tous les Patriarches sont Vicaires perpetuels du Pape, si-bien que tout ce qu'ils font, ils le font *vi Vicariatus*; c'est pour cela qu'ils ont même pouvoir que le Pape en leur Patriarchat, comme le Pape l'a sur tout le Monde. *Arrianus in Bithyniacis scribit Jovem à Bithyniis appellari πατπᾶν. Vide quos πρωτοπάππας vocet Curopalates.* Les Calvinistes se trompent lourdement, quand ils alleguent l'exemple d'Aaron & de ses successeurs, pour exclurre le Pape d'intervenir au Reglement des jurisdictions temporelles, & principalement quand c'est en consequence des choses qui emportent le salut ou la ruïne de la Religion; car outre qu'Heli successeur d'Aaron, avec le souverain Pontificat exerça aussi la suprême Judicature temporelle; & qu'Azarias souverain Sacrificateur, accompagné de son Clergé, enjoignit à Osias, qui vouloit offrir l'encens devant Dieu, de sortir du Sanctuaire, au refus dequoi il fut frapé de lepre, & chassé par lui hors de la Maison de Dieu, & en consequence de cette malediction divine, sequestré du peuple & privé de l'administration du Royaume devolue à Joathan son fils; outre cela, dis-je, les Machabées souverains Sacrificateurs tenoient la

Principauté temporelle conjointement avec la spirituelle: Dieu l'aprouvant & le confirmant par des benedictions extraordinaires & miraculeuses. Il faut que je confesse, que je ne suis pas assez bon Oedipe pour tirer construction de ces énjgmes: Ou le Pape est heritier de Saint Pierre, ou c'est l'Eglise Romaine: Qui a jamais ouï parler de faire une interrogation disjonctive de choses conjointes? Qui étoit le chef de toutes les villes de l'Empire, ou Rome, ou l'Empereur? Qui étoit le chef de neuf Tribus Israëlites, ou Hieroboam, ou la Tribu d'Ephraïm? Qui étoit le chef de la domination par Hieroboam, ou les Rois qui s'assirent dans son Trône après lui, ou la lignée d'Ephraïm? Qui est le chef d'un Regiment ou la Compagnie Colonelle, ou le Mestre de Camp? Qui est Chef d'une Armée de Galeres, ou la Generale, ou celui qui la commande? Peut-on ignorer que ces appellations sont analogiques & non naturelles, & que selon les diverses analogies & respects, elles se peuvent considerer diversement? Si vous conferez les Compagnies avec les Compagnies, la Colonelle est le Chef du Regiment: si les Capitaines avec les Capitaines, ou les hommes avec les

Tom. I.   Q   hom-

hommes, c'est le Mestre de Camp ; si l'on vous demande, que devient l'Eglise quand le chef tombe en heresie ? il faut répondre ce que devint l'Eglise Judaïque, quand le Souverain Pontife Urias érigea l'Autel étranger devant le Temple. Et si derechef on demande, que devient l'Eglise quand il y a un Schisme, même de quelques années ? il faut répondre ce que devenoit l'Eglise Judaïque quand deux Souverains Sacrificateurs debattoient le Pontificat ; ou dire qu'en ce cas l'Eglise n'est pas absolument sans Pape, mais bien sans Pape uniquement reconnu de toute l'Eglise. Le Pape sied en la place non absoluë, mais representative de Christ, non comme Dieu, mais comme Lieutenant de Dieu ; or qui se met en la place représentative par cela même montre qu'il ne peut être l'Antechrist ; car il proteste d'être inferieur selon la condition de son être propre, à celui duquel il tient la place représentativement ; là où l'Antechrist s'élevera par dessus tout ce qui est appellé Dieu, & adoré pour Dieu, c'est-à-dire, se dira superieur tant au vrai Dieu, qu'à tous les faux Dieux, s'asseant dans le Temple de Dieu, non en qualité de Ministre, ou de Vicaire de Dieu, mais en
qua-

qualité de Dieu, se mettant en la place non représentative, mais absoluë de Dieu, & se montrant non comme Lieutenant de Dieu, mais comme Dieu. Saint Cyprien dit que toutes les heresies ne sont venuës d'ailleurs sinon de ce qu'on n'obeït point à un Juge tenant temporellement le lieu de N. Seigneur: & S. Ignace, faites toutes choses unanimement en Dieu, l'Evêque séant au lieu de Dieu & les Prêtres au lieu des Apôtres. *Ep. ad Trallian.*

Les PAPES qui tombent en heresie notoire & condamnée par sentence precedente de l'Eglise, cessent d'être Papes. Lors que les Peres appellent l'Evêque de Rome leur frere, cela est *ratione communionis Sacramentorum*, & non pas *ratione jurisdictionis aut potestatis*.

PARABOLES. Saint Hierôme dit que c'est chose familiere aux Syriens, & principalement à ceux de la Palestine, de parler en paraboles; d'autant que les choses s'impriment & se retiennent mieux, quand elles sont revêtuës d'exemples.

Παραδεῖξαι ne veut pas toûjours dire *ostendere*; plusieurs Traducteurs ont été trompez en la signification de ce nom. Monsieur Casaubon le remarque sur un passage des Nouvelles. Il signifie quelquefois *faire*. Dans Theodoret il y a, *ignis ostendit cinerem ex ligno*, c'est-à-dire, *fait*, il y a au Grec παραδεῖξαι.

Matthieu PARIS Anglois. Ses Ecrits ne sont qu'une perpetuelle suite d'invectives contre les Papes.

PATRIARCHAT. Alexandrie a été le second, Antioche le troisiéme; il est maintenant divisé en trois ou quatre Patriarchats, qui prétendent tous les uns & les autres, la préference. Le Patriarche de Constantinople & tous les Grecs reconnoissent le Pape pour premier Patriarche; le leur se dit Patriarche *in solidum* en Orient, comme le Pape en Occident, & se dit collegüe du Pape en l'Oecumenicat. Voy. CONSTANTINOPLE. Ils sont aujourd'hui si injustes en leurs procedures, qu'ils ne veulent pas conceder au Pape ce qu'ils sont contraints de donner aux Patriarches, car ils accordent que les Patriarches en leur ressort avoient un très-grand pouvoir, & ce même pouvoir-là ils ne veulent pas laisser au Pape dans le ressort même de son Patriarchat; tant s'en faut qu'ils concedent ce que nous maintenons, qu'il soit par dessus toute l'Eglise. En ce Canon du Concile de Nicée
dont

dont ils se targuent tant, *Parilis mos est* s'entend, que le Patriarche a le même pouvoir dans son ressort, que le Pape a sur toute l'Eglise universelle. Il n'y a point de doute, que le Pape est le Souverain Juge de l'Eglise, quoique veuillent dire ceux qui maintiennent que le Concile est par dessus lui; & il est necessaire qu'il soit Souverain Juge, car n'étant pas aisé ni même possible, de faire tous les jours des Conciles, il est besoin qu'il y ait un Juge Souverain, vers lequel on se puisse adresser; car qui convoquera le Concile, qui en sera le Directeur, qui en sera l'Interprete, qui donnera des dispenses sur une infinité de difficultez, si ce n'est le Pape? Il est expedient qu'il soit Juge souverain en l'Eglise, puis que les Conciles ne se peuvent pas tenir si souvent: comme le Roi est le Souverain Juge de son Royaume, aussi le Pape l'est en l'Eglise; savoir si le Concile est par dessus le Pape, ou les Etats par dessus le Roi, c'est une question. Toutes les Metropoles & Patriarchats sont de Droit positif, & il est au pouvoir de l'Eglise de les ôter: il n'y a que la primauté, l'autorité du Pape, & l'Episcopat qui sont du Droit divin, & il n'y a en l'Eglise que ces deux autoritez, qui soient

soient de Droit divin: l'inſtitution des Patriarches & des Metropoles & des Archevêques n'eſt point de Droit divin, ils ont été établis par les Conciles, par l'Egliſe, comme les Cardinaux; & l'on peut avec autant de droit debattre l'inſtitution des Cardinaux, comme celle des Archevêques, Patriarches; car la même Egliſe qui a inſtitué les uns, a pu avec la même autorité inſtituer les autres, & c'eſt être heretique que de s'oppoſer à ce qu'elle fait. Le Pape a plenitude de puiſſance pour les crimes ſpirituels & Eccleſiaſtiques, mais non pas pour les crimes civils & politiques; Ockam, Almain. Ceux qui nient que le Concile ſoit par deſſus le Pape en exceptent trois cas; ſavoir, quand il eſt heretique, ou ſimoniaque, ou Schiſmatique. La queſtion n'eſt donc pas ſi le Pape peut errer en ſa foi & être heretique, mais ſi un Pape faiſant exercice de Juge, ſéant au Souverain Tribunal de l'Egliſe, & décidant Synodiquement des choſes de la Religion, peut prononcer une Sentence heretique & erronée en la foi? Qu'ainſi ſoit, il y a grande difference entre les actes perſonnels des Papes, & qui ne regardent que leur conſcience propre & leur ſalut, & les

actes

actes judiciaires des Papes : dans les premiers, les Papes peuvent être abandonnez de l'Esprit de Dieu, comme les autres hommes, mais dans les seconds qui regardent la foi & le salut de toute l'Eglise, ce n'est pas de même; & partant de la concession de l'un on ne peut inferer la conclusion de l'autre.

PATRIMA VIRGO. Scaliger a eu tort de changer dans Catulle, *Patrima Virgo*, au lieu de *Patrona*, car il semble que le sens veut, qu'il y ait *Patrona*, & le vers qui suit le montre manifestement.

PAUL V. prit le nom de Paul, parce qu'il avoit reçu de grands biens de la Maison de Farneze, de laquelle étoit Paul III.

PAULINUS est éloquent, fort ancien. S. Augustin le loue pour son bien-dire. Les Centuriateurs de Magdebourg en font grand cas.

PAYSANS, en Angleterre (a), ils boivent tous de bonne biere, mangent de bon bœuf, & on n'en voit pas un qui ne soit vêtu de drap, & qui n'ait la tasse d'argent;
en

(a) *Paysans en Angleterre* &c.] Il n'en est pas de même dans l'Etat Ecclesiastique. La Reformation a fait tout cela. L. D.

en France ils sont miserables, dechirez. Les Rois devroient avoir quelque respect: aussi en Angleterre ils disent, que les Paysans de France ce sont des bêtes, au moins qu'ils se laissent traiter en bêtes. En Angleterre les Paysans quand ils ont la fievre se guerissent avec du vin brûlé, ils mettent dans le vin du sucre, du poivre, & mettent cela devant le feu, puis le boivent & suent après. Les Paisans en France quand ils sont à leur aise, sont méchans & tuent leurs Seigneurs.

PECCATUM est souvent pris en Hebreu pour *sacrificium pro peccato*, comme aussi simplement *sacrifice* pour *le passage*, qui étoit une chose ordinaire aux Anciens. Les Grecs aussi ont dit ἱερὰ διαβατήρια *sacra transitoria*, & simplement aussi διαβατήρια. Les pechez mortels éteignent la charité, si bien qu'un homme qui meurt tout soudain, sans avoir fait penitence, il est perdu, il est damné, il n'en est pas ainsi du peché veniel, parce qu'il n'éteint pas la charité.

Monsieur PELLETIER devroit faire une Histoire Ecclesiastique; je lui ai dit qu'à cette heure qu'il ne fait rien, il devroit s'amuser à cela; il obligeroit davantage le Clergé à lui faire du bien. Je lui dis que

Monsieur de Sponde l'écrivoit en Latin; il me répondit, il fait mal, personne ne verra son Oeuvre, il y en a tant d'autres; il la devroit faire en François.

PENITENCE. Un homme qui avoit fait penitence publique ne pouvoit être Evêque. Anciennement quand on recevoit des heretiques à l'Eglise, ils n'étoient pas tenus à faire penitence longue, comme veut soûtenir Monsieur de Boulogne; on les recevoit seulement à l'Eglise: les penitences longues étoient pour ceux qui avoient sacrifié aux idoles, ou pour ceux qui avoient commis quelque peché, & qui étoient reçus à faire penitence publique, & il falloit qu'auparavant l'Evêque la leur permît, & ils ne la pouvoient faire qu'une fois en leur vie. C'est pourquoi Saint Hierôme l'appelle *secundam Tabulam post naufragium*; entendant par le baptême, le premier moyen de nous sauver: par le second, la penitence publique, qui remettoit les penitens au même état que les remettoit le baptême. Après la penitence faite l'absolution leur étoit donnée par l'Evêque, lequel leur remettoit & la peine & la coulpe par cette absolution. Avant que de pouvoir faire cette penitence publique, il falloit qu'ils se confessassent, afin que le Prêtre ou l'Evêque jugeât pour quels crimes ils pouvoient être admis à la penitence publique. Personne n'étoit obligé à cette penitence, la faisoit qui vouloit, & se pouvoit confesser seulement au Prêtre; & puis après se donner telle penitence, ou se macerer & prendre telle peine que chaque penitent vouloit. Quand Luther écrivit, que la meilleure penitence de toutes étoit l'amendement de vie, son intention fut de faire par ces paroles, non une comparaison inclusive des autres parties de la penitence avec l'amendement de vie, (car Luther ne vouloit pas dire, que la contrition, la confession, & la satisfaction, fussent parties de la penitence moins excellentes que l'amendement de vie, mais que l'amendement de vie étoit la seule vraye & entiere penitence) c'est pourquoi Leon X. en la Bulle *Exsurge*, met cette proposition entre les heresies de Luther.

Cardinal du PERRON. Je n'avois que 18 ans que je lisois l'Almageste de Ptolomée, & je le lûs en 13 jours; alors j'étudiois jusques à la pâmoison. J'ai rendu autrefois la raison du croissement & decroissement de la Mer, & je suis le premier qui
l'ai

l'ai trouvée. En parlant de sa version de Virgile à ceux qui lui disoient qu'il en devoit faire tirer davantage, il dit, je ne m'en suis pas soucié, ç'a été pour passer le temps, & non pas pour en tirer gloire; car je suis en un âge, qui doit plûtôt donner du fruit que des fleurs. Monsieur de Thou le venant voir & le voyant si incommodé de ses jambes, vû qu'autrefois, il l'avoit vû si dispos, j'ai autrefois sauté, dit-il, vingt-deux femelles, après avoir bû vint verres de vin, j'ai été autrefois merveilleusement dispos; il me souvient qu'un jour à Baignolet, le bon-homme Monsieur de Ronsard me voyant sauter, dit, ce n'est pas sauter, c'est voler. J'apris de Vigenaire à joüer aux échets, & au troisiéme coup que je jouai contre lui, je le gaignai; il en fut merveilleusement dépité. Dequoi son Secretaire s'étonnant, le Cardinal lui dit, j'avois alors un étrange esprit. Monsieur de Moret lui lisant la version qu'il a faite du quatrieme de l'Eneïde, il dit, il y a de bons vers & bien aussi bons que le Latin. Si je me fusse adonné à une Science seule, j'y eusse fait quelque chose; je n'ai point remarqué que je fusse plus porté à une Science qu'à l'autre, à toutes également je me suis mis de même air. J'ai fort étudié en la Langue Hebraïque, & je n'ai point trouvé de meilleur moyen pour m'y entretenir, que de dire mon service en Hebreu; je ne le disois jamais que je n'eusse l'Hebreu devant moi, je proferois les paroles Latines. J'y ai tellement étudié, que les conceptions me venoient en Hebreu. Je sautai devant Monsieur de Tiron à Josephat 22 semelles avec des mules & des escarpins. A Monsieur de Jambeville, qui lui parloit de l'incommodité de ses jambes, il disoit; on dit en Espagne un proverbe, que les ânes qui ont perdu les jambes, ne valent plus rien. Il n'en est pas de même des hommes, la tête en est bonne. J'ai autrefois sauté 22 semelles à plein saut; J'étois des plus dispos, & faisois grand exercice, tout d'un coup je me retirai, c'est ce qui me causa ce mal de jambes. Le Cardinal d'Ossat me dit un jour, qu'un Seigneur qui étoit homme qui faisoit exercice, il lui vint une succession, si bien qu'il se reposa, & laissa sa premiere façon de vivre, & incontinent après il lui vint une grande defluxion sur les membres, qui lui causa un tremblement par tout le corps. Les Mededecins ne lui ordonnerent autre remede, que de reprendre sa premiere vie, ce qu'il fit, & guerit. Les excès du corps nuisent, mais non pas tant que ceux de l'esprit; car je veux que les excès du corps emportent du subtil avec eux; mais aussi ils ôtent beaucoup du grossier; au lieu que ceux de l'esprit n'ôtent que le subtil, laissent & ne dissipent rien du grossier, laissent toute la lie. Je sai mieux l'Histoire Ecclesiastique, que ceux qui ont écrit l'Histoire Ecclesiastique. Je fus principalement envoyé à Rome pour le fait d'Angleterre, & le Pape sollicita le Roi de m'envoyer, pour aviser aux moyens d'amener le Roi d'Angleterre à la Religion Catholique. Le Pape m'appella aussi pour la Congregation *de auxiliis*, de la dispute entre les Jesuites & les Jacobins. Quand je fus à Rome, le Pape me communiqua ce qu'il deliberoit de faire pour l'Angleterre, & je lui conseillai de faire un Bref ou une Bulle, par laquelle il prendroit sous sa protection la personne du Roi en consideration de la Reine d'Ecosse sa mere, qui avoit répandu son sang pour la foi, & avoit été martyre; & par la même Bulle il eût excommunié toutes personnes qui voudroient entreprendre

dre fur lui & fur fon Etat par voyes directes ou indirectes. C'étoit un moyen pour affeurer le Roi, qui par confequent n'eût eû aucune défiance des Catholiques, & il y eût eû moyen de traiter avec lui. Le deffein du Pape après cela étoit de propofer une ligue, à laquelle il fe fût uni avec tous les Princes Chrétiens, pour faire la guerre au Turc, à laquelle on favoit très-bien que le Roi d'Angleterre eût été très-aife de contribuer, & cela eût été un fort bon pretexte, pour pouvoir aborder le Prince fans aucun foupçon des fiens; & alors le Pape eût envoyé deux Legats en Angleterre, qui fous ce pretexte euffent traité avec lui des points de la Religion. Monfieur le Cardinal dit à Monfieur de Fleury, qui le vint voir à Bagnolet fur le deffein qu'il avoit de changer fon jardin, qu'il vouloit garder l'allée du milieu, parce qu'autrefois en cette allée il avoit fauté 22 femelles. Je fis la Traduction des Ethiques d'Ariftote à Bourbon, où je n'avois qu'un méchant exemplaire, ce fut alors que j'écrivis une Lettre à Monfieur de Tiron. Je n'ai plus aucun Livre d'humanité, ni Poetes, ni Orateurs, ni Hiftoriens; j'ai tout baillé à Monfieur de Tiron, j'en fuis mar-

ri à cette heure, parce que j'y avois remarqué quelque chose. Je n'en ai plus rien maintenant que ce que j'en ai en ma tête, je lui ai aussi baillé plusieurs Livres Hebreux MSS. & tous mes Livres de Mathematique, que j'avois soigneusement étudiez. Sur ce propos le Secretaire du Cardinal lui dit, qu'il avoit un Livre de Monsieur de Tiron, où son nom étoit au bas, qui est le Thresor de la Langue Hebraïque de Mercerus ; il est vrai, dit-il, son nom y est, mais je ne l'ai pas eu pour rien, je lui donnai un *Arca Noë*, & au bout de quelque temps il m'écrivit une belle Lettre, par laquelle il me redemandoit son Mercerus, & disoit qu'il n'y avoit rien qui vaille dans *l'Arca Noe*, & qu'il y avoit tant de bêtes dans l'Arche. J'ai un merveilleux genie pour connoître les styles. Je crois que si j'écrivois de ces matieres de jurisdiction & de l'ancienne autorité de l'Eglise Romaine, j'éclaircirois bien ces matieres, qui sont assez embrouillées ; mais je n'en traite qu'en passant & succinctement, parce que ce n'est que par incident que j'en écris, & il faut de necessité que je sois concis, & c'est où j'ai de la peine ; car bien que je doive être concis, néanmoins il ne
faut

faut rien omettre de ce qui peut servir, & ne rien mettre aussi de superflu; je suis comme celui qui danse dans un boisseau.

Les PERSES sont tellement amateurs de leur Langue, qu'ils s'imaginent qu'au jour du Jugement Jesus Christ parlera leur Langue, les Anges celle des Arabes, & les Diables celle des Turcs; La Langue Persane delecte, l'Arabique enseigne, mais l'Armenienne est grossiere.

PERSECUTION. Le commandement que Notre Seigneur fit à ses Disciples, quand ils seroient persecutez en une ville, de fuir en l'autre, ne fut pas un commandement absolu & perpetuel, mais plûtôt une dispense & une permission accordée au temps que le peuple Chrétien, ou étoit encore sous les Empereurs Payens, ou n'avoit pas encore le moyen de resister par la force aux persecutions; témoin la resistance que firent les Catholiques Milanois à l'Empereur Valentinien le jeune, qui vouloit avoir par force une des Basiliques de Milan, pour exercer son heresie. L'Eglise à mesure qu'elle s'augmentoit de force, faisoit aussi de jour en jour nouveaux progrès en la liberté de resister aux Princes infideles, & par consequent il ne faut pas conclurre de ce que l'Eglife étant deftituée de forces, a toleré quelquefois les violences des Empereurs infideles, qu'elle n'ait pas eu pour cela le droit de l'autorité, quand la force y a été, de les reprimer; car trente ans feulement avant cette hiftoire, l'Empereur Conftantius avoit pris toutes les Bafiliques des Catholiques par toute la terre, & les avoit baillées aux Ariens: D'où vient que S. Hilaire dit à ceux qui fuivoient les Ariens, l'amour des parois vous a mal faifis, vous venerez mal l'Eglife és tours & és couvertures; & néanmoins lors que Conftantius fit cette violence, nul n'y réfifta de fait, mais les Catholiques obeïrent & cederent par-tout; & ici le jeune Valentinien demandant une Eglife dans Milan pour y faire l'exercice de fa Religion, non feulement Saint Ambroife y réfifte de paroles, mais tous les Catholiques y réfiftent de fait & par force. En un an de la perfecution de Conftance, ou de Julien, ou de Valens, le Diable ravit plus d'hommes à l'Eglife qu'en trois fiecles de la perfecution des Empereurs Payens qui faifoient des Martyrs, au lieu que les autres faifoient des Heretiques ou des Apoftats.

PER-

Persecution active. Les regles de la prudence Chrétienne pour la conservation de la Religion, l'Eglise les a appliquées diversement selon la diversité des temps & des occasions; comme par exemple, quand l'Eglise étoit sous les premiers Empereurs Payens, les Chrétiens disoient qu'il ne falloit persecuter personne pour la foi, & que la Religion ne devoit pas être forcée. Depuis, quand les Chrétiens furent devenus Maîtres de l'Empire, & que les Empereurs furent Catholiques; l'Eglise se sentant travaillée des heresies, eut recours à la force, & à faire reprimer les heretiques par peines & corrections temporelles; & les Peres ne se tinrent plus alors dans les simples termes de Tertullien, que ce n'étoit point acte de Religion, que de contraindre la Religion; mais y apporterent cette exception, que les simples infideles qui n'avoient jamais été Chrétiens, il ne les falloit point contraindre, mais que les Apostats ou Heretiques, (lesquels encore qu'ils fussent horsde l'Eglise, neanmoins d'autant qu'ils avoient fait serment à l'Eglise, appartenoient à l'Eglise,) l'Eglise les pouvoit contraindre à revenir, même par l'entremise du bras séculier & des pei-

peines temporelles; & Saint Augustin dit qu'au commencement il avoit été d'autre avis, uis que depuis, vaincu par les raison de ses Confreres qui étoient plus sages & plus experimentez que lui, il changea d'opinion, & y apliqua ce verset de l'Evangile, *Contrain-les d'entrer.* Et cela encore en divers progrès, car au commencement ils vouloient qu'on s'abstînt du supplice de la mort, & se contentoient des Loix Imperiales, qui condamnoient les heretiques à dix Livres d'or d'amende; depuis, comme les maux que les heresies aportoient à l'Eglise, furent rendus de jour en jour plus manifestes, on y employa la Loi du Deuteronome, qui commande de mettre à mort, ceux qui suivent les faux Dieux, & l'on priva les heretiques non seulement des biens, mais de la vie même; & encore aujourd'hui les Protestans l'observent tellement, que Calvin fit brûler Servet à Geneve; & les Ministres de Suisse Valentin Gentil à Berne; & en Angleterre encore aujourd'hui, les Ariens sont punis du suplice de mort; car encore que cela s'execute par les Loix séculieres de toute la Religion, qui en a convenu en ses Decrets, neanmoins ç'a été après que l'Eglise y a passé, & leur a declaré

claré qu'ils le pouvoient & le devoient faire en conscience, tirans en cela le glaive, comme dit S. Bernard, *ad nutum sacerdotis.*

PETARA. *Sectio prophetica quam vocant Haphtara, id est, Missam sive Missionem; ea absoluta plebem dimittunt.* Elias in *Thisbi.*

PETRARQUE. Ses vers qu'on dit être contre Rome, ne sont pas contre Rome, mais contre Avignon où étoit le Pape, & il se fâchoit comme tous les Italiens, que le Pape eût quitté l'Italie; ils appelloient cette transmigration, la transmigration de Babylone, à cause que le Pape y tint son siege aussi long-temps que dura la transmigration; & puis à cause qu'Avignon est sur les eaux. Les Epîtres de Petrarque éclaircissent assez cela, & il dit en quelqu'une, que si le Pape alloit à Cahors, pour cela on ne diroit pas, que le Pape tint son siege à Cahors, mais que c'est l'Evêque de Cahors. Il dit *tempio d'heresia*, ce n'est pas à dire d'heresie, mais simonie, à cause qu'on disoit que le Pape étoit venu en France, pour contenter le Roi, & que le Roi l'avoit fait Pape à cette condition. Les Italiens de ce temps-là crioient contre cette translation du siege, & la colere les transporta à dire
beau-

beaucoup de choses, non pourtant contre la foi.

PHARISIENS. Notre Seigneur ne reprend point en eux la doctrine de la Loi, mais seulement leurs mœurs & leur faste.

PHILIPPE LE HARDY, Roi de France, fils de Saint Louïs, prit les armes pour l'execution de la censure par laquelle Martin IV. avoit dispensé les Aragonois du serment de fidelité prêté à Pierre d'Aragon leur Roi, tant à cause de l'intelligence qu'il avoit avec les infideles, que pour l'infame sacrilege qu'il avoit commis en faisant violer la sainteté du jour de Pâques par l'horrible massacre des Vêpres Siciliennes. Ledit Roi Philippe le Hardy mourut en cette expedition, & encore qu'il y eût des motifs temporels de ressentiment qui l'émûssent à cette guerre, neanmoins il vouloit justifier ses armes par le sujet de la Religion, déclarant qu'il s'armoit pour l'execution des Decrets de l'Eglise, & à cette occasion se croisa, & fit croiser ses gens, comme en une guerre sainte, ainsi qu'il est raporté par Guillaume de Nangis, Auteur du même temps. Philippe le Bel mourut aussi

aussi en Aragon combatant pour la cause de l'Eglise.

PHILIPPE de Macedoine donna un jour 5000 mines de bled aux Athéniens, & ayant voulu accompagner son present d'une Harangue; comme il la prononçoit, un Athenien le reprit d'une incongruité; & pour cela je vous en donne, dit-il, encore 5000 autres. Mais ceux qui après avoir reçu tant d'honneurs & de bienfaits du Roi, lui font faire ces notables incongruitez & en Grammaire & en Theologie, que meritent-ils ? ou plûtôt, que ne meritent-ils point ?

PHILOSOPHE. Je ne tiens pas pour Philosophe celui qui a seulement l'intelligence du texte d'Aristote & des Commentaires Grecs, car c'est s'amuser aux fondemens, & laisser l'édifice : j'improuve aussi ceux qui suivent absolument les Questionnaires. Aujourd'hui on ne sait rien en Philosophie, on ne s'amuse qu'à des badineries qui ne servent de rien; & qu'à ramasser ce qu'il y a d'excremens pour subtiliser & jetter de la poudre aux yeux. Parlant avec Monsieur de Beauvais de la Philosophie d'aujourd'hui, ils ne traitent, dit-il, rien moins que le texte d'Aristote, & bien souvent rent font dire à Aristote ce qu'il n'a jamais pensé à dire, & en tirent des conséquences si loin de son intention que rien plus. Ils commencent par les girouëtes, au lieu de commencer par les fondemens, & font comme les Italiens ont fait du Droit, jamais ils n'expliquent la Loi, & celui qui a plus de Docteurs de son côté, a gagné son procès. Il seroit besoin que quelqu'un fit en la Philosophie ce que Cujas a fait au Droit; mais il est du tout impossible de leur faire lire Aristote, ils ne l'entendent point, & croyent que la vraye Philosophie soit d'argumenter; ils se trompent bien; la vraye Philosophie est de faire un discours de 10. 20. 30. feuilles de papier, bien suivi avec de bonnes raisons, & de belles ratiocinations, mais ils ne le sauroient faire. Saint Paul par la Philosophie entend la Loi des Juifs, *per elementa hujus Mundi*, il entend les Juifs; *per mundana*, il entend aussi toûjours les Juifs, parce qu'ils n'avoient rien en recommandation que les choses de ce monde. Il est de la Philosophie comme de l'Ellebore, si vous le prenez en masse, il purge; si en poudre, il tue. Ainsi il faut prendre de la Philosophie ce qui en est de plus solide, sans s'arrêter par trop

aux

aux subtilitez, qui ne servent qu'à faire évaporer l'esprit.

PHOTIUS. C'est un mauvais argument de ceux de la Religion, de dire, que parce que Photius ne fait point mention de quelque Livre d'un Ancien, il soit pour cela à rejetter, car la Bibliotheque de Photius a été faite par lui en Assyrie en une Legation qu'il y fit, & il n'y a en ce Livre que les Livres qu'il lût en cette Legation.

PICUS. Les Italiens ont eu Picus de la Mirandole, qui étoit un miracle; il savoit tout, il étoit versé en toutes Langues, & ce qui est étrange, c'est qu'il étoit parvenu si jeune à tant de Sciences, car il mourut à 30 ans. Il a écrit de fort belles Epîtres; le style n'en est pas exquis, mais le corps de l'éloquence y est. Il publia étant à Rome 900. Theses, les envoya par tout le monde, lesquelles contenoient toutes sortes de Sciences, & il les vouloit maintenir contre toutes sortes de gens, & afin que personne ne s'excusât sur la longueur des chemins, il promit de défrayer tous ceux qui viendroient disputer contre lui.

PIE V. Pape, lors que la bataille de Lépante fut gagnée, en eût une revelation, & il dit en plein Consistoire, *Christo ha vinto cinto.* Cela un chacun le fait dans Rome, & on ne le revoque point en doute.

SAINT PIERRE ne s'appella jamais ainsi avant notre Seigneur qui lui donna ce nom de Pierre. *Tu es Petra & super hanc Petram &c.* Car anciennement les Eglises se bâtissoient sur des rochers; Hierusalem sur la roche Sion; *Delphis Petra*; & N. S. a fait allusion à cette coûtume. En ces paroles, *pais mes brebis*, il y a deux choses, l'autorité, & l'institution de l'Office; quant à l'attribution du pouvoir, elles sont pour le regard de ce passage adressées ici précisément à Saint Pierre. Quant à l'instruction du devoir, elles peuvent & doivent être étenduës à tous les Pasteurs, ausquels Saint Pierre est proposé pour exemple, non de l'étenduë, mais de l'acquit & de la fonction de leur charge. Ou bien selon le sens litteral, ces paroles sont adressées singulierement & précisément à Saint Pierre, mais selon le sens moral à tous les Pasteurs de l'Eglise. *Corpus non ambulare super aquas, sed fidem*; Hieron. *de Petro*. J. C. prédit à Saint Pierre que par sa mort il le devoit glorifier, mais il ne fait point mention du lieu, parce qu'il apartenoit necessairement à l'explication de cet énigme prophetique, *suis-moi; & quand tu seras vieux un autre te ceindra*; de toucher l'especé de la mort, & non la circonstance du lieu. Les Peres depuis le Concile de Nicée ont expliqué *tu es Petrus, de fide Petri*; pour exalter la Divinité du Fils de Dieu par cette confession de S. Pierre, *tu es Christus Filius Dei vivi*, ce mot *vivi*, présupposant generation, ce qui montre qu'il n'étoit pas le Fils de Dieu par adoption, mais par generation; & ils se servoient de cette explication allegorique contre les Ariens, pour montrer que ne tenans pas la même confession que S. Pierre, ils ne pourroient avoir communion avec lui. Il faut entendre *tu es Petrus, de persona Petri*, & non pas *de Ecclesia & de confessione*. A Rome ils pensent avoir assez prouvé la primauté de Saint Pierre, quand ils ont dit, *tu es Petrus*; & la réalité quand ils disent, *hoc est corpus meum*. Quand je lui apportai la *Collectio Canonum Ecclesiæ Romanæ*, avec laquelle il y a un Traité *de primatu Petri*, il dit, que c'est un assez mauvais petit Traité. Jamais avant le Concile de Nicée aucun Pere n'a entendu ce lieu *tu es Petrus*, de la foi de Pierre, mais bien depuis ce Concile, pour convaincre les Ariens par cette réponse de Saint

Pierre, *tu es Christus Filius Dei viventis.* Saint Ambroise explique, *super hanc Petram, super te*, c'est donc à dire, *super personam Petri*, qui est le sens litteral, mais le sens allegorique est *super fidem; Ecclesia fundata est super personam Petri, propter fidem Petri.* Saint Augustin seul par ignorance de la Langue Grecque, a dit que *Petrus* veut dire *Petreus*, l'autorité sacerdotale se peut considerer instituée en Saint Pierre originellement & exemplairement.

PLATON Abbé de Succidion refusa de communier avec le Patriarche Tharasius: parce que depuis la bigamie de Constantin fils d'Irene, il l'avoit reçû à la communion, l'Eglise ayant toûjours tenu la Polygamie pour heresie, & ceux qui y persistoient avec opiniâtreté pour heretiques; dont ceux qui aprouvoient ce second mariage de l'Empereur, furent appellez heretiques Mœchiens.

Du PLESSIS. Les Livres de Monsieur du Plessis nuiroient grandement à un homme, qui ne croiroit point qu'il alleguât faux, & qui fut destitué de Livres, car tous les passages à la lecture des Livres sont aisez à foudre. Du Plessis n'écrit plus rien qui vaille, il est maintenant tout à fait sur

les pointilles & sur les cimes d'arbres. Ce qu'il a fait de mieux pour le style, c'est le Livre de l'Eglise. Il y a une grande ignorance dans du Plessis pour les allegations des Auteurs; il cite Matthieu de Paris pour Matthieu Paris; il cite un Livre d'Erasme pour un de Saint Gregoire, lors qu'Erasme dit que Saint Hierôme est un peu trop aigre & trop violent contre Vigilantius; jamais Saint Gregoire n'a pensé à dire une telle chose; le nom de Vigilantius ne se trouvera pas seulement dans Saint Gregoire; je l'ai lû trop diligemment. Il allégue une Oraison d'Erasme contre le Célibat, & nous donne cette allégation, comme une chose de grande autorité, que nous ne recevons pas comme telle; mais quoi qu'il en soit, Erasme est tout à fait pour nous, & dit expressement, que bien qu'autrefois il ait écrit une déclamation contre le Celibat, néanmoins il en croit ce que l'Eglise Romaine en croit, & que ce qu'il en a écrit, ce n'a été que comme declamateur, qui de gayeté de cœur maintient des propositions toutes fausses, & qu'autrefois il avoit fait une Oraison de cette maniere, où il maintenoit le Celibat. Monsieur du Plessis n'est pas Calviniste pour le regard de
l'Eu-

l'Eucharistie, il est Zuinglien. Je n'ai pas daigné regarder (*a*) ce que du Plessis a fait de la Conférence de Fontainebleau; Il dit en un endroit, & emplit je ne sai combien de pages pour les passages des Peres, de la priere des morts, & dit qu'il ne les faut pas entendre de la priere pour les ames dés trépassez, mais qu'ils prioient Dieu de les faire ressusciter; ce qui est horrible. Jamais a-t-on ouï dire qu'on ait prié Dieu de faire ressusciter une ame? Car cela étant un article de foi, que les ames des bons & des mauvais ressusciteront (*b*), nous n'avons que faire de prier Dieu de les faire ressusciter.

Le

(*a*) *Je n'ai pas daigné regarder* &c.] Du Perron avoit publié une *Relation* de la Conference de Fontainebleau, & au mois d'Août 1602 Du Plessis y avoit fait une Réponse, qui faisoit du bruit, même parmi les Ecclesiastiques. C'est cette *Réponse* qu'ici l'Evêque dit n'avoir pas seulement daigné regarder; & effectivement il l'a laissée sans replique, contre l'avis de ses amis, & du Roi même, qui n'oublierent rien pour le piquer d'honneur. Si donc Du Perron ne repliqua point, ce n'est pas que, comme il voudroit ici le persuader, il n'eût pas, au moins, parcouru l'ouvrage de Du Plessis, puis que même il en releve une prétendue méprise. Ne seroit-ce pas plûtôt que, comme déja dans une autre occasion, il attendoit de Rome des Manuscrits qu'il n'a jamais reçûs, Voiez la Vie de Du Plessis. pag. 293. & 384. L. D.

(*b*) *Les Ames des bons & des mauvais ressusciteront*
&c.

Le lieu de S. Hierôme & de S. Augustin, ou de Tertullien, qui demande à Dieu pour les ames des trépassez, *in futura resurrectione consortium*, ce n'est pas la resurrection des corps qu'il entend, mais bien la jouïssance de la vie bien-heureuse ; & il demande que les ames des morts soient delivrées des peines & faites participantes de la grace. Ceux de la Religion n'ont point un homme qui écrive si bien ni si doctement que M. du Plessis, il défendroit bien une bonne cause, car aux passages qu'il a pour lui, il les conduit bien, & s'en sert *expressè* ; & les autres qu'il trouve contraires, il les énerve par des moyens que les autres n'ont point ; c'est un bon esprit qui s'est aheurté à défendre une mauvaise cause, où chacun se trouve bien empêché.

PLUYE pourquoi abbat le vent ? Aristote se trompe bien lors que rendant la raison de cela, il dit que c'est que l'eau bouche les pores de la terre ; mais c'est une moc-

___

&c.] Que veut dire ce galimatias ? & où est-ce que le Cardinal a été prendre ce bel article de foi, que *les ames des bons & des mauvais ressusciteront* ? C'est du corps que nous croyons la resurrection, & non pas de l'ame qui est immortelle. D.

mocquerie; il s'enfuivroit donc qu'il ne feroit point de vent fur la mer. Quand il fait vent en une partie du Monde, il faut qu'il pleuve en l'autre. Or le vent n'eft autre chofe que l'air rarefié, qui va rempliffant & cherchant de remplir ce qui s'eft évaporé par la pluye.

POESIE. Quand on louë un Poëte de ce que fes vers font bons, & que la difpofition eft defectueufe, c'eft-à-dire, qu'il n'a point de jugement; car un bon Poëme doit être bon en foi, & non en fes parties. Quintilien difoit, que *Ovidius laudandus erat in partibus.* En Homere il faut louer l'invention, le temps ne permettoit pas que l'œuvre fe pût tant polir. Depuis fur le modele qu'il en avoit tracé, on a donné des regles. Il ne faut pas croire que tout ce que nous voyons écrit dans Homere des habits, des feftins, fut ainfi de fon temps. Car l'excellence aux defcriptions des Poëtes eft de reprefenter les chofes non de leur temps, mais du temps des Anciens, pour rendre la chofe plus augufte & avec plus de majefté: comme nous voyons aux Statuës antiques les hommes demi-nuds, les chevaux fans frein, fans étriez & brides, ce n'eft pas à dire que les Romains n'ufaffent faſſent point de brides, non plus que d'étriez; car Galien nous apprend, que les Scythes avoient des varices aux jambes, parce qu'ils montoient à cheval ſans étriez, cela eſt une marque qu'on en portoit ailleurs; & beaucoup de gens ſe trompent, qui ſoûtiennent que les Anciens n'en avoient point. Comme auſſi quand nous voyons les figures de la lyre des Anciens, ce n'eſt pas à dire que lorſque ces figures-là furent faites, la lyre fût ainſi, mais il faut croire qu'elle étoit ainſi bien devant, & que celui qui l'a peinte, l'a voulu peindre ainſi que l'on lui a dit qu'elle étoit faite anciennement. *Numidæ infræni*, ce n'eſt pas à dire ainſi que les Grammairiens ont écrit, que les Numides n'avoient point l'uſage des brides pour leurs chevaux; il ne faut pas toûjours expliquer ainſi grammaticalement les paſſages des Auteurs & des Poëtes principalement; mais Virgile veut repreſenter à Didon le mal que lui donneront les Numides, peuples indomtez & farouches. Notre Langue n'eſt pas capable de vers meſurez, premierement parce qu'elle n'a quaſi point de longues; & puis, qu'elle n'a nuls accens, & ſe prononce quaſi toute d'une teneur, ſans changement de voix. Les Hebreux

ap-

appellent les accens *guſtus*, car ce ſont eux qui donnent l'air à une Langue. D'où vient que les Italiens nous ſurpaſſent & leur Langue réuſſit mieux aux prédications. Ce n'eſt pour autre choſe, que parce qu'ils ont les accens, ce que nous n'avons point, & cette même teneur de voix ennuye les Auditeurs. Les Articles auſſi ſont cauſe que nos vers ne ſont pas ſi bien avec les meſures; car les Articles rempliſſent notre Langue; la tranſpoſition auſſi que l'on eſt contraint de faire aux vers meſurez l'empêche encore. Baïf avoit commencé à faire quelque choſe, mais il n'a pas ſi bien fait que Rapin, parce que Rapin y ajoûta les rimes, encore ne réuſſiſſent-elles qu'en quelque ſorte de vers. La Langue Italienne n'eſt pas auſſi ſi propre que la nôtre à faire un Poëme épique, car bien que les eſprits Italiens ſoient plus propres pour en faire l'œuvre, la matiere, pour ſe l'imaginer & l'inventer, ils ont ce défaut que leur Langue n'eſt pas propre pour l'écrire; car leur Langue étant compoſée de mots tous feminins, qui rendent un Poëme bas & fort peu relevé, ils ſont contraints de faire les Poëſies par Stances, qui interrompent la fureur d'un Poëte, lequel eſt contraint à la fin de chaque Stance de faire une pause, & cela l'interrompt & l'empêche quelquefois de se mettre aux champs, & de se laisser aller à sa fureur, laquelle est refroidie par cette section qu'il est contraint de faire à la fin de chaque Stance, & là finir sa conception, & à cause de leurs feminins, ils sont obligez d'entrelasser leurs rimes. Notre Langue qui a des masculins & des feminins, ne seroit pas obligée à ces Stances, & seroit fort propre à un Poëme épique, à une Oeuvre heroïque. Le Tasso en soi est admirable, mais j'y desire un autre discours, car l'on peut dire de son Livre, que c'est un Poëme d'épigrammes. Le Tasso étoit un grand esprit, & qui étoit capable d'une telle entreprise ; ce qu'un esprit François ne feroit pas, & n'en viendroit pas à bout, car c'est l'œuvre de la vie d'un homme ; ils n'ont pas cette patience. J'avois voulu en ma jeunesse faire un Poëme épique ; mais je pensai que c'est un Oeuvre qui eût requis toute ma vie, si bien que je ne l'entrepris pas. Virgile y employa toute sa vie, encore n'étoit-il pas content. J'eusse pris le passage des enfans d'Israël & leur sortie d'Egypte, & l'eusse intitulé, la Mosaïde. J'eusse décrit tout ce qui se passa

en

en une année ; car il faut que le Poëme épique contienne une année ; la Tragedie un mois ; & la Comedie un jour. J'eusse eu moyen en cette Oeuvre de dire mille belles choses, sans violer la Majesté de l'Ecriture ; comme des Magiciens de Pharaon, & ce passage de la mer rouge, & mille autres belles choses. Il faut aussi que les Poëmes épiques, selon les regles qui en ont été établies, ne commencent jamais par le commencement de l'Histoire & ne finissent jamais par la fin de l'Histoire, mais ils doivent commencer par le milieu, & puis trouver quelque incident ou de Magicien, ou d'enchantement, ou de Prophete, qui vienne raconter l'origine de l'histoire : il faut laisser des fenêtres pour voir clair en travers, & faire voir l'histoire, comme ces Peintres qui representeront une maison, où ils feront une fenêtre, par laquelle on découvrira un fort beau païsage. Il y avoit au commencement de mon Poëme,

Je chante les combats & le Grand Prétre ensemble.

Il faut que dans le Poëme épique, il ne s'y voye point de traits, ni de ces petites rencontres de mots, car cela témoigne que l'Auteur n'est pas vrai Poëte, & qu'il n'a pas une veine, ni un genie de Poëte, puis qu'il s'amuſe à ces petites badineries. Quintilien dit de Seneque, qu'il étoit excellent, *niſi pondera rerum fregiſſet ſententiolis.* Cela briſe & rompt le ſujet, & montre que le Poëte n'a guere d'entretien, puis qu'il ſe va amuſant à ſubtiliſer ſur de petites rencontres & recherches de paroles. On reprend Ovide de ce qu'au commencement de la Metamorphoſe, & en la creation du Monde, il dit que les Loups étoient avec les Brebis; il n'étoit guere ravi par la verve poëtique de s'amuſer à conſiderer les Loups & les Brebis. Il eſt bien mal aiſé, que l'eſprit faſſe toûjours bien, on ſe relâche incontinent. Les pieces que nous avons excellentes en l'antiquité, ſont de petite haleine; les vers de Properce, Tibulle & Catulle, qui ſont ſi polis, auſſi ne ſont-ils pas de grand volume. L'Eneïde a été l'ouvrage de toute la vie d'un homme, encore n'y avoit-il pas mis la derniere main. L'excellence des vers conſiſte comme en un point indiviſible de perfection, de ſorte que s'il ne peut mettre un ſeul mot plus propre, ou plus ſignificatif, ou même plus agréable à l'oreille, il ne peut être dit parfait. Les Poëtes ſont comme

les

les enfans perdus des Auteurs prosaïques, en ce qui est de l'invention, hardiesse & innovation des mots. L'affectation est beaucoup plus excusable en la poësie qu'en la prose, parce que du Poëte on attend quelque chose de medité, & qui surpasse l'expectation; mais de l'Orateur, tout ce que l'Auditeur croit qu'il apporte de la maison, lui est suspect.

POETA *omnis μιμητὴς, ait Plato : non omnia fingunt, multa affingunt tantum Poëtæ, ait Strabo.*

POINTS DES HEBREUX. Les Anciens n'en avoient point, & cette invention est venue depuis peu : Ils avoient seulement des voyelles par tradition, & il n'y avoit que les Prêtres seuls, qui sussent lire l'Ecriture, & ils la lisoient par coûtume & par cabale. Ceux de la Religion ont grand tort de vouloir traduire l'Hebreu par les voyelles, qui y ont été depuis mises ; au lieu de *Phasé*, qui signifie la Pasque, ils disent *Pesach*; au lieu de *Capharnaïtes*, Capernaïtes ; au lieu de *Philistins*, Palestins ; & ne regardent pas qu'ils sont en ignorance, & font prononcer aux Hebreux la lettre *P.* qu'ils ne peuvent prononcer en aucune façon, & les

Syriens d'aujourd'hui ne la peuvent dire, ni les Africains, qui difent *banem noftrum quotidianum*.

POLITIQUES. Les froids & irreligieux Catholiques, qui n'ont autre Loi, comme dit Saint Gregoire de Nazianze, que la volonté de l'Empereur: c'eft la definition des Politiques.

PONTIFEX SUMMUS. Ce mot eft dans Tertullien, ce qui montre l'antiquité de ce titre donné au Pape. Les Heretiques difent que Tertullien le dit en fe mocquant; tant-y-a que foit qu'il fe mocque ou non, il paroît par-là que déja *fummus* étoit donné au Pape. Saint Cyprien dit en un paffage, que l'Empereur n'avoit pas moins de jaloufie, de voir créer un Souverain Pontife à Rome, que de voir élire un Empereur, à caufe que l'Empereur qui portoit le titre de *Summus Pontifex*, étoit jaloux que le Pape de Rome le portât auffi, & que ce titre fût donné à un autre auffi bien qu'à lui; ils n'ont que dire contre ce paffage. *Summus Pontifex*, c'eft-à-dire Evêque, *Summus Sacerdos*, pour la diftinction de l'ordre; *Summus Epifcopus*, pour la diftinction de fuperiorité & jurifdiction.

Des Portes ne réuſſiſſoit pas en ce qui étoit tragique; mais il écrivoit delicatement dans les ſujets amoureux; il laiſſoit paſſer quelquefois de petites licences pour ſuivre le fil de ſes conceptions, il eſt quelquefois permis de faillir, & quelquefois il le faut faire, mais ſans artifice. Quintilien l'a dit, qu'une femme doit quelquefois laiſſer tomber un cheveu, ou bien laiſſer ſes ongles un peu longs, qui ſont des defauts qui ne la font pas paroître moins belle. Monſieur de Tiron en étoit de même. Je ſuis un peu plus exact en mes vers, je leur rogne un peu plus les ongles: la moindre choſe de tout ce que Monſieur de Tiron a fait, ce ſont ſes Pſeaumes, cela vient de ce qu'il étoit en ſa vieilleſſe, & qu'il traduiſoit de la Langue Hebraïque, qui eſt aſſez ſterile, aſſez ſeche. Monſieur de Tiron n'eſt point Monſieur de Tiron en ſes Pſeaumes. Des Portes écrivoit fort bien en proſe, & étoit fort poli, mais il n'avoit pas la force ni la vigueur; au contraire Ronſard avoit de la force, mais point de politeſſe: j'avois envie il y a quelque temps de corriger les Hymnes de Ronſard, car il n'y a point de doute que ce ſont d'excellentes pieces, & qu'étant refaites en quelques endroits

droits, elles seroient admirables, ce seroit leur redonner la vie; Ronsard a très bien fait aux choses de description; en ses amours il est quasi ridicule, & il y a quelquefois du galimatias.

POTAGE. Monsieur de Razilly dit qu'on en fait de fort bon aux Indes avec de la chair de Sanglier & des cardes de palmier, je n'en doute point, les palmiers sont de grand suc.

POTESTAS *omnis à Deo*. Cette proposition ne contient pas l'independance: car tous les Princes qui payent tribut, & sont feudataires, sont bien *à Deo*, & ne laissent pourtant pas de dépendre d'autres Princes; & les Rois & les autres Princes qui ne sont pas feudataires, bien que leur puissance soit *à Deo* & que cela soit très-veritable, néanmoins si tous les Ordres & les Etats de leurs Royaumes, *nemine repugnante*, les déposoient, ils seroient bien deposez. Et s'il est vrai que la déposition de Chilperic se fit par la voix de tout le peuple, bien que l'absolution du serment intervînt, cela montre qu'ils dépendent donc du peuple & qu'ils peuvent être déposez. Le Concile de Latran, où assisterent tous les Rois de la Chrétienté, ordonna que tout

& qui maintiendroit l'herefie, devoit être dépofé. On ne pourroit pourtant prétendre par-là, que nos Rois fuffent fujets à ce Decret, puis que c'eſt par force qu'ils, fouffrent l'herefie, & non pas qu'ils l'affectionnent & la maintiennent ; que s'ils la maintenoient, il n'y a pas de doute qu'en ce cas ils romproient le ferment qu'ils font au peuple en leur Sacre d'être Catholiques & de maintenir la Religion ; & en ce faifant le peuple auroit juſte raifon de fe retirer de l'obeïffance, qui autrement leur feroit dûë. Ceux de la Religion difent que pour quelque caufe que ce foit, il n'eſt pas permis de fe foulever contre fon Prince; cela fe doit entendre pour le particulier ; mais fi tout le general & tout le peuple *nemine repugnante*, ne le vouloit pas endurer, il le pourroit dépofer, & à eux je leur demandois volontiers, s'ils ne fe font pas foulevez contre le Roi d'Efpagne, & s'ils ne penfent pas être exempts du ferment de fidelité qu'ils lui doivent comme à leur Prince Souverain ? N'ont-ils pas autrefois pris les armes en France contre le Roi pour la Religion, le Duc Charles de Suede n'a-t-il pas chaffé de fon Royaume celui qui étoit le vrai Roi, & cela à caufe qu'il le tenoit

beheretique? Je leur demanderois aujourd'hui volontiers, ſi les Grecs ſe ſoulevoient contre le Turc, & qu'ils le dépoſſedaſſent, s'ils ne diroient pas qu'ils auroient bien fait? il n'y a point de doute. Les Rois donc peuvent être dépoſez pour quelque cauſe, & pour la Religion. Il ne faut point dire que le Turc eſt uſurpateur, cela n'eſt point; outre que les paſſages de l'Ecriture qu'ils alleguent, qu'il faut rendre le tribut à Ceſar, ne ſe peuvent entendre que des uſurpateurs, parce que les Romains avoient uſurpé la Judée ſur ſes Rois. Il n'y a point de doute que les Rois ne puiſſent être dépoſez pour quelque cauſe. Il y en a tant d'exemples dans l'Hiſtoire, & même en l'Ecriture, comme d'Antiochus, lequel fut long-temps Roi, & tant qu'il ſe maintint comme il devoit, mais quand il voulut introduire les Idoles dans le Temple, les Machabées s'éleverent contre lui, & le dépoſſederent. Jeroboam ne défit-il pas Roboam? Jehu ne fit-il pas la même choſe contre Achab? Les Rois enfin ne peuvent pas être dépoſez par aucune puiſſance, ni ſpirituelle ni temporelle, pendant qu'ils auront les qualitez requiſes à des Rois, & s'ils n'errent en la foi; c'eſt ce que diſoit l'Empepereur Henry contre Gregoire VII. Il ne me peut dépofer, parce que je n'erre point en la foi. De la dépofition des Empereurs nos Rois fe font fervis à leur avantage, & l'Empire que Charlemagne eut en Occident, ne l'eut-il pas fur les Empereurs Grecs, & après qu'ils eurent été déclarez heretiques Iconoclaftes? Les Evêques de France ne fe font jamais oppofez aux Rois pendant qu'ils ont été bons Catholiques, comme nous n'en avons guere eu d'autres. Ne dépoferent-ils pas Louïs le Debonnaire? Il eft vrai que la dépofition ne fut pas approuvée du Pape. Innocent III. protefte que le Roi de France ne reconnoit point de fuperieur aux chofes temporelles. Il a été fort bien dit par les Anciens, qu'il n'y a point de fi mauvais Prince, qui ne vaille mieux qu'une guerre Civile.

PRÆFECTURA, dans S. Thomas p. 2. q. 10. fe doit entendre tant de la domination politique du Prince fur fes Sujets, que de la domeftique du Maître fur fes efclaves, encore que l'inftance que Saint Thomas apporte à l'encontre, foit prife particulierement de la domination domeftique,

PRÆ-

PRÆPUTIA *sibi adduxerunt Judæi sub Antiocho, ut nudi quoque non essent gentibus dissimiles.* Joseph. *Antiq. lib.* 12. *cap.* 6.

PRECHER. Il est impossible de bien prêcher, & prêcher souvent : c'est folie de le croire. Pour bien faire il faut avoir pour le moins 8 jours.

PRIMAUTE' DU PAPE. La cause objective de la Primauté du Siege de Rome, vient bien de ce que Rome étoit le Siege de l'Empire, mais la cause formelle vient de ce que Saint Pierre lui-même l'a établi. Le Pape Agapet dans Constantinople deposa le Patriarche, qui étoit porté par l'Imperatrice qu'il excommunia; cela étoit bien une marque que le Patriarche de Constantinople n'avoit pas pareille puissance que le Pape. *Parilis mos est* s'entend des choses du Diocese particulier, & ne se doit pas prendre de la puissance pour le regard de l'Oecumenicat. Le lieu de Saint Gregoire où il est parlé de celui qui se dit Evêque universel ne se doit point entendre qu'à la lettre, & universel se prend en ce lieu-là pour seul Evêque à l'exclusion de tous. Il n'y a point eu de Pape qui ait plus défendu l'autorité des Papes que Saint-Gregoire; plus même que Clement VIII.

VIII. & Paul V. Il le montra bien quand le Patriarche d'Antioche voulut juger l'Evêque de N. qui étoit dépendant de son Patriarchat, à qui il ôta toute la Jurisdiction qu'il avoit sur cet Evêque, à cause que le Pape Pelagius lui avoit défendu d'en connoître, & enjoignit à l'Evêque de N. de ne plus reconnoître le Patriarche d'Antioche, & que s'il le faisoit, il le privoit de la communion du corps de Christ, & ne lui en permettoit l'absolution qu'à l'article de la mort. Après ce que j'ai écrit de la Primauté du Pape, & de la préséance qu'il a par dessus les autres Evêques, il n'y a plus rien à dire ; l'observation que j'ai fait de πόλιος au lieu de ἰούλιος est infaillible, & je m'étonne comme on ne l'a point vûë ; cela a été cause de grandes fautes en l'Histoire. J'ai fait cette remarque en l'édition des Conciles de Rome, où j'ai mis une Préface, à laquelle je ne voulus pas mettre mon nom ; de peur que les heretiques de France ne crussent que j'eusse mis la main à ces Conciles. Je voudrois maintenant y avoir mis mon nom ; il n'y a point de doute que ἰούλιος n'ait été mis pour πόλις dans Sozomene, ne (*a*), qui est corrompu sans faute; Car Jules ne fut pas créé Pape du tems du Concile de Nicée, puis que selon Sozomene même, il vecut 30. ans après le Concile de Nicée. *Quod stipiti rami, quod capiti membra, quod Soli radii, quod fonti rivuli, hoc Apostolicæ Sedis eminentiæ debent omnes Ecclesiæ. Petrus Ravennas.*

PROFESSEURS. J'aimerois mieux être Professeur du Roi de France avec 300. écus

―――――――――――――――――――――――

(*a*) *Il n'y a point de doute que* Ἰούλιος *n'ait été mis pour* πόλιος *dans Sozomene*] On lit dans Sozomene (Liv. I. Chap. 17.) Ἰούλιος δὲ ὁ Ῥωμαίων ἐπίσκοπος &c. c'est à-dire que le grand âge de Jules Evêque de Rome ne lui permit pas d'assister au Concile de Nicée. Mais comme il n'y avoit point de Pape Jules dans ce tems là, on a jugé avec raison que le mot Ἰούλιος étoit corrompu, & notre Auteur croit qu'il faut lui substituer celui de Πόλιος. Cette correction toute ingenieuse qu'elle est n'a pas plu au savant Pierre de Marca, qui a conjecturé plus heureusement qu'il falloit lire πόλεως. *Tentavit*, dit il, *vir illustrissimus Cardinalis Perronius, in Præfatione Gelasii Cyziceni, medicinam facere huic morbo, legendo* πόλιος *pro* Ἰούλιος *Sed præterquam quod dictio illa Poetis familiaris insolens est apud Historicos, hoc loco locutionem redderet omnino barbaram. Attamen non inficiandum est ex conjectura illa viam aperiri ad veram emendationem, si vice τοῦ* Ἰούλιος *legatur* πόλεως, *lectioque ita constituatur:* πόλεως δὲ Ῥωμαίων Ἐπίσκοπος, *Urbis autem Romanorum Episcopus.* De Concordia Sacerdotii & Imperii, *Lib. I. cap.* 3. D. M.

écus, qu'en Italie avec 800. En Italie les Professeurs sont esclaves des Ecoliers. Lors que les Docteurs sont en chaire, s'il prend un avertin aux Ecoliers, ils lui feront mille indignitez, lui jetteront leurs pantoufles à la tête, & des pointes dans les fesses, qu'il est contraint d'endurer comme Maître Guillaume des laquais. Les deux Lecteurs de Theologie sont de nouvelle creation, car par l'ancienne institution des Chaires Royales, il n'y en avoit point en Theologie qui eussent gages du Roi. Elles ont été créées depuis par le Roi défunt, à l'instance du Pape & comme par penitence donnée au Roi. Je dis ceci à un Docteur en Droit Canon, nommé Guijon, qui m'étoit venu prier de faire quelque chose pour les Docteurs en Droit Canon, comme j'avois fait pour les Professeurs du Roi, à qui j'avois fait donner quelque augmentation sur leurs gages. Je lui répondis, que j'avois assez de peine pour obtenir 4000. Livres pour cet effet, & que pour le present il n'y avoit guere d'apparence de faire grand' chose, & que je ne lui pouvois rien promettre, & de plus qu'il étoit besoin que cela passât par le Conseil; alors il repliqua, qu'il étoit allé voir Monsieur le Chancelier

(Sil-

(Sillery) qui lui avoit promis de le favoriser là-deſſus. Je lui dis, Monſieur le Chancelier eſt un bon Seigneur, tout plein de courtoiſie envers tout le monde, & qui auſſi le ſait bien faire, mais que pourtant je ne penſois pas qu'on pût ſi-tôt y penſer, & que pour le preſent on étoit après à remettre les Lettres humaines, & qu'il falloit commencer par un bout pour achever par l'autre. Guijon répondit, qu'autrefois le Droit Canon avoit tant été en vogue en cette ville, je dis qu'il étoit vrai, mais que c'étoit avant que les Lettres humaines fuſſent en France; alors Guijon dit, Monſieur le Cardinal d'Eſtouteville a autrefois tant affectionné notre Faculté. A ce propos je dis, ſi on manioit le Droit comme autrefois ont fait Roaldes & Cujas, on tâcheroit à faire quelque choſe, mais on ſait bien comment on s'y comporte. Les deux chaires Royales ne ſont point creées pour lire la Scholaſtique, mais pour la controverſe.

PRONONCIATION. Nous ne ſavons aujourd'hui ce que c'eſt de la prononciation de la Langue Latine; & il ne ſert de dire qu'il faut ſuivre la regle des breves & des longues, car à tout propos l'uſage va au
con-

contraire, les accens du Grec en ont pu garder quelque chose, mais encore le plus souvent on ne prononce pas sur la longue, & elle est prononcée breve.

Les Propositions que les Dialecticiens appellent vaines, ou, pour parler selon le style de l'Ecole, nugatoires, sont en matiere de propositions affirmatives, celles qui sont composées de mêmes termes, non seulement en essence, mais en conception & instruction de l'intellect; comme si je dis qu'un homme est homme, c'est une proposition vaine & nugatoire, d'autant que l'intellect ne fait aucun progrès par cette proposition, & n'est point plus instruit par l'accouplement des termes joints, qu'il étoit par la simple notion des termes avant que la proposition fût composée; mais si je dis, l'homme est un animal raisonnable, la proposition n'est point vaine ni nugatoire, parce qu'encore qu'*homme* & *animal raisonnable* soient une même chose quant à l'essence, ils ne le sont pas néanmoins quant à la notion; car ce terme, *animal raisonnable*, propose l'essence de l'homme plus expliquée à l'intellect que ce terme d'*homme*. Semblablement aussi pour le regard des propositions

Tome I. S

negatives, celles-là sont vaines, & nugatoires, qui sont composées de termes formellement & immediatement opposez; l'intellect ne fait aucun progrès par la proposition, & n'est non plus instruit par l'accouplement des termes assemblez en la proposition, qu'il l'étoit par la simple notion des termes. Mais si la proposition est composée de termes qui ne soient pas formellement & immediatement opposez, mais seulement par consequence, la proposition n'est point du nombre des ironiques & nugatoires; comme si je dis, qu'un homme qui respire n'est pas mort, cette proposition n'est pas du rang de celles que les Dialecticiens appellent nugatoires. Car encore que la respiration ne puisse être sans la vie, néanmoins la respiration & la vie ne sont pas formellement & immediatement la même chose, mais la respiration est un effet de la vie. Autre chose est condamner une proposition politiquement, & en qualité de Ministre d'Etat & de la Republique, autre chose est de la condamner Theologiquement, & comme arbitre du salut & de la Religion, & Superieur en matiere de conscience, aux Ecclesiastiques. Les Loix de l'Ecole ne permettent pas
qu'on

qu'on reçoive en dispute aucune opposition, que celles des propositions contradictoires, ou qui s'y peuvent reduire, d'autant qu'il n'ya que les seules propositions contradictoires (celles dont l'une est affirmative universelle & l'autre negative particuliere, ou dont l'une est negative universelle & l'autre affirmative particuliere) de la verité de l'une desquelles, on puisse inferer necessairement la fausseté de l'autre, ou de la fausseté de l'une desquelles on duisse inferer necessairement la verité de l'autre. *Ex lapide solo non elicitur ignis, ita nec ex propositione sola, conclusio.*

PSEAUMES. Il disoit à Madame la Princesse d'Orange, qu'elle avoit en sa Religion, des Pseaumes qui étoient en merveilleuse rime, & qu'il ne s'étoit jamais fait de plus mauvais vers (*a*).

PURGATOIRE. C'est une folie de le vouloir prouver par l'Ancien Testament (rapportant un argument de Genebrard, qui s'efforçoit de le prouver) parce que nous n'en pouvons tirer aucun passage pour
prou-

(*a*) *Il ne s'étoit jamais fait de plus mauvais vers.*] Cela du moins ne se peut pas dire de ceux de Marot: ils étoient bons pour ce tems-là, & ils sont louez par Pasquier Poëte lui-même & bon Connoisseur, L. D.

prouver l'Enfer, ni le Paradis; à quoi donc s'amusent-ils? Le Purgatoire n'est pas de meilleure Maison que les deux autres. Monsieur de Beauvais lui dit un jour, il vint chez moi dernierement un Docteur, qui me dit qu'il prouveroit par plus de 50. passages du Vieux & du N. Test. le Purgatoire, il lui dit, il me fera bien aise s'il m'en montre une couple seulement; je dis plus, s'il m'en montre un exprès, je lui donnerai une Abbaye; c'est une folie de vouloir prouver le Purgatoire par l'Ecriture; vû que nous ne pouvons pas même prouver par là, le Paradis, ni l'Enfer, ni pas même l'immortalité de l'Ame (*a*); qui est

(*a*) *C'est une folie de vouloir prouver le Purgatoire par l'Ecriture; vû que nous ne pouvons pas même prouver par-là, le Paradis ni l'Enfer, ni pas même l'immortalité de l'Ame &c.*] Ce sentiment de Du Perron a été censuré dans le *Chevræana*; & on y a aussi relevé ce qu'il dit ailleurs, *que la plus brutale des Nations est l'Allemande, & qu'elle est ennemie des Etrangers: Que l'on ne peut convaincre un Arien par l'Ecriture, mais par l'autorité de l'Eglise: Qu'en Fra Paolo il n'a rien vû qui ne soit commun, & un peu plus que de Moine: Qu'une page de Quinte-Curse vaut mieux que trente de Tacite, dont le stile est le plus méchant du monde, & le moindre de ceux qui ont écrit l'Histoire. Que Quinte Curse est le premier de la Latinité, si poli, si terse, si admirable: Qu'il met Florus le plus haut après lui. qu'il est tou-*

est bien plus étrange que nous ne pouvons prouver ce qui est de la Vie éternelle & de l'être de l'Ame; & ces Docteurs nous veulent prouver le Purgatoire. Dans le Vieux Testament il n'y a aucun passage exprès, ni qui se puisse tirer par consequence. Dans le nouveau il n'y en a aucun exprès, il y en a deux par consequence; quand il parle, que d'une parole oiseuse il nous faudra rendre compte, on peut tirer consequence de ce passage pour le Purgatoire; mais qu'il y ait aucun passage exprès & litteral pour, il n'y en a point. Par les Machabées on peut prouver la priere pour les morts, mais ce n'est pas assez; il faut montrer que ces Livres sont Canoniques, ce qu'aucun de nos Docteurs n'a encore pu faire. Mais ce passage nous peut servir en ce que, ou il faut qu'ils reçoivent ces Livres, ou qu'ils reconnoissent l'ancienne tradition; il se mocquoit de ceux qui se font fort du lieu, *tanquam per ignem. Modicum quodque delictum mor*

te fleur, si élégant &c. Que puis que les Diables connoisſsent toutes nos pensées, il ne reste nul lieu de douter que les Saints n'entendent les Prieres, voire mentales de ceux qui les reclament. &c. Chevræana, Tom. 1. p. m. 158. & suiv. D. M.

morâ refurrectionis expenfum. Tertull. de anima c. 58. *non poteft intelligi nifi de mora primæ refurrectionis & confequenter de Purgatorio.*

PURITAINS. En Angleterre, il eſt bien aiſé de gagner les Puritains, qu'on leur ôte peu de paſſages de Saint Auguſtin, quelques autres de Theodoret & de Gelaſe, ils ſont gagnez.

Q.

QUESTION. En toute difpute, outre la queſtion finale de la diſpute; en la déciſion de laquelle conſiſte la victoire entiere du combat, il y a autant de queſtions ſubalternes & ſous-ordonnées, qu'il y a de moyens de preuve, pour venir à la déciſion de la queſtion finale, comme par exemple ſi un homme diſpute, que le feu n'eſt point un élement: puis après ſi celui qui prétend qu'il n'eſt point élement, allégue pour preuve de prétenſion, qu'il n'eſt point corps, & par conſequent qu'il n'eſt point élement, d'autant que tout élement eſt corps, & que le répondant lui nie le moyen de ſa preuve, alors l'état de la queſtion non pas finale, mais particuliere & immediate de l'argument, eſt de ſavoir ſi le le feu est un corps. Derechef, si l'argument pour montrer qu'il n'est point corps, allégue qu'il penetre & s'insere dans les autres corps, comme dans le fer, le cuivre, le diamant, lesquels quand ils sont rouges & ardens, ont le feu inseré & residant en eux; & que le répondant soûtienne qu'il ne penetre pas toute leur substance, mais qu'il entre seulement dans leurs pores & conduits invisibles, l'état de la question sera alors, si le feu penetre toute la Substance du corps, ou s'il s'insinue.

QUINTILIEN. Je l'ai lû autrefois fort diligemment, & l'ai redigé par maximes; il y a plus de 25. ans que je ne l'ai vu.

QUOMODO. Jamais les Peres n'ont demandé le *quomodo* de la possibilité, aux mysteres de la foi, mais bien le *quomodo* de l'être. Les heretiques ont fait tout le contraire; car les Peres parlans des mysteres de la Religion, ont dit qu'il ne falloit point demander le *quomodo*, cela s'entend du *quomodo* de la possibilité de l'être, car du *quomodo* de l'être, ils l'ont toûjours demandé. Ils ont bien voulu qu'on demandât, comment le corps de notre Seigneur est en l'Eucharistie, mais ils ont défendu qu'on demandât, comment il étoit possible qu'il y fût.

fût. Les Peres donc ont défendu de s'enquerir du *quomodo* de la possibilité de l'être, & non pas du *quomodo* de l'être; tout au contraire des Huguenots, qui demandent le *quomodo* de la possibilité de l'être.

R.

LES RABBINS sont fort ignorans en l'Histoire, ils brouillent & confondent les temps, & disent le plus souvent de grandes rêveries; ils sont bons pour la Grammaire; il y en a un qui dit, que Romulus faisoit la guerre à David, mais il falloit qu'il se levât bien matin.

RAVARDIERE. Parlant a Mr. de Beaulieu Bouju, du voyage que devoit faire aux Indes un Gentilhomme nommé Ravardiere, il dit, si je n'avois que 25. ans, je voudrois faire ce voyage.

RELIGION. Pour le regard de la Religion & de l'Etat, les choses ne sont pas en pareille consideration parmi les Chrétiens, qu'elles l'étoient parmi les Payens; car parmi les Payens la Religion servoit & étoit inferieure à l'Etat, à l'égard duquel elle ne tenoit lieu que d'accessoire; mais entre les Chrétiens l'Etat sert à la Religion; qui tient le lieu principal, & au respect de laquelle l'Etat ne tient lieu que d'accessoire, afin de faire passer de telle sorte les sujets par les biens temporels, qu'ils ne perdent pas les éternels.

REGNANTE CHRISTO (*a*). Pendant l'interdit du Roi & du Royaume de France sous Philippe Auguste, à cause de superinduction d'un nouveau mariage, on mettoit en France aux contrats, non regnant le Roi Philippe, mais, regnant Jesus-Christ. Chronique de Foix rapportée par Vignier grand ennemi des Papes.

RE-

(*a*) *Regnante Christo.*] Un Acte de Conrad Duc de Massovie, daté des Nones d'Août 1222. porte; *Regnante Domino nostro Jesu Christo.* C'est la VIII. Piece du Prodrome dans le *Codex Juris Gentium Diplomaticus* de Leibnitz. On veut, il est vrai, que cette formule eut aussi & principalement lieu en tems de Schisme; mais comme alors il n'y avoit pas de Schisme, suivant les principes de Du Perron, il s'ensuivroit qu'en 1222. le Throne de Pologne n'étoit pas rempli. *L. D.*

David Blondel a publié un Traité fort curieux sur cette matiere *de formula* Regnante Christo *in Veterum Monumentis usu; seu Vindiciæ pro Philippi I. & II summaque Regum potestate.* Cet Ouvrage est imprimé à Amsterdam en 1646. in 4. *D. M.*

RETRANCHEMENT DE LA COUPE. Ceux de la Religion penſent avoir beaucoup ſur nous, quand ils nous reprochent que nous avons ôté la coupe au peuple, & que cela eſt contre l'inſtitution de Chriſt. J'accorde bien, dit-il, que Chriſt a donné l'un & l'autre, mais cela n'empêche pas que l'Egliſe, qui croit (*a*) que ſous l'eſpece du pain eſt contenu le corps & le ſang de Chriſt, pour des inconveniens qui étoient fort importans, ne l'ait pu retrancher. Ils approuvent bien le Baptême que nous faiſons aujourd'hui par aſperſion, qui par la premiere iuſtruction ſe faiſoit par immerſion, & dura ainſi pendant quelque temps; néanmoins l'Egliſe pour des inconveniens trouva bon de le changer & de le faire par aſperſion; car le Baptême par immerſion ne ſe pouvoit donner à toutes ſortes de perſonnes, on ne pourroit ſans danger plonger les malades dans l'eau, & on les baptizoit en leurs licts, c'eſt pourquoi on les appelloit, *Cliniques*. Tout de même, les inconveniens qui pourroient venir de la communion ſous les deux eſpeces, ont
été

(*a*) *L'Egliſe qui croit* &c.] Ce que Chriſt donc ne croyoit pas. D.

été cause que l'Eglise a trouvé bon qu'elle se fît seulement sous celle du pain, pour le peuple seulement.

Monsieur de RETS étoit fort moderé en sa bonne fortune, jamais il ne parloit à son Maître en public, & ne faisoit obstacle à personne. Monsieur de Tiron disoit qu'il n'avoit point d'esprit, qu'il parloit beaucoup, mais ne disoit rien.

RHEIMS. Le Concile de Rheims ne vaut rien; c'est un Livre passionné, & il ne faut pas s'étonner s'il abaisse tant la puissance des Papes; car il fut fait par un Evêque qui apella du Pape, pour le fait d'Hugues Capet, & réveilla cette vieille querelle des appellations. Ce même Evêque, lors que Hugues Capet fut entierement possesseur, se rangea puis après à Hugues. Ils se servent néanmoins aujourd'hui de tous ces Livres-là, comme fort autentiques, sans considerer ni le temps ni les personnes. Il faut dire au Pere Coëffeteau, qu'il n'oublie pas à refuter ce Livre-là; c'est un Livre propre à être employé par du Plessis; Ceux de la Religion se servent du Concile de Rheims contre l'autorité du Pape, & ne veulent pas voir que ce Concile est un Concile de séditieux, qui tenoient le parti de Hugues Capet uſurpateur, & vouloient dépoſer Arnulphe qui étoit Evêque de Rheims, Oncle du Roi, ſur lequel Hugues Capet avoit uſurpé, lequel étoit maintenu par le Pape. Il n'y a point de doute que Hugues Capet ne fût un uſurpateur, & que ces Evêques ne ſoûtinſſent une mauvaiſe cauſe. Par après il ſe tint un Concile en France où Hugues Capet fut excommunié & Arnulphe maintenu.

Rois. L'excommunication ne les fait pas déchoir de leur dignité au Tribunal politique, mais au Tribunal de la conſcience, & dans l'eſtime & veneration des Chrétiens, elle ne ſoud pas le nœud humain, qui eſt *propter timorem*, mais elle ſoud le nœud divin, qui eſt *propter conſcientiam*. Nul ne prétend que la dépoſſeſſion des Rois, que l'on appelle dépoſition de fait, quelque hereſie ou apoſtaſie qu'il y ait en eux, appartiennent au Tribunal Eccleſiaſtique Il eſt de droit divin, d'obeïr aux Rois, mais il n'eſt pas de droit divin, qu'ils ne puiſſent faire aucune choſe par laquelle ils ceſſent de droit d'être Rois. Je tiens qu'en nulle Monarchie parfaite il n'y peut échoir aucune cauſe temporelle, pour laquelle les Sujets puiſſent-ſe départir de l'obéïſſance

de

de leur Roi; d'autant que de tous les maux temporels qui peuvent arriver à l'Etat, il n'y en a point de pire que la guerre civile, qui s'ensuit necessairement de la desobéissance au Prince, comme il seroit aisé de prouver par les raisons politiques, & la conséquence des conditions de la vraye Monarchie. Les Rois & Princes Chrétiens sont obligez de servir Jesus-Christ, non seulement comme hommes en lui obeïssant, mais comme Rois en le faisant obeïr, par ce moyen ils remportent des couronnes de gloire immortelle au Ciel, & de renommée perdurable en la terre; il est de necessité que les Rois soient par dessus les Loix, autrement il faudroit encore recourir à une autre puissance suprême, pour contraindre le Legislateur à l'observation de ces Ordonnances: chose qui iroit à l'infini. Juger les conditions qui empêchent la Royauté n'est pas pourtant être par dessus le Roi. Les Loix de France défendent que les filles ne viennent à la Couronne, & selon ces Loix-là les Etats du Royaume jugerent, lequel de Philippe de Valois, ou d'Edouard Roi d'Angleterre, devoit être Roi, & pour cela les Etats ne furent pas par dessus le Roi. Les Rois

du même Royaume, nommément depuis Hugues Capet, exclurrent ceux qui ne sont pas nez de mariage legitime de la succession de la Couronne ; & donc si quelque fils de Roi, mais né de mariage douteux & illégitime, pretend devoir être Roi, ceux à qui il partient de connoître de la validité ou nullité des mariages, jugeront s'il doit être Roi ; & pour cela ils ne sont pas par dessus le Roi ; mais ce seront les Loix du Royaume qui seront par dessus le Prince dont le Droit à la Royauté est contesté & revoqué en doute : non plus qu'en la Religion Judaïque, où les Loix commandoient, que les lépreux fussent sequestrez de la conversation du peuple quand les Sacrificateurs à qui il appartenoit de juger de la lépre, jugeoient qu'un Roi étoit lépreux, & que delà il s'ensuivoit qu'il fût rejetté, sequestré de la conversation du peuple, ce n'étoient pas les Sacrificateurs qui étoient par dessus le Roi, mais la Loi de l'Etat & de la Religion, qui est par dessus la personne, en laquelle il se trouve empêchement à la Royauté. Il n'y a point de Royauté & n'y en peut avoir, là où il n'y a point de Société politique, ni de vie civile, mais
seu-

seulement une vie sauvage & bestiale, & fondée sur les Loix contraires au Droit des Gens & de la Nature; comme les Loix de s'entremanger les uns les autres; & partant Attabalipa ne pouvoit être tenu veritablement Roi; non plus qu'un Capitaine de brigands & de Pyrates.

Sylvestres homines, sacer Interpresque Deorum,
Cædibus & fœdo victu deterruit Orpheus.

ROME. On peut dire de la Cour de Rome, ce qu'on disoit des Atheniens, qu'ils perdoient la terre pour gagner la mer, que Rome perd le Ciel pour gagner la terre. Cette trop grande puissance temporelle du Pape le rend odieux aux Princes Chrétiens, & ce n'a pas été un bon conseil pris par Baronius de l'avoir voulu tant défendre. A Rome ils donnent beaucoup aux Prophetes, ils tiennent encore de leurs Ancestres, Tacite le remarque; cela est ordinaire en tous les Etats, où l'Empire est électif. Ceux-là ont eu un très-grand desavantage en leur naissance; qui sont venus au monde en un autre temps que lors que la
Re-

Republique Romaine étoit en sa splendeur. Ce n'est pas sans raison que cet Empire de Rome, cette Republique s'est tant augmentée, & qu'elle s'est tant agrandie, que d'avoir subjugué une grande partie du Monde. Ce n'est pas sans mystere non plus, de voir encore durant même que les Empereurs florissoient, la reverence qu'ils portoient à cette ville; il semble que Dieu l'ait ainsi voulu augmenter & la rendre Maîtresse du monde, afin d'y planter le Christianisme, & par ce moyen l'étendre bien au loin. Car si le monde eût été divisé en tant de divers Royaumes, comme il l'étoit avant que les Romains se fussent faits si grands, il eût été bien mal-aisé d'y mettre le Christianisme, pour le moins il ne se fût pas étendu ni dilaté si-tôt, ni si aisément. Il y a un lieu dans Hieremie, (a) *Statuam domum meam super*...... qui est à dire, fortitude. Les Juifs l'interpretent de Rome, qui ne veut dire autre chose que fortitude. *Æterna urbs*, c'est à dire *Roma* dans Ammian

---

(a) *Il y a un lieu dans Hieremie:* Statuam &c.] Dans la premiere Edition du *Perroniana* imprimée en 1669, après *Hieremie*, on a mis entre deux crochets [c'est Isaïe]: mais ce prétendu passage ne se trouve point dans Jeremie, ni dans Isaïe. D. M.

mian Marcellin; & quand on parloit aux Empereurs, on difoit *Æternitas tua*, c'étoit à caufe de Rome. *Roma* ἐπιτομὴ τῆς οἰκουμένης *vocata à Polemone Oratore, tefte Galeno & Athenæo.*

RONSARD. A Monfieur Pelletier qui lifoit quelque chofe en profe de Ronfard, qu'il ne trouvoit pas fort bien, il lui dit: En profe il ne s'eft pas étudié, mais lifez fes vers, puis ledit Pelletier lui dit, il n'écrit pas fi bien en profe que des Portes, il dit, que dites-vous? Vous parlez d'un homme qui faifoit profeffion d'écrire bien en profe, & qui écrivoit le mieux de fon fiecle, fi plein de douceurs, & de fleurs, de delicateffe, de mignardifes; il étoit maître de la Langue. Pelletier dit, s'il avoit été auffi favant que Ronfard, il eût bien mieux écrit, comment, dit-il, n'étoit pas favant? Il l'étoit, très-favant & plus que Ronfard: il étoit plus favant qu'homme de France & de la Chrétienté. Oui donc depuis peu d'années, dit Pelletier, il y a plus de vingt, voire plus de trente ans, qu'il eft bien favant. Ronfard répondoit à un qui lui difoit qu'il recorrigeât fes Oeuvres; mon bon ami, il fâche bien à un Pere de couper les bras à fes enfans. Monfieur d'Aire dit

dit au Cardinal, que Ronfard avoit corrigé fes Oeuvres, & que les corrections ne fembloient pas fi bonnes; il dit, on ne réuffit pas à corriger fes Oeuvres fur le vieil âge. Ronfard fait bien aux Oeuvres de longue haleine, vous y trouverez quelquefois dix ou douze vers qui font bas, mais après il vous paye de quelque chofe d'excellent: quand fa fureur le prend, il eft admirable, fon efprit s'eleve dans les nues: Nous n'avons point eu de Poëte vraiment Poëte que lui: que fes Saifons font bien faites! que la defcription de la Lyre à Beraud eft admirable! que le Difcours au Miniftre eft excellent! Ronfard, à mon avis, étoit l'homme qui avoit le plus beau genie que Poëte ait jamais eû, je dis de Virgile & d'Homere Il y a cela, que les autres font venus en une Langue faite, & lui eft venu lors que la Langue étoit à faire: car c'eft lui qui l'a mife hors d'enfance, auparavant c'étoit une pauvre chofe que notre Langue. Ronfard eft admirable en beaucoup d'endroits, & fe fert fi bien des fables, il les agence fi bien, qu'il femble qu'elles foient à lui & il y met toûjours une queuë du fien, qui n'en doit point au refte; c'eft un efprit vraiment poëtique, prenez de lui quelque Poëme que

que ce soit, il paye toûjours son Lecteur: il n'est pas ainsi des autres, car le plus souvent ils ne vous donnent que des paroles, là où quand sa verve le prend, il se guinde en haut, vous porte jusques dans les nuës, & vous fait voir mille belles choses. Tous les hymnes sont beaux, celui de l'éternité admirable, ceux des saisons merveilleux, il ne faut pas s'étonner s'il n'a pas réussi aux amours, aux sonnets, & aux petits vers, son esprit n'étoit porté qu'à representer des guerres, des sieges de ville, des combats; si j'avois pris une quantité de pieces de Ronsard, & que je les eusse corrigées, je les rendrois parfaites, en y ôtant quelques rudesses, lesquelles lui sont à pardonner, les grands esprits ne se peuvent assujettir à ces petites choses, qui sont tant au dessous de leur imagination, ses sonnets ne sont pas bien excellents, il faut que le sonnet concluë subtilement, & qu'il paye son hôte, il y a du Lyrique. Ce n'étoit pas son fait que des sonnets, son esprit alloit plus haut, ceux qui sont venus après lui s'y sont plus adonnez, & ont mieux réussi aux choses d'amour que lui. Ceux qui se donnent à cette Poësie, il faut qu'ils ayent été enseignez auparavant par d'autres

tres, ils ne peuvent pas venir des premiers en une Langue, comme Ronsard. Il faut que pour trouver des mignardises en une Langue, elle ait déja été embellie : Monsieur de Tiron étoit fort propre pour cela, il avoit aussi fait une chose qui l'y avoit grandement aidé, c'est qu'il s'étoit formé sur les Italiens, qui sont merveilleusement mignards aux choses d'amour, pour ce que leur Langue y convient mieux : aussi en écrivent-ils mieux que nous : leur Langue est toute entiere en diminutifs, qui lui siént merveilleusement bien, & qui la rendent mignarde; la nôtre n'en a point, & ils n'y ont point de grace.

ROSSIGNOL. *Tam pertinax in tam parvo corpore spiritus.*

S.

SACERDOTES *in Ecclesia vocati propriè soli Episcopi & Presbyteri.* Aug. de Civ. Dei lib. 20. c. 10.

SACRAMENTUM du temps de Tertullien ne signifioit point encore les mysteres de l'Eglise que nous appellons Sacremens, il signifioit un serment sacré.

SACRE DES ROIS. Hugues Capet & ses

ses quatre premiers successeurs firent sacrer leurs enfans de leur vivant, & leur firent faire serment à leurs peuples de maintenir la Religion Catholique, afin de recevoir reciproquement de leurs peuples le serment de fidelité, & cette stipulation étoit estimée si necessaire, que les Rois anciennement ne comptoient leur regne que du jour de leur Sacre, & non de leur succession, ce qui néanmoins a été changé depuis, de peur que s'il arrivoit des retardemens & empêchemens de pouvoir si tôt être procedé au Sacre, & de faire les assemblées accoûtumées pour cet effet, l'autorité Royale ne demeurât sans pouvoir donner ordre aux necessitez urgentes de l'Etat, d'autant que l'on a cru que les peuples étoient presumez avoir fait le serment à leurs Rois en la personne de leurs devanciers & les Rois avoir fait tout de même le serment à leurs peuples en la personne de leurs predecesseurs.

SALIS FOEDUS, *id est perpetuum; refer ad sal Baptismi ut & ista, sale suæ sapientiæ Christus verus Eliseus aquas steriles & mortiferas condivit & fecit esse vitales.* Hieronymus *præfatione in Oseam.*

SALUT. Il n'y a point d'autre raison de la

la salvation des hommes que la bonté, la miséricorde de Dieu ; & il n'y a point d'autre raison de la damnation des hommes, que la faute & le peché des hommes, car Dieu a donné à chacun de nous le moyen de se sauver.

Sang. Comme la défense du sang aux Israëlites étoit une prohibition figurée, qui signifioit, qu'ils devoient s'abstenir de vivre du sang & de la mort d'autrui, ainsi le précepte de boire le sang de notre Seigneur, est un commandement portant sa figure avec lui, qui est, qu'en bûvant réellement & corporellement son sang, nous sommes instruits par l'usage de ce mystere, que nous devons recevoir & reconnoître notre vraye vie, qui est la vie éternelle, de son Sang, & vivre de son Sang & de sa mort, & pourtant Saint Augustin oppose la défense de manger ou boire du Sang en l'ancienne Loi, au commandement de boire le Sang du Fils de l'homme en la nouvelle.

Sardique. Au Concile de Sardique Osius présida, où il y avoit trois cens tant d'Evêques. Les trois cens Evêques condamnerent Donat, & souscrivirent à l'absolution d'Athanase. Les autres se retirerent

rent en une petite ville appellée Philippopolis, & là firent un Concile, qu'ils appellerent de Sardique, par lequel ils recevoient Donat à leur communion, & condamnerent Athanase. Les Donatistes firent tout ce qu'ils pûrent, pour souftraire le vrai Concile de Sardique qui étoit en Afrique, & de fait les Exemplaires en furent tous perdus, & supposerent au lieu le faux Concile, de façon qu'au Concile de Carthage, lors qu'il fut question d'avoir les Canons de Sardique, pour le regard des appellations, Gratus Archevêque de Carthage, qui avoit été au vrai Concile, dit qu'il se souvenoit qu'il avoit été fait un Canon sur ce sujet au Concile de Sardique; on apporta le faux Concile, & les Peres reconnurent la fausseté des Donatistes, car ils savoient bien, qu'ils avoient absous Athanase, & néanmoins par ce Concile il étoit condamné. Le Concile de Sardique étoit reçu en Orient, autrement il n'eût pas été allégué par Innocent. Le Concile de Sardique étoit universel comme celui de Nicée, & est compris sous le Concile de Nicée; Justinien l'appelle Oecumenique, & néanmoins quand il compte les Conciles Oecumeniques il n'en compte que quatre. Il fal-

falloit donc que de ces deux Conciles il n'en fit qu'un, autrement il devoit avoir dit cinq.

SARRASINS. Ce mot selon le vieux style François signifie toute sorte d'infideles, comme le mot *Franc* en Orient signifie toute sorte de Chrétiens Latins : au moyen dequoi le mot de Sarrasin pris selon le sens auquel le prend Nicolle Gilles, peut signifier tant les Perses & Sarrasins naturels, leurs voisins, qui faisoient la guerre en Asie contre l'Empereur Justinien, que les Bulgares & Huns, depuis appellez Hongres, qui lui faisoient la guerre en Europe, & que les Maures ou Maurusiens, qui lui faisoient la guerre en Afrique, étoient tous selon le style de Nicolle Gilles, Sarrasins, c'est-à-dire, Payens & infideles. Macedonien, c'est-à-dire étranger. Sous l'Empereur Maurice Naaman Duc des Sarrasins, courut & ravagea partie des Provinces de l'Empire Romain, & ses soldats ayant pris un jeune homme Tyrien, le voulurent mener à leur Pontife, pour l'offrir en sacrifice. Les Sarrasins n'étoient pas un seul peuple, & ne constituoient pas un seul Etat, mais c'étoient plusieurs grandes Nations épandues par forme de déluges

luges & inondations de peuples en diverses provinces & regions, & qui avoient plusieurs Rois & plusieurs Seigneuries. Qu'ainsi soit, il y avoit des Sarrasins aux confins de l'Egypte & d'Ethiopie, qui étoient sujets les uns du Roi d'Ethiopie, les autres du Roi des Homerites; d'où vient qu'Archias Roi d'Ethiopie promit à l'Empereur Justin, de lui envoyer une levée de Sarrasins, pour faire la guerre au Roi de Perse. Il y avoit des Sarrasins aux confins de la Phenicie, dont un nommé Abharabus étoit Roi, qui donna son pays à l'Empereur Justinien. Il y avoit des Sarrasins en Arabie, qui étoit le lieu naturel de leur origine; dont les uns étoient sujets à l'Empire Romain, & les autres confederez, partie à l'Empire Romain, & partie au Roi de Perse. Il y avoit des Sarrasins de là l'Euphrate, qui étoient en grand nombre, & avoient plusieurs Rois; dont est qu'Ammian Marcellin dit, que quand l'Empereur Julien fut venu aux confins de l'Empire des Perses, les Roitelets des Sarrasins le vinrent trouver. Sarrasins anthropophages, Procope.

SAUL, après la sentence de déposition, qui lui fut prononcée par Samuel, demeura bien Roi de fait, mais non de droit. L'onction de David par Samuel, fut non une simple onction prophetique, mais une onction historique. Saül ne regna que deux ans Roi legitime sur Israël, c'est à dire depuis son onction jusques à la sentence de Samuel, ou jusques à l'onction de David.

SAVOYE. Mr. de Savoye est un Prince fort liberal d'abord, mais il se lasse incontinent.

La SCALA SANTA, qui est à Rome (*a*), n'a point été apportée par miracle, il n'y a pas un Catholique qui le die, & Casaubon & les autres ne s'en doivent pas mocquer; elle y a été apportée comme beaucoup d'autres reliques. Il n'y a pas eu plus de peine d'apporter *la Scala Santa* de Syrie, que d'apporter des Pyramides d'Egypte.

Ju-

(*a*) *La* Scala santa *qui est à Rome* &c.] La *santa Scala* est une loge où l'on a transporté vingt-huit degrez de marbre blanc fort usez, & par lesquels on dit que Jesus-Christ monta chez Pilate. Presentement il n'est pas permis d'y monter autrement qu'à genoux; mais en recompense, on gagne à chaque degré trois ans d'indulgences, & autant de quarantaines, &c. *Misson*, Voyage d'Italie Tom. II. Lettre XXVII. du 24. Avril 1688. *D. M.*

Jules SCALIGER. A Monsieur de Rennes, qui lui parloit de quelques erreurs de Cardan, il dit; il n'y a point de doute que Cardan a fait de grandes fautes; mais croyez que celui qui lui a répondu, & qui est en grand' vogue, a fait de grandes fautes, & a écrit des choses si frivoles & si legeres. Entr'autres je m'étonne d'une chose qu'il dit, lors qu'il traite des fontaines, où il met une figure d'un sceau. C'est la chose la plus ridicule du monde; mais il écrit si bien qu'il trompe tout le monde. Il semble aussi qu'il se mocque quand il dit, l'huile fuit le feu; comme *valentiorem adversarium*; & dit que si on met de l'huile sur une table & du feu auprès, que l'huile fuit le feu; & il ne voit pas que c'est l'huile qui se rarefie & se consume. Entre les premiers hommes de notre Nation il faut mettre Joseph Scaliger, encore qu'il ne soit si excellent que son Pere, qui étoit un grand personnage, dont je m'étonne, lui qui a étudié si tard & porté les armes. Il écrivoit merveilleusement bien. Lui parlant de Jules Scaliger & des Apophthegmes que son fils a fait imprimer avec le Livret, *Fabula Burdonum*, & apportant le jugement qu'il fait de Virgile, que c'étoit *ulti-*
mus

mus conatus Musarum; il dit, Beze use quasi de cette phrase, quand il parle des Jesuites, car il dit que cet Ordre est *ultimus Sathanæ anhelantis crepitus*. Jules Scaliger étoit un grand personnage, & quoi qu'il die qu'il ait fait en deux mois, son Livre contre Cardan, je crois néanmoins qu'il le fit en même temps qu'il étudioit en Philosophie. Il avoit plus d'esprit que d'étude; tout le contraire de son fils, qui avoit plus d'étude & de travail que d'esprit. Le Pere mourut Catholique, & avoit fait instruire au commencement ses enfans en la Religion Catholique; il avoit fait ses études en Italie. J'ai vû une impression de *Scotus* d'Italie, où au devant il y a des vers de Jules Scaliger; il avoit un très-beau stile entre celui de Ciceron & de Seneque. En son Livre contre Cardan il y a de belles observations; quelquefois aussi il s'en trouve qui sont bien legeres, mais il les revêt de si belles paroles, qu'elles passent. Joseph Scaliger étoit excellent homme aux Langues, mais en Theologie il se trompe bien lourdement. Au Livre qu'il a fait contre Serarius il se trompe fort sur le fait des Donatistes.

SCHISME. Ils disent que nous sommes
à

à la veille d'en voir un en France, ils ne seront point Schismatiques, ils seront heretiques; car ils n'ont point d'Evêques, ils n'ont point de Chef, ni de Mission.

SCHOLASTIQUES. Entr'eux tous, il n'y en a pas un qui ait lû des Peres, que Saint Thomas & le Maître des Sentences. Durandus n'en avoit lû aucun, car le plus souvent ce qu'il citera d'aucun d'eux, se trouvera d'un autre. Les plus grands Scholastiques ne sont pas ceux qui réussissent le mieux en conferences, & il s'est vû des Docteurs de Sorbonne arrêtez en des choses legeres; cela vient de ce qu'en l'Ecole ils s'arrêtent le plus souvent sur des questions non controversées, comme de la Trinité; & ils s'y amusent tellement, qu'ils laissent les plus necessaires choses, qu'on a besoin de savoir pour rembarrer les heretiques. On peut dire d'un Scholastique qui a été long-temps sur les bancs, qu'il est en chemin d'apprendre quelque chose, neanmoins ils pensent quand ils ont le bonnet de Docteur, être de grands personnages. C'est une chose assez inutile que la Scholastique, & l'Evêque de Beauvais lui disant, qu'il n'y connoissoit rien, il dit, pour moi, j'y entends quelque chose, & si j'avois oublié ce que j'y fai, je penferois n'avoir pas fait grand' perte. On peut en fix mois être bon Scholaftique; mais pour favoir la Theologie des Peres, il y faut de longues années, ce n'eft pas un ouvrage de peu d'haleine; ceux qui fe mettent à la Scholaftique, font comme ceux qui apprennent à decliner par regles, quand ils viennent à poffeder la Langue, ils oublient leurs regles; tout de même en eft-il de ceux qui étudient en Scholaftique, quand ils viennent à la Theologie des Peres, ils oublient leur Scholaftique, parce qu'elle fert fort peu à cette étude. Il eft befoin de favoir de la Scholaftique, pour fe demêler quelquefois des furprifes que nos adverfaires nous peuvent faire; mais qui n'auroit auffi que cela, ce feroit une pauvre chofe. J'ai plus fu de toutes ces matieres au bout du doigt, que tous ces Suarez & les Cours de Conimbre n'en ont écrit, & n'en écriront d'ici à je ne fai combien d'années, mais je fais fort peu de cas de cela. Aux Ecoles ordinaires de Scholaftique ils laiffent ordinairement la folidité, pour embraffer la fubtilité, qui eft une grande faute; pourvû qu'ils ayent quelques argumens, qui éblouiffent, ils ne fe foucient d'autre chofe.

SCISSURA *pallii Samuelis, figura fcif-*
furæ Regni Saul.

SENECA. On a cru qu'il étoit Chrétien, & que Saint Paul & lui, avoient eu quelque familiarité, mais il n'y a guere d'apparence. Les Epîtres qu'on dit être de Saint Paul à lui, & de lui à Saint Paul, font fausses; on dit qu'en mourant il dit, *fanguinem hunc aqua mixtum voveo Jovi liberatori.* Quelques-uns ont voulu inferer de là, qu'il étoit Chrétien, & que par ce *Jupiter liberator*, il avoit voulu entendre Jefus-Chrift. Il n'y a point de doute que Seneque, & quelques autres Anciens, ont eu generalement quelques fentimens de la Divinité; & quelques-uns ont voulu croire, que les felicitez temporelles que telles gens ont eues entre les Païens, ils les ont eues de Dieu en cette confideration.

Monfieur de SENECEY (*a*). Il y a une Harangue de lui qui est fort bien faite, & qui est une des bonnes pieces du tems;
c'étoit

(*a*) *Monfieur de Senecey.*] Claude de Beaufremont Sieur de Senesçay, Gouverneur d'Auffone, avoit harangué pour la Nobleffe aux derniers Etats de Blois. L. D.

c'étoit un bon esprit; son fils a si bonne façon, il a la Physionomie d'un homme fort doux, & qui néanmoins a de la finesse & de la vertu.

Sens. Le lieu de Saint Bernard sert d'un bon titre pour la Primatie de Sens. L'Archevêque de Sens la perdit contre l'Archevêque de Lyon qui étoit de la Maison de Bourbon, contre lequel l'Archevêque de Sens ne voulut pas debatre, à cause qu'il étoit sa Créature.

Les Septante. Monsieur Dolé lui disoit, qu'ils étoient bien differens de l'Hebreu; il est vrai, dit-il, mais toute la difference ne vient qu'à cause des points, & en changeant les points il seroit aisé de faire l'Hebreu semblable au Grec; & puis les LXX. sont autorisez par Jesus-Christ & par les Apôtres.

Sepulchra *eorum qui sanctè vixerunt, colenda & adoranda.* Plato, *in Theud. de curand. Græc. aff. l. 8.*

Le Cardinal Seraphin étoit un galand personnage, jovial, qui croyoit fort aux Propheties & aux Devins. Un jour il faisoit un fort plaisant conte, qu'étant jeune écolier à Boulogne, il lui sembloit en dormant, que quelqu'un l'éveilla, & lui dit

dit qu'il écoutât & comptât combien de coups fraperoit une cloche qu'il entendoit sonner, & qu'il vivroit autant d'années qu'elle fraperoit de coups. Lui s'éveilla & compta, ce dit-il, 84. coups; mais il faut tout dire, ce disoit-il, elle en avoit déja bien sonné avant que je m'éveillasse; il contoit cette vision fort plaisamment.

SERPENS. Il y en a qui disent qu'il est absurde de dire, que les Serpens ne font point de mal à Malthe, à cause de Saint Paul, & ils veulent attribuer cette vertu à l'Isle, & disent que les Anciens n'en ont point parlé. Mais je leur répons, que les Anciens savoient bien ce que c'étoit que Malthe ; & que delà ils faisoient venir *canes Melitenses*, *vestes Melitenses*, *& rosas Melitenses*; & que si l'Isle eût eu cette proprieté de n'avoir point les Serpens, ils l'eussent remarqué aussi bien qu'en d'autres lieux, qui ne font gueres plus considerables que Malthe, & qui étoient beaucoup plus éloignez d'eux; comme ils ont remarqué cette proprieté aux Isles de Grenesé, qui sont proche de France & d'Angleterre, & qui étoient plus éloignées d'eux; il n'y a point de doute, que si c'eût été une proprieté attachée à l'Isle, les Payens & tant d'end'ennemis de la Religion, n'eussent pas oublié de le leur reprocher, comme Porphyré & les autres. Le Serpent est bien appliqué pour designer symboliquement la fraude; car comme il ne tourne jamais la tête droit où il veut aller, ainsi la fraude ne declare jamais son intention de premier front.

De SERRES (*a*) étoit Catholique Romain. Je lui ai vû faire son abjuration entre les mains du Legat le Cardinal de Florence; mais il ne fit pas sa déclaration, parce que l'on esperoit qu'il feroit quelque profit parmi ceux de la Religion. En ce temps Monsieur de Sancy se convertit, & fut cause qu'il se hâtat, & qu'il se déclarât, & lui dit, Monsieur, si j'avois ma famille & tout mon bien ici, je n'arrêterois pas à me déclarer. Le

---

(*a*) *De Serres.*] Jean de Serres, duquel parlent souvent les Notes sur la Confession de Sanci, mourut en 1598. Or, voici ce qu'en Août 1597. il écrivoit à Casaubon pag. 651. des Lettres de celui-ci, édit. de 1709. *At*, ce sont ses paroles, *quantulus sum, hos canos eidem Ecclesia sacro, cui juventutis florem dedicavi, donavi.* Qu'on juge après cela si Du Perron est croyable, lors qu'on lui fait dire qu'il a vû cet homme faire abjuration de la Religion Protestante. *L. D.*

Le Cardinal SFORZA, qui ne croit pas la puissance du Pape comme beaucoup d'autres choses, me disoit qu'elle est bien aisée à prouver à Rome.

SIGNIFICARE bien souvent dans les Peres ne veut pas dire signifier; mais appeller, comme dans Saint Ambroise, *Corpus Christi significabatur, id est appellabatur*; j'en ai une infinité d'exemples des Peres.

SILENCE. On n'est pas toûjours reçu à argumenter du Silence, & de la tolerance des siecles précedens contre les témoignages & les exemples des siecles posterieurs.

SINISTER *locus in sacris Litteris dignior dextro*; Baron. *Epit. Ann. an.* 325. 17. *&* 18.

SITIO, *quid est nisi desidero fidem tuam?* August. *homil.* 23.

SIXTE V. fut fait Pape par le Cardinal d'Este qui pensoit en ce faisant, devoir tout gouverner; & avoit tiré de Sixte une promesse; à la charge qu'il fût du parti des François. Cette promesse fut trouvée après la mort du Cardinal d'Este dans ses papiers; Ce qui m'a été dit par le Cardinal Camerin, qui étoit des siens. C'est ce qui occafionna les Espagnols à lui vouloir tant de mal; jusques à deliberer de le dépoſer ; ce qui fit auſſi reſoudre le Pape d'excommunier le Roi d'Eſpagne. Cette affaire-là le travailla de telle façon, & il la prit tellement à cœur, comme une choſe qui étoit de grand poids, qu'il en devint malade & en mourut. Les Eſpagnols faiſoient alors courir le bruit à Rome, qu'il étoit mort pour avoir trop bû du *Lachryma*. Je crois bien que cela y ſervit ; parce que lors qu'il étoit malade, il faiſoit grand chaud, & dans ſa grande ſoif, il bûvoit de ce *Lachryma*. Monſieur de la Boderie dit ſur ce propos, qu'il ſe ſouvenoit qu'étant à Rome au Conclave, on le menoit quelquefois faire collation dans le Palais de ſaint Pierre ; & celui qui le menoit, qui étoit un bon vieillard, qui gauſſoit, diſoit, *Andiamo a provare quel coltello che ammazzò Papa Sixto*. Le Cardinal d'Eſte après que Sixte fut fait Pape, lui demandant tout plein de graces, ne ſe put tenir de lui dire, *Padre ſanto, io v'ho fatto Papa*. Sixte-lui répondit *Laſciatemi dunque eſſer Papa*.

SOCINUS qui eſt aujourd'hui en Pologne, & eſt celui qui a écrit pour défendre
les

les Ariens d'aujourd'hui, dit que c'est le moyen pour s'accorder avec les Mahometans, & pour concilier ces deux Religions. Car les Mahometans disent que Christ est un grand Prophete, aussi bien que les Ariens d'aujourd'hui, qui ôtent à Jesus-Christ la Divinité; ainsi le Calvinisme tombera enfin en Turcisme; de Luther est venu Calvin, de Calvin ces Ariens, qui veulent accorder le Christianisme avec le Mahometisme.

SOCRATE étoit Novatien & ennemi particulier du Pape; nous n'avons point d'Historien ancien Catholique; Nicephore le dit exprès. Socrate heretique de l'heresie des Novatiens, par-tout recusable au fait du Celibat, où il suppose l'Histoire de Paphnuce; recusable encore pour le regard du Canon indifferent pour la celebration de la Pâque.

SAINTE SOPHIE. Pendant que j'étois à Rome la premiere fois, l'Ambassadeur de Venise qui y étoit alors, appellé Contarin, me dit que le Temple de Sainte Sophie de Constantinople est plus beau que le Temple de Saint Pierre de Rome. Le Pere Canillac Jesuite le trouve aussi plus beau. Procope au Livre qu'il a fait des bâ-

bâtimens de Justinien, en fait une description qui est magnifique, & il y a encore dedans des Mosaïques, qui sont du temps de Justinien.

SOPHISTES. Leurs argumens, dit un Ancien, sont comme les Ecrevisses; où il y a beaucoup à éplucher, & peu à prendre.

Σοφῶς. *Acclamatio olim docentibus, inde Martialis*, grande Sophos.

De SPINA (*a*) étoit quelque peu poli, mais il ne savoit pas beaucoup en la Theologie, & il se voulut convertir sur la fin; mais ils ne le laisserent pas sortir & l'assiégerent toûjours.

STILES. Je puis juger des Stiles parce que j'ai employé 25. ans entiers à feuilleter tous les bons Auteurs Latins, Grecs & Italiens; j'ai été 15. ans entiers, que j'avois toû-

---

(*a*) *De Spina.*] Jean de l'Epine, en sa jeunesse, Religieux Carme, & depuis l'année 1561 Ministre de la Rochelle, mort fort vieux à Saumur en 1594. On a de lui plusieurs Traitez, & de Morale, & de Théologie, qui ne donnent pas le moindre lieu de soupçonner, qu'en sa vieillesse, il ait pu être tenté de rentrer dans la Communion qu'il avoit quittée. Je ne sai, au reste, pourquoi Du Perron l'appelle ici *De Spina*, car *Spinaus* est le nom que lui donne la Traduction Latine de ses *Excellens Discours* &c. imprimée à Génève en 1591. L. D.

toûjours dans ma poche un *Orator* de Ciceron. C'est le plus méchant stile du monde que celui de Tacite, & est le moindre de tous ceux qui ont écrit l'Histoire. Tout son stile consiste en 4 ou 5 choses, en Antitheses, en reticences: une page de Quinte Curce vaut mieux que 30 de Tacite; j'en puis juger, car je l'ai autant manié qu'homme de France, j'en ai là-dedans un, montrant sa Bibliotheque, où il n'y a ligne que je n'aye marquée. J'ai été 3 ans entiers, que j'avois un Tacite dans ma poche: jamais il ne fera un bon homme d'Etat, il fera bien un bon Courtisan, & lui apprendra les ruses de la Cour. Je n'ai jamais vû homme de jugement qui louât Tacite; les Italiens qui entre toutes les Nations sont les plus judicieux, n'en font point d'état. Il n'y a rien si aisé à imiter que le stile de Tacite, & ceux qui s'y amusent, s'en lassent incontinent. Je me souviens que Monsieur de Belesbat votre Pere, l'imitoit fort bien & avec grande facilité. (Il disoit cela à Monsieur de Belesbat Conseiller au grand Conseil, qui louoit Tacite & Seneque; ce qui fut cause qu'il se mit sur le discours que j'ai écrit ci-devant, & dit sur ce propos de l'éloquence, des choses admimirables). Quinte Curce est le premier de la Latinité; si poli, si terse; & est si admirable, qu'en ses subtilitez il est facile, clair, & intelligible. Je mets Florus le plus haut après lui; c'est toute fleur, il est si élegant. Monsieur de Tyron, qui étoit un grand homme pour juger des stiles, mettoit Q. Curce au premier rang. Les choses qui consistent en demonstration, il faut les écrire en stile propre sans metaphore, comme la Medecine, la Theologie & l'Histoire. L'Orateur peut user d'ornemens & de fleurs. Tout homme qui a à parler en public, doit surmonter l'attente des Auditeurs; ou bien il ne fait rien qui vaille. Les anciens mots employez avec jugement donnent quelquefois de la dignité & de la majesté au stile, *grandiorem reddunt orationem*, comme parle Ciceron. Le jugement & l'invention en matiere d'écrire, ont leurs tems & leurs fonctions totalement diverses & separées; car le jugement vient de la froideur, l'invention de la chaleur; le jugement consiste à retrancher, l'invention à ajoûter; le jugement porte l'esprit de la circonference au centre, l'invention du centre à la circonference.

STRACAN. Il me dit un jour parlant de

de Monsieur Stracan (a), que c'est le plus honnête Ecossois qu'il ait jamais vû, & qu'il falloit lui faire avoir une place entre ceux qui doivent discourir devant le Roi.

Suarez est le plus ignorant homme en Antiquité qu'il est possible; les Jesuites de Turin m'apporterent un Livre qu'il avoit fait, dequoi ils faisoient un grand cas, je leur montrai tant de passages, si impertinemment, sottement & ignoramment tirez que rien plus, & falsifiez aussi. Le P. Coeffeteau dit que l'on le tenoit pour le plus excellent Metaphysicien de tous les Docteurs. Il répondit, mais le plus souvent ce n'est que Sophisterie. Celui d'entre tous les Scholastiques, qui a écrit le plus de l'Eucharistie; c'est Suarez.

Suber ἀβάπτισος. Pindare. *Vide Lambinum in illud Horatii*, adversis rerum immersabilis undis.

Subtilité. Il y a des choses qui par trop de subtilité perdent leur force, *Seneca*.

Su-

(a) *Monsieur Stracan.*] Un Strachen Ecossois que le Latin de Mr. de Thou, Livre 134. nomme *Joannes Strachenus*, & qui étoit Capitaine d'Infanterie au service d'Espagne, dans le Regiment Ecossois du Comte d'Egmont, fut tué en 1600. à la bataille de Nieuport. L. D.

SUBURBICARIÆ. Le Canon du Concile de Nicée, où il y a *Suburbicarias*, ne fait rien contre le Pape, car il est de la version de Ruffin, qui avoit été excommunié par le Pape Anastase, & le Grec ne le dit point.

SUCCESSION. Tous les Sacrificateurs étoient successeurs d'Aaron; ils avoient donc tous les privileges d'Aaron avec autant d'avantage que le Souverain Sacrificateur, tant les Princes des Sacrificateurs, qui commandoient aux 24. ordres, que les simples Sacrificateurs. Belle conclusion! Les Prêtres de même sont tous successeurs de Saint Pierre, mais chacun selon sa mesure, & non avec la même plénitude de son autorité. Car il y a succession de derivation, & succession de representation. Tous les enfans sont bien successeurs du Pere en la premiere sorte, mais l'aîné seul en la deuxiéme; tous les rameaux sont bien contenus avec la racine, mais collateralement & derivativement: la seule tige directement & representativement; la succession ne fait pas pour la probité, mais pour l'Autorité. L'être fils d'Ezechias, n'a pas donné à Manassé d'être bon Roi comme me lui; mais bien d'être Roi comme lui. Et encore qu'avec cette condition il ne laissât pas de pouvoir être Tyran, quant à l'exercice dépravé de son autorité, néanmoins sans cette condition, il ne pouvoit être sinon Tyran & usurpateur; laquelle Tyrannie est d'autant plus insupportable que l'autre, qu'il est permis même par les Loix, aux particuliers de tuer ceux qui sont Tyrans de cette sorte.

SUDARE. *Ideo toto corpore sudavit Christus, quia in corpore suo, id est, in Ecclesia sua Martyrum sanguinem effudit.* Aug: in Psal. 93.

SUJETS. Il y a deux nœuds par lesquels ils sont obligez d'obéir à leur Prince; l'un politique, qui a pour but la paix & la félicité de la vie temporelle, & contre l'infraction duquel sont instituées les peines temporelles, qui est celui dont parle Saint Paul, *non seulement quant à l'ire;* l'autre religieux & ecclésiastique, à savoir celui d'obéissance, que les Chrétiens doivent à leurs Princes, non pour le simple respect des Loix & peines temporelles, mais pour le respect de Dieu, pour la considération des peines & recompenses éternelles, qui est celui que le même

me Saint Paul appelle, *pour la conscience*. Quand Saint Pierre écrit, *soyez sujets à toute creature*, le mot de *creature* se prend là pour Magistrat ou autre personne constituée en superiorité, parce que ce sont les Magistrats *qui propriè creari dicuntur*. Le precepte de Saint Paul, qui commande d'obeir aux Empereurs qui de son temps étoient Payens, semble ne devoir avoir lieu que pour les Empereurs, dont la domination avoit été instituée avant le Christianisme, & ne lier pas aujourd'hui les Chrétiens qui vivent sous l'Empire du Turc: d'où vient que les paroles de Saint Paul touchant les Empereurs qui n'avoient jamais été Chrétiens, n'inferent aucune consequence necessaire pour des Princes & Souverains qui ayant cru en Christ, se sont revoltez contre lui (*a*). Saint Thomas met cette difference entre les dominations instituées avant le Christianisme & celles qui ont été instituées depuis, qu'aux premiers

_____

(*a*) *Les paroles de Saint Paul..... n'inferent aucune consequence necessaire &c.*] Monsieur Sarrau n'a pû s'empêcher de mettre à côté de cet article; *Maxime horrible! par laquelle il est permis, aux Chrétiens vivans sous des Princes infideles, de se rebeller contre eux.*

miers il est licite d'obeïr à des Princes infideles; mais que dans les autres il est illicite d'élire d'autres Seigneurs que des Chrétiens & fideles. Clovis étoit Roi premier que d'être Chrétien & avant son Sacre; & partant se rendant Chrétien, il n'avoit pas besoin que ses Sujets lui fissent de nouveau serment, ni lui à eux. Mais cela n'avoit pas lieu pour Pepin, ni Hugues Capet, Chefs des deux dernieres races: Car Pepin n'étoit pas Roi avant que d'avoir fait & reçû le serment de son peuple; ni Hugues Capet n'étoit pas Roi legitime, mais seulement usurpateur, jusques à ce que les François y eussent prêté leur consentement & lui eussent fait le serment de fidelité. Or qui doute, que quand Pepin fut élû Roi des François, ce ne fût à condition d'être Chrétien & Catholique, puis qu'outre la distinction de S. Thomas, c'étoit en faveur de la défense que lui & son Pere avoient faite de la Religion Chrétienne contre les infideles, qu'on l'élisoit, & que l'une des principales causes qu'on aportoit pour deposer Chilperic, c'est qu'il étoit incapable à cause de son insensement, de defendre la Religion Chrétienne contre les infidéles. Si Clovis & les autres Rois après s'être faits Chrétiens étoient de pire condition que quand ils étoient Payens, parce qu'ils ne pouvoient retourner au Paganisme sans perdre non seulement la vie éternelle, mais même le droit du regne temporel, il faudroit dire que tous les infidéles qui se font Chrétiens, seroient de pire condition qu'auparavant: Car avant que de se faire Chrétiens, ils pouvoient répudier leurs femmes, & en prendre d'autres, ils pouvoient même avoir plusieurs femmes, & outre cela des Concubines encore; là où depuis qu'ils sont Chrétiens, ils ne le peuvent plus; & s'ils veulent retourner à leurs anciennes coûtumes, ils sont punis par les Loix tant spirituelles que temporelles. Il y a cette différence entre l'Etat des Peuples Chrétiens avant qu'ils fussent acquis au Regne temporel de Christ, lequel il exerce par ses Lieutenans qui sont les Rois, & l'Etat des mêmes Peuples Chrétiens depuis qu'ils ont été acquis au Tribunal spirituel de Jesus Christ, lequel il exerce par le ministere de ses Officiers & Vicaires spirituels qui sont les Evêques & Pasteurs, c'est que durant le premier temps ils étoient obligez en conscience, d'obeïr aux Empereurs Payens,

gens, & ne se pouvoient revolter contre eux; mais que durant le second temps cette obligation de conscience cesse, & qu'ils peuvent légitimement, quand l'occasion s'en presente, secouer le joug de leur servitude; & partant encore que le précepte de Saint Pierre & de Saint Paul soit perpetuel, néanmoins la condition qui étoit de leur temps, à savoir que les infidéles puissent être vrais & legitimes Rois, n'étoit pas perpetuelle.

Monsieur DE SULLY. Sa richesse & son avancement consiste en dons du Roi, fort grands, en presens qui lui ont été faits par les Partisans, & en pensions que le Roi lui donnoit; car il avoit de l'état pour toutes ses charges 200 mille francs, desquelles il a épargné la plus grand' part depuis qu'il est aux finances, & ne se trouvera point qu'il se soit enrichi des deniers de l'Epargne; il n'a point 40. mille francs de rente, il n'en confesse que 25. Je laisse le revenu qu'il a en Benefices, car il a 50. mille francs de rente. Il y a 6. mois, qu'il a dit à la Reine, qu'il étoit impossible qu'il demeurât aux Finances, si elle ne le maintenoit contre tous, car il ne peut resister

aux

aux querelles de tous les Grands qui lui viennent demander, si elle ne l'avoue, autrement tous les jours se feront mille querelles & mille prises avec les uns & les autres pour vouloir remedier aux profusions, qui se font. Quoi qu'on fasse en ôtant Monsieur de Sully, il est impossible que les finances soient maniées si ce n'est par un Conseil; car si l'on y met un petit compagnon, il ne pourra resister aux bravades de tant de Grands; si l'on y met un Grand ou un Prince, il sera suspect; il faut donc que ce soit un Conseil des finances, qui apportera mille inconveniens à cause du temps qu'on apporte ordinairement à tous les Conseils & aux resolutions. L'Etat de cette année seulement ils ne le sauroient faire sans lui; il faut qu'ils trouvent je ne sai combien de millions de fonds, pour payer les nouvelles pensions; où est-ce qu'ils trouveront cela? Si on va retrancher les pensions que donnoit le Roi, qui sont des pensions bien employées (car le feu Roi ne jettoit pas le lard aux chiens) il faut mécontenter une infinité de gens necessaires, qui sont ceux à qui le feu Roi donnoit. D'autre côté si l'on veut casser les nouvelles, ce sera encore pis, si bien qu'ils feront bien empêchez. Monsieur de Sully avoit mis dans les coffres du Roi, 20. millions de Livres d'extraordinaires, & depuis la mort du Roi on en a depensé 10. millions. La Reine en donnant des pensions ordinaires sous pretexte d'empêcher qu'on ne nuisît à son fils, a donné moyen à plusieurs de lui nuire; car sans les pensions extraordinaires ils n'auroient pas moyen d'être suivis. Monsieur de Sully a une Lettre que le feu Roi lui écrivit au commencement qu'il se mit aux affaires, & le conjura de s'y mettre & de le mettre hors de peine; qu'il avoit mille gens sur les bras qui lui demandoient, & son pourpoint percé au coude. Monsieur de Sully a acquité le Roi de 100. millions, & degagé le Domaine, ou mis en état de le dégager pour 30 millions, & laissé 20 millions. Quand il parle au Conseil, il semble que ce soit un Pedagogue, tous les autres se taisent; il a une patente du Roi, par laquelle il lui défendoit de dépenser l'argent de la Bastille, que pour faire la guerre à ses ennemis.

SURIUS. Il y a un certain Laurentius Surius, qui revoque en doute Liberatus, & la Loi *inter claras* approuvée par Alciat

& par Cujas, qui dit qu'elle est dans les Basiliques. Liberatus aussi en parle & la confirme au 2. tome des Conciles p. 801. Mais Surius se trompe & est une grande bête; car ce Liberatus est un bon Auteur; il le rejette sur ce qu'il drape le Pape Vigilius; mais il est si ignorant, qu'il ne voit pas qu'alors Vigilius étoit heretique & Anti-Pape. Cette Loi *inter claras*, est pour l'union des Eglises, que Justin & Justinien se sont efforcez de remettre contre les efforts, qui avoient été faits au contraire par les Empereurs Zenon & Anastasius.

Æneas Sylvius écrivit en faveur du Concile de Basle; mais il le fit étant fort jeune, & nouveau écolier revenant de Suisse.

Symbole. C'est une folie de dire, que chaque Apôtre a fait son article du Symbole. Il y avoit dans l'Eglise une Confession de foi autre que le Symbole de Nicée, & avant même ce Concile, laquelle faisoit mention de l'article de la Resurrection des morts, qui ne fut point mis au Symbole de Nicée; mais depuis au Symbole du Concile de Constantinople, lequel il y a apparence qu'il a été fait des articles de cette ancienne Confession de foi, & de ceux du Sym-

Symbole de Nicée & par ce moyen on pourroit donner explication au lieu de Saint Ephrem, qui dit que l'Eglise Ancienne a cru la Resurrection des morts; entendant la Confession de foi de l'Eglise avant le Concile de Nicée; car autrement ce lieu ne se pourroit pas entendre, Saint Ephrem ayant été avant le Concile de Constantinople, lequel fait le premier mention de la Resurrection des morts. Les Grecs se sont séparez d'avec nous, parce qu'ils disent que nous avons ajoûté au Symbole, contre ce qui avoit été défendu par le Concile de Chalcedoine, que l'on n'ajoûtât point une autre doctrine; ce mot, *aliam doctrinam*; c'est-à-dire, doctrine contraire. Le Concile de Constantinople ne fit-il pas une doctrine? mais elle n'étoit pas contraire.

SYNODUS PLENARIA, ne veut pas toûjours dire *universalis Synodus*, mais quelquefois le Synode d'Afrique. Quelquefois, *major Synodus*, ne veut pas dire, *major multitudine Episcoporum*, mais *major auctoritate*.

T.

TERMES differens selon les Sciences. Ceux-là sont des Pédans, qui nous veulent contraindre d'expliquer les mots au même sens, qu'ils sont entendus dans Xenophon & Herodote; parce que selon les Arts & les Sciences diverses, la signification des mots varie necessairement; comme en Philosophie on dira que *homo est species*, & en Grammaire *homo est genus*. C'est une impertinence d'alleguer une distinction pour distinguer l'acception d'un terme, lequel encore qu'il ait plusieurs usages, il est clair au lieu où il est employé, en quel sens on l'y doit entendre; comme si j'allegue cette proposition, que le sang du Taureau est du poison, c'est une absurdité ridicule que de répondre là-dessus, que ce mot de *Taureau*, a plusieurs significations; qu'il signifie quelquefois un Signe celeste, quelquefois un Animal, quelquefois une Montagne; car la seule relation des termes intrinseques de la composition détermine assez en quelle acception il doit être entendu, vû que le Taureau, quand il signifie un Signe celeste, ou une Montagne n'a point de sang.

TERTULLIEN est un terrible Auteur, & qui ne se laisse pas manier à tout le monde: il est plein de nerfs, sa plume perce comme un burin; il a d'étranges façons

çons de parler. *Disciplina* veut dire bien souvent dans ses Ecrits le culte exterieur de la Religion, *fides* la Theorique, *regula*, les Canons, les Loix. *De Deo & disciplina*, comme qui diroit, *de Deo & ejus cultu*. Il y a aussi en un endroit, *Scriptura figit regulam*, ce n'est pas à dire que l'Ecriture ait établi des bornes, mais qu'elle a decidé la question. Ailleurs, *Scriptura habet rationem, sibi sufficit*, c'est à dire, l'Ecriture a son compte, elle a dequoi payer, elle se contente. Il a appellé les Chrétiens *pisciculos*, parce qu'ils sont nez de l'eau du Baptême; ou bien parce que *facti sunt familiares Christi qui dictus est piscis*, ἰχθὺς des premieres Lettres de ces mots, Ἰησοῦς Χριστὸς Θεοῦ υἱὸς σωτὴρ. Il y a en un autre endroit, *fides nominum est intelligentia sententiarum*, c'est-à-dire, que la fidele interpretation des mots est la vraye intelligence des choses. Il appelle ceux qui sont baptisez, *candidatos Baptismi*; faisant allusion aux robes blanches de ceux qui étoient baptisez, lesquelles robes ils portoient jusques au Dimanche, appellé pour cela, *Dominica in Albis*, qui s'appelle aussi de *Quasimodo*, à cause qu'on leur disoit, *quasimodo geniti infantes, lac & mel comedite*. On leur donnoit

noit du lait & du miel, pour leur montrer qu'ils étoient recréez & faits enfans; & ce lait se donnoit seulement aux Catechumenes & aux Adultes, *ad notandum infantiam*, ce qui ne se donnoit point aux enfans qu'on baptisoit, & tous les nouveaux baptisez étoient dits *infantes Christi*, bien qu'ils fussent fort âgez. Ceux de la Religion disent, que cette Oeuvre de vers de Tertulien n'est pas de lui, parce que les régles des vers n'y sont pas: je voudrois plûtôt tirer de là, que cette Oeuvre est de lui, car Tertullien n'étoit pas un homme pour s'assujettir aux regles. *Apud nos*, dit-il, *omnia indiscreta præter uxores*.

TESTAMENT. Dans le vieux Testament il n'est point parlé ni du Paradis ni de l'Enfer; à quoi un Ministre converti lui répondant, que ces mots ne s'y trouvoient pas expressément, mais qu'il y en avoit d'autres qui pouvoient avoir la même force; comme la Mort, la Vie, il répondit, qu'on ne trouvoit dans l'Ancien Testament autre chose que des peines & des récompenses temporelles; des peines éternelles il n'en fait aucune mention; si donc ils se veulent servir de ces passages, où les Ecritures sont recommandées, lesquelles

les ne s'entendent que des Ecritures du Vieux Testament, il faut, puis qu'ils disent qu'on ne se doit servir que de la seule Ecriture par ces passages-là, que l'Ecriture de l'Ancien Testament soit suffisante; si elle est suffisante, qu'ils y trouvent donc l'Enfer & le Paradis, la Communion sous les deux especes, & le Baptême des petits enfans.

TESTAMENT ne signifie pas toûjours Alliance, il signifie quelquefois le sceau de l'Alliance, σφραγίς; & la bête qui se coupoit. Lors qu'anciennement ils faisoient alliance, ils apportoient un animal lequel ils coupoient; & par cette ceremonie ils faisoient l'alliance, & cet animal s'appelloit *Berith*, & le sang aussi de cet animal, ce que les Latins appelloient aussi *Fœdus*, d'où vient que nous voyons toûjours dans les bons Auteurs ce mot de *fœdus* joint avec un autre qui signifie *frapper*, ou *couper*, *ferire fœdus*, *icere fœdus*. En Grec aussi dans Homere la même façon de parler ὅρκια πιστὰ ταμόντες. *Calix est testamentum in meo sanguine, id est, fœdus sive sigillum.*

THEODORET. Je suis sorti d'un passage bien difficile de Theodoret, qui m'a tenu trois mois. Toutes les parties de ce passage prises separément ne semblent pas difficiles, mais toutes ensemble il y a bien de la difficulté; Je les ai bien expliquées. Le Livre *de curatione Græcarum affectionum* est de Theodoret, bien que ceux de la Religion ne le croyent pas, & que Nicephore ne le mette pas dans le Catalogue des Oeuvres de Theodoret: mais je puis montrer par trente passages qu'il est de lui; passages du lieu, du temps, & du stile de l'Auteur. Theodoret avoit fait douze Livres des Sacremens, qui sont perdus. Puisqu'il en avoit tant fait, c'est sigre qu'il en comptoit plus de deux, & qu'il n'étoit pas de l'avis de Calvin.

THEODOSE le Grand. Saint Ambroise lui reprochoit de forcener contre Dieu, foulant aux pieds les Loix divines.

THEODOSE II. Empereur, ayant été rencontré par un homme qui lui avoit signifié une excommunication, & depuis cet homme-là s'étant perdu dans la foule du peuple, ne voulut jamais prendre son repas que cet homme-là n'eût été trouvé, & qu'il ne se fût fait absoudre.

THEOLOGIE. Il ne faut jamais argumenter en Théologie par la Philosophie. En Théologie il est fort mauvais de s'arrêter

ter sur la raison de Philosophie; le meilleur & le plus sûr est de ne s'éloigner point de l'autorité; il est toûjours plus expedient de s'amuser à ce qui est du fait, & non pas à ce qui est du droit; & meilleur d'avoir l'exemple des choses passées; Je traite la Théologie comme Cujas faisoit le Droit. J'y apporte des embellissemens tirez des Belles-Lettres; j'ai cela de plus, que j'ai d'autres aides tirez de la Philosophie. Pour être Théologien il est besoin de savoir trois Langues, Latin, Grec, Hebreu, au moins les deux premieres sont absolument nécessaires; car en Hébreu il y a seulement l'Ecriture, mais les deux il faut qu'un Théologien les ait. Le plus grand nombre des Peres est Grec, & ils sont si mal tournez que rien plus. Si c'est un heretique qui les ait traduits, à dessein il y aura commis des fautes; & d'autres en auront fait par ignorance, si bien qu'il est impossible qu'on ne commette de grandes fautes si l'on ne sait cette Langue; & si l'on s'en fie aux Traducteurs, comme font la plûpart de ceux qui ont écrit, on commet des fautes ridicules. Tous ceux qui ont écrit, voulans prouver l'adoration du Sacrement, ne manquent pas de citer ce passage de Saint Chrysostome, si je ne me trompe, *adora & communica*, parlant de la façon des Anciens de se mettre à table & de l'*accubitus* : il y a dans le Grec ἀνάπεσον, id est, *procumbe, accumbe*; & ils ont jugé que cela vouloit dire, *inclina & adora*. Il y a un autre passage, je crois du même Auteur, qui dit *adoremus*, mais il faut traduire selon le mot Grec, *adornemus*. Aujourd'hui on ne sait plus rien en Théologie, ils ne savent rien de l'Antiquité que par indices, ne savent rien aux Langues; ne lisent point les bons Livres, & par consequent ne peuvent connoître ceux qui sont supposez, en quoi beaucoup de gens se trompent tous les jours; & même S. Thomas qui cite de Lanfrancus pour Saint Augustin. Pour écrire contre ceux de la Religion, il est besoin premierement de savoir bien leur doctrine, plus, d'avoir une grande connoissance des Langues, & être bien versé en la lecture des Peres; si je n'étois Catholique, je rembarrerois bien nos Docteurs par leurs solutions. Il est de la Théologie comme de la Tortue, de laquelle il ne faut pas manger si l'on ne veut la manger toute.

THEVET (*a*). M. de Pimpont (*b*) dit un jour

(*a*) *Thevet.*] André Thevet, Voyageur fabuleux & mauvais Ecrivain. Il est parlé de lui dans les Notes sur le *Catholicon d'Espagne*. L. D.

jour à Thevet, contre lequel Belleforest plaidoit & maintenoit qu'il lui avoit dérobé de ses Ecrits; Ecoute, veux-tu lui faire un grand déplaisir? dis que c'est lui qui a fait tout ton Livre, on dira qu'il est la plus grosse bête du monde.

SAINT THOMAS est venu fort avant dans la Scholastique; s'il fût venu en un temps où il eût trouvé des gens polis, il eût fait des merveilles. Il a trouvé des hommes tous faits devant lui, Albert & Alexandre de Hales, & les Livres d'Averroès, qui étoient tournez en Latin. Pourvû que l'on ne passe point S. Thomas, on en a assez dans la Scholastique, on en sait tout ce qu'il en faut savoir; le reste n'est que perte de temps. La Somme de Saint Thomas est comme le resultat de ses autres écrits, & comme son Testament & sa derniere volonté; laquelle a toûjours été tenue comme le miracle & l'oracle de la Théologie Scholastique; toûjours lûe publiquement, & s'il se peut dire, adorée en l'Ecole de Paris.

THUS

―――――――――――――

(o) *Pimpont.*] Mr. de Thou parle d'un N. Vaillant, Sieur de *Pimpont.* Le Procureur General la *Guesle* étoit de cette famille. L. D.

Thus *totum, non pars, Domino incensû præcipitur; Orationis enim sacrificium Domino soli offerendum est; nam etsi Sancti rogantur à nobis, non tamen, ut nos salvent (Domini siquidem est salus) verum ut nobis salutem impetrent, postulatur.* Radulphus *in Levit. c.* 4. *l.* 1.

Le Cardinal TOLET disoit qu'il n'y avoit rien de si vilain ni de si laid, qu'un festin en une cuisine, mais rien de si beau qu'un festin sur la table. Il dit cela à propos de ce qu'il mena un jour Messieurs d'Aire & de S. Victor & de Nantes en son cabinet où ses papiers étoient confus sur la table, & leur lisant quelque piece de son Livre qui étoit brouillé; il n'y a ici que de la confusion, leur dit-il, quand le Livre sera prêt, il sera mieux. Le Cardinal Tolet fut fait Cardinal par le Pape Clement, seulement parce qu'il connut qu'il favorisoit l'absolution du Roi, & il le fit à dessein que l'on dit qu'un Espagnol avoit été de cet avis, & le Pape passa par son opinion. Le Pape après avoir resolu l'absolution du Roi, l'envoya querir & lui dit que la nuit il avoit eu quelque revelation, qui l'empêchoit d'absoudre le Roi. Le Cardinal répondit, Pere Saint il faut que ces inspirations viennent du Diable, puis-qu'elles viennent après la resolution; car si elles venoient de Dieu, elles eussent prévenu la resolution. Le Cardinal Tolet n'avoit d'autre envie que de voir le Roi, & d'être envoyé Légat en France. Parlant du Cardinal Tolet à Monsieur le Marquis de Cœuvres, il lui dit, c'étoit un homme qui vous aimoit bien, & me parla fort de vous; il aimoit fort le Roi, & même proposa au Pape, de menacer le Roi d'Espagne de l'excommunication s'il persistoit à se roidir contre l'absolution du Roi. Je le fus voir un jour, & le trouvai qu'il écrivoit une Lettre au Roi d'Espagne fort hardie, c'étoit beaucoup d'écrire de la façon au Roi d'Espagne défunt; ils avoient eu, le Duc de Sessa, & lui, de grandes prises pour cette affaire-là. Le Duc lui disoit un jour, que s'il étoit aussi bon Cavalier que Théologien, il ne tiendroit pas le propos qu'il tenoit; il lui répondit, si vous étiez aussi bon Theologien que bon Cavalier, vous diriez ce que je dis.

Les TOUPINAMBOUTS n'ont point l'usage des caracteres, & ne savent ce que c'est; car un jour un Espagnol étant en leur Pays, & envoyant par un des naturels du lieu

lieu à un autre Espagnol qui étoit aussi en ce pays, mais quelques journées plus loin, cinq petits lapins; il lui écrivit sur une feuille, le nombre des lapins qu'il lui envoyoit; le Messager en mangea un par le chemin, & étant arrivé au lieu, où il devoit trouver celui à qui il portoit son present il lui donna les quatre lapins, avec la feuille. Celui qui reçut le present, ayant vu ce que l'autre lui écrivoit, reconnut qu'il y avoit faute au nombre, & lui dit, vous avez mangé un des lapins; Ce pauvre homme lui demanda comment il le savoit; je l'apprens par cette feuille, lui dit-il; ce qui l'étonna fort, & il crut qu'il y avoit quelque Divinité là-dedans.

TRADITIONS. Ceux de la Religion ont bonne grace de nous ôter les traditions, & de nous obliger à ne croire que ce qui est dans le Vieux & le Nouveau Testament. Car ils ne peuvent nier que beaucoup de Livres de l'Ancien Testament n'ayent été perdus; il y en a de perdu plus que nous n'en avons, comme tant de Livres dont les Chroniques nous font mention, de l'Histoire des Rois de Juda, & de tant d'autres pieces qui sont citées à tout propos. Les Chroniques ne sont qu'un a-
brégé

bregé de l'Histoire; & cela se voit en ce qu'elles ne font que toucher & effleurer les choses en passant. Les Pharisiens n'alleguoient pas leurs traditions, pour discerner l'avenement du vrai Christ, mais les Ecritures mal entendues.

TRAITS, ou pointes. Il n'y a rien de si pernicieux que d'écrire par traits, ni rien de si contraire à l'éloquence. Les traits en un style, sont comme les Pierres rondes en un bâtiment, qui ne se peuvent jamais bien agencer; car si en un discours vous voulez vous en servir de quelqu'un, il faut qu'après, pour reprendre le fil de votre discours, vous descendiez si bas, qu'il ne se peut faire que l'Auditeur ne s'en apperçoive, & qu'étant ainsi piqué par cette pointe, il ne juge qu'il y a de l'artifice en votre discours. Et ayant cette connoissance, il sera bien mal-aisé que vous le persuadiez par après.

TRANSUBSTANTIATION. Ce mot se trouve dans Stephanus Episcopus Eduensis, qui vivoit il y a six cens ans; & ceux de la Religion disent qu'il n'est en vogue que depuis le Concile de Latran.

La TRANSYLVANIE est pleine d'Ariens.

TRA

TRAPEZUNCE étoit fort mauvais Traducteur (a) *Vide supra in Bellarm.*

Τύποι *dicuntur descriptiones minus accuratæ*; ἐν τύπῳ *&* διακριβείας *opponuntur.*

TURRIANUS. Je me suis étonné de ce qu'il veut soûtenir les Decretales; c'est un bon homme & propre à feuilleter les Manuscrits, mais ignorant merveilleusement en ce qui est des temps. Je ne sache point d'homme plus ignorant pour ce qui est des temps que lui & Genebrard; cela n'est pas croyable de leur ignorance. Turrianus a le plus mauvais jugement d'homme, qui ait écrit de notre temps. Ce Turrianus défend les Constitutions de Clement, & pour répondre à cette difficulté laquelle ne se peut soudre; pour le regard de cette Epître de Clement à Saint Jacques, où il l'entretient de la mort de Saint Pierre, qui mourut 9. ou 10. ans après Saint Jacques; il dit pour réponse, que l'Empereur de Grece qui avoit chassé Chrysostome, lui écrivit bien après sa mort. Mais il est si pauvre d'esprit, qu'il ne voit pas que cette Lettre de l'Empereur dont il veut parler, est

___

(*a*) *Trapezunce étoit fort mauvais Traducteur.*] Et fort peu fidele. D.

est une Prosopopée qu'il fait aux reliques & aux os de Saint Chrysostome, de lui pardonner de ce qu'il l'avoit envoyé en exil; mais le tout est dit par une figure de Rhetorique.

TYRANNIE. Il n'y a rien de plus deraisonnable que de vouloir exclurre la Tyrannie par une sedition; j'appelle une sedition rebellion populaire, sans cause & sans raison. Gerson au Sermon qu'il fit devant Charles VI.

V.

Greg. de VALENTIA mourut de déplaisir en la dispute *de Gratia* à Rome; où il fut rendu le plus honteux & le plus confus homme du monde.

VALENTINIEN. Ce que l'Empereur Valentinien le jeune faisoit en matiere de Religion, ne venoit pas de son propre mouvement, mais de l'instinct de sa mere Justine, qui étoit Arienne, & ayant dissimulé son heresie sous l'Empire de Valentinien le Grand & de Gratien, se servit de l'enfance de son fils Valentinien, pour le surprendre, & lui faire couler l'heresie en l'esprit; ce qui faisoit esperer aux Catholiques, que quand il viendroit à être émancipé

cipé par l'âge, du regime & des conseils de sa Mere, & à être maître de ses déliberations, il reprendroit le chemin de son pere & de son frere, comme il arriva peu de temps après.

VALERIANUS, qu'a fait imprimer le P. Sirmond, est un bon Livre. Ces Homelies-là sentent bien leur antiquité. Il y a deux ou trois beaux passages pour la priere des Saints. Il est sorti de Lerins en un même temps, une volée d'habiles gens, comme celui-ci, Eucherius & d'autres.

VAUMESNY. Jamais je n'ai ouï meilleure voix, ni plus ravissante, que celle du jeune Vaumesny. Encore toute vieille & enrouillée qu'elle est, elle vaut mieux que celles d'aujourd'hui. Il en est de même de son jeu de luth, son frere étoit un miracle, il n'y a jamais eu homme qui ait manié le luth comme celui-là. Ceux qui venoient d'Italie, après avoir ouï jouer ces grands joueurs de ce païs-là, rompoient leur luth quand ils l'entendoient. J'ai ouï autrefois jouer Ballard, mais il en approchoit à 10000. lieues près. Le grand joueur de luth d'Italie qui vint ici, adoroit Vaumesny. Ceux d'aujourd'hui, il faut qu'ils plient le genouil devant lui. Vaumesny

mesny l'aîné passoit son frere de beaucoup, encore cettui-ci joue mieux que tout ce qui est aujourd'hui. Il disoit que Jacob jouoit la picque sur la cuisse, car c'étoit un hardi joueur.

VENEREM *Reginam Cœli vocant; nam & Græci nuncupant eam Uraniam, id est, cœlestem.* Theodoret. *in Je. c.* 44.

Le VENT n'est autre chose qu'une impulsion ou agitation de l'air, les autres disent *fluxus aeris*, causée par la dilatation des nues, qui pour se faire place le chassent; comme au contraire l'épaississement des mêmes vapeurs arrête & fait cesser le vent, ce qui arrive principalement au temps de pluye, qui pour petite qu'elle soit, abbat grand vent, dit-on.

VERITÉ. Il n'y a rien de si aigu qui ne rebouche contre le bouclier de la verité, dit S. Augustin.

VERSION *vulgate de la* BIBLE. L'ancienne Version Latine du Vieux Testament est de Saint Hierôme; celle du nouveau n'en est pas, mais elle est bien corrigée par lui.

VIANDES. L'Angleterre a d'excellent bœuf, l'Italie d'excellent veau; l'Espagne &c.

& la France d'excellent mouton (*a*); je pense pourtant que l'Espagne passe la France.

Victor Tununensis. Il y a de beaux passages pour l'autorité du Pape dans son Chronicon que Scaliger a fait imprimer; c'est un bon Livre.

Vidames des Evêques, s'appelloient certains Seigneurs, qui etoient Vicaires des Evêques en la temporalité de leurs Evêchez; mais Seigneurs de la terre.

Vie. C'est folie d'écrire la Vie d'un Prince de qui la memoire est toute fraîche; il me dit ceci, lors que je lui dis que Monsieur Pelletier écrivoit celle du feu Roi, cela fera bon à faire d'ici à 30. ans; car il faut dire tant de choses qu'en les disant au vrai comme elles se sont passées, il est besoin d'offenser plusieurs personnes qui vivent. Ce fut une badinerie d'écrire l'éloge du Roi pendant qu'il vivoit. Cela fut de mauvais augure. La Vie de Paulinus, de Saint Ambroise est douteuse; mais celle de Possidonius de Saint Augustin est très-vraye. Celle d'Amphilochius de Basile est douteuse.

(*a*) *D'excellent Mouton*] Le Mouton de Berri est bon, dit le *Scaligerana* au mot *Mouton*: mais de tout le Mouton de France, Scaliger ne vante proprement que celui du Languedoc, à cause des herbes odoriferantes qu'y paît ce bétail. *L. D.*

se. Beaucoup de choses ont été écrites par des Moines par plaisir vers le septiéme siècle. Du Haillan disoit de ces faux titres, qu'il avoit mangé de la brebis, sur la peau de laquelle on les avoit écrits. *Omnis vita humana duabus quasi partibus continetur, otio & negotio;* σπυδῇ καὶ σχολῇ.

VIGILIUS. Ceux de la Religion pensent avoir beaucoup fait, quand ils disent que ceux d'Afrique excommunierent le Pape Vigilius. Il est vrai, parce que lors qu'il fut fait Pape, & Anti-Pape, il étoit heretique; mais depuis il revint.

VIGOR. Parlant du Livre qu'on lui attribue pour la défense de Richer, il dit, l'Auteur a voulu montrer qu'il y a plus d'un fou en sa race; à cause qu'il a son frere demeurant à Evreux, qui est fou; ce Livre est inepte & méchant; malfait, plein d'ignorance & de mensonge. Il n'a point d'autres argumens que ceux des heretiques. Il veut être cru Catholique, & sous ombre de montrer que le Concile est par dessus le Pape, il s'efforce de renverser entierement la Primauté & l'autorité du Pape en l'Eglise; il ne sait ce qu'il dit, & se sert de beaucoup de lieux qui sont contre lui. Le Concile de Basle même prononce anathême

thême contre ceux qui ne reconnoissent pas la Souveraineté du Pape en l'Eglise. Le Concile de Chalcedoine appelle l'autorité du Pape, Souveraineté, *Summitas tua*, le Grec dit; ἡ κορυφή; dans l'original je crois qu'il y avoit σὴ κορυφή. Cela seroit supportable s'ils ne disputoient que sur la matiere du Concile & du Pape; mais ils sortent de la question, & sous ce prétexte, combattent l'autorité du Pape & la Primauté. Il faut (parlant au P. Coeffeteau) que vous l'étrilliez, vous avez du temps pour le faire pendant que vous imprimez, & il sera bon de l'inserer dans votre Livre contre du Plessis; tout cela viendra fort à propos sur le fait du Concile de Bâle.

Le V i n desaltere plus que le Citre; néanmoins à la longue, le Citre ôte davantage la soif; le vin a cela qu'il desaltere plus promptement, & cela vient de ce que le vin ôte l'effet de la soif, & le Citre en ôte la cause. Son Medecin lui disoit, que le vin avoit tout autre effet appliqué sur quelque partie, que pris dans le corps, & que l'on voyoit qu'il étoit fort bon aux contusions, & dans le corps il faisoit tout autre effet. La bonne femme, à qui son Medecin avoit conseillé de laver

laver ses yeux avec du vin, dit qu'elle aimoit mieux s'en laver par dedans. C'est un grand bourreau que le vin, il n'y a rien de si difficile digestion, ni qui brouille plus l'estomach, & particulierement le vin François qui est vaporeux. Il n'en est pas ainsi des vins d'Italie, qui sont meurs, & se convertissent tous en nourriture. C'est ce que me disoit un Medecin que j'avois à Rome, que les vins de France étoient des bourreaux de l'estomach. Autrefois les Italiens ne savoient pas si bien faire le vin qu'ils font à cette heure, car ils le faisoient cuire, le faisoient longtems cuver ; alors nos vins François étoient estimez beaucoup plus que ceux d'Italie. C'est pourquoi Petrarque dit, que le long sejour que la Cour de Rome fit à Avignon, n'étoit que pour goûter de ces bons vins, que c'est ce qui la retenoit si long-temps en Provence, & qu'elle n'en pouvoit sortir.

L'Universite' a pour matiere, la multitude ; & pour forme, l'unité ; *da unum, & populus est ; tolle unum, & turba est.* Augustin.

Universite'. La Reine avec peu d'argent, huit ou dix mille écus, accommoderoit l'Université de Paris, & feroit que

que les Jesuites & ceux de l'Université s'accommoderoient, & ne lui romproient point tant la tête. Ce feroit une dépense qui lui apporteroit grande utilité, parce que les Ecoliers viendroient en quantité à Paris, & ainsi la Ville s'enrichiroit; les impôts seroient plus grands: mais aujourd'hui, quand on parle de débourser quelque somme pour un bien necessaire, il est impossible d'en venir à bout, il n'y a qu'en France où cela se fait. Le Duc de Savoye a bien depensé 25. mille écus pour son Université.

UNIVOQUES. Les termes qu'on appelle univoques, se définissent, & puis se divisent en leurs especes ou parties; mais les équivoques ou ambigus, se distinguent, puis se définissent.

USURPATEUR. Un homme pour avoir occupé & usurpé un Etat par la force, n'en est pas pour cela incontinent legitime possesseur; & les Sujets ne sont pas exclus pour celà, lorsqu'ils voyent la commodité de retourner à leur ancien & legitime Maître, de s'éforcer d'y retourner: au contraire ils y sont obligez, & avant qu'ils perdent le droit de ce devoir il faut qu'il intervienne une longue prescription, qui rende le Regne de l'Usurpateur pacifique

& legitime, & qui les afranchisse de l'obligation de retourner à leur premier Maître. Or la conquête de Charlemagne n'ayant point été affermie par le temps d'une telle prescription, ni lui rendu possesseur legitime par le cours de longues années, la question est, qui absolut les sujets de l'Empire d'Occident du devoir ou de la liberté de se rebeller contre lui, pour retourner à leurs premiers Maîtres, rendant l'Empire de Charlemagne même avant le temps de la prescription, legitime & obligatoire, & celui des Empereurs Grecs illegitime, & le retour à leur domination illicite? Sans doute ce fut l'action du Pape qui comme Juge Ecclesiastique & décidant les cas de conscience, leur déclara en couronnant Charlemagne Empereur, qu'ils étoient absous de l'obligation de connoître les Empereurs d'Orient pour leurs Maîtres. Car la declaration que le Pape leur fit en couronnant Charlemagne, qu'il étoit de-là en avant leur Empereur, contenoit tacitement une déclaration & présupposition, que les autres Empereurs n'étoient pas leurs vrays & legitimes Maîtres, & une reïteration de la premiere déclaration que le Pape Gregoire II. en avoit faite, quand il fit retirer les Occidentaux de l'Empire des Princes d'Orient, & défendit de leur rendre les tributs & les autres devoirs Imperiaux. L'on peut bien donner à un homme une chose qu'il a déja, quand il l'a de fait, & non pas de droit, & l'ôter à un homme qui ne l'a point, quand en ayant perdu la possession, le droit lui en reste, de sorte que Charlemagne étant déja en possession des villes d'Italie par occupation; c'étoit toûjours les lui donner, que de lui en conferer le droit; comme aussi celui qui a perdu une terre par l'usurpation de quelqu'un, s'il vient à tomber en crime de Leze-Majesté, la Justice lui ôte ce qu'il n'avoit plus, car elle lui ôte le droit de ce qu'il avoit déja perdu de fait.

Voix. Un jour je fis une réponse au Roi Henri III. qui lors apprenoit la Dialectique (a) & avoit ouï discourir des cinq voix

---

(a) *Henri III qui lors apprenoit la Dialectique &c.*] Le Roi Henri III avoit commencé son regne par apprendre la Grammaire, ce qui donna lieu à ce Distique, qui fait la chute d'un Sixain qu'on trouve, & parmi les Poësies de Pâquier, & dans le Journal de l'Etoile, Tom. I. pag. 59.

Declinare cupit, vere declinat & ille
Bis Rex qui fuerat, fit modo Grammaticus. L. D.

voix de Porphyre. Il avint qu'en parlant de chanter, le Roi dit, il faut faire chanter le Perron, car il a bonne voix: Je répondis au Roi, Sire, j'ai une des 5. voix de Porphyre; Et quelle? dit le Roi: La difference, parce qu'elle ne s'accorde jamais avec personne.

W.

Wittenbergensium Theologorum Acta, est un fort bon Livre, il le faudroit faire réimprimer, car il ne se trouve plus, & il fait grandement contre les heretiques. Les Protestans n'ont rien fait pour eux de faire imprimer cette Conference-là; je crois que s'il n'y eût point eu d'autre copie que la leur, jamais ils ne l'eussent mise en lumiere; mais de crainte qu'ils ont euë qu'elle ne s'imprimât ailleurs, ils voulurent l'imprimer avec leur réponse.

Y.

YVETOT. L'Histoire du Royaume d'Yvetot consignée premierement à la foi de l'Ecriture par les Lettres que le Roi Lothaire en signa & fit seller lui-même, dont les copies ont été renouvellées de tems en tems par collations autentiques jusques en l'an 1428. a été conservée par la perpetuelle tradition de la Province, &

par

par la possession & jouïssance non interrompuë de ce titre, en laquelle les Seigneurs d'Yvetot ont toûjours été maintenus, sans que les Justices Ducales ou Royales y ayent jamais contredit, ains avec leur aveu & consentement: & de plus, confirmée par jugement contradictoire donné, pieces vûës, lorsque les Rois d'Angleterre possedoient la Normandie; autorisée par les Lettres patentes de dix de nos Rois, verifiées aux Cours Souveraines de la Province, apres information faite de toutes les choses précedentes, & avec renouvellement exprès de l'Ordonnance du Roi Clothaire leur Predécesseur. Cette Histoire, dis-je, fortifiée de tant de preuves, pourquoi ne conservera-t-elle sa foi? encore que Gregoire de Tours, Auteur fort negligent & incurieux, ou les autres Auteurs François qui ont écrit pendant que la Normandie étoit entre les mains des Danois ou des Anglois, n'en ayent point fait mention.

Z.

ZACHARIE Pape tourna en Grec les Dialogues de Gregoire le Grand.

ZEPHYRUS à ζέειν & φέρειν, *quod ardorem temperet.*

AVERTISSSEMENT SUR LE PITHOEANA.

Après avoir donné le Thuana & le Perroniana, on a cru faire plaisir à ceux qui aiment ces sortes d'Ouvrages de joindre ici le Pithœana, qui contient plusieurs traits d'Histoire, de Critique, & de Literature, recueillis des Conversations de François Pithou, frere de Pierre Pithou, & qui ne s'est pas moins distingué que lui dans la République des Lettres. Nous lui devons les Fables de Phedre qu'on croyoit perduës: il les tira de la poussiere d'une Bibliotheque, & son frere les fit imprimer à Troyes l'an 1596. Scaliger disoit que François Pithou étoit le plus savant homme de son tems dans la connoissance des Auteurs du moyen age, & que ce qu'il a donné sur les Capitulaires, & ses Glossaires de la Loi Salique sont bons, aussi bien que son Recueil des Anciens Rheteurs. Henri IV. qui connoissoit sa capacité & sa droiture, l'employa dans plusieurs affaires importantes. Il le nomma Procureur Général

AVERTISSEMENT.

de la Chambre de Justice qui fut établie contre les gens d'affaires; & voulut qu'il fût un des Commissaires qui reglerent les limites entre la France & les Pays-bas. Il fut aussi choisi pour assister à la Conference qui se tint à Fontainebleau en 1600, entre Jaques Davy du Perron, alors Evêque d'Evreux & ensuite Cardinal, & le célèbre du Plessis Mornay. C'étoit un homme d'une vertu, & d'une modestie exemplaire. Il étoit né à Troyes en Champagne l'an 1544, & il mourut le 7 de Fevrier 1621. dans sa 78e. année.

Au reste, le Public est redevable du Pithoeana à Mr. la Croze, Bibliothecaire & Antiquaire du Roi de Prusse. Il le copia sur l'Original, intitulé Pithoeana, sive excerpta ex ore Francisci Pithoei, *Anno 1616, & mit ce petit Avertissement à la fin de sa Copie:* Tout ceci a été copié sur l'Original qui est à Paris dans la Bibliotheque de Mr. Desmarets, écrit de la propre main de François Pithou, neveu de Pierre & de François Pithou. *Mr. la Croze s'étant ensuite retiré à Berlin, il communiqua cet Ouvrage à Mr. Teissier qui le publia à la tête de ses* Nouvelles Additions aux Eloges des Hommes savans tirez de l'Histoire de Mr. de Thou, *imprimées à Berlin en 1704.*

Cette

AVERTISSEMENT.

Cette premiere édition est pleine de fautes: on s'est attaché à rendre celle-ci plus correcte, & on l'a accompagnée de quelques Notes de Mr. Des Maizeaux.

Il ne sera peut-être pas inutile de remarquer que lorsque le Pithœana n'étoit encore que manuscrit, il a été connu de quelques Savans qui en faisoient cas. Menage le cite souvent dans son Anti-Baillet, pour confirmer ce qu'il avance. Voyez l'édition d'Amsterdam 1725. in 4o. pag. 38, 77, 115, 132 &c.

PITHOEANA

Monsieur de Thou n'est pas savant, hors la Poësie & le bien dire.

Mr. Heraud est fort savant (*a*).

Mr. Rigault n'est pas savant, mais fort hardi.

Mon frére étoit jaloux de ce que Monsieur Cujas m'avoit nommé en son testament.

Mr. Cujas étoit sujet à s'enivrer.

J'ai donné au Pére Sirmond tous les plus difficiles lieux d'Ennodius (*b*).

En

(*a*) *Mr. Heraud* &c.] Didier Heraud, en Latin *Desiderius Heraldus*, Avocat au Parlement de Paris, mort en 1649. Il s'est distingué par plusieurs Ouvrages de Jurisprudence & de Critique. Voyez le *Dictionnaire* de Mr. Bayle à l'Article Heraldus.

(*b*) *J'ai donné au Pere Sirmond* &c] Le Pere Sirmond nous a donné une édition très-correcte d'Ennodius Evêque de Pavie, mort en 521. Cette édition parut en 1611, & non pas en 1612, comme on le dit dans la derniere édition de Moreri (1732). Le Pere André Schott avoit publié le même Auteur un an auparavant, c'est à dire, en 1610 Ainsi Baillet s'est trompé quand il a dit dans ses Jugemens sur les Poë-

En matiere de GLOSES les plus anciennes sont les meilleures, & les textes les plus recens.

JUSTEL est très-habile homme.

Il n'y a homme qui ait tant d'histoire du dernier tems que Monsieur PETAU.

Les transpositions de CATULLE sont horribles, & néanmoins tres-belles.

Apres Cujas, SCALIGER est le plus grand de ce Siécle.

SCALIGER a rayé mon nom par toutes les derniéres éditions.

Les Oeuvres de CUJAS, SCALIGER, ONUPHRIUS, BRISSON, BRODÆUS sont bonnes, & celles de RHENANU: ce Rhenanus étoit Correcteur de Froben.

Qui sauroit bien les vingt-neuf Titres d'ULPIEN seroit très-habile homme.

JURET a ôté à la seconde édition de ses No-

Poëtes Latins. No. 1198, (Tom. III. p. 300. édit. d'Amst. 1725. in 4); *c'est une chose assez singuliere de savoir que ces deux savans Jesuites (Schott & Sirmond) travailloient en même tems sur un même Auteur qu'ils publierent, celui-ci à Tournai, & celui-là à Paris en la même année* A la fin de cet Article de Baillet on a mis que l'édition du Pere Sirmond fut imprimée à Paris en 1642: mais c'est sans doute une faute d'impression pour 1612.

Notes (*a*) tout ce qui parloit de mon frére, & de moi, encore qu'il eût eu le prémier Exemplaire de mon oncle.

Les quatre plus grands hommes de notre Siécle sont Cujas, Ranconnet, Scaliger, Turne'be ; le reste ne sont que vendeurs de coquilles.

Ranconnet (*b*) se fit mourir d'avoir trop mangé, puis mit un marbre sur son ventre.

Ranconnet étoit pauvre, & servit quasi de Correcteur à Robert & à Charles Estienne. Le Dictionnaire de Charles Estienne est de lui. Sa fille est morte sur un fumier, son fils exécuté, sa femme du tonnerre, & lui en prison.

Quand je serai mort on dira que j'ai été Sorcier en ma *Loi Salique*.

(*a*) *Juret a ôté à la seconde édition de ses Notes &c.*] François Juret natif de Dijon, a donné des Notes sur les Epitres de Symmaque, sur celles d'Yves de Chartres, & sur Seneque. Il étoit Chanoine de Langres, & il mourut le 21 de Decembre 1626. agé de plus de soixante & dix ans.

(*b*) *Ranconnet.*] Aimar de Ranconet étoit de Perigueux, selon Mr. de Thou; & selon Menage, il étoit natif de Bourdeaux, & fils d'un Avocat de cette Ville. Mr. de Thou en parle comme d'un prodige de science. Voyez son Histoire, Livre XXIII, §. XVII. Tom. I. p. 790, 791. édition de Londres.

PETRUS VICTORIUS étoit grand homme de bien. Son Cicéron est fort bon.

BRISSON a compilé Tiraqueau. Ses *Formules* sont de Ranconnet.

ONUPHRE avoit perdu les dents de la verolle. Toutes ses Oeuvres sont bonnes.

Il y a à apprendre en tout ce qu'a fait BRISSON.

La fin de mon Traité, que le Pape ne peut excommunier le Roi de France, est prise du stile des anciens Plaidoyers en cas de duel : *Et de ma part je supplie très-humblement sa Sainteté qu'elle me pardonne.*

SAVILLE n'écrit pas assez bien Latin pour faire la Préface du *Codex Mirandulanus* contre Lipse (*a*). Il n'y a que MR. SCA-

---

(*c*) *La Préface du Codex Mirandulanus contre Lipse.*] Lipse s'étant un peu trop applaudi de ses Notes & de ses conjectures sur Tacite, un Anonyme déguisé sous le nom de *Pompeius Lampugnanus*, voulant le mortifier, en fit une Critique fort vive, & s'appuya de l'autorité d'un Ancien Manuscrit qu'il prétendit avoir entre les mains, & qu'il cita sous le nom de CODEX MIRANDULANUS. Cette Critique est intitulée, *Nota in Cornelium Tacitum, è MS. Codice Mirandulano*. Bergomi 1602, in 8. On n'a jamais bien sû qui étoit le prétendu *Lampugnanus*: Mr. Pithou nous aprend ici que Scaliger est Auteur de la Preface & il pourroit bien l'être aussi de la Critique. Lipse répondit

SCALIGER qui l'aye pu faire. C'eſt la Préface la mieux faite que j'aye vûe de ce tems.

J'avois deſſein de faire imprimer tous les *anciens Commentaires*, comme j'ai fait ſur Térence, Juvenal, Stace; celui ſur Horace eſt tout prêt.

Concilium eſt l'Egliſe du Martyr dans le premier livre du Code, & dans ſaint Jérôme.

Les Anciens appelloient les petites Meſſes *Miſſas Venatorias* (a).

RANCONNET fut mis en priſon, à cauſe que le Cardinal de Lorraine voulant reconnoître les opinions de la Cour touchant les punitions des Hérétiques, la fit aſſembler; & là Ranconnet porta Sulpice Sévere, & leur lût le lieu là où il eſt parlé du fait de Treves de Priſcillian en la Vie de S. Martin (*b*).

SAINT

dit à cet Ecrit par un autre intitulé: *Diſputatio Notarum Mirandulani Codicis ad Cornelium Tacitum*.

(a) *Miſſas Venatorias*] On les appelle encore Meſſes de Chaſſeur, à cauſe qu'elles ſont courtes.

(*b*) *Le lieu où il eſt parlé du fait de Treves de Briſcillian &c.*] Sulpice Severe nous apprend que Saint Martin étant allé à Treves, s'oppoſa à la violence d'Ithacius & de quelques autres Evêques qui perſecutoient les hérétiques, & qu'il ſuppla l'Empereur Maxime de ne

pas

SAINT THOMAS de Cantorbie fut bien condamné (a). Qui

pas répandre le sang de ces malheureux. Il ajoute que tant que St. Martin demeura à Treves, on ne procéda point contr'eux, & que lorsqu'il partit il fit promettre à Maxime qu'il ne les feroit point mourir; mais qu'après son départ Magnus & Ruffin, Evêques, ayant perverti ce Prince, il condamna à la mort Priscillien, & ceux de son parti; lesquels furent executez. Sulpice Severe remarque ensuite que la mort de Priscillien, bien loin d'éteindre l'Hérésie, ne fit que lui donner de nouvelles forces; & que ceux qui avoient regardé Priscillien comme un Saint pendant sa vie, l'honorerent comme un Martyr après sa mort. *Martinus apud Treveros constitutus, non desinebat increpare Ithacium, ut ab accusatione desisteret: Maximum orare, ut sanguine infelicium abstineret: satis superque sufficere, ut episcopali sententiâ hæretici judicati Ecclesiis pellerentur: novum esse & inauditum nefas, ut causam Ecclesiæ Judex seculi judicaret. Denique quoad usque Martinus Treveris fuit, dilata cognitio est; & mox discessurus egregiâ auctoritate à Maximo elicuit sponsionem, nihil cruentum in reos constituendum. Sed postea Imperator per Magnum & Rufinum Episcopos depravatus, à militaribus consiliis deflexus, causam præfecto Evodio permisit, viro acri & severo: qui Priscillianum ... nocentem pronunciavit .... censuit Imperator Priscillianum sociosque ejus capitis damnari oportere ..... Ceterùm, Priscilliano occiso, non solum non repressa est hæresis, sed confirmata latiusque propagata est: namque sectatores ejus, qui priùs eum ut sanctum honoraverant, postea ut Martyrem colere cœperunt* &c. Sulpicius Severus cum Notis Jo. Vorstii & Jo. Clerici, Lib. II. cap. 50 pag. 289 & 292. edit. Lipf. 1709. 8. Voyez l'Article de PRISCILLIEN dans le *Dictionnaire* de Mr. Bayle.

(a) *St. Thomas de Cantorbie.*] Thomas Becket Arche-

PITHOEANA.

Qui conféreroit le vieil *Bréviaire* avec le nouveau il y trouveroit bien des méchancetez. On a ôté en l'Oraison de St. Pierre, *Deus qui Beato Petro potestatem ligandi solvendique animas:* on a ôté cet *animas.*

En l'Oraison de SAINT JAQUES on a ajoûté, *per Hispaniam.* Il y a quasi la moitié des Fêtes du Bréviaire qui sont des Papes; entre tous les Saints, qu'ils y ont ajoûtez, il n'y en a un seul François.

J'ai soixante & dix ans: de mon jeune âge je n'ouïs jamais parler des miracles de LOYOLA (*b*), que depuis que les Jésuites sont établis.

Les JE'SUITES ont apporté les grains benits.

J'ai vû FUGGER en Allemagne qui étoit pauvre: l'Empereur Charles-Quint leur doit plus d'un million d'or. Ils donnoient cinquante écus de gages à Henri Etienne pour se dire leur Imprimeur.

RAN-

chevêque de Cantorbery, seditieux & rebelle à son Prince Henri II. Il fut tué dans sa Cathedrale l'an 1170.

(*b*) *Miracles de Loyola.*] Voyez le Dictionnaire de Mr. Bayle à l'Article *Loyola*, Remarque (N). Pithou disoit ceci en 1614.

Ranconnet étoit fort adonné aux femmes.

Vous verrez dans Guibert, qui a écrit la guerre sainte, qui y étoit lui-même, que les Grecs, voyant que les François étoient si amoureux de reliques, alloient chercher des os de morts, mêmes des pendarts, qu'ils accommodoient dans de l'argent, & vendoient pour des os de Saints.

Il y a à Saint Pierre de Troyes un *vase de porphyre*, où ils disent que Notre Seigneur fit la Céne, qui est écrit tout à l'entour de Grec vulgaire.

Je dis à la Conférence de Fontainebleau au Roi, que les *Images* n'étoient pas si anciennes. Il me dit, *Plût à Dieu qu'il n'y en eût point!*

Tous les Peres imprimez à Rome ne valent rien, mais sont corrompus. Tout ce que font imprimer les Jésuites est corrompu. Les Huguenots commencent à en faire de même. Les Livres de Bâle sont bons & entiers.

Bignon *centies mori vellet, ut à me semel nominaretur.*

La *Harangue* de Monsieur d'Aubray au *Catholicon* (a) est de mon frere.

Nous

(a) *Au Catholicon.*] Le Catholicon d'Espagne &c.

PITHOEANA. 497

Nous avons pris les *Litanies* des Ariens, & ont commencé sous Grégoire premier.

N'est-ce pas un grand abus que d'avoir retranché le *calice* ? & néanmoins il vaut mieux en avoir une partie que rien du tout.

Godefroy le pére ne sait rien que rapsodier.

Gruterus est un Pedant.

Monsieur Petau *contra communem*.

Jodele en mourant dit, qu'on ouvre ces fenêtres que je voye encore une fois ce beau soleil. Il étoit un peu Philosophe naturel.

On a imprimé à Généve mon Traité de l'excommunication, & on a ôté à la fin ces mots : *Comme Vicaire du Seigneur en son Eglise, auquel tout bon Catholique est tenu obeïr*, mais en le faisant je me moquois par équivoque, l'entendant ainsi, *En son Eglise*, c'est-à-dire, Jésus-Christ.

Mon Petrone me coûte trois mois.

Baudius a débauché le fils de Monsieur Servin, & me haïssoit à cause que je le lui disois.

Le Gascon est celui qui me plait le plus de Messieurs du Puy. Il a bonne cervelle & bon jugement. Je ne puis croire que l'ainé soit Jésuite, ou il a bien changé, car je l'ai vû fort homme de bien. Le penultiéme me sembloit avoir fort bon esprit. J'aimois plus le Chanoine de Chartres. Toute la famille est lettrée, mais le Gascon & le penultiéme sont des de Thou.

Les PALUOTES sont gens de bien, mais n'ont pas grand esprit. Le grand-pére étoit Barbier (a).

BIZET, qui a fait sur l'Aristophane, étoit Controlleur des guerres, & Seigneur de Charlai, il demeuroit en cette ville, & se retira pour la Religion. Il a tout pris des Dictionnaires Grecs. Il étoit notre cousin.

L'*Histoire d'Aquitaine* de Bouchet est bonne.

Il n'y a personne qui puisse faire l'Histoire de France que MR. PETAU & moi.

MR. de THOU sortit de Paris pendant la Ligue habillé en Cordelier.

HESYCHIUS a tout pris des Scholies d'Aristophane; qui les conféreroit ensemble feroit un bon labeur.

Le SERVIUS & le FESTUS sont deux fort bons Grammairiens, & qu'il faut bien savoir: ce sont les meilleurs de tous.

Les

─────────────
(a) *Les Paluotes* &c.] Cet Article est raturé exprès dans l'Original.

Les Opuscules de CALVIN sont fort belles: il lisoit tous les ans son Cicéron.

VATABLUS en François avoit nom Ouatblé.

Sanctus Longuinus, λόγχη: Saint Augustin en est l'Auteur.

Biga Martyrum, sancta Suzyga σύζυγος.

En lisant le NICETAS, GREGORAS, CHALCONDYLAS, vous verrez que le Pape a ruiné les Grecs.

RAMUS étoit fort habile homme & avoit belle façon.

TURNEBUS étoit Gentilhomme.

BAÏF étoit fou.

Mr. CUJAS avoit en premiéres nôces épousé une Juive.

Les Commentaires de MOREL sur *de Finibus Ciceronis* sont bons & sont de Turnebus (a). Ils servent au Stoïsme.

Mr. le Président DE THOU sauva la vie à Bodin à la saint Barthélemi, & ne voulut jamais que Monsieur Poisle rapportât le procès, lequel lui disoit, Monsieur, *Que vous plaît-il que je fasse de Bodin?* Monsieur

---

(a) *Sont de Turnebus.*] Ménage ne le croyoit pas. *Il est dit dans le Pithœana*, dit-il, *que cet Ouvrage étoit de Turnebe: ce qui n'est pas vraisemblable.* Voyez l'*Anti-Baillet*, §. LXVIII. p. 77. de l'édition d'Amsterdam 1725. in 4º.

sieur de Thou répondit, *Le boudin n'est pas bon en Carême.*

BODIN étoit Sorcier, comme m'a raconté Mr. le Président Fauchet, qu'un jour ils parloient d'aller ensemble, un escabeau se remua, & Bodin dit, C'est mon bon Ange qui dit qu'il n'y fait pas bon pour moi.

Ce qui suit de Bodin, est tiré d'une feuille volante attachée à la fin du Manuscrit, & qui est écrite de la main de Mr. Antoine Allen ayeul maternel de Mr. Desmarets.

„ Monsieur de Thou parle dudit Sieur
„ BODIN, Edit. Germ. 1621. lib. 94.
„ Ann. 1589. pag. 262. col. 2. & lib.
„ 117. Anno 1596. pag. 771. col. 2. &
„ entre autres choses dit, que cette Epître
„ du 20. Janvier 1590. a été par lui écri-
„ te à defunt Monsieur le Président Bris-
„ son ; mais outre ce que ledit Sieur Pré-
„ sident de Thou en rapporte, j'ai appris
„ de feu Monsieur François Pithou Sieur
„ de Buzne, & le bruit en étoit assez com-
„ mun, qu'il inclinoit au Judaïsme ; mais
„ bien plus qu'il avoit un Démon ou Es-
„ prit familier, semblable à celui de So-
„ crate, dont Platon fait mention & Apu-
„ lée *de Deo Socratis*, qui le dissuadoit de
„ faire

"faire ce dont il le consultoit, s'il ne lui
"étoit expédient, mais jamais ne lui don-
"noit conseil d'entreprendre, *nunquam ad
"hortandum, sed ad prohibendum*. De fait
"que parlant à ses Amis de ses affaires, &
"lui conseillant d'entreprendre quelque
"chose, à l'instant ils entendoient quel-
"qu'un des meubles de sa chambre, com-
"me un escabeau, ou autre semblable,
"faire bruit en branlant, & que lors il
"disoit, Mon Génie ne me le con-
"seille pas. Ce que j'ai voulu remar-
"quer particuliérement pour moi, a-
"fin de soulager ma mémoire, non pour
"rien ôter à l'honneur d'un si brave hom-
"me, en l'ame duquel je ne puis me per-
"suader tant de malice avoir pu demeurer
"avec tant de science.

Les *Centuries* (a) ont fort servi à me faire Catholique.

Le PETRONIUS de Vouweren est de Scaliger.

Le Président RANCONNET avoit fait les Formules de Droit.

Monsieur CUJAS n'a pas été heureux aux douze Tables. Quelque part que se trouve le saint Ambroise de Monsieur Cujas,

---

(a) *Les Centuries.*] Les Centuries de Magdebourg.

jas, il est bien conféré & étudié.

Je vous conseille plûtôt de lire l'*Histoire Ecclésiastique* que les Péres.

Je ne crois pas que MOYSE ait fait le Pentateuque, mais bien il l'a commencé.

La *Bible* nompareille de Vatable est la meilleure de toutes les Bibles.

Je ne repris jamais personne que BARONIUS. Je l'appelle, *vir variæ lectionis*, parce qu'il corrompt tout.

J'ai vû le *recepissé* d'Asconius à Sangal (a), qui fut porté en Italie, lorsque l'on retournoit du Concile de Constance.

J'ai brûlé le procès contre Monsieur CUJAS pour le fait de Sœur Augustine.

Les petits Prophêtes de MERCIER sont très-bons. C'est le plus beau Commentaire qui soit sur la Bible pour la phrase Hébraïque.

Cette Epître de Mr. CUJAS, *de ratione discendi Juris*, est supposée. De mon tems il y eut un Ecolier aussi qui en supposa une sous le nom dudit Sieur.

Il faut tous les ans acheter les *Catalogues des*

___

(a) *J'ai vû le recepissé d'Asconius à Sangal.*] Poge trouva dans l'Abbaye de Saint Gall le Commentaire d'Asconius Pedianus sur quelques Oraisons de Ciceron, & le fit imprimer à Venise en 1477. in folio.

des Foires, & les *petits Livres* anciens qui ne contiennent que deux, trois ou quatre feuilles, car ils se perdent.

Vol en Flamand, c'est à dire, plein, & *Can*, est une certaine mesure; de là ils se moquent de VOLCANIUS, qui étoit toûjours yvre.

Le SAINT AUGUSTIN est le plus beau des Péres, tant pour la doctine que pour les mœurs.

Qui voudroit bien faire sur les *douze Tables*, il faudroit montrer les Loix de Solon & de Lycurgus, dont elle sont prises, & pour ce faire, lire Plutarque, Demosthenes, Eschine, & les autres Orateurs.

Mr. CUJAS croyoit SOCIN le meilleur de tous les Docteurs & le plus aigu.

Les mots que l'on croit corrompus dans les vieux Exemplaires de LUCRECE, se trouvent aussi dans Arnobe & sont bons.

Mr. CUJAS disoit, qu'il n'avoit jamais lû Livre où il n'eût appris quelque chose, excepté Arnobe sur les Pseaumes.

Mr. DESPORTES disoit, que de soixante Interpretes & Commentateurs, dont il s'est servi sur les Pseaumes, il n'en avoit point trouvé de meilleur que VATABLE qui est derrière la nompareille.

TRE-

TREMELLIUS étoit Juif: je l'ai cent fois mené en la Synagogue disputer contre les Juifs. Tous les Juifs ont grands nez aquilins; jamais il ne s'en est vû de camus, ils ont les yeux enfoncez, les dents pourries: j'en reconnoîtrois un entre cent autres hommes.

CHEVALIER de Généve étoit Juif & fort savant.

CALVIN n'entendant point l'Hebreu se servoit de lui, qui lui traduisoit tous les Rabins : voilà pourquoi Calvin sur les Pseaumes, ôté les points de Religion, est fort bon.

Qui veut étudier en Théologie, il faut avoir tout ce qu'a écrit MERCIER, car il étoit fort savant.

Mr. DU PLESSIS en son Traité de la Vie & de la Mort a pris tout le plus beau de Cydonius *de contemnenda morte*.

Il y a dans le *Martyrologe* de Rome une quantité de Saints Ariens : cela est venu qu'Usuard, & les autres qui ont fait des Martyrologes, n'étant pas beaucoup savans, & trouvant les Martyrologes des Ariens, ils les fourroient dans le leur.

J'ai ouï prêcher à CAHIER, que la Vierge étoit venue pour sauver les femmes.

Quand je ne savois que faire à Paris, j'allois voir THEVET; je ne l'ai jamais été voir qu'à l'entrée il ne me dît, qu'il étoit sur cet âne de Ptolomée.

Le *Bréviaire* nouveau de Rome est tout corrompu. Ils attribuent à Saint Augustin ce qui est d'Alcuin. Ils ont ôté le jour de la Toussaints, la donation du *Pantheon*. Le jour de saint Rhémi ils y ont mis, *qui multos commentatus est divinæ Scripturæ libros*, ce que ne fit jamais saint Rhémi de Rheims, mais bien celui d'Auxerre. Ils ont ôté, que S. Denis envoya en Espagne pour prêcher la foi. Ils ont ajoûté que S. Jaques a été en Galice, qui avoit été condamné devant la mission. Si saint Denis avoit été le premier à Paris, pourquoi est-ce que Paris ne seroit la metropole?

Maître MARSILE MAINARD grand Philosophe & Théologien étoit Cordelier à Padoue, c'est pourquoi on l'appelle Padouan. Il défendit fort Louïs de Baviére contre le Pape; & eut pour compagnons en cette affaire Michaël Cæsenas, Bonagratia Bergomensis, Guillaume Occham, Anglois.

Je crois que l'on a mis la *Saint Hilaire*

aux Rois au lieu des *Hilaria* des Romains.

Je pense que ce que dit SALISBERIENSIS, *de servandâ uxore*, n'est pas de Petrone, encore que *tacitis nominibus auctorum pleraque inserere solitus sit.* Ce qu'il dit *de delicatis divitum* pourroit bien être de Petrone; mais ce qu'il dit de *fabro vitrario*, n'en est pas à mon avis. Le Salisberiensis est un Livre qu'il faut lire plus d'une fois (a).

Ces vers sont de Jean Thierri de Beauvais qui a tourné le Columelle, faits l'An 1527.

Unum Borbonio votum fuit arma ferenti,
Vincere, vel morier; donat utrumque Deus (a).

Les *Propos Rustiques* de LADULFI sont de Noel de la Cail Breton, Conseiller au Parlement de Bretagne. Item *Eutrapele* (b).

Le

(a) *Saliberiensis &c.*] Jean de Salisbury dans le Livre intitulé *Policraticus, sive de Nugis Curialium.* Voyez dans le *Dictionnaire* de Mr. Bayle l'Article SARISBERY.

(a) *Borbonio &c.*] Le Connêtable de Bourbon, tué à l'assaut qu'il fit donner à la Ville de Rome en 1527, laquelle fut en même tems Prise par son Armée.

(b) *Noel de la Cail Breton,..... Eutrapele,*] Noel du Fail

Le Nouveau Testament de Saint Germain *membranis purpureis, litteris aureis, est vetus illa nondum à Hieronymo emendata.*

Il faut avoir le Livre de *Cornelius Gemma, de naturæ divinæ characterismis,* imprimé chez Plantin 1575. *in* 8. Au second livre, chapitre troisiéme, il y a une belle ancienne Inscription qui est émerveillable.

Le *Roman de la Rose* est commencé du tems de Saint Louïs par Guillaume le Loris, environ l'An 1230. & achevé l'An 1270. par Jean Clopinel, dit de Meun, sous Philippe le Hardi; car il parle de Charles Comte d'Anjou & de ses victoires, & de l'Abbé Joachim, duquel parle Vincent de Beauvais livre 32. chapitre 107. & Chalcondyle livre 6. chapitre 6. Il parle aussi d'Abaillard & d'Heloïse Abbesse. Il cite Homére, Pythagore, Théophraste, Ptolomée, Aristote, Eu-

---

Fail (& non pas *de la Cail*) Seigneur de la Herissaye, Gentilhomme Breton, & Conseiller au Parlement de Rennes, publia sous le nom de *Leon Ladulfi*, qui est l'anagramme de *Noël du Fail*, un petit Ouvrage qui a pour titre, *Discours d'aucuns propos rustiques, facetieux, & de singuliere recreation*. Il nous a aussi donné les *Contes d'Eutrapel* &c.

Euclide, Empedocle, Abumazar, Platon, Cicéron, Virgile, Horace, Ovide, Juvenal, Solin, Boëce. Il y a à apprendre.

J'avois fait cet Epitaphe pour Monsieur Cujas:

JACOBO CUJATIO TOLOSANO GRATIANOPOLITANO ET TAURINENSI SENATORI CLARISSIMO ET SANCTISSIMO AC SUPER OMNES RETRO JURISCONSULTOS AEQUE AC ANTECESSORES DOCTISSIMO, CUI QUICQUID PURAE NATIVAEQUE LUCIS JURIS UTRIUSQUE SCIENTIAE UNDECUMQUE ACCESSIT AETAS SUA DEBET POSTERITAS ETIAM SI QUA LEGUM CURA MANET DEBITURA EST, PATRI DULCISSIMO ATQUE INCOMPARABILI SUSANNA CUJATIA FILIA CARISSIMA M. P. VIXIT ANNOS P. M. LXVIIII. DECESSIT IV. NONAS OCTOBRIS CIƆ IƆ XC.

Environ l'An 1569. à Lyon fut trouvé une pierre dans des fondemens, où quelque bon compagnon avoit écrit une telle année, un tel jour la Messe cessera. Ceux de Généve en faisoient un fort grand état; mais tout bien calculé, il se trouva que c'étoit le grand Vendredi de l'année suivante.

Ἀκροαματικὰ, sive ἀκροάσεις libro 3. de cœlo cap. 9. libro 1. Ethicorum cap. 5. Galenus initio libri de facultatibus naturalibus. Plutarch.

tarch. in Alexandro. Gellius lib. 20. cap. 4. Simplicius in proœmio Physicorum. Clemens Alexandrinus libro 2. Stromatum.

Le premier qui a fait des Almanachs est un *Laurentius Miniatensis*, qui demeuroit à Rome. *Volaterr. lib. 21. Anthropolog. cap. ult.*

Feu Monsieur DAVID avoit un Itinéraire d'*Antonius Monachus à Placentia Hierosolymam usque*, où il parle de *Berythus*, & dit que peu de tems auparavant les études avoient été renversées,

Le Commentaire sur les Epîtres *ad Atticum* de MANUCE, est de Janus Parthasius.

POMPONIUS LÆTUS étoit Calabrois (*a*): il fut enterré à Rome ; le Pape Alexandre fut à son enterrement.

SAINT HILAIRE *de Synodis* est tout contraire à Saint Athanase touchant le Concile de Seleucie d'Ancyre.

En l'Epitaphe de GRE´GOIRE V. Pape,

*Ante tamen Bruno, Francorum Regia proles
Filius Othonis, de Genitrice Judith.*

Usus

―――――――――――

(*a*) Pomponius Lætus &c.] Voyez les *Memoires pour servir à l'Histoire des Hommes illustres*, par le P. Niceron, Tom. VII. pag. 28. & suiv.

*Usus Franciscâ, Vulgari, & voce Latinâ
Instituit populos eloquio triplici.*

EQUIHARIUS, Escuyer, dans *Firmicus.*

JACOBUS FABER Stapulensis étoit Bâtard, & pour cela ne pût être Docteur de Sorbonne; & son Livre sur les Evangiles fut condamné par la Sorbonne.

Les anciens Chrétiens usoient de *robes noires* aux enterremens, ce que Saint Cyprien ne trouve pas bon, mais usoit de robes blanches, disant que c'étoit donner prise aux Payens sur les Chrétiens. *Pontius* le raconte en sa Vie. *Clemens Alexandrinus lib.* 2. *Pædagog. Sozom. lib.* 8. *cap.* 1. *In Actis Glycerii Martyris. Indes Eunuchorum Princeps, inter sacrificandum atratus, tanquam in luctu.*

Lactance livr. 8. c'est livr. 5. chap. 2. où il parle *de libro cujusdam Judicis Apostatæ*, c'est de Hierocles, qui avoit été P. P. *Epiphan. Hæresi* 68.

Græcis, qui annos ab Orbe condito numerant, primus Annus Christi est Mundi 5505. *ut apparet ex Nicephoro lib.* 1. *cap* 10.

Le Pape NICOLAS de la race des Ursins, ayant envoyé un Cardinal vers Charles

les Roi de Naples pour découvrir de quelle volonté il étoit de se voir privé par lui de l'état de Vicaire de l'Eglise, & de Sénateur de Rome, & lui ayant été rapporté qu'il étoit toûjours bien affectionné, dit;

Fidelitatem habet à domo & genere Franciæ,
Perspicuitatem ingenii à Regno Hispaniæ,
Discretionem verborum à frequentatione Curiæ,
Alios tolerare possemus, istum unum non poterimus.

Il y a en la Librairie de Saint Gatien de Tours un Livre de Canons, où sont ceux des Synodes de Sens, *Augensis, Ragensis, Lunatiani, Urbicensis*. Ce Livre-là est bon.

M. Pierre de SAINT JULIEN raconte, que le Roi Saint Louis n'eut à gré le mariage de Robert Comte de Clermont son fils avec la fille d'Archambaud de Bourbon, & usa envers lui de fort aigres propos & imprécations a sa postérité.

In passione THARACII, *mense Martio. Tharacius Dux: quod est nomen meum, hoc dico, Christianus sum, si autem quod est impositum à parentibus dicor Tharacius, & cum militarem nominatus sum Victor. Nomina*
cum

cùm militiæ dabant mutare folebant. Hieronymus.

SOLINI & NICANDRI *fcripta citantur à Servio in* 2. *Georgicorum.*

MR. Guillaume DURAND du-Pui-Moiſſon en Provence, ou, comme aucuns diſent, de Montpellier, appellé, *le Spéculateur*, ſouloit uſer de cette ſentence à ceux qui ſe conſeilloient à lui de quelque prétention douteuſe ou foible: *Mai val calar que fol parlar* (a). *Qui properat & defendit, Deum tentat & offendit.*

Petrus BEMBUS *Cardinalis obiit* XV. Kal. Febr. *Anno* 1547. *vixit annos* LXXVI. M. VII. D. XXIX.

L'abſtinence des viandes *in Tiburienſi Concilio* 1030.

Les FLAMANS apprennent plus vîte les Langues que les autres Nations, & les prononcent plus mal.

Animula vagula, citatur à *Themiſtio in* 2. *de Memoria cap.* 4.

Au deſſus de la porte de l'étude de Manuce

___

(a) *Mai val calar &c.*] C'eſt à dire, *Il vaut mieux ſe taire que de parler mal à propos.* Durand étoit Evêque de Mende: ſon Livre intitulé *Speculum Juris* lui fit donner le nom de *Speculateur.*

nuce il y avoit écrit (a): *Quisquis es, rogat te Aldus Manutius, ut si est quod se velis, perpaucis agas, dein actutum abeas, nisi tanquam Hercules defesso Atlanti veneris suppositurus humeros: semper enim erit quod tu agas, & quotquot huc attulerint pedes.*

Multa sunt in libris Dionysii Areopagitæ quæ & apud Proclum Platonicum reperiuntur. Proclus vivoit sous Anastase & Justin.

Censura Casparis Varrenii Lusitani in falsum Berosum, Romæ Anno 1565. in 4. est bien faite.

Ambrosius qui Camaldulensis dicitur, Monachus Sanctæ Mariæ de Angelis, Florentiæ ad Concilium Florentinum evocatus est à Pontifice,

(a) *Au dessus de la porte de l'étude de Manute, il y avoit écrit* &c.] Zacharie Ursin avoit mis cette Inscription sur la porte de son cabinet:

Amice, quisquis huc venis,
Aut agito paucis, aut abi,
Aut me laborantem adjuva.

Mr. Bayle qui rapporte cette particularité, n'a pas oublié de remarquer qu'Alde Manuce, & Jean Oporin s'étoient servis d'une semblable Inscription. Voyez le Dictionnaire critique à l'Article *Ursin*, Rem. (D).

tifice, & interpres inter Latinos & Græcos electus VIII. *Kal. Novemb. Obiit* XIII. *Kal. ejusdem mensis, Anno* 1439. *& sepultus in Ecclesia Heremi coram majore altari.*

Ecclesiastici liber citatur nomine Salomonis à Clemente Alexandrino Stromat. 7. *& ab Origene Homil.* 18. *in Numer. Itemque à Cypriano* 3. *ad Quirinum cap.* 10. *Hilario in Psalm.* 67. *Rationem reddit Augustinus lib.* 2. *de Doctrina Christiana.*

Marcellini & Faustini Liber de schismate Ursinici MS. in Vaticana Bibliotheca. Marianus Victor. in Hier. Catalog. Script. Ecclesiastic.

Les Epîtres d'*Ambrosius Camaldulensium Ordinis Generalis*, qui font 18. livres, sont bonnes; l'histoire de son temps y est. *Obiit* 1439. *Inde sumta Historia Camaldulensis.*

Les Epîtres de *Petrus Martyrius Anglerius Mediolanensis* sont bonnes: elles racontent l'histoire d'Espagne, Italie, & nouvelles Iles, depuis l'An 1488. jusqu'à l'An 1525. *Editæ Compluti in fol.* 1530.

Toutes les Epîtres historiques sont bonnes, comme de Piccolomini, *Papiensis, Cardinalis* de Robert Gaguin, de Politian,

tian, de Bembo, Sadolet, Longueil, Melanchthon, Nauseas, de la Chambre, *Camerarius*.

Constance s'appelloit anciennement *Vitudura* ; mais *Constantius César*, pére de Constantin, lui donna son nom, ainsi qu'il est porté par une Inscription citée en une Epître de Léonard Aretin.

Item meminit Flacci in Gallia à Poggio reperti cum Asconio, & Quintiliani reliquiis quæ in Exemplaribus Italicis deerant.

Il y a une belle deploration dans Grégoire de Nysse *in laudem Athanasii*, de ce que la simplicité de Théologie a été tournée en ergoterie.

Constantium Imperatorem, quem Lucifer, Hilarius, aliique execrantur, Gregorius Nazianzenus valde laudat Orat. 1. *in Julianum, qui & ejus in Catholicos pro Arianis facta excusat. Itemque Orat.* 2. *Ambrosius ad Valent. Epist.* 31. *appellat Constantium augustæ memoriæ.*

In Hispania Hæreticorum mos fuit, prolixis ut laici comis, in solo capitis apice modicum circulum tonderent. Concil. Tolet. 4. *c.* 40.

Vous verrez dans SUGERUS mention

d'une infinité de reliques, qui ne se trouvent plus à Saint Denys.

Il y a force Livres de disputes entre les Chanoines de Saint Augustin, *contra Cassinenses Monachos*, qui sont bons.

Les Bretons appellent ceux d'Angleterre les Saufons, & *Saufonicus miles*, en l'Histoire Manuscrite de Marmoûtiers, *fortassis quasi Saxones* (a).

In Bulla Pauli III. data xv. *Kal. Novembris Anno* 1549. *Jesuitæ appellantur oculi mentis Papæ.* s. o. t. f. n. t. c. t. t. e.

Pour la liberté de conscience & qu'il n'est permis tuer les Hérétiques, *Tertull. ad Scapulam, Humani juris ac naturalis,&c. August. Serm. ord.* 49. *Quicquid adhuc hæret corpori. Idem ad Donat. Proconf. Epist.* 127. *Socrat. Deus Mosem vetuit ad aram sibi erectam ferramenta adhibere.*

ROBERT Comte de Clermont Chef de la Maison de Bourbon reçut tels coups en un tournoi, qu'il en demeura hébété le reste de sa vie.

(a) Les Habitans du Pays de Galles donnent encore le nom de *Saxons* aux Anglois: il y en a peu qui sachent la Langue Angloise, & lorsqu'on leur demande le Chemin, ou quelque autre chose en Anglois, ils répondent *nous n'entendons pas le Saxon*.

PITHOEANA.

Fortunatus de Ecclesia Parisiensi,

Hæc pius egregio Rex Childebertus amore,
Melchisedech noster, merito Rex atque Sacerdos.

Le défunt Maréchal de Cosse' disoit, que pour une bonne affaire trois personnages étoient nécessaires, un sage pour la resoudre & conduire, un diligent pour l'exécuter, & un grand pour l'autoriser.

L'*Edictum de Fide* de Justinien n'avoit point été imprimé en Grec; il est dans cette Chronique imprimée cette année, *quod falsò Siculum appellant*, & est mal tourné (a). Qui étudieroit la Version on y trouveroit des Hérésies.

La faute que Mr. du Plessis fit à la Conférence est, qu'au lieu de soûtenir que ce

---

(a) *Cette Chronique imprimée cette année* &c.] C'est le *Chronicum Alexandrinum* &c. publié par Matthieu Raderus, à Munich en 1615. in 4. Mr. du Cange travailloit à une nouvelle édition loisqu'il mourut. Mr. Baluze en a eu soin après lui, & l'a donnée sous ce titre: *Chronicon Paschale à Mundo condito ad Heraclii Imperatoris annum. vigesimum. Opus hactenus Fastorum Siculorum nomine laudatum; deindè Chronica temporum Epitomes; ac denique Chronici Alsxandrini lemmate vulgatum. Nunc tandem auctius & emendatius prodit, cum nova Latina Versione, & Notis Chronicis & historicis.* Parisiis 1689, in fol.

ce qu'il difoit étoit vrai, & qu'il y avoit lieux fuffifans pour le prouver, encore qu'il s'en trouvât de faux, il s'alla amufer à foûtenir que tous les lieux qu'il citoit étoient vrais, & donna le choix à Mr. le Cardinal du Perron.

Quelques Mots de Mr. LE FEVRE *(a) Précepteur du Roi* LOUIS XIII.

,, Je lui parlois fi CLAUDIEN étoit
,, Chrétien; il me dit que non, & que s'il
,, l'étoit, c'étoit à gros grain, pource
,, qu'en l'Epigramme *ad Jacobum Magiftrum Equitum* il fe moque des Saints, &
,, me dit qu'en cet Epigramme-là, où il
,, y avoit *Tæda*, il y falloit *Tecla*, qui eft
,, une Sainte, premiere Martyre, compagne de Saint Paul, de laquelle la Vie
,, eft en Grec fort coulant & fort beau,
,, mais qu'elle étoit fabuleufe; mais quand
,, je l'ai cherché dans Claudien, je n'ai
,, point trouvé *tæda*, mais *tela*. Il me
,, dit

_____

(a) *Mr. Le Fevre &c.*] Nicolas le Févre diftingué par fon favoir & par fon mérite. Il eut des liaifons particulieres avec Pierre Pithou, & demeura plufieurs années dans fa Maifon. Voyez fur fon fujet les Eloges de Mr. Perrault, le Dictionaire de Moreri &c.

„ dit aussi que dans son Claudien Manuscrit
„ il y avoit *tæda*.

„ Je lui parlois si le DION *Nicæus* é-
„ toit bon, il me dit que non, & qu'il é-
„ toit fort passionné à vituperer les deux
„ Philosophes que les Romains opposoient
„ aux Grecs, & en médisoit fort. C'est
„ Cicéron & Sénéque.

„ Lui parlant du défaut de TITE-LIVE,
„ & que j'avois ouï dire qu'il se trouvoit
„ en Punique; il me dit qu'il ne l'avoit
„ jamais ouï dire, mais bien que un, qui
„ a fait sur *Leonis Tactica*, lui avoit dit les
„ avoir vûs au Desert Saint Macaire en A-
„ rabe; & me dit que si cela eût été re-
„ trouvé avec ce qui défaut de l'Ammian
„ Marcellin, eût suffi avec ce que nous a-
„ vons de Suétone à toute l'Histoire de
„ Rome.

„ Lui parlant de VELLEIUS, il ne l'es-
„ timoit pas tant, & disoit que c'étoit
„ comme un porte-panier fait par quelque
„ gentil esprit.

„ Lui demandant si l'EUNAPIUS *Rhetor*
„ de l'Histoire des Huns étoit perdu, &
„ que le P. Sirmond m'avoit dit qu'il a-
„ voit un mémoire de Fulvius Ursinus des
„ Li-

„ Livres manuscrits des Bibliothéques d'I-
„ talie, là où cet Eunape étoit, mais que
„ Fulvius ne marquoit que la premiere let-
„ tre de la Bibliothéque du Vatican, & l'a-
„ voit demandé, (étant en délibération
„ de le faire imprimer), au Cardinal Sir-
„ let, qui étoit Bibliothécaire, lequel lui
„ dit, que le Pape l'avoit défendu, & que
„ c'étoit *un libro empio e scelerato*.

„ Lui parlant de l'Astrologie de VAL-
„ LA, il me dit qu'il avoit dérobé de tous
„ Livres non vulgaires en son tems, & il
„ m'en montra un, là où il avoit marqué
„ une infinité de lieux des Auteurs d'où le-
„ dit Valla avoit pris.

„ Lui parlant de SAINT BERNARD *de
„ Consideratione*, il me dit qu'il avoit été
„ imprimé à Rome *in* 4. & il me le mon-
„ tra, & observa qu'en la dédication au
„ Pape, tout est contre son autorité.

„ Lui parlant de HEINSIUS, il me dit
„ qu'une fois étant en compagnie, quel-
„ qu'un apporta une page d'une de ses O-
„ raisons qu'il admiroit, & dit qu'il ne
„ croid pas que personne puisse si bien par-
„ ler Latin. Il me dit qu'il n'étoit pas si
„ bon Poëte.

„ Lui

„ Lui parlant de LAMBIN, il me dit
„ que Muret l'estimoit fort pour la pureté
„ de la Langue Latine, mais que lorsqu'il
„ étoit Lecteur du Roi on ne l'estimoit pas
„ fort, & me dit aussi, que tout ce qu'il
„ faisoit étoit avec grand labeur, mais non
„ pas tant d'esprit.

„ Lui parlant de CARPANTIER, il me
„ dit que les Epitomes d'Aristote étoient
„ très-bons.

„ Il me dit que CAMERARIUS avoit bien
„ fait par-tout, comme aussi Mr. DE L'ES-
„ CALE, qu'il estimoit le plus grand hom-
„ me qui eût été depuis mille ans en çà.

„ Lui parlant de BIGNON me dit que
„ son pére l'avoit perdu de l'avoir tant a-
„ vancé, & de ne l'avoir point mis au
„ Collége, & qu'il s'étoufferoit au Pa-
„ lais.

„ Le CICERON de VICTORIUS est tres-
„ bon, & les mots, qui semblent être fau-
„ tes, sont tres-bons.

„ *Christophorus & Petrus Puteani*
„ *docti.*

„ La *Bible* de CRATANDER tres-
„ bonne.

„ J'avois autrefois commencé à faire la
„ Bi-

" *Bible* par la Version des Péres.

" Le livre de Job est de Moyse.

" Il faudroit ramasser tous les Censeurs
" de Livres & en faire un discours.

" Les *Verrines* de Muret à la fin, *Ego*
" *Tiro recensui.*

" Ranconnet le plus habile homme
" qui ait jamais été.

" Le Roi n'étudiera jamais.

" Monsieur le Prince gentil esprit.

" Baronius ignorant en Grec, com-
" me Savaron.

" Pinelli très-habile homme.

" Il y a quelque chose au Plaute de
" Gryphe qui n'est pas aux autres.

" Monsieur de Mesmes sot Bibliota-
" phe (*a*).

" Rigault habile homme.

" Bignon a commencé trop tôt à
" écrire.

" Messieurs du Puy ont les meilleurs
" Manuscrits de France.

" Les

(*a*) *Sot Bibliotaphe.*] On appelle Bibliotaphe, ou Tombeau de Livres, celui qui ayant quelque Livre rare & curieux, ne le communique à personne, mais le garde sous la clef, & l'enterre, pour ainsi dire, dans son Cabinet.

„ Les *Epîtres* de SENEQUE bonnes à
„ conférer.
„ Les *Offices* de LANGIUS sont très-bons,
„ & selon l'ancienne écriture.
„ Les *Epîtres* d'OVIDE de Messieurs du
„ Puy sont prises sur l'autographe d'Ovi-
„ de, tant elles sont correctes.
„ LAMBIN habile homme, mais trop
„ long.
„ Monsieur LOISEL homme de bien,
„ mais non savant.
„ GUIMART habile homme.
„ RICHER homme de bien.
„ PASSERAT hors Cicéron ne savoit
„ rien.
„ Monsieur, je parle à vous, écoutez
„ moi (a). Pendant que nous sommes jeu-
„ nes nous nous amusons à tout plein de
„ Sciences vaines, & qui ne nous servent
„ de rien: la vraye Science *est cognoscere*
„ *Deum, & eum toto corde amare.* Tout
„ le tems que nous employons à la Poëti-
„ que, Grammaire, Critique, & autres,
„ nous est réputé *pro verbo otioso.* Pendant
„ que

(a) *Monsieur, je parle à vous,* &c.] Ce Discours s'a-
dresse à François Pithou, neveu de Pierre & de François Pithou.

„ que vous êtes jeune il faut étudier cette
„ Science, afin de connoître Dieu parfai-
„ tement & le connoissant l'aimer: en lui
„ est toute science, si nous lui demandons,
„ il nous la donnera.

„ Il faut aller rondement en besogne;
„ *medio tutissimus ibis.*

„ Il ne faut se laisser emporter aux nou-
„ velles doctrines:

*Dextrum Sylla latus, lævum implacata
 Charybdis.*
Obsides.

„ Vivez comme ont fait Messieurs vos
„ oncles, & vous tiendrez le droit che-
„ min. Je vous prie de m'acheter *Petrus*
„ *Lombardus in Psalmos*: c'est un très-bon
„ Livre. Tout ce qu'a fait Lombard est
„ excellent. Il étoit fort homme de bien,
„ & a fort bien écrit contre les nouveautez
„ qui courent, auxquelles je vous prie ne
„ vous laisser emporter: *Doctrinis peregri-*
„ *nis nolite abduci.* Ce Livre, le Gerson,
„ le Saint Bernard *de Consideratione* vous
„ doivent faire sage : il y a de très-bonnes
„ choses, quoi qu'on en dise. Souvenez-
„ vous de ces Livres pour l'amour de moi:
„ c'est grande pitié qu'on ne les oseroit dé-
„ fendre : l'on nous les fera perdre si on
„ peut

„ peut. Si on difoit aujourd'hui le quart
„ de ce qu'ils ont dit, ce feroit grande pi-
„ tié; cela eft vrai; je vous prie de les ai-
„ mer pour l'amour de moi. J'ai un Ber-
„ nard d'édition de Rome *in* 4. dedié au
„ Pape, là où la Préface parle bien à lui;
„ *Debitores facti fumus omnibus gentibus, er-*
„ *go non Domini.*
„ Aimez ces Livres, & vous fouvenez
„ de moi. Adieu.

Obiit (*a*) III. *Nonas Novembris* CIƆ. IƆ. C. XII.

(*a*) *Obiit* &c.] C'eft-à-dire, que le célébre Nicolas le Févre *mourut le 3 de Novembre* 1612. Son Epitaphe porte qu'il mourut le 4. de *Novembre* dans fa 69 année.

AVERTISSEMENT SUR LE COLOMESIANA.

MR. *Colomiés inſera dans ſes Opuſcules, imprimez à Paris en* 1668, *un Ecrit intitulé* Recueil de Particularitez *fait l'an* 1665; *& en* 1675. *il publia à Orange un autre Recueil ſous le titre de* Mêlanges hiſtoriques. *Comme ces petits Ouvrages contiennent une infinité de traits curieux d'Hiſtoire & de Literature, ils furent très-bien reçus du public; mais ils étoient devenus ſi rares qu'on ne les trouvoit plus. Cela m'engagea à les faire réimprimer en* 1706. *dans le* Mêlange curieux des meilleures Pieces attribuées à Mr. de St. Evremond, *& de quelques autres Ouvrages rares ou nouveaux: & voulant leur donner un titre qui convînt également à l'un & à l'autre joints enſemble, je ne crus pas en pouvoir trouver un plus propre que celui de* Colomeſiana. *Cette réimpreſſion fut faite ſur un exemplaire corrigé & augmenté par Mr. Colomiés lui-même, & je fis mettre entre deux crochets les Additions & les Changemens conſidérables pour les diſtinguer. Je voulois donner une eſpece de Commentaire ſur*

AVERTISSEMENT.

le Colomesiana, mais m'étant aperçu que cela me meneroit trop loin, je me contentai d'y faire quelques Remarques.

VOILA de quelle maniere parut le Colomesiana en 1706. Depuis ce tems-là il a été réimprimé plusieurs fois, toujours joint au Mêlange Curieux &c. jusqu'en 1726. que je l'en détachai pour le publier avec le Scaligerana, Thuana, &c. Ainsi a placé ici le Colomesiana à la suite du Pithœana, augmenté de Nouvelles Remarques.

A Londres le 8. d'Avril 1740.

COLO-

COLOMESIANA.

ÉTANT allé voir à Paris Monsieur de *Valois* l'Aîné, il me dit entre autres choses, qu'il y avoit quantité de gens qui se mêloient de faire des Livres, mais qu'il en connoissoit peu qui écrivissent aussi bien que Monsieur *Daillé*. Sur la liberté que je pris de lui demander le Catalogue de ses Ouvrages, voici ceux qu'il me nomma.

Ammian Marcellin commenté, qu'il espéroit donner à quelque heure beaucoup plus ample.

Des *Fragmens* de *Polybe*, *Nicolas Damascene*, & autres, dont le Manuscrit lui avoit été communiqué par Monsieur de *Peiresc*. Monsieur de *Ranchin* Conseiller à la Chambre de l'Edit de Castres, possede aujourd'hui ce MS.

L'Histoire Ecclesiastique d'Eusebe, avec une Version Latine, & des Notes.

Quatre *Harangues*; la premiere *à la Reine de Suéde*; la seconde *sur la Mort du Pere Sirmond*, à l'occasion de laquelle le Cardinal *François Barberin* lui écrivit, qu'il

Tome I.   Z   avoit

avoit excellemment parlé d'un si savant homme, mais qu'il en avoit moins dit qu'il ne méritoit; la troisiéme, *sur la Mort du Pere Petau*; la quatriéme, *sur la Mort de Monsieur du Puy* l'Aîné; elle est à la fin de sa VIE faite par Monsieur *Rigault*.

Mr. de Valois a aussi fait imprimer plusieurs *Poëmes Latins*, entre lesquels je ne dois pas taire son *Action de graces pour la santé du Roi*, dont il me fit présent. Parmi ses Ouvrages manuscrits, il me dit qu'il avoit des Remarques sur l'*Apollodore* qui a écrit *de Diis Gentium*, qu'il distingue très-doctement, avec l'excellent Mr. *Vossius* sur *Pomponius Mela**, de celui dont nous avons la Bibliothéque. Il garde aussi une *Harangue sur la mort du Cardinal Mazarin*, qui lui a laissé une pension de 500. écus. Il travaille aujourd'hui sur *Theodoret*, *Sozomene*, &c. & prouvera quelque jour que plus du quart de la *Bibliotheque de Photius*, n'est point de ce Patriarche.

REMARQUE.

On trouvera un Abregé de la Vie de Henri de Valois, dont il s'agit ici, & un Catalogue raisonné de ses Ouvrages dans les *Memoires pour servir à l'Histoire des Hommes illustres dans la Republique des Lettres*, par le P. Niceron; Tom. V. pag. 275 & suiv.

J'ai

* Pag. 36. & seq.

COLOMESIANA.

J'ai appris du Pere *Jacob* Religieux Carme & Aumônier du Roi, que M. *Gaulmin* étant prisonnier à la Bastille, se mit un soir á faire un Poëme Grec sur l'Immortalité de l'Ame, & qu'étant deja fort avancé, il songea une nuit qu'il y avoit dans la Bibliothéque Royale de *Suéde* un vieux Auteur Grec qui achevoit son Poëme. Ce qui l'obligea à écrire le lendemain à Mr. Grotius, qui étoit alors Ambassadeur de cette Couronne, qui lui confirma le songe qu'il avoit fait. Cependant il protestoit n'avoir jamais ouï dire que cet Auteur Grec se trouvât en ce lieu-la. Ensuite il changea de dessein, & fit un Poëme Latin sur le même sujet, qui fut imprimé *in folio*.

REMARQUE.

Gilbert Gaulmin, natif de Moulins en Bourbonnois, étoit excellent Critique, bon Poëte, & très-habile dans la Langue Greque, l'Hebraïque, l'Arabe, la Turque, & la Persane. On peut voir le Catalogue de ses Ouvrages & les éloges qu'il a reçus des Savans de son tems, dans la *France Orientale* de Mr. Colomies. Il étoit fort attaché au Cardinal Mazarin, & il fit contre le Parlement de sanglantes Epigrammes, dont deux se trouvent dans les Lettres de Guy Patin du 5. de Mars 1652, & du 25 d'Octobre 1658. C'est apparemment ce qui le fit mettre à la Bastille. Il étoit Doyen des Maitres des Requêtes & Conseiller d'Etat lorsqu'il mourut le 8. de Decembre 1667, agé de plus de 80 ans. Le Roi lui avoit donné l'Intendance du Nivernois en 1649. Mr. de St. Evremond m'a dit que Gaulmin avoit, sur la Religion, des idées bien diffesentes des sentimens ordinaires, & c'est à quoi il fait allusion dans la seconde Lettre à Mr. Justel. Voyez les *Oeuvres de Mr. de St. Evremond*, Tom. IV. p. 475. edit. d'Amsterdam 1726.

Mr. Vossius m'a dit que Messieurs *Gaulmin, Saumaise* & *Maussac* se rencontrans un jour à la Bibliotheque Royale; le premier dit aux deux autres, *Je pense que nous pourrions bien tous trois tenir tête à tous les Savans de l'Europe.* A quoi Mr. de Saumaise répondit, *Joignez à tout ce qu'il y a de Savans au monde, & vous & Mr. de Maussac, je vous tiendrai tête moi seul.*

J'ai ouï dire à Mr. Daillé que Mr. *Blondel* avoit laissé une Continuation DE LA PRIMAUTE' en l'Eglise, presque aussi grosse que celle qui est imprimée. Elle est entre les mains d'un Ministre, qui se tient auprès de Leyde, nommé *Courcelles*, fils de [ce célébre *Courcelles* de qui nous avons un si beau Systême de Théologie.] Mr. Blondel a aussi fait des *Notes* sur les *Annales de Baronius*, qui sont aujourd'hui gardées dans la Bibliothéque publique d'Amsterdam.

REMARQUE.

Mr. le Clerc dans sa *Bibliotheque choisie* a fait une reflexion qui mérite d'avoir place ici. ,, Il ne faut pas, dit-il parlant ,, du *Colomesiana*, croire aveuglément tout ce que Mr. Colo- ,, miez y raconte, sur la foi d'autrui. Par exemple il n'est
,, pas

"pas vrai que Mr. *Blondel* eût laiſſé une *Continuation* de ſon
"livre intitulé, *de la Primauté eu l'Egliſe*, preſque auſſi groſſe
"que celle qui a été imprimée, & qu'elle fût entre les mains d'un
"Miniſtre qui ſe tenoit auprès de la Haye nommé *Courcelles*, fils
"de ce celebre *Courcelles*, de qui nous avons un ſi beau Syſtême en
"*Theologie*. Je le ſai de gens, à qui feu Mr. *Gedeon de Cour-*
"*celles* ſe plaignit de cet endroit de Mr. *Colomiez*, dès que
"ſon livre parut. *Bibliotheque choiſie*, Tom. IX. p. 335, 336.

J'ai appris de Mr. *Voſſius* que *Fédéric Morel* travaillant ſur *Libanius*, quelcun lui vint dire, que ſa femme étoit fort malade; à quoi il répondit, *Je n'ai plus que deux ou trois périodes à traduire, après cela je l'irai voir*. Quelcun retournant lui dire qu'elle s'en alloit, *Je n'ai plus que deux mots*, dit-il, *je ſerai auſſi-tôt que vous*. Enfin, comme on lui vint annoncer, que ſa femme étoit morte; *J'en ſuis bien marri*, répondit-il froidement, *c'étoit une bonne femme*.

Le docte Mr *Gevartius* Hiſtoriographe de l'Empereur & du Roi d'Eſpagne, me donnant à dîner chez lui à Anvers, me fit remarquer ſur ſon Baſſin à laver, ce Vers retrograde, tiré de l'ANTHOLOGIE:

Νίψον ἀνομήματα μὴ μόναν ὄψιν.

Ce qui me fit ſouvenir de ce que m'avoit dit autrefois mon pere, Qu'il avoit ouï à Paris un Prédicateur, qui commença ſon Sermon ainſi, *Nous liſons autour du Benoî-*

tier de *l'Eglife de Ste. Sophie à Conftantinople ce vers Grec* Νιψον, &c. Ce que confirme le Médecin *Vertunian* écrivant à *Scaliger*, de Poitiers le 13. Avril 1607. *M Rapin, dit-il, m'a appris ce Vers Grec* ἀντιςξίςον- τα *trouvé autour d'un Benoîtier à* Conftantinople Νιψον, &c. [Touchant ce Vers retrograde voyez le Pere *Rofweydus* Jefuite dans fes *Notes* fur St. *Paulin.*] Mr. Gevartius me fit auffi monter dans fa Bibliothéque, qui eft médiocre, mais bien choifie, où il me montra fes *Commentaires fur Manile, & fur la Vie de l'Empereur Antonin*, qu'il donnera bien-tôt au Public. Il me fit préfent de fon HYMENÆUS PACIFER, qui eft une Piéce fort galante, faite fur le Mariage du Roi avec l'Infante d'Efpagne. Je vis auffi fon Cabinet de médailles, qui eft très-curieux.

J'ai connu quelques Savans en Hollande, qui m'ont parlé de *Scrivérius* comme d'un homme extrêmement amoureux. M. Voffius entre les autres me contoit un jour que *Barthius* étant venu d'Allemagne à Harlem, pour voir Scrivérius, il amena avec lui une Dame parfaitement belle; & que Scrivérius ne l'eut pas plûtôt vûe, qu'il trouva moyen de faire enivrer Barthius afin d'entretenir cette Dame avec plus de liberté, ce qui

qui lui réuſſit fort heureuſement. Il ne put pourtant ſi bien faire que Barthius revenant de ſon yvreſſe, n'eût quelque ſoupçon de ce qui s'eroit paſſé, qui s'augmenta tellement qu'il ramena ſa Dame, fort en colere, & la laiſſa noyer ſur le Rhein. A cet exemple j'en ajoûte un autre qui ne vaut peut-être pas moins. Scrivérius aimant depuis pluſieurs années une belle femme de Harlem, trouva un jour à ſa porte un des Magiſtrats de la Ville. Comme les Amans ſont toûjours jaloux, & que ſuivant le dire de Mr. de l'*Etoille*,

Qui ſe trouve ſans défiance
Ne peut avoir beaucoup d'amour.

Scrivérius qui n'en manquoit pas pour cette femme, ſoupçonna auſſi-tôt que ce Magiſtrat avoit deſſein de la viſiter. Cependant feignant de n'en rien ſavoir, il lui demanda ce qu'il faiſoit là. L'autre lui ayant répondu qu'il alloit rendre viſite à une Dame, Scrivérius lui dit qu'il ſe retirât, & qu'il ſe donnât bien garde d'y retourner. Le Magiſtrat ſe voyant choqué ſe jette ſur Scrivérius, qui étant un des plus forts hommes de la Hollande, ne tarda pas à avoir le deſſus. Ainſi le pauvre Magiſtrat ſe retira tout honteux chez soi, & Scrivérius plein de gloire chez sa Maîtresse.

REMARQUE.

D'habiles gens se sont inscrits en faux contre ce qu'on rapporte ici touchant Barthius; & Mr. Bayle a blamé Mr. Colomiés de l'avoir debité sur la foi d'Isaac Vossius. Il a été fort blamable, dit-il, d'imprimer de semblables choses, dont il n'avoit point d'autre garant qu'un Conte de Conversation &c. Voyez dans le Dictionaire Critique l'Article BARTHIUS, *Rem. (N). & (O).*

Etant au College de Clermont avec Mr. Vossius, je me souviens qu'entre autres Manuscrits que nous montra le P. *Cossart* Bibliothécaire, il y avoit un *Lexicon* Grec *in folio*, sans nom d'Auteur, fort bien écrit, où je lûs quelques *Fragmens* très considerables d'Auteurs que nous n'avons point. Si quelcun vient à avoir assez de crédit sur l'esprit des Jesuites pour les obliger à le publier, ou à permettre qu'on le publie, j'ose me persuader que les Doctes n'en tireront pas moins de profit, qu'ils font tous les jours de *Pollux*, d'*Hesychius*, & de *Suidas*.

Mr. *Hardy* Conseiller au Châtelet me fit voir à Paris sa Bibliothéque, qui est remplie d'un grand nombre de Livres Latins, Grecs, Hébreux, & Arabes. Il me montra

des

des HEURES à l'usage de la Princesse de *Guimené*, Hebraïques & Françoises, & m'apprit qu'*Henri-Louïs Chastaigner de la Roche-Pozay*, Evêque de Poitiers, avoit fait un Livre DE SCRIPTIS CARDINALIUM pour tâcher d'être de leur nombre, ce qui ne lui réussit pas. Quelques jours après, me trouvant chez le Pere *Jacob*, à l'Hôtel de Mr. le Procureur Général, il me mit en main le Livre de cet Evêque, qui est imprimé sans nom d'Auteur.

J'ai ouï dire à Mr. *Chapelain*, qu'un de ses Amis, homme de Lettres, avoit joué à la longue paume avec un Battoir, sur lequel se voyoient des *Fragmens* de quelques DECADES DE TITE-LIVE que nous n'avons point; & que ces Fragmens venoient d'un Apoticaire, qui ayant eu en don des Religieuses de Fontevraut, plusieurs Volumes en parchemin du même Auteur, les avoit vendus par ignorance à un faiseur de Battoirs. La destinée de ces *Décades* est assez plaisante, & me fait souvenir de celle de quelques autres Manuscrits, qui n'auroient pas été mieux traités sans le secours des Gens de Lettres. Ainsi lisons-nous de *Quintilien* qu'il fut trouvé par *Pogge* au Concile de Constance chez un Chaircui-tier,

tier: d'*Agobard*, que sans l'aide de *Papire Masson*, un Relieur étoit sur le point de s'en servir à endosser ses Livres: Des Lettres du Chancelier de *l'Hôpital*, que sans le docte *Pierre Pithou*, un Passementier s'en servoit à enveloper ses Passemens. Ajoûtez à cela la rencontre du Pere *Sirmond*, qui, passant par la Lorraine, tira pour cinquante écus des mains d'un Relieur, quantité de bons Manuscrits, qu'il envoya ensuite au College de Clermont où je les ai vûs.

REMARQUE.

Ceux qui voudront savoir plus particulierement l'Histoire des FRAGMENS de *Tite-Live*, qu'on avoit trouvés dans l'Abbaye de Fontevraut, peuvent consulter la Lettre que Chapelain écrivit là dessus à Mr. Colomiés, & que celui-ci a inférée dans sa seconde Edition de sa BIBLIOTHEQUE CHOISIE, page 31. J'ai ouï dire que le Chevalier *Robert Cotton* étant allé chez un Tailleur trouva qu'il alloit faire des Mesures de la GRANDE CHARTRE d'*Angleterre* en Original avec les Seings & tous les Sceaux. Il eut pour quatre sous cette rare Piece, qu'on avoit cru si longtems perdue, & qu'on n'esperoit pas de pouvoir jamais retrouver.

J'apprens que Mr. *Moreau* Médecin de l'Hôtel-Dieu, garde l'ÉCÔLE DE SALERNE de *Jean de Milan*, commentée par Monsieur son pere, beaucoup plus ample que nous ne l'avons. Il seroit fort à souhaiter qu'il en voulût obliger le Public.

Par-

COLOMESIANA.

Parmi les divers Manuscrits de la Bibliothéque Royale, que me montra l'obligeant Mr. de *Cassagnes*, je me souviens d'avoir vû un OPPIAN avec d'admirables figures, & un DIOSCORIDE en lettres capitales, que Mr. Vossius jugeoit de mille ou douze cens ans. A propos dequoi il me semble avoir lû dans un VOYAGE D'ALLEMAGNE MS. de *Jaques Esprinchard* Rochelois, qu'étant à Vienne en Autriche l'an 1598, *Hugues Blotius* Bibliothécaire de l'Empereur lui fit voir, dans la Bibliothéque de son Maître, un *Dioscoride* de 1300. ans. C'est apparemment celui dont parle *Auger de Busbeque* (écrivant à *Nicolas Micaut*) en ces termes * : *Unum reliqui Constantinopoli decrepitæ vetustatis, totum descriptum litera majuscula,* Dioscoridem, *cum depictis plantarum figuris, in quo sunt paucula quædam, ni fallor,* Cratevæ † *& libellus de avibus. Is est penes Judæum* Hamonis, *dum viveret,* Suleimanni *Medici filium, quem ego emptum cupivissem, sed me deterruit pretium. Nam centum ducatis indica-*

---

* Epist. de Legatione Turcica.

† *Cratevas* inter Auctores Medicos à *Plinio* non uno loco laudatur.

dicabatur, summa Cæsarei non mei in usupii. Ego instare non desinam, donec Cæsarem impulero, ut tam præclarum Auctorem ex illa servitute redimat. Est vetustatis injuria pessimè habitus, ita extrinsecus à vermibus corrosus, ut in via repertum vix aliquis curet tollere. [Le Docte *Lambecius* dans le Catalogue des Manuscrits de la Bibliothéque de l'Empereur parle fort au long de ce Dioscoride.]

Remarque.

Le Pere Dom *Bernard de Montfaucon* dit qu'il a vû à Naples dans la Bibliothéque de *St. Jean de Carbonaria* apartenante aux Augustins, un DIOSCORIDE beaucoup plus ancien & plus beau que celui de la Bibliotheque Royale: mais il semble avoir ignoré qu'il y en avoit un encore plus ancien que ce dernier dans la Bibliotheque de l'Empereur. Quoi qu'il en soit, voici ses termes. *Codex* DIOSCORIDIS [*] *eleganter descriptus, membranaceus, Characteribus uncialibus quadris, sine accentibus, adpositis plantarum florumque figuris, minio depictis à perita manu. Hujus Auctoris nullum puto pari vetustate & elegantia Exemplar exstare: nam Regium quod Antiquitatis causâ suspicitur, huic multum concedit ætate & pulchritudine. Initio mutilum his verbis incipit.* ΑΜΒΡΟΣΙΑ ΟΙΔΕ ΒΟΤΡΥΣ. ΟΙΔΕ ΒΟΤΡΥΣ, *estque V. ut puto Sæculi.*

Mr. *Vossius* m'a dit, que *Jean Rhodius*, Auteur du Traité DE ACIA, disoit hautement à Padouë, qu'il avoit fait les ELOGES LES HOMMES ILLUSTRES que *Thoma-*

[*] *Diar. Italie. Cap.* XXI. *p.* 309.

masinus a publiés sous son nom: & que si celui-ci étoit devenu Evêque, il lui en avoit toute l'obligation.

Le même m'a dit qu'il avoit possedé un ANACREON, où *Scaliger* avoit marqué de sa main, qu'*Henri Etienne* n'étoit pas l'Auteur de la version Latine des ODES de ce Poëte, mais *Jean Dorat*.

J'ai appris de Mr. *Patin*, que Mr. de *Meziriac* avoit été Jesuite à l'âge de vingt ans, & qu'il avoit fait la premiere Classe à Milan, où étant tombé malade, il se fit derechef Seculier. Mr. *Pellisson* n'a pas sû cela faisant la Vie de ce grand homme dans son HISTOIRE DE L'ACADEMIE FRANÇOISE.

Etant allé voir à Dordrecht Mr. *Colvius*, Théologien fort savant, il me fit monter dans sa Bibliothéque, qui est assez belle; où il me montra quantité de Lettres Manuscrites du P. *Paul*, du Pere *Fulgence*, de *Scaliger*, *Casaubon*, *Marnix*, *Junius*, & autres. J'y vis aussi *Hadriani Junii* ANIMADVERSA, avec des Additions de sa propre main. Il me dit qu'il possedoit un Ouvrage du P. *Paul* intitulé, ARCANA PAPATUS, qui n'étoit pas achevé. Il a traduit en Latin le TRAITÉ DE L'INQUISITION de ce même

Théologien, avec sa Confession de Foi. Le Livre est imprimé à Rotterdam in *decimo-sexto*. Il a fait plusieurs Livres, mais qui ne verront le jour qu'après sa mort.

Mr. Vossius m'ayant dit qu'il se souvenoit d'avoir lû dans les Histoires Tragiques du *Bandel*, un Eloge donné à *Luther* par le Pape *Leon* X; j'allai aussi-tôt dans sa Bibliothéque, où feuilletant les Histoires de cet Auteur, voici ce que je trouvai dans la Préface sur la vingt-cinquiéme Nouvelle de la troisiéme Partie: *Nel principio che la Setta Luterana cominciò à germogliare, essendo di brigata molti Gentilhuomini, ne l'hora del meriggio, in casa del nostro virtuoso Signor* L. Scipione Attellano, *e di varie cose raggionandosi, furono alcuni che non poco biasimarono* Leone X. Pontefice, *che nei principii non ci mettesse remedio, à l'hora che Frate* Silvestro Prierio, *Maestro del Sacro Palazzo, gli mostrò alcuni punti d'heresia che Frà* Martino Lutero *haveva sparso per l'Opera, la quale* DE LE INDULGENTIE *haveva intitolata; percioche imprudentemente rispose, che Frà* Martino *haveva un bellissimo ingegno, e che cotesse erano invidie Fratesche.* Paroles que *Sleidan* n'auroit pas manqué de mettre à la tête de son Histoire, s'il les avoit sûes.
J'ai

J'ai appris de Mr. *Ménage*, que La Princesse de Montpensier étoit de la charmante Mademoiselle de la *Vergne*, qui est aujourd'hui l'Illustre Comtesse de la *Faïette*. Le même m'a montré ses Observations sur les Poesies de Malherbe, dont il corrigeoit les dernieres Epreuves. Il m'a aussi fait voir une ébauche du dessein qu'il a d'écrire la *Vie des Medecins de l'Antiquité*, & d'encherir sur *Castellanus*. Mais le principal Ouvrage auquel il travaille, est un Traité des Dialectes, où il explique quantité de mots étrangers qui se rencontrent dans les vieux Auteurs, comme des mots Egyptiens, Libyques, Persans, Macédoniens, &c. Monsieur Vossius m'a dit, que feu Mr. *Guyet* avoit eu le même dessein.

Remarque.

Ces deux derniers Livres de Ménage n'ont point encore paru. Voyez le Catalogue de ses Ouvrages tant imprimés que manuscrits, à la tête du premier Tome du MENAGIANA.

Le Pere *le Cointe* Bibliothécaire des Peres de l'Oratoire de Paris, me montra dans leur Bibliothéque plus de cent cinquante Volumes Hébreux, pour la plûpart MSS, reliés en maroquin de Levant, que Mr. de
San-

Sancy depuis Evêque de St. Malo, apporta de Constantinople revenant de son Ambassade.

J'ai ouï dire à Mr. Vossius que la Reine de Suede ayant écouté une Harangue dont la longueur l'avoit ennuyé, comme il vint à la supplier de témoigner sa liberalité à celui qui l'avoit faite ; *Cela est trop juste,* dit-elle, *quand ce ne seroit qu'à cause qu'il vient de finir.*

Je ne saurois passer sous silence les civilités que j'ai reçûës de Mr. *Seguin*, Doyen de St. Germain l'Auxerrois, l'allant voir de la part de Mr. Gevartius son Ami intime. Après s'être enquis de mes Etudes, & m'avoir parlé de la maniere du monde la plus engageante, il eut la bonté de m'ouvrir son Cabinet de Médailles, qui est sans conttedit le plus beau de la Ville J'y en vis quantité de Gottiques qui étoient d'or, & une entre autres qui avoit des deux côtés le nom de VOCARAN. Il a fait imprimer depuis peu avec un Commentaire très-docte plusieurs Médailles de son Cabinet qui n'avoient point encore été expliquées. Les plus fameux Antiquaires de Paris le vont consulter tous les Mécredis comme leur Oracle, & n'en retournent jamais sans ravissement.

Mr.

COLOMESIANA.

Mr. Vossius m'a fait voir un Exemplaire des Voyages de *Marco Polo* Venitien *in* 8. d'ancienne Edition, contenant plusieurs Particularitez, qui ne se trouvent point dans ceux que *Ramusio* a mis dans son Recueil.

J'ai vû dans la Bibliothéque de Mr. Vossius, [plusieurs] Volumes *in folio* de *Plantes naturelles* extrêmement rares, que *Leonard Rawolf* d'*Ausbourg* (dont nous avons l'Itineraire [en Allemand]) avoit apportées du Levant, & qu'il avoit lui-même adroitement collées sur du papier, afin de les mieux conserver. Le nom de châque Plante est marqué au haut de la feuille en quatre ou cinq Langues. [*Charles de l'Escluse* dans ses *Notes* sur les Singularite's de Belon, & le Jesuite *Gretser* dans son Traite' des Pe'le'rinages apportent quelques Fragmens du Voyage de *Rawolf*, traduits en Latin.]

J'ai connu à la Haye le Savant Mr. *Junius*, fils de ce célébre *François Junius*, qui a été Professeur en Theologie à Leyde. C'est un Vieillard qui a près de 80. ans, mais qui est encore fort vigoureux. Il étudie tous les jours treize ou quatorze heures, & a publié depuis peu les Quatre Evangiles en Lan-

Langue Gottique avec un GLOSSAIRE fort travaillé. Il m'a fait présent de ce bel Ouvrage, & m'a dit qu'il feroit bien-tôt r'imprimer son LIVRE DE PICTURA VETERUM, avec les Noms & les Ouvrages de tous les Peintres de l'Antiquité. Il sera dédié au Comte d'*Arundel* d'aujourd'hui, qui a été son Disciple lorsqu'il étoit en Angleterre Bibliothécaire de son Pere. Je ne dois pas oublier, pour la gloire de Mr. Junius, que Grotius loue fort son Livre de PEINTURE dans une Lettre que voici.

Viro doctissimo FRANCISCO JUNIO in familia Illustrissimi Comitis *Arundeliæ**.

MAGNAS *tibi gratias ago*, Juni doctissime, *pro donato mihi Libro tuo* DE PICTURA VETERUM, *qui ipse vivam habet ingenii eruditionisque tuæ picturam. Miror diffusam lectionem, judicium, ordinem, & quæ ex cunctis Artibus ad hanc Artem ornandam attulisti. Planè simile mihi videtur hoc opus tuum illis imaginibus, quæ è lapillis diversicoloribus compaginatis fiunt, qualis illa Satiri Epigrammate Græco celebrata* † *&* Theuderichi

---

* Ex autographo.
† A Nilo Scholastico lib. 4. Anthologiæ.

richi Gothorum *Regis memorata* Procopio*
Delectat varietas, multoque magis ex ista varietate consurgens pulchra species. Rogo te ut multa nobis *similia:* ut verò *Pictorum veterum* nobis des nomina operáque etiam ex promisso te convenio. Quo magis videas legisse me libri tui omnia, quæro quæ sint apud Claudianum vela *Judaïca*. Scis Judæis impermissum ullam exhibere animantis effigiem vel in velis. Cogita an legendum, Lydiacis quæ pingitur India velis: *aut siquid habes melius ad nos scribe.* Ita etiam parte me levabis sollicitudinis, quæ me movet ut quotiescunque aliquem ex Anglia video, ex eo de te tuisque rebus inquiram. Quod si pateris & hoc adjici, meo ut nomine comiter salutes Viros egregios, Seldenum, Patricium ὁμώνυμον tuum, Pettæum, & siqui his similes sunt alii, ad multa merita tua quibus obstrictum me habes, novum hoc adjeceris. Lutetiæ 31. Maii 1638.

Tuus toto animo H. GROTIUS.

Selden parle de cette Lettre dans son Commentaire *de Jure naturali & Gentium* †, à l'occasion du passage de *Claudien*.

---

* Similem D *Hieronymi* imaginem Riceliaci vidimus A 1060.

† Lib. 2. cap. 9.

REMARQUE.

Junius mourut en 1677, agé de 88 ans sans avoir pu faire réimprimer son Livre *de Pictura Veterum*; mais Mr. Grævius en a publié une nouvelle édition a Rotterdam en 1694. piece. ée de la Vie de l'Auteur. Je remarquerois ici les fautes qu'il y a faites si je ne les avois pas deja communiquées à Mr. Bayle, qui en a fait usage dans le *Supplément* de son *Dictionaire*.

J'ai appris de Mr. Vossius que l'Auteur du petit Commentaire sur les Médailles, que Mr *Gevartius* donna au public l'an 1654. étoit [*Albert Rubens*, Fils de *Pierre*, qui étoit] grand Peintre & grand Antiquaire, dont Mr. *Gassendi* parle avec eloge dans la VIE de Mr. de *Peiresc* *. *Philippe Rubens* dont nous avons ELECTA, la *Version* de quelques HOMÉLIES d'*Astérius*, & les POESIES, étoit frere de ce fameux Peintre.

Mr. Patin me prêta à Paris un Livre fort rare, intitulé, JUGEMENT DE TOUT CE QUI A ÉTÉ IMPRIMÉ CONTRE MR. LE CARDINAL MAZARIN. L'Ouvrage est de *Gabriel Naudé* son Bibliothécaire. Des deux Editions qui s'en sont faites, la seconde, qui est la plus ample, est de 717. pages. A quoi il fait bon prendre garde, n'y ayant pas moyen de les distinguer d'une autre façon.

* Pag. 111. Ed. Hag.

COLOMESIANA.

REMARQUE.

On trouvera à la fin du NAUDÆANA impreſſion de Hollande, une liſte exacte de tous les Ouvrages de *Naudé*.

Mr. Voſſius m'a dit, qu'il avoit appris de Mr. du Puy l'Aîné, qu'*Henri Lindenbrog* étant à Paris, & allant ſouvent à la Bibliothéque de St. Victor, ſous prétexte d'y étudier, y déroboit toûjours quelques Manuſcrits; & que quelcun s'étant apperçû de ſes larcins, on alla le prendre un matin en bonnet de nuit & en pantoufles, & qu'on le mena ainſi en priſon; d'où il ſortit quelques jours après par le crédit de Mr. du Puy.

Mr. Voſſius m'a dit, qu'un Italien nommé *Palavicini* étoit Auteur du DIVORCE CELESTE, & du COURRIER DEVALIZÉ. C'eſt auſſi de lui que j'ai ſû que Mr. *Chevreau* avoit fait LE GENIE DE CHRISTINE.

REMARQUE.

Perſonne ne doute que Pallavicin ne ſoit l'Auteur du *Courrier devaliſé*; mais celui qui a écrit ſa VIE ſoutient qu'il n'a pas fait le *Divorce celeſte*, & il ſe fonde ſur ce que Pallavicin étoit, dit-il, trop bon Catholique pour avoir compoſé un livre ſi *abominable*; & d'ailleurs que le ſtile de cet Ouvrage eſt fort different de celui de Pallavicin. Mais quoique ſon *Divorce* puiſſe paroitre *abominable* aux Ultra-
mon-

montains, il n'a pas été jugé tel par des Catholiques François d'un grand merite, qui l'ont loué, & même traduit en leur Langue. Pour ce qui eſt du ſtile, les Catholiques dont je viens de parler, ne conviennent pas qu'il ſoit different de celui de cet Auteur: ils y trouvent la même delicateſſe d'eſprit, & le même genie ſatirique qui regne dans ſes autres Ouvrages. On trouvera pluſieurs particularitez curieuſes de la Vie de Pallavicin dans la Preface de la Traduction Françoiſe du *Divorce celeſte*, imprimée en 1696; & dans le premier Tome des *Melanges d'Hiſtoire & de Litterature* de Vigneul-Marville. Voyez auſſi le *Naudaeana* avec les *Additions*, p. 109 & p. 222, édit. d'Amſterdam 1703.

Le Pere *Jacob* poſſede une HARANGUE imprimée, *ſur la Mort de Mr. Naudé*, faite par Mr. *Charpentier* Médecin; dans laquelle il s'emporte fort contre les Bénedictins, au ſujet du Livre de l'IMITATION DE JESUS-CHRIST, qui court ſous le nom de *Thomas à Kempis*. Cette Harangue eſt fort rare.

J'ai appris de Mr. Voſſius qu'il avoit trouvé quelques paſſages de l'HISTOIRE d'*Herodote*, qui ne ſe liſent point dans celle que nous avons. Après quoi il ne faut plus s'étonner de ce que nous n'y trouvons point celui qu'allegue *Ariſtote* au 18. Chapitre du 8. livre de ſon HISTOIRE DES ANIMAUX. Liſez ſur ce paſſage le docte & laborieux *Voſſius* le pere, dans ſon TRAITÉ DE L'IDOLATRIE page 1221, & dans ſes HISTORIENS GRECS, p. 16. de la dernieniere Edition. Voyez aussi *Thomas Gataker* à la pag. 266. de la premiere Partie de ses admirables MELANGES.

Mr. Cotelier m'a dit, que Mr. *Bigot* publieroit dans quelque tems la VIE de St. *Chryſoſtome*, écrite en Grec par *Palladius*. Si le Chevalier *Savill* étoit vivant, il en auroit sans doute beaucoup de joye, d'autant plus que faisant imprimer les OEUVRES de St. *Chryſoſtome*, il fit chercher cette VIE en France, en Espagne, en Italie & dans l'Orient même, sans la pouvoir jamais rencontrer.

REMARQUE.

Mr. *Bigot* l'a publiée en 1680. sous ce Titre : *Palladii Episcopi Helenopolitani* DE VITA S. *Chryſoſtomi* DIALOGUS.

J'ai ouï dire à Mr. *Voſſius*, que *Boxhornius* avoit corrigé & commenté une Satyre DE LITE, qu'il croyoit ancienne, qui est du Chancelier de l'*Hoſpital*. Ce que j'ai verifié depuis avec grand plaisir. *Pricæus* Critique Anglois fait la même faute sur l'APOLOGIE d'*Apulée* pag. 54. [& avant *Pricæus* & *Boxhornius*, *Barthius* dans ses ADVERSARIA.]

J'ai appris du Pere Jacob que le Livre intitutitulé CONSIDERATIONS POLITIQUES SUR LES COUPS D'ETAT, imprimé l'an 1639, in 4, étoit de *Gabriel Naudé*, qui le fit par le commandement de Mr. d'*Emery* Surintendant des Finances, & non pas par celui du Cardinal de *Bagny* qui étoit mort; à qui il parle néanmoins de tems en tems dans l'Ouvrage pour se mieux cacher. Il faut aussi remarquer qu'au lieu que dans la Préface au Lecteur, il est dit qu'il n'y a qu'une douzaine d'Exemplaires de ce Livre, il y en a eu plus d'une centaine.

J'ai ouï dire à Mr. Patin qu'il avoit appris du bon homme *Laurens Bochel* (qui a fait imprimer les DECRETS DE l'EGLISE GALLICANE, &c.) qu'*Amiot* avoit traduit les VIES de *Plutarque* sur une vieille Version Italienne de la Bibliothéque du Roi, & qu'elle étoit cause des fautes qu'il avoit faites. Je ne sai si cette Version n'est point celle que fit sur le Latin l'an 1482 *Baptiste Alexandre Jaconel de Rieté*, qui est dans la même Bibliothéque.

Mr. Vossius m'a dit, que *Moret* fameux Imprimeur d'Anvers, reprochant à *Erycius Puteanus*, successeur de *Lipse*, qu'il ne faisoit que de petits Livres, celui-ci lui répondit, que *Plutarque* & plusieurs autres

COLOMESIANA.

Auteurs de l'Antiquité en avoient aussi bien fait que lui. Alors *Moret* lui repliqua, *croyez-vous que vos Livres que je ne puis débiter, soient aussi bons que ceux de Plutarque?* Ce qui mit *Puteanus* en colere, & le fit sortir de la Boutique de *Moret*.

Mr. *Junius* m'a assuré, que *Selden* (qu'il connoissoit particulierement,) faisoit lire plusieurs personnes pour lui, comme on l'a dit autrefois du Cardinal du *Perron*, de l'Avocat Général *Servin*, & de Mr. *du Plessis*. Sa Bibliothéque qui étoit fort belle, fait aujourd'hui partie de celle d'Oxford.

J'ai ouï dire à Mr Vossius qu'il se souvenoit d'avoir lû dans une Chronique Flamande, que *Philippe*, Duc de Bourgogne surnommé le *Bon*, avoit institué l'Ordre de la *Toison d'or*, sur la rencontre qu'il avoit faite d'un poil de sa Maîtresse, qui étoit de couleur jaune. Ce que j'ai trouvé confirmé par *André Favin*, au commencement du second Volume de son THEATRE D'HONNEUR. *D'autres, dit-il, disent que* Philippe *Duc de Bourgogne, gouvernant avec beaucoup de privauté une Dame de Bruges douée d'une exquise beauté, & entrant du matin en sa chambre, trouva sur sa toilette de la Toison de son pays d'embas, dont cette Dame mal soigneuse donna sujet de rire aux Gentilshommes suivans dudit Duc, qui pour couvrir ce mystere fit serment, que tel s'étoit moqué de telle toison, qui n'auroit pas l'honneur de porter un Collier d'un Ordre de la Toison qu'il designoit d'établir pour l'amour de sa Dame.*

Mr. *Gudius* savant homme de la Duché de Holstein m'a montré un Livre DE LIBERTATE ECCLESIASTICA, imprimé l'an 1607. 8°. qui est de *Casaubon*, comme l'avoit marqué de sa main *Josias Mercerus* Beau-pere de Mr. de *Saumaise*. Cet Ouvrage ayant été entrepris par l'ordre de personnes de qualité, est demeuré imparfait par le commandement d'*Henri* IV. Ce qui a fait mettre à *Mercerus* à la page 264. qui est la derniere, *Cætera rebus mutatis non sunt edita.* Paroles que *Jaques Cappel* explique en ces termes dans son ASSERTION DE BONNE FOI contre le Jesuite *Rosweidus* *; *In Ecclesiastica Antiquitate quàm non esset tyro Casaubonus, docuit A. D. 1607. libro singulari* DE LIBERTATE ECCLESIASTICA, *cujus jam paginæ 264. typis erant editæ, cùm Rex* Henricus IV. *augustæ memoriæ compositis jam* Venetorum *cum Pontifice* Romano *controversiis, vetuit ultra progredi, & hoc ip-*

* Pag. 17.

ipsum quod fuerat inchoatum, supprimi voluit, ut ejus pauca nunc exstent exemplaria. Casaubon parle couvertement du même Livres en deux ou trois endroits de ses Lettre * & *Scaliger* une seule fois dans les siennes †. [*Melchior Goldast* a inseré ce Traité dans son premier Tome de la Monarchie de l'Empire Romain.]

Mr. Vossius m'a dit, que l'on pouvoit connoître aisément le Stile d'*Heinsius* le pere au Pronom *Qui, quæ, quod*, dont il se servoit plus qu'aucun autre. Ce que j'ai verifié avec plaisir. J'ai appris du même, que *Pettæus* Chapelain du Comte d'*Arundel*, ayant fait plusieurs Voyages en Grece & en Italie, pour en apporter à son Maître quantité de raretez, il en fut si mal récompensé qu'il mourut de déplaisir.

J'ai ouï dire à Mr. *Patin*, que le Cardinal de *Richelieu* parlant un jour du Pere *Morin* Prêtre de l'Oratoire, dit que c'étoit un Bel-esprit, & qu'il le craignoit.

J'ai vû chez Mr. Vossius un Médaillon d'*Erasme* en cuivre, assez bien fait, qui avoit d'un côté l'image de ce grand homme,

* Pag. 628. 632. & 647. Edit. Hag.
† Pag. 345. Ed. 1627.

me, & de l'autre celle du Dieu *Terminus* avec ces mots, *Concedo nulli Terminus*; ce qui s'accorde parfaitement avec l'Anneau qu'il portoit, sur lequel il avoit fait graver la même Devise. D'où un Cordelier Espagnol nommé *Carvajal* prend occasion de lui reprocher qu'il prétendoit par-là ne ceder à qui que ce soit dans la République des Lettres. A quoi *Erasme* répond adroitement à son ordinaire, qu'il expliquoit fort mal sa pensée, & qu'il ne s'étoit servi de cette Devise que pour songer souvent à la Mort.

Mr. *Daillé* m'a dit qu'il avoit appris que l'Auteur du Livre intitulé VINDICIÆ CONTRA TYRANNOS, sous le nom de *Stephanus Junius Brutus*, est *Hubert Languet*, savant homme & grand Politique. Ce qui m'a été depuis confirmé par Mr. *Le Gouſt* de Dijon, qui ajoûta que Mr. de la *Mare* Conseiller de la même Ville avoit remarqué cela faisant l'Eloge d'*Hubert Languet*. D'autres attribuent ce Livre à M. *du Plessis*, à qui je le donnerois aussi volontiers sur ce témoignage de d'*Aubigné* * : *Il paroiſſoit un autre Livre qui s'appelloit* JUNIUS BRUTUS, *ou* DEFENSE CONTRE LES TYRANS, *fait par un des doctes Gentilshommes du*

---

* Tom. 2. . 2. ch. 2. pag. 108.

COLOMESIANA.

du Royaume, renommé pour plusieurs excellens Livres, & vivant encore aujourd'hui avec autorité. Dans un autre endroit de son His-toire d'*Aubigné* dit *, que ce Gentilhomme lui a avoué qu'il en étoit l'Auteur.

REMARQUE.

Il est vrai que d'*Aubigné* parloit ainsi lorsqu'il publia la premiere Edition de son HISTOIRE en 1616. mais il se retracta dans la seconde faite en 1626. & déclara qu'*Hubert Languet* étoit le *veritable Auteur* de ce Livre, & que du *Plessis Mornai* n'avoit fait que lui *donner le jour*. Mr. *Bayle* a traité cette matiere dans une DISSERTATION qu'il a mise à la fin de son DICTIONAIRE.

Mr. Vossius m'a conté, que *Sambuc* plus célèbre par la publication de plusieurs Manuscrits que par son Savoir ; étant venu exprès en Hollande pour voir *Hadrianus Junius*, il apprit à son logis qu'il bûvoit avec des *Voermans*, c'est-à-dire des Charretiers: ce qui lui donna tant de mépris pour ce grand Critique, qu'il s'en retourna sans le voir. Le départ de *Sambuc* étant rapporté à *Junius*, il s'excusa fort, disant qu'il ne s'étoit trouvé avec ces *Voermans*, que pour apprendre d'eux quelques termes de leur métier, qu'il vouloit mettre dans son *Nomenclator* qu'il faisoit alors.

La passion que j'avois de connoitre Mr.

* Tom. 1. liv. 2. ch. 15. pag. 91.

de *Launoi* Théologien de Paris, fit que me trouvant un jour chez Mr. *Ménage*, je pris la liberté de le faluër. Enfuite à l'occafion de la Statuë de la Papeffe dont on parloit, je lui dis devant Mr. de *Racan*, Mr. l'Abbé *Marucelli* Réfident du Duc de Tofcane, Mr. *Ménage*, & plufieurs autres, que j'avois été furpris de voir dans un de fes derniers Livres *, que cette Statuë étoit encore debout; le Cardinal *Baronius* remerciant *Florimond de Remond* dès l'an 1600. de ce qu'elle avoit été renverfée. La Lettre n'eft ni trop longue ni trop commune pour n'être pas rapportée ici.

Tardiùs fcribo ut opportuniùs fcriberem, rémque ex fententia geftam fignificarem: cujus teftes Literas Sereniffimi Magni Ducis Hetruriæ bis junxi. Egi apud Sanctiffimum. Egi cum Collega ornatiffimo ac illuftriffimo Cardinali Senenfi, *& ipfe apud Magnum Ducem. Omnes paratiffimi inventi funt, fe excufantes non fine rubore, nefciffe quod ultra Montes adeò vulgatum innotuit. Nullo obice res quàm feliciffimè confecta eft. Subdubitabam ne auctoritas S.* Antonini *Archiepifcopi* Florentini Florentinum *Principem retardaffet. Sed De-*

---

* In Differtat. de Auctoritate Argumenti Negantis. pag. 274.

benignitate patenti Veritati cessere omnia. Deo sit gloria, de imagine vana prostrata. Tibi tamen debentur trophæa atque triumphus, triumphalisque Statua nobili inscriptione notanda, Vindici Veritatis. Vale.

A cela Mr. de *Launoy* répondit qu'étant à Sienne en 1634. il avoit vû de ses propres yeux dans l'Eglise Cathedrale la Statuë de la Papesse au rang des Papes, sans apparence d'aucun changement, & qu'ainsi il ne doutoit point, que ceux de Sienne n'en eussent fait accroire à *Baronius*. [Après quoi je m'étonne fort que le Pere *Alexandre* Jacobin, ait osé dire dans son HISTOIRE ECCLESIASTIQUE, parlant de la Papesse, que sa Statuë ne subsistoit plus.]

J'ai apris de Mr. Vossius, que Mr. de *Saumaise* parlant au commencement de son Livre contre *Grotius*, d'un de ses Amis qui avoit changé de Religion, entendoit *Lucas Holstenius* de Hambourg, qui est mort Bibliothécaire du Pape. *Leo Allatius*, Grec de nation, est aujourd'hui en sa place.

J'ai vû dans la Bibliothéque de Mr. Vossius la VIE DES ME'DECINS DE L'ANTIQUITE' faite par *Pietro Castellanus*, avec des Additions marginales de *Denis Vossius* son frere. *Jean Henri Meibom* avoit aussi écrit sur le même sujet, mais étant venu à mourir, son travail est demeuré imparfait. J'apprens que Mr. *Reinesius* Médecin, (qui est [mort depuis quelques années) avoit] ébauché la même matiere.

J'ai ouï dire à Mr. Vossius, qu'il avoit lû au Vatican dans un *Anastase*, que du tems du Pape *Sergius*, les *Sarasins* avoient emporté de Rome le corps des Apôtres St. *Pierre* & St. *Paul*. Le même m'a dit, qu'il avoit appris en Angleterre, que *Selden* avoit laissé un COMMENTAIRE sur les MARBRES D'ARUNDEL, une fois aussi ample que celui que nous avons. Si la chose est veritable, nous pouvons espérer d'avoir à quelque heure ces *Marbres* en fort bon état; surtout après la publication du travail d'un docte Gentilhomme de Normandie, nommé Mr. de *Grentemesnil*, que j'ai eu l'avantage de voir à Caën avec une extrême satisfaction.

Des divers Manuscrits qui sont dans la Bibliothéque de Mr. Vossius, voici les plus considérables dont je me souviens.

MSS. GRECS.

Un [Achmet] des *Songes*, beaucoup plus entier que celui de Mr. *Rigault*.

Des *Notes* de *Porphyre*, & de plusieurs autres sur *Homere*, qui viennent de la Bibliothéque de Mr. de *Peiresc*.

Un gros Volume de *Libanius*, où se trouvent quantité de *Lettres* qui n'ont jamais vû le jour.

Des *Fragmens* de *Pollux* qui corrigent & augmentent en plusieurs endroits celui de *Seberus*

Des *Fragmens* du *Stephanus de Urbibus*. (dont nous n'avons que l'Epitome) copiés sur un Manuscrit de la Bibliothéque [de Mr. *Seguier*.]

Un *Etymologicum* beaucoup plus ample que celui de *Sylburgius*.

Des Notes d'*Holobolus* Rhetor *ad Aras Dosiadæ*, dont *Fortunius Licetus* n'a fait imprimer qu'une partie. Mr. de *Saumaise* les a copiées sans en avertir ses Lecteurs, dans les Notes qu'il publia l'an 1619. sur ces mêmes Poëmes. Cet *Holobolus* m'est peu connu; je ne sache pour lui que deux témoignages, l'un dans les FRAGMENS de *Pachymeres*, publiés par le Pere *Petau*, avec L'ABREGÉ HISTORIQUE de *Nicephore* l'an 1616; l'autre dans la Préface de *Gyraldus* sur son TRAITÉ DES ENIGMES.

Un *Recueil d'Epigrammes Grecques* qui ne

font point dans L'ANTHOLOGIE, copié par *Gruterus* fur un MS. de la Bibliothéque Palatine dont il étoit Garde.

Un *Xiphilin fur St. Matthieu*, dont *Henri Etienne* apporte quelques Fragmens dans fa Preface fur l'Epitome de *Dion Caffius*.

Des *Notes* fur *Lucien*. D'autres fur quelques Comédies d'*Ariftophane*.

La *Lettre d'Origéne à Africanus*.

MSS. LATINS.

Un gros Volume *in folio*, qui vient de la Bibliothéque de feu Mr. Petau, contenant la Conférence d'*Eude* Evêque de Cambrai & d'un *Juif* du Pays, avec cinquante autres Traités. *Thevet* au II. Tome de fa COSMOGRAPHIE pag. 682. parle de cette Conférence.

Un *Servius fur Virgile* plus ample que celui de *Daniel*.

L'*Anthologie* toute traduite en Vers par *Grotius*, avec les Epigrammes qui n'avoient point été publiées, auffi traduites.

D'anciennes *Epigrammes*, tirées des Marbres d'Italie.

La *Vie des Savans* qui ont été parmi les *Arabes*, de *Jean Leon* l'Afriquain, copiée
fur

sur un MS. de la Bibliothéque du Duc de Florence. *Jean Leon* cite cet Ouvrage au 3. livre de sa DESCRIPTION DE L'AFRIQUE, & M. *Vossius* le pere en produit deux ou trois Fragmens dans son TRAITÉ DE PHILOSOPHIA *.

Une *Lettre* de *Gyllius*, contenant la Relation de son *Voyage en Asie*, &c. †.

Un *Lexicon Hebreu & Latin* de *François Junius* le Théologien, qui ne vient que jusqu'à la Lettre ה.

Des *Notes* de *Gerard Vossius* le fils sur *Valerius Flaccus*. C'est celui qui fit imprimer un *Velleius Paterculus* avec des Notes l'an 1639. in 12.

Des Remarques sur les *Commentaires de César* de *Denis Vossius* son frere, dont nous avons la Traduction du *Conciliator* de Menasseh, *Rambam de Idololatria*, & quelques autres Pieces.

MSS. FRANÇOIS.

Les *Funerailles d'Anne de Brétagne*, femme de *Louïs* XII, avec d'assez belles Miniatures.

Sca-

---

* Pag. 111. & 115.

† *Ortelius* apporte quelques Fragmens de cette Lettre dans son DICTIONAIRE DE GEOGRAPHIE aux mots DASCUTA, NICOMEDIENSES, & ailleurs.

Scaligeriana: c'eſt un Recueil de choſes remarquables dites par *Scaliger*.

Perroniana: c'eſt auſſi un Recueil de choſes particulieres que *Dom du Puy* le Chartreux, Frere Aîné de Meſſieurs *du Puy*, avoit ouï dire au Cardinal du *Perron*.

Si Mr Voſſius nous tient ſa parole, nous devons attendre de lui une *Bible des Septante*, un *Ptolomée*, la *Grammaire de Denis de Thrace* promiſe par le Préſident *Mauſſac*, un *Callimaque*, le *Voyage de Hanno* Carthaginois, *Ariſtée*, une *Hiſtoire des Plantes*, un *Ariſtophane*, un *Aratus*, une *Diſſertation ſur les Lettres & ſur la prononciation de la Langue Grecque*, le *Catalogue des Rois d'Egypte*, la ſeconde Edition du Géographe qu'il fit imprimer fort jeune ſous le nom de *Scylax*, un *Martial*, & quelques Ouvrages de Mathematiques.

REMARQUE.

Le *Scaligeriana* (ou plutot *Scaligerana*) & le *Perroniana* furent imprimés en Hollande ; le premier en 1666, & l'autre en 1669. mais comme ces éditions étoient pleines de fautes, on en donna de plus correctes en France en 1667 & 1669 On a inſeré le *Perroriana* dans le premier Tome de ce preſent Recueil, & le *Scaligerana* dans le ſecond Tome ; avec des Avertiſſemens où l'on fait l'hiſtoire de l'un & de l'autre, & où l'on rend compte de cette nouvelle édition.

Le bon homme *Jaques le Févre* d'Eſtaples

ples en Picardie, qui étoit un des plus savans hommes de son Siecle, se voyant cruellement persecuté à Paris par les *Sorbonistes*, se retira à *Nérac* auprès de *Marguerite* Reine de Navarre, sœur du Roi *François* I. Cette Princesse, qui aimoit les Lettres, reçut ce bon Vieillard avec joye, & s'entretenoit souvent avec lui de plusieurs choses graves & relevées. Un jour ayant fait dessein de dîner chez lui, elle y attira quantité de personnes doctes. Durant le repas ce bon homme parut fort triste, & versoit même par fois des larmes. La Reine s'en étant apperçue, lui en demanda le sujet, le raillant de marquer de la tristesse, au lieu de contribuer à son divertissement. *Hélas, Madame!* lui répondit ce bon Vieillard, *comment pourrois-je avoir de la joye, ou contribuer à celle des autres, étant le plus méchant homme qui soit sur la terre?* ,, Quel si grand peché pou-
,, vez-vous avoir commis, repliqua la Rei-
,, ne, vous qui semblez avoir mené dès vo-
,, tre bas âge une vie si sainte & si inno-
,, cente?" *Madame*, dit-il, *je me vois en l'âge de cent un an, sans avoir touché de femme, & je ne me souviens point d'avoir fait aucune faute dont ma Conscience puisse être chargée en laissant le monde, sinon une seule,*

que je crois qui ne se peut expier. La Reine l'ayant pressé de la lui découvrir ; *Madame*, dit ce bon homme en pleurant, *comment pourrai je subsister devant le Tribunal de Dieu, moi qui ayant enseigné en toute pureté l'Evangile de son Fils à tant de personnes, qui ont souffert la mort pour cela, l'ai cependant toûjours évitée, dans un âge même où bien loin de la devoir craindre, je la devois plûtôt desirer ?* La Reine qui étoit naturellement éloquente, & n'ignoroit pas l'Ecriture Sainte, lui fit là-dessus un fort beau Discours, lui montrant par divers exemples ,, que la même chose étoit
,, arrivée a plusieurs bons & saints Personnages qui régnoient avec Dieu dans le
,, Ciel, & ajoûtant que quelque grand pécheur que l'on se trouvât, il ne falloit jamais desespérer de la miséricorde & de la
,, bonté de Dieu." Ceux qui etoient à table joignirent leurs consolations a celles de cette Princesse, de quoi ce bon Vieillard étant fortifié ; *il ne me reste donc plus*, dit-il, *après avoir fait mon Testament, que de m'en aller à Dieu, car je sens qu'il m'appelle ; ainsi je ne dois pas différer.* Ensuite jettant les yeux sur la Reine, *Madame*, dit-il, *je vous fais mon héritiere. Je donne mes livres à M. Girard le Roux*

Roux [*], (c'étoit son Prédicateur ordinaire, qu'elle fit depuis Evêque d'Oleron.) *Je donne mes habits & ce que je possede, aux Pauvres. Je recommande le reste à Dieu.* La Reine soûriant alors, ,, que me reviendra-t-il, ,, lui dit-elle, de l'hérédité ? " *Madame*, répondit ce bon-homme, *le soin de distribuer ce que j'ai, aux Pauvres.* ,, Je le veux, re- ,, pliqua la Reine, & je vous jure que j'ai ,, plus de joye de cela, que si le Roi mon ,, frere m'avoit fait son héritiere." Ce bon Vieillard paroissant alors plus joyeux qu'il n'avoit encore fait ; *Madame*, dit il, *j'ai besoin de quelque repos*, & a ceux qui étoient à table, *Adieu Messieurs*. Ensuite il s'alla mettre sur un lit, & lors qu'on s'imaginoit qu'il dormoit, il passa de cette vie à une meilleure, sans avoir donné aucunes marques d'indisposition Etant mort, la Reine le fit enterrer magnifiquement, voulant même qu'il fût couvert du Marbre qu'elle avoit fait tailler pour elle. Telle fut la fin de ce grand Personnage, dont cette Princesse entretenoit à Paris Frédéric II. Electeur

Pa-

* Ou *Rousseau*. Il avoit été Jacobin La Reine Marguerite le détroqua, comme plusieurs autres. [Mrs de Ste. Marthe ont fait sa Vie dans leur FRANCE CHRE-TIENNE. &] Erasme parle de lui dans une de ses Lettres à Jaques le Févre.

Palatin, lors qu'il y tomba malade au retour de son Voyage d'Espagne vers Charles-Quint. L'Histoire de ce Voyage a été écrite en Latin, par un des Conseillers de cet Electeur, nommé *Aubert Thomas*, de Liege, à qui je dois tout ce que je viens de dire de la mort de Jaques le Févre.

Mr. Bouillaud, qui se nomme en Latin *Bullialdus*, savant homme & grand Mathématicien publia à Paris l'an 1657. une Dissertation Latine touchant le *St. Bénin de Dijon*, qu'il avoit faite plusieurs années auparavant : *Sed ea de re sibi meditata edere tunc veritus est*, dit Mr. Sarrau dans une de ses LETTRES*. Ce Mr. Bouillaud étant en Pologne, comme on le traitoit souvent D'EXCELLENCE, vint à s'en fâcher, disant qu'il ne méritoit pas ce nom-là. Quelcun alors lui repliqua qu'il ne devoit pas s'en fâcher, qu'en Pologne on le donnoit à tout le monde.

Dans le premier Volume des MEMOIRES sous *Charles* IX. imprimez l'an 1576. se lit † une Harangue faite au Roi au nom de plusieurs Princes d'Allemagne, le 23. Décembre 1570. que je conjecture être d'un Gentil-homme Bourguignon nommé

Hu-

* Pag. 199. † Pag. 32.

Hubert Languet. Voici comme il parle écrivant* à son Héros *Philippe Sydné*: De Vienne le 1. Janvier 1574. *Exemplum Epistolæ de Electione* Polonica, *quam tibi ostenderam, non puto me habere, sed si ejusmodi ineptiis delectaris, dabo operam ut habeas Orationem quam nomine aliquot Principum* Germanicorum *habuimus ad Regem Galliæ ante triennium: in qua sunt quædam ita liberè dicta, ut in tumultu* Parisiensi *valdè metuerim ne ea res esset mihi exitio.* Mr. de Thou au 47. Livre de son HISTOIRE rapporte cette Harangue en abregé, mais il n'en marque point l'Auteur.

J'ai appris de Mr. Vossius, que Mr. de Saumaise étant à Paris, évitoit autant qu'il pouvoit de se rencontrer en visite avec Mr. Blondel, parce que celui-ci étoit un grand causeur, *& omnia in numerato habebat, etiam locos integros Auctorum:* au lieu que l'autre, quoi qu'il eût une prodigieuse mémoire, *sæpè silebat.*

A la fin du JUGEMENT de *Mélanchthon* touchant l'Eucharistie envoyé à l'Electeur Palatin & imprimé l'an 1560 se trouve une *Lettre* du même *Mélanchthon* écrite J. C. D.

* Pag. 32. de ses LETTRES de l'édition de *Leyde* Voyez aussi la pag 54.

D. M. Vr. c'est à dire, comme je crois, *Joanni Cratoni Doctori Medico Vratislaviensi*. Ce Jugement & cette Lettre ont donné lieu aux Disciples de *Mélanchthon* de le déchirer après sa mort.

Quelcun disant un jour à Mr. Vossius le Pére, qu'il ne pensoit pas qu'il y eût rien dans la République des Lettres qu'il ignorât; *Vous vous trompez fort*, lui répondit-il, *je ne sai pas le quart des choses qu'un jeune Ministre croit savoir*.

L'Auteur de la Préface des LETTRES de *Grotius ad Gallos*, est Mr. *Sarrau*, comme il le découvre dans une Lettre Françoise à Mr. de *Saumaise*, qui n'a jamais vû le jour, que Mr. Gudius me communiqua à la Haye. J'ai raporté un beau Fragment de cette Lettre dans ma FRANCE ORIENTALE, pag. 238.

J'ai toûjours cru que le grand *Casaubon* n'avoit pas moins de pieté que de doctrine; & j'ai été marri de voir le contraire dans un des Ouvrages de Mr. *Claude*. Qui est-ce en effet qui viendra à lire avec quelque soin & sans préjugé, les EXERCITATIONS contre *Baronius* de cet excellent homme, sa *Lettre au Pere Fronton du Duc* Jésuite, & celle qu'il écrivit au Cardinal du Perron par le

commandement du Roi Jaques, fans admirer en même tems le zéle & la pieté qu'il y fait paroître?. J'avoue qu'il n'eſt pas de ces Ecrivains de feu, à qui l'emportement tient lieu de raiſons, & qu'il garde dans ſes Ecrits une modération particuliere. Mais cette modération, loin de le flêtrir comme on le prétend, fait toute ſa gloire; puiſqu'elle le rend Diſciple de Jeſus-Chriſt. Je devois ces deux mots d'Apologie, à la mémoire d'un homme, dont j'ai lu & lis encore aujourd'hui les Livres, avec une extrême utilité. Je parle de lui & de ſes Ecrits, plus amplement dans ſa VIE, d'où je ne ſaurois m'empêcher de tirer un témoignage d'un célébre Catholique Romain, Conſeiller de la Grand' Chambre, nommé *Jaques Gillot*, pour en faire part au Lecteur. Voici donc ce que ce grave Sénateur dit de Caſaubon, écrivant à Scaliger, de *Paris* le 7. *Juillet* 1599. *C'eſt à ce coup que Mr. Caſaubon eſt tout à nous, & fort reſolu de vivre & mourir à Paris. Mr. le Premier Préſident, qui l'aime comme ſa Vertu le merite, l'a logé bravement & aſſez près de nous. Le Roi avant hier lui fit grand' chere, lui reprochant qu'il avoit eu volonté de le laiſſer, mais qu'il ne trouveroit jamais un ſi bon Maitre, & qui l'aimât*
ſans-

comme lui. Qu'il vouloit qu'il fût en sa Librairie, que celui qui l'avoit, ne pouvoit plus vivre qu'un an. Qu'il verroit ses beaux Livres & lui diroit ce qui étoit dedans où il n'entendoit rien. Bref il lui fit bien de la faveur & de l'honneur Il soupa hier avec moi qui l'ai fort confirmé, & sommes encore ici assez de gens admirateurs de lui & honorans sa Vertu, pour l'assûrer qu'il ne manquera de rien. Je suis certain qu'il se contentera de nous. Quoi que nous puissions faire, nous ne le meritons pas ni ne le meriterons jamais, & je ne sai si la France est digne d'un tel homme, soit que l'on regarde sa Doctrine, soit ses Mœurs. J'aurai l'honneur & le bien de le voir souvent & profiterai en sa Compagnie. Jamais je ne me sépare d'avec lui que je n'en vaille mieux.

Selden étoit prodigieusement savant, mais il écrivoit d'une maniere un peu dégoûtante. C'est le plus grand homme que l'Angleterre ait jamais eu pour les Belles-Lettres. Il mourut l'an 1654. âgé de 70. ans. Voici de beaux Vers qui se lisent sous son Portrait.

Talem se ore tulit, quem Gens non barbara quævis
Quantovis pretio mallet habere suum.
Qualis at Ingenio, vel quantus ab Arte, loquentur

COLOMESIANA.

Díque ipſi & LAPIDES, *ſi taceant homines.*

Le ſens du dernier Diſtique eſt, q̃ les hommes viennent à ſe taire de Selden, les DIEUX (c'eſt à dire ſon Traité DES DIEUX DES SYRIENS) & les PIERRES (c'eſt à dire les MARBRES D'ARUNDEL, qu'il a ſuppléés & expliqués) parleront à jamais de lui. [Les Vers que je viens de rapporter ſont de *Gerard Langbaine*, (docte Commentateur de *Longin*) comme me l'a appris le célébre Mr. *Smith* Docteur du Collége de la *Magdelaine* a Oxford.]

REMARQUE.

Mr. Colomiés auroit pu trouver cette Particularité avec pluſieurs autres, dans le Livre Latin de Mr. *Wood*, imprimé en 1674. & intitulé HISTORIA ET ANTIQUITATES UNIVERSITATIS OXONIENSIS. Le même Mr. Wood a publié (en 1691) un autre Livre en Anglois ſous le Titre D'ATHENÆ OXONIENSES, *an exact Hiſtory of all the Writers and Biſhops who have had their Education in the Univerſity of Oxford, from the Year* 1500 *to the Year* 1690. L'article de *Selden* eſt ſi defectueux dans MORERI, que je profite agréablement de cette occaſion, pour faire un peu mieux connoître ce grand homme. Le dernier Livre de Mr. Wood me fournira preſque tout ce que j'en dirai.

JEAN SELDEN nàquit le 16 de Decembre 1584 dans un petit Village du Comté de Suſſex appellé Salvinton. Son pere, qui étoit un Payſan aſſez riche, l'envoya d'abord à Chicheſter où il commença ſes Etudes, & enſuite (en 1600) à Oxford où il étudia la Philoſophie pendant trois ans qu'il y demeura. Il ſe retira après cela au *Temple* pour y étudier les Loix d'Angleterre, & il y fit de ſi grands progrès, auſſi bien qu'en toute ſorte de Science & d'Erudition, qu'on le regardoit comme un Prodige. Il s'atacha

même

même à la Poësie dans la vûe de rendre son Stile plus doux & plus poli. Il publia en 1618 son HISTOIRE DES DIXMES en Anglois, qui fit beaucoup de bruit, & qui lui attira bien-tôt la haine du Clergé. Il fut cité devant la *Grande Commission*, & obligé de se retracter; ce qui le mortifia cruellement. On le choisit Membre de tous les Parlemens qui s'assemblerent depuis 1623 jusqu'à la mort de *Charles* I: mais s'étant servi de quelques Expressions trop libres contre la Cour dans le Parlement de 1628, il fut mis en prison, & il y demeura plusieurs Mois. Ce dernier affront joint à celui qu'il avoit deja reçu lui firent suprimer son MARE CLAUSUM qu'il avoit composé contre le MARE LIBERUM de Grotius. La Cour en ayant été informée sentit la faute qu'on avoit faite de le menager si peu, & resolut de n'oublier rien pour le gagner. l'Archevêque *Laud* se chargea de le ramener, & y reüssit enfin. Le Livre fut imprimé en 1635, & le Roi ordonna qu'il fût porte aux Barons de l'Echiquier afin qu'ils le missent parmi les Regîtres de l'Etat. Selden étoit alors si bien à la Cour, qu'il ne tint qu'à lui de s'elever aux premiers Emplois: mais il leur préfera le plaisir de pouvoir se donner tout entier à l'Etude. Cependant la Guerre Civile s'étant allumée, il se déclara pour le Parlement, & devint la maîtresse rouë du Parti. Il fut un des Laïques que le Parlement choisit [en 1643.] pour assister à l'*Assemblée des Théologiens*, qui établit le Presbyterianisme sur les ruines de l'Episcopat. Deux ans après le Parlement le fit Garde des Regîtres de la Tour, & un des Commissaires de l'Amirauté; & l'année suivante il ordonna qu'on lui donneroit 5000 Livres sterlin, pour le dedommager de ce qu'il avoit souffert en 1628 *. Au milieu de toutes ces distractions il ne laissa pas de continuer ses Etudes jusqu'à sa mort, qui arriva le dernier de Novembre 1654. On l'enterra dans l'Eglise du *Temple* avec toute la pompe & magnificence possible. • Voici le Titre de ses Ouvrages Latins, selon l'ordre qu'ils ont été publiés.

Jani Anglorum facies altera. Lond. 1610. in 8.
Analecta Anglo-Britannica &c. Lib. II. Francof. 1615. in 4.
De Diis Syris Syntagmata duo. Lond. 1617. in 8. L'Edition revûe par *Andr. Beyer* est la meilleure.

Spi-

* Il y a des Auteurs qui disent qu'il reçut cette somme, mais d'autres soutiennent qu'il la refusa genereusement.

COLOMESIANA. 575

Spicilegium in Edmeari V. *Libros Historiarum* Lond. 1623. in fol.
Marmora Arundelliana cum aliquot Inscriptionibus veteris Latii. Lond. 1628. in 4. Le Dr. *Humph. Prideaux* a inseré cet Ouvrage dans son *Marmora Oxoniensia.*
De Successionibus in Bona defuncti secundum Leges Hebræorum. Lond. 1631. in 8. imprimé avec;
De Successione in Pontificatum Hebræorum Lib. II
De Jure naturali & gentium juxta Disciplinam Hebræorum Lib. VII. Lond. 1640. in fol.
Versio & Commentarius ad Eutychii Ecclesiæ Alexandrinæ Origines. Lond. 1642. in 4. On y a joint les ANNALES d'*Eutychius* avec les Notes de *Pocock.*
De Anno Civili & Calendario Judaico. Lond. 1644. in 4.
Uxor Hebraica, sive de Nuptiis ac Divortiis Lib. III. Lond. 1646. in 4.
Fleta, seu Commentarius Juris Anglicani sic nuncupatus. Lond. 1647. in 4. imprimé avec les deux suivans :
Tractatus Gallicanus, Fet assavoir *dictus, de agendi excipiendique Formulis.*
Dissertatio Historica ad Fletam.
Præfatio ad Historiæ Anglicanæ Scriptores decem. Lond. 1652. in fol.
De Synedriis & Præfecturis Veterum Hebræorum Lib. III. Lond. 1650. in 4. L'Edition d'Amsterdam 1679. est plus correcte que celle de Londres.
Vindiciæ secundum integritatem existimationis suæ per convitium de Scriptione Maris clausi. Lond. 1653. in 4. Il y a plusieurs Particularités de la Vie de Selden dans cet Ouvrage.
De Nummis &c. ⎫
Bibl. nummaria   ⎬ Lond. 1675. in 4. *
                    ⎭

La Bibliotheque de SELDEN fait partie de celle de l'Université d'Oxford. Voici l'Epitaphe qu'il se fit lui-même, & qu'on a gravée sur un Marbre attaché à la Muraille au dessus de son Tombeau :

Joannes Seldenus *heic juxta situs natus est* XVI. Decembris MDLXXXIV Salvintoniæ, *qui viculus est* Terring *occidentalis in* Sussexiæ *maritimis; Parentibus honestis* Joanne Seldeno Thomæ *filio, è quinis secundo, An.* MDXLI. *nato; &* Margaretha *filia & Hærede unica* Thomæ Bakeri de Rushington, *ex Equestri* Bakerorum *in* Cantio *familia, filius è cunis*

* Le Livre de *Nummis* n'est pas de Selden, mais d'Alexandre Sardo, Ferrarois. La *Bibliotheca Nummaria* est du Pere Labbe, Jesuite.

nis superstitum unicus, ætatis ferè LXX. *Annorum. Denatus est ultimo die* Novembris *An. Salutis reparatæ* MDCLIV. *post quam expectat heic Resurrectionem fœlicem.*

Mr. Patin m'a assuré que le Pére *Pétau* lui avoit dit au lit de la mort, que *s'il eût vû, avant que d'écrire contre Scaliger, ses divines* EPITRES, (ce sont les termes du Jésuite) *il ne l'auroit jamais attaqué.*

Parlant un jour à Mr. Vossius de *Sleidan*, & lui louant cet Historien comme fort fidelle; il me dit que *l'Empereur Charles-Quint l'accusoit d'avoir dit beaucoup de faussetés en faisant mention de lui**. Sur quoi repliquant à Mr. Vossius ,, que nous ne savions cela ,, que sur le rapport du Jesuite *Pontanus* ,, dans ses NOTES sur *Cantacuzéne* §. *Cela est vrai*, me repondit-il, *& je pensois être le seul qui eusse trouvé cette rareté.*

Mademoiselle de *Schurman* avoit pris pour sa Devise ces belles paroles de S. Ignace †, *Mon amour est crucifié.* Le Chancelier de l'Hospital, *Si fractus illabatur orbis, impavidum ferient ruinæ.* [Jean *Whitgift* Archevêque de Cantorbery, *Vincit qui patitur.*]

---

* L'Auteur de l'APOTHE'OSE de *Ruard Tapper* Chancelier de l'Université de *Louvain* p. 87. de l'edition de *Franeker*, dit que *Charles-Quint rendoit un témoignage tout contraire à Sleidan.*

§ P. 990.

† Dans son EPITRE aux *Romains.*

tut.] Mr du Plessis, *Arte & Marte*. George Cassander *Quando tandem?* Jean Calvin, *Promptè & sincerè*. Jaques Arminius, *Bona conscientia Paradisus*. Pierre Scrivérius, *Legendo & scribendo*. Daniel Heinsius, *Quantum est quod nescimus!* Hugues Grotius, *Ruit hora*. Jean Meursius, *Æternitatem cogita*. Juste Lipse, *Moribus antiquis*. Jean Douza le Pére, *Dulces ante omnia Musæ*.

Dans la Bibliothéque du Roi se voit un INSTRUMENTUM SECURITATIS, du tems de l'Empereur Justinien, écrit sur de l'écorce d'arbre. Le Président *Brisson*, dans son LIVRE DE FORMULIS *, produit une Copie de cette Piece, qui lui avoit été communiquée par *Gosselin* le Bibliothéquaire. Ce qu'a ignoré *Gabriel Naudé*, qui en publia une autre à Rome l'an 1630. croyant qu'elle n'eût jamais paru. Ayant conféré à Paris ces deux Copies, je trouve que celle du Président Brisson est un peu meilleure que l'autre, qui vient pourtant du même lieu, mais qui n'a pas été faite par l'ordre du Cardinal de *Bagny*. [Le savant *Usserius* Archevêque d'*Armach* a aussi fait imprimer deux Poëmes d'*Hildebert de Lavardin*

* Pag. 646.

din Evêque du Mans, à la fin de sa Dissertation DE SYMBOLIS, qu'il croyoit n'avoir point été imprimés. Cependant ces deux Poëmes se trouvent au 25 livre du MIROIR HISTORIAL de *Vincent de Beauvais*, mais un peu moins corrects qu'*Usserius* ne les a donnés.]

REMARQUE.

Mr. Colomiés se trompe lors qu'il dit que l'INSTRUMENTUM PLENARIÆ SECURITATIS &c. fut publié à Rome par les soins de Mr. *Naudé* en 1630. Ce ne fut qu'en 1641. Voyez les *Additions au* NAUDÆANA, pag. 254.

Mr. Vossius m'a dit que M. de *Saumaise* lui avoit dédié un de ses Livres sans le nommer. C'est celui *de Annulis*. Au devant de la Dédicace se lisent ces mots: *Amicus Leydensis Amico Amstelodamensi*; c'est-à-dire, *Claudius Salmasius, Isaaco Vossio.*

C'étoit une assez plaisante Coutume que celle qui s'observoit autrefois dans le Bearn. Lors qu'une Femme étoit accouchée, elle se levoit, & son Mari se mettoit au lit faisant la Commére. Je crois que les Bearnois avoient tiré cette Coutume des Espagnols, de qui *Strabon* dit la même chose au 3. livre de sa GEOGRAPHIE. La même Coutume se pratiquoit chez les Tibaréniens, au rapport de *Nymphodore* dans l'excellent

Scholiaste d'*Apollonius le Rhodien* liv. 2. & chez les *Tartares*, suivant le témoignage de *Marc Paul* Vénitien au ch. 41. du 2. livre de ses VOYAGES; qui ne passent plus pour fabuleux, depuis que de nouvelles Rélations ont confirmé ce qu'ils nous apprennent.

Le fameux Pere *Mersenne* Religieux Minime, apprit à mon Pere l'étant venu voir, que *Jean du Verger d'Hauranne* Abbé de S. *Cyran* avoit fait un Livre sous le nom d'*Alexandre de l'Exclusse*, intitulé SOMME DES FAUTES ET FAUSSETEZ DE LA SOMME THEOLOGIQUE DE GARASSE, imprimé à Paris l'an 1626. *in quarto*.

L'Antiquité tenoit pour la plus heureuse de toutes les femmes une Lacédémonienne nommée *Lampito*, parce qu'elle avoit été fille de Roi, femme de Roi & mére de Roi. Le bonheur d'*Anne Marie Mauricette d'Autriche* de glorieuse mémoire a été encore plus grand; car elle étoit fille de *Philippe* III. Roi d'Espagne, sœur de *Philippe* IV, femme de *Louïs* XIII, & mere de *Louïs* XIV. notre triomphant Monarque.

L'Auteur de la Traduction Latine de l'HISTOIRE DU CONCILE DE TRENTE de

Fra-Paolo, eſt *Adam Neuton* Ecoſſois, Précepteur du Séréniſſime *Henri* Prince de Galles, à qui le Roi *Jaques* adreſſe ſon PRESENT ROYAL, & non pas à *Charles* I. comme l'écrit le docte & poli *Saraſin* dans ſa Diſſertation du JEU DES ECHECS. [La plus belle Traduction de l'HISTOIRE DU CONCILE DE TRENTE du Pere *Paul*, eſt celle que nous a donné en François Mr. *Amelot de la Houſſaye*, ſous le nom de *la Mothe Joſſeval*, qui eſt ſon Anagramme. Dieu ſoit loué, que dans un tems où les Proteſtans ſont ſi maltraités, il ſe ſoit trouvé un Catholique Romain, qui ait oſé publier leur Apologie. J'apelle ainſi l'HISTOIRE du Pere *Paul*.]

Beaucoup de gens parlent du Livre DE TRIBUS IMPOSTORIBUS, *Moſe, Chriſto, & Muhammede*; mais il n'y a perſonne que je ſache qui diſe l'avoir vû. A propos de quoi je remarquerai que *Grotius* s'eſt trompé, écrivant dans l'APPENDICE de ſon Traité DE L'ANTE-CHRIST * que les ennemis de l'Empereur *Frédéric Barberouſſe* lui attribuoient cet Ouvrage. Car ce ne fut pas *Frédéric Barberouſſe* que l'on faiſoit Auteur de ce Livre-là, mais *Frédéric* II. com-

---

* Pag. 84. à la fin de ſes NOTES ſur les Evangiles.

comme il paroît par les EPITRES de *Pierre des Vignes* *, son Secrétaire & son Chancelier, & comme l'écrit *Grotius* lui-même, dans ses OBSERVATIONS sur la troisieme Partie de la PHILOSOPHIE RE'ELLE de Frere *Thomas Clochette*, dit en Latin *Campanella* †.

De tous les Sonnets de Malherbe, voici celui qui lui plaisoit davantage:

Beaux & grands Bâtimens d'éternelle structure,
Superbes de matiere, & d'ouvrages divers,
Où le plus digne Roi qui soit en l'Univers
Aux miracles de l'Art fait céder la Nature.

Beau Parc, & beaux Jardins, qui dans votre clôture
Avez toûjours des Fleurs, & des Ombrages verds,
Non sans quelque Démon qui défend aux Hyvers
D'en effacer jamais l'agréable peinture.

Lieux, qui donnez aux Cœurs tant d'aimables desirs,
Bois, Fontaines, Canaux, si parmi vos plaisirs
Mon humeur est chagrine, & mon visage triste:

Ce n'est pas qu'en effet vous n'ayiez des appas,
Mais quoi que vous ayiez, vous n'avez point Caliste;
Et moi, je ne voi rien quand je ne la voi pas.

Ma-

* Pag. 211. & suiv. de l'édition de *Schardius*.
† Le Président Fauchet se trompe aussi dans son Traité DE L'ORIGINE DES CHEVALIERS, a *Paris* 1600. p. 16. attribuant un couplet de Chanson à Frederic II. qui est de Frédéric I. surnommé *Barberousse*.

Marin le Roi Sieur *de Gomberville* a imité les deux tercets de ce Sonnet dans celui-ci:

Effroyables Deserts, pleins d'ombre & de silence,
Où la Peur & l'Hyver sont éternellement,
Rochers affreux & nuds, où l'on voit seulement
Le Tonnerre & les Vents montrer leur insolence.

En quelque part des Cieux que le Soleil s'élance
Vous êtes toûjours pleins d'un froid aveuglement,
Et vos petits ruisseaux malgré leur élement
Vont monter jusqu'aux Airs leur foible violence.

Lieux, où jamais l'Amour ne vint tendre ses rets;
Torrens, Cavernes, Troncs, si parmi ces Forêts,
Je me tiens si content & je vous aime encore:

Ce n'est pas qu'en effet vous ayiez des appas,
Mais puis que vous avez la Beauté que j'adore,
Puis je avoir ce bonheur, & ne vous aimer pas?

Nous disons tous les jours en commun Proverbe, que *les Honneurs changent les Mœurs.* En voici un exemple assez rare. *Baudoin*, qui de simple Moine étoit devenu Archevêque de *Cantorbery*, venant à changer de condition, changea aussi de façons de faire. Ce qui obligea le Pape *Urbain* II. à lui envoyer une *Lettre* dont la suscription étoit telle: *Balduino, Monacho serventissimo; Abbati calido, Episcopo tepido,*

pido, Archiepiscopo remisso *.

Les Portugais prétendent qu'un *Vascus Lobera* soit le premier Auteur du Roman d'AMADIS, qui a été mis en François par le Seigneur des *Essars*. Je ne sai pourquoi *Lipse* dans une de ses Lettres † blâme si fort ce Roman. Voyez le savant Mr. *Huet* dans son TRAITÉ DE L'ORIGINE DES ROMANS.

RÉMARQUE.

Mr. Colomiés s'exprime ici comme si Nicolas de Herberay Seigneur des Essars avoit mis en François tout le Roman d'*Amadis de Gaule*; mais il n'en a traduit que les huit premiers livres. Du reste, on ne connoît pas le véritable Auteur de ce Roman. Les uns l'attribuent à une Dame Portugaise; d'autres à l'Infant Don Pedro de Portugal, fils du Roi Jean I; & d'autres à Vasco de Lobera, Auteur Portugais. Voyez *Vida de Miguel de Cervantes Saavedra* par *Don Gregorio Mayans y Siscár*, §. 27, 28. pag. 12.

Mr. *Vossius* m'a dit que Mr. son pere étoit Auteur d'un Livre intitulé, CONSILIUM GREGORIO XV. EXHIBITUM CUM PRÆFATIONE ET CENSURA G. J. V. c'est-à-dire *Gerardi Joannis Vossii*, imprimé à *Leyde* l'an 1623. *in quarto*. Ce Livre est rare.

De tous les Critiques de notre tems (je n'ex-

---

* Voyez *Gyraldus Barrius*, autrement *Cambrensis*, dans son ITINERAIRE liv. 2. ch. 14.
† Cent. 4. Miscell. Epist. 79.

n'excepte pas même Mr. de Saumaife) je n'en voi aucun de qui les conjectures soient si certaines que celles de *Josias le Mercier* *, ou *Mercerus*, comme il se nomme en Latin. J'ai trouvé dans son nom, *Carior es Musis*: Anagramme qui lui convient fort. C'est dommage qu'il ait si peu écrit, & qu'ayant tant de génie pour les Lettres, il ait donné le meilleur de son tems aux grandes affaires où il étoit employé. Son principal Ouvrage est *Nonius Marcellus*, qu'il a divinement corrigé. Ses autres Pieces sont des NOTES sur *Ariſténet*, *Tacite*, *Dictys de Crête*, & sur le Livre d'*Apulée* DE DEO SOCRATIS. Il a aussi fait l'*Eloge* de *Pierre Pithou*, & il y a des Lettres de lui dans le RECUEIL de *Goldaſt*. Mr. de Saumaise, qui étoit son Gendre, promettoit sa Vie. Mais la mort l'a empêché de nous tenir sa parole.

Naudé dans le JUGEMENT qu'il fait de *Cardan* & de ses Ouvrages, dit que *Gauricus* avoit prédit au Roi *Henri* II, qu'il mourroit en bonne vieillesse & de Maladie fort

---

* Il étoit fils de *Jean le Mercier*, si célébre dans l'autre siecle pour la connoiſſance de la Langue Hébraïque. J'ai ramaſſé ses Eloges dans ma FRANCE ORIENT

fort douce. En quoi il n'eſt pas d'accord avec les Hiſtoriens, qui dépoſent que ce Devin avoit prédit au Roi qu'il mourroit dans un combat ſingulier. Ce qui ne ſe trouva que trop véritable; le brave *Gabriel de Lorge* Comte de *Mongommery* ayant eu le malheur de bleſſer à mort ſon Prince, après s'être long tems excuſé de joûter contre lui : Dans le Recueil de Lettres aux Princes, fait par *Ruſcelli*, & traduit d'Italien en François par *Belleforeſt*, il y en a une fort belle pour la juſtification du Comte de *Mongommery*, écrite à *Corneille Muis* Evêque de Bitonte par l'Evêque de Troyes en Champagne, qui étoit alors le docte *Jean Antoine Caracciole*, (fils du Prince de *Melfe*) qui ſe fit enſuite Proteſtant. Le Comte de *Mongommery* ayant pris les armes pluſieurs années après pour la défenſe de ceux de ſon parti, fut appréhendé à *Domfront*, & eut la tête tranchée à Paris, à la ſollicitation de la Reine Mere. Comme on le conduiſoit au ſupplice, un Cordelier voulant le faire changer de Religion, commença à lui dire qu'il avoit été abuſé; *Mongommery* le regardant alors fermement, *Comment abuſé*, lui répondit-il, *ſi je l'ai été, ç'a été par ceux de votre Ordre*,

dre; car le premier qui me bailla jamais une Bible en François, & qui me la fit lire, ce fut un Cordelier comme vous, & là dedans j'ai appris la Religion que je tiens, qui seule est la vraye, & en laquelle ayant depuis vécu, je veux par la grace de Dieu y mourir aujourd'hui. Etant venu sur l'echaffaut dans la Place de Gréve, il pria le peuple de prier Dieu pour lui, recita tout haut le Symbole, en la confession duquel il protesta de mourir, & ayant recommandé son ame à Dieu, le Bourreau lui trancha la tête.

Il y a peu de Livres dont la destinée ait été plus avantageuse que celle du TRAITÉ DE LA VÉRITÉ DE LA RELIGION CHRETIENNE, composé par *Hugues Grotius*. Outre les deux Versions Françoises qui s'en sont faites, il a été mis en Grec, en Arabe, en Anglois & en Allemand. C'est un admirable Livre, qui devroit être le *Vade mécum* de tous les Chrétiens. Je l'ai lû plusieurs fois, mais toûjours avec un nouveau plaisir. Le TRAITÉ du Marquis de *Pianesse* est fort au dessous de celui de Grotius, & sans la belle Traduction Françoise qu'en a fait le Pere *Bouhours* Jésuite, il seroit lû de peu de personnes.

COLOMESIANA.

REMARQUE.

Mr. Le Jeune a publié en 1691, une nouvelle Traduction Françoise du Traité de *Grotius*, de la VERITE' DE LA RELIGION CHRETIENNE.

L'Amiral de *Châtillon* avoit écrit une Histoire des choses les plus mémorables de son tems. On l'aporta après sa mort à *Charles* IX. Ceux qui étoient auprès de lui la trouverent fort bien faite, & très-digne d'être imprimée, & sans *Albert de Gondy* Maréchal de *Retz*, qui en détourna le Roi & qui la jetta dans le feu, le Public auroit possédé cet Ouvrage.

C'est avec grande raison que Mr. *Bignon* dans ses NOTES sur les FORMULES de *Marculfe* *, appelle le Président SAVARON *Arvernorum decus*. Il l'étoit en effet, & il n'y avoit point de son tems de gens dans l'Auvergne si doctes que lui, sur tout dans les Auteurs Latins du bas siecle. Il nous a donné des *Traités* du DUEL, des CONFRE'-RIES, de la SAINTETE' DE CLOVIS, & de LA SOUVERAINETE' de NOS ROIS. Il a aussi écrit contre les MASQUES, & fait des NOTES sur *Cornelius Nepos* & sur une HOME'LIE de St. *Augustin* DE CALENDIS JA-NUA-

* Pag. 251. de la derniere édition.

NUARIIS. Ses deux principaux Ouvrages sont les ANTIQUITÉS D'AUVERGNE & un COMMENTAIRE sur *Sidonius*. Dans ce dernier, il se plaint de quelques personnes qui le vouloient déférer comme criminel de Leze-Sainteté, (si j'ose ainsi dire) pour avoir donné le nom de PAPE à *François de la Guesle* Archevêque de Tours. En quoi je ne trouve pas qu'il y eût grand mal. Car bien que par l'Arrêté de *Gregoire* VII, il soit défendu de donner le nom de Pape à d'autres qu'à l'Evêque de Rome; cet Arrêté ne fut pourtant pas ensuite universellement suivi. De vrai ne lisons-nous pas qu'*Urbain* II. qui est venu depuis *Gregoire* VII, donnant le Pallium à *Anselme* Archevêque de Cantorbery, l'appella *Papam alterius Orbis*, nonobstant le Decret de son Prédécesseur? C'est ce qui se trouve dans un Manuscrit, qui a pour titre *Imaginatio*, dont l'Auteur est un Moine Bénédictin nommé *Gervais de Melkelaya*, autrement *Gervais de Cantorbery*. De plus *Savaron* donnant le nom de Pape à l'Archevêque de Tours, ne le fit, comme il dit lui-même, qu'à l'imitation de son *Sidonius*, du tems de qui l'on appelloit PAPES, tous les Evêques.

Le

COLOMESIANA.

Le Roi *Henri* IV. avant que de haranguer son Parlement le 8. Janvier 1599. lui tint ce Discours. *Devant que parler de ce pourquoi je vous ai mandez, je vous veux dire une histoire, que je viens de ramentevoir au Maréchal de* la Châtre. *Incontinent après la* St. Barthelemi *quatre qui joüions aux Dez sur une Table, vîmes paroître des goutes de sang, & voyant qu'étant essuyées par deux fois, elles revenoient pour la troisiéme, je dis que je ne jouerois plus & que c'étoit un augure contre ceux qui l'avoient répandu*. Mr. de Guise *étoit de la troupe*.

Ce prodige parut l'an 1574. à Avignon, au Logis d'un nommé *Grillon*, comme le remarque *Louis Videl* dans l'HISTOIRE DU CONNETABLE DE LESDIGUIERES [*]. Voici ses termes: *Un jour que Lesdiguieres avoit dépêché à Avignon au Roi de Navarre un Gentilhomme exprès, pour recevoir quelques Avis; celui ci ne pouvant l'aborder à cause que ce Prince étoit éclairé de toutes parts, & particulierement de* Henri de Lorraine *Duc de* Guise, *qui pour mieux découvrir son cœur, s'étoit fait son compagnon de table & de lit; il avint que joüant aux Dez l'un contre l'autre, au logis de Grillon, sur une table de marbre,*

[*] Liv. I. ch. II.

il y jaillit du sang qui leur couvrit les mains, sans qu'on sût d'où il venoit, personne des assistans n'ayant été blessé, dequoi l'on fit tout à l'heure une exacte recherche : Et comme ce prodige fut interpreté des uns à un reproche que le Ciel faisoit au Duc de Guise du sang qu'il avoit fait répandre à la St. Barthelemi, & des autres à un présage de celui qui se répandroit à cause de la querelle de ces deux Princes; ayant là dessus quitté le jeu, le Gentilhomme Lesdiguieres s'approcha du Roi de Navarre, & communiqua avec lui sans témoin.

[Madame *Renée* de France, Veuve & Douairiere de Ferrare, Princesse fort zelée pour la Religion Protestante, voyant un jour le Roi *Charles* IX, triste & pensif, elle le pria, pour l'obliger à se réjouïr, de veuloir chanter quelque nouvel air de Cour. A quoi le Roi repartit tout en colere, „ Ma Tante, je n'en sais qu'un que vous m'avez apris :

Dès ma jeunesse ils m'ont fait mille maux,
Et si n'ont pu me vaincre ni détruire :

Qui est la version du second Verset du Psaume 129. Réponse piquante à quoi la Duchesse ne repliqua point. Je tiens cette Histoire de *Favin* dans celle qu'il a écrite du Royaume de Navarre.

[Bar-

[*Barleus* fameux Poëte de la Hollande, dit dans une de ses Lettres qu'il avoit apris de son pere, que l'Empereur *Charles-Quint* faisant son entrée dans Anvers, salua fort civilement les Magistrats de la Ville; mais que *Philippe* II. son fils, qui étoit alors agé de dix à douze ans, ne se découvrit point du tout. Ce que l'Empereur ayant remarqué, il s'emporta si fort contre lui, qu'en presence des Magistrats & du Peuple il lui donna un souflet, ajoutant ensuite ces paroles: *Est-ce là ce que vous avez apris de Vivès?*]

Nos Théologiens ont fait trop de mépris d'une Version que les Apôtres ont estimée. J'entens la VERSION DES SEPTANTE; par le moyen de laquelle on peut corriger un très-grand nombre de passages dans la Version Françoise de nos Bibles. Vossius étant allé voir à Paris Mr. de *Marca*; ce Prelat, qui étoit alors malade, après avoir loué l'APOLOGIE pour les Septante que Mr. Vossius venoit de publier, l'assûra qu'il étoit entierement de son opinion, & que si Dieu lui redonnoit la santé, il écriroit sur cette matiere. Mr. de Marca mourut peu de jours après, en reputation du plus savant Évêque de France.

J'ai

J'ai remarqué dans l'Hiftoire, que les trois Seigneurs qui avoient le plus d'averfion pour les Huguenots, ont eu tous trois des Femmes Huguenotes. *Louïs de Bourbon* Duc de *Montpenfier, Jaquette de Longvy*, de l'ancienne Maifon de Givry, qui inftruifit dans fa Religion *Charlotte de Montpenfier* fa fille, mariée à *Guillaume de Naffau* Prince d'Orange. *François de Lorraine* Duc de *Guife* époufa *Anne d'Eft*, qui étoit fille de fa mére*, c'eft à dire de cette fage & Chretienne Princeffe *Renée de France*, Ducheffe de *Ferrare*, fille de *Louïs* XII. *Jaques d'Albon* avoit pour femme *Marguerite de Luftrac*, qui époufa en fecondes nôces *Godefroi de Caumont*, qui avoit été Abbé de Clerac, mais qui depuis la mort de fon frere ainé quitta la Robe & prit l'Epée.

Il y a eu deux *Jérômes de Prague*, tous deux fort verfés dans les faintes Lettres, & tous deux très-éloquens. Le premier a été celui qui fut brûlé à *Conftance* par un Decret du Concile, nonobftant le Sauf-conduit de l'Empereur, le 30 de Mai 1416 & dont la Mort a été fi élégamment décrite par
Pog-

---

* Voyez les LETTRES d'une Savante Italienne nommée *Olympia Fulvia Morata pag.* 148. & M. de Thou au 24. livre de fon HISTOIRE.

Pogge Florentin dans une Lettre à son Ami *Leonard Brunus* d'*Arezzo*, qui se trouve au Livre intitulé, FASCICULUS RERUM EX-PETENDARUM. L'autre a été un Hermite, qui après avoir demeuré vingt ans dans la Solitude de *Camaldoli* au mont *Apennin*, s'en alla dans la *Lithuanie*, où il convertit quantité de gens au Christianisme. *Enéas Sylvius Piccolhomini*, qui fut Pape sous le nom de Pie II. parle avec éloge de ces deux *Jérômes*; du prémier dans l'HISTOIRE DE BOHEME, & de l'autre, qui vivoit l'an 1430 dans la DESCRIPTION DE L'EUROPE.

Auteurs déguisés découverts.

Abydenus Corallus : Ulric Hutten. *Alexius à Massalia* : Claude Saumaise. *Amandus Flavianus* : David Blondel. *Aretius Felinus* : Martin Bucer. *Aristoteles de Benedictis* : Pierre Antoine Spinelli. *Benedictus Passavantius* : Théodore de Béze. *Bonini de Boninis* : Pierre Paul Vergerio. *Caius Tilebomenus* : Jaques Mentel. *David Leidbresserus* : Didier Héraud. *Didymus Faventinus* : Philippe Mélanchthon. *Dominicus Lopez* : Fauste Socin. *Elias Philyra* : Jean du Tillet. *Eutychius Myon* : Wolphgang Muscule. *Felix Turpio Urbevetanus* : Fauste So-

Socin. *Firmianus Chlorus :* Pierre Viret. *Gaspar Caballinus :* Charles du Moulin. *Georgius Erhardus :* Michel Gaspar Lundorpius. *Gregorius Velleius :* George Reveau. *Gulielmus Singleton :* Lêonard Leſſius. *Guſtavus Selenus :* Auguſte Duc de Lunebourg. *Helias Pandochæus :* Guillaume Poſtel. *Hieronymus Marius :* Cœlius Secundus Curio. *Hippolytus Fronto Caracotta :* Pierre du Moulin. *Hippophilus Melangæus :* Philippe Mélanchthon *Honorius Reggius :* George Hornius *Horatius Graſſius :* Lothaire Sarſius. *Janus Nicius Erythræus :* Giovanni Vittorio Roſſi. *J. Pacidius :* Jaques Godefroi. [*Jérôme à Coſta :* Richard Simon.] *Joannes Rolegravius :* Jean Graverol. *Irenæus Philadelphus :* Louis du Moulin. *Irenæus :* Cœlius Secundus Curio. *Julianus Rosbeeius :* Dominique Baudius. *Latinus Pacatus :* Dominique Baudius. [*Licentius Evangelus :* Beatus Rhenanus.] *Ludiomæus Colvinus :* Louïs du Moulin. *Lyſimachus Nicanor :* Jean Leſſius. *M. Antonius Conſtantius :* Etienne Gardiner. *Martinus Bellius :* Sebaſtien Caſtalio. *Matthæus Tortus :* Robert Bellarmin. *Merlinus Coccaius :* Théophile Folengi. *Moderata Fonte :* Modeſta Pozzo. *Nadabus Agmonius :* François du Jon-

Jon. *Nathanaël Nezekius*: Théodore de Béze. *Pascasius Grosippus*: Gaspar Scioppius. *Petrus Bellocirius*: Pierre Danés. *Prosper Dysidæus*: Fauste Socin. *Renatus Verdæus*: André Rivet. *Stephanus Junius Brutus*: Hubert Languet. *Simplicius Verinus*: Claude Saumaise. *Thalassius Basilides*: Marin le Roi. *Veranius Modestus Pacimentanus*: George Cassander. *Wallo Messalinus*: Claude Saumaise. *Zacharias Furnesterus*: Hugues Doneau.

 Mr. de Beze se pouvoit passer de tourner en vers François les cent PSAUMES qui n'avoient pas été traduits par *Marot*; puis que dès l'an 1551. *Jean Poitevin* Chantre de *Sainte Radegonde* de *Poitiers*, les avoit tournés d'une maniere aussi fidele qu'édifiante, & les avoit fait imprimer la même année avec le Privilége d'*Henri II.* Sept ans après *Philebert* Jambe de fer, Lyonnois, les mit en Musique, au raport de *la Croix du Maine* dans sa BIBLIOTHÉQUE. Ce Traducteur suit principalement les Septante.

REMARQUE.

Voici le Titre de ces PSAUMES, *de l'Edition de* Paris 1558. *chez* N. du Chemin; *sans Privilège:* Les cent Pseaumes de David qui restoient à traduire (en rithme Françoise) avec les XXII. Octonaires du Pseaume CXIX; & les Lamentations de Jeremie; traduits par M. *Jean Poitevin*; & autres. Mis en Musique par *Philebert* Jambe de Fer, Lyonnois. Cet Ouvrage est dedié au Cardinal de LORRAINE. Considerant, Monseigneur, *lui dit Poitevin*, en quelle faveur ont été receus les cinquante Pseaumes de *David*, traduits en nostre vulgaire par *Clement Marot*: J'ai bien voulu parachever le reste du Psaultier: Non pour me mesurer à Poëte si excellent, mais afin que continuant l'entreprise [laquelle prevenu de mort, il n'avoit entierement executée] je peusse faire quelque fruict, au contentement des amateurs de l'Ecriture sainte: Et en cela, me defiant du peu de mon jugement, j'ai suivi les anciens interpretes, Hebrieux, Grecs, & Latins, de saine & aprouvée opinion. Monseigneur je dedie & consacre ce mien labeur à V. R. S. Et ores que le present soit petit &c. *Les Vers de cet Auteur sont assez doux & naturels. Il y a à la fin de mon Edition les cinquante Pseaumes de Marot imprimés à part sous ce Titre:* Cinquante Pseaumes de David, traduicts par *Clement Marot*, avec plusieurs Cantiques, Oraisons, Prieres & autres Oeuvres adjoutées de nouveau, tant de la Composition dudit Auteur que d'autres.... Le tout mis en musique douce & harmonieuse, selon le chant vulgaire ja usité. A Paris de l'Imprimerie de *Nicolas du Chemin* 1560. *Le chant de ces Pseaumes est à peu pres le meme dont on se sert encore à present: toute la difference qu'il y a varie plûtôt l'Air qu'elle ne le change. Les termes de* Chant vulgaire ja usité *semblent insinuer que* Guillaume Franc *n'en est pas le premier Auteur. Peut-être n'y fit-il que quelques Changemens.*

J'ai découvert que l'Auteur d'un Livre qui a pour titre, PENSÉES D'UN GENTILHOMME, *qui a passé la plus grande partie de sa vie, dans la Cour & dans la Guerre*, étoit Monsieur de *Bourdonné*, Parisien, Gouverneur de la Bassée, & ensuite de Moyenvic.

Mr. Blondel avoit un frére nommé *Moy-*

se Blondel, qui a fait un petit Livre intitulé, ROME AU SECOURS DE GENÈVE. [Il en avoit aussi un autre à Londres, à qui il écrit le 20 d'Août 1645. en ces termes:] *J'ai apris dès l'an 1640. que Marc Velser l'un des principaux Magistrats d'Ausbourg ayant envoyé l'an 1601. aux Jésuites de Mayence un Manuscrit d'*Anastase *pour le faire mettre sous la presse; ils prierent Marquard* Freher *Conseiller de son Altesse Electorale à Heidelberg, de les aider en ce sujet; sous la promesse qu'ils faisoient de donner au Public de bonne foi ce qui leur seroit communiqué, il leur envoya deux Manuscrits d'A*nastase*, où la Vie de la prétenduë Papesse se trouvoit: mais se contentans de faire tirer deux Exemplaires de cette sorte, ils supprimerent dans le reste de l'Edition ce qui leur avoit été fourni, tellement qu'il n'a point paru; &* Mr. Freher *a été contraint de se plaindre par une espece de Manifeste imprimé du tour qui lui avoit été joué.* Mr. Blondel tenoit cette Histoire de Mr. de Saumaise, qui étoit à Paris l'an 1640, & qui l'avoit aussi contée à Mr. *Rivet* de Hollande, comme celui-ci nous l'assûre dans son CRITICUS SACER *, imprimé l'an 1642. Outre

---

* Liv. 3. ch. 14.

tre ces *Anaſtaſes* d'Allemagne qui avoient la Vie de la Papeſſe; je vois que Mr. *Sarrau* écrivant à Mr. de Saumaiſe, lui envoye cette même Vie qu'il avoit extraite d'un *Anaſtaſe* MS. de la Bibliotheque du Roi; & écrivant à Rome à Mr. *Nicolas Heinſius*, il le prie de voir les *Anaſtaſes* du Vatican, ſur ce qu'un de ſes Amis, à qui il avoit fait autrefois la même priere, lui avoit mandé que les *Anaſtaſes* qu'il y avoit feuilletés, étoient tous défectueux dans l'endroit où devoit être la Vie de la Papeſſe; & qu'il en avoit vû un à Milan dans la Bibliothéque Ambroſienne, où cette Vie ſe rencontroit; mais qu'il n'avoit pû en avoir la Copie. De tous ces divers Manuſcrits d'*Anaſtaſe*, je recueille que la *Papeſſe Jeanne* a été, quelques raiſons qu'allégue Mr. *Blondel*, qui s'eſt fort trompé croyant que la Vie de cette Femme, telle qu'elle eſt dans l'*Anaſtaſe* de la Bibliothéque du Roi, ſoit tiſſue des propres paroles de *Martinus Polonus*. Car comment cela peut-il être? vû que *Gervaſius Tilberienſis*, Auteur plus ancien de cent ans que *Martinus Polonus*, dans un Ouvrage intitulé, OTIA IMPERIALIA, fait pour le divertiſſement de l'Empereur *Othon* IV, que j'ai

COLOMESIANA.

lû MS. chez Mr. Vossius [& que Mr. Maderus a depuis fait imprimer;] rapporte la Vie de la Papesse en mêmes termes que l'*Anastase* de la Bibliothéque du Roi; ajoûtant seulement que cette Papesse se trouvoit en peu de Chroniques, *Et in paucis Chronicis*, dit-il, *invenitur*. Si Mr. *Blondel* eût vû cet Auteur, peut-être auroit-il retenu sa plume; mais il ne lui a pas été plus connu qu'*Amalricus Augerii*, qui vivoit l'an 1362. & qui a fait une Chronique des Papes dédiée à *Urbain* V, où il parle de la Papesse en ces termes: Joannes *dictus Anglicus, natione magnanimus* (je crois qu'il faut lire *Maguntinus*) *post Dominum* Leonem *Papam in Romanum Pontificatum fuit assumptus; & post B. Petrum Apostolum ponitur Papa centesimus decimus.* Le docte *Scrivérius* avoit cet Historien manuscrit. Je remarquerai pour la fin, que *Bernard Gamucci* dans ses ANTIQUITÉS DE ROME de l'Edition de *Thomas Porcacchi**, semble parler (suivant la conjecture de mon pere) du Tombeau de la Papesse, quand il dit: *Nella Chiesa in Pallara è la sepoltura di Papa* Giovanni Ottavo *senza alcuno artificio o architettura; ed in somma mol-*

---
* Pag. 58.

molto differente da quelle di molti altri Ponte-fici, che sono in Roma.

REMARQUE.

Mr. Frideric Spanheim a fait une DISSERTATION Latine pour prouver qu'il y a eu une *Papesse Jeanne*; & cet Ouvrage a été refondu & mis en François par Mr. *Lenfant*. Mais Mr. *Bayle* qui a examiné à fond & sans Prejugés cette matiere, a fait voir dans son SUPLEMENT que tout ce qu'on a debité là-dessus est imaginaire, & qu'il n'y eût jamais de PAPESSE JEANNE.

L'on ne sait pas au vrai qui est l'Auteur du Livre intitulé, FORTALITIUM FIDEI. Quelques-uns croyent que ce soit *Guillaume Totanus*: D'autres *Barthelemi de Spina*, Dominicain. Grotius dans une Lettre manuscrite, que j'ai lue chez Mr. Vossius, l'appelle *Thomas Barbariensis*. Le Jésuite *Mariana* dans son HISTOIRE D'ESPAGNE liv. 22. ch. 13. dit que c'est un Cordelier nommé *Alfonse Spina*, qui assista à la mort ce grand Capitaine *Alvare de Lune*. Ce Livre est fait contre les Juifs.

Le Père Vavasseur dans ses EPIGRAMMES:

Has Matho *mendicis fecit justissimus ædes:*
Hos & mendicos fecerat ante Matho.

Ce savant Jésuite, faisant cette Epigramme, semble avoir pensé au trait que donna
Loui

Louïs XI. au Chancelier *Rolin*, que Mr. de *Couvrelles* raporte en ces termes, dans ſes Voyages MSS. *Beaune eſt une ville fort renommée pour le bel Hôpital qu'y a fait bâtir Meſſire* Nicolas Rolin *Chancelier de Bourgongne, qui eſt ſi beau que je ne penſe pas qu'il s'en trouve un ſemblable en toute la Chrêtienté, principalement pour la netteté ; cette Maiſon reſſentant plûtôt un Hôtel de Prince qu'un Hôpital. Je ne ſaurois oublier à ce propos l'aiguë réponſe que fit le Roi* Louïs XI. *à un qui lui faiſant voir ledit Hôpital, lui louoit la charité de Mr.* Rolin ; *car il lui dit qu'il étoit bien raiſonnable qu'ayant fait tant de pauvres en ſa vie, il fit faire devant mourir une Maiſon pour les loger.*

Le Baptême des petits Enfans n'eſt pas d'Inſtitution divine, & n'a eu lieu dans l'Egliſe, que vers la fin du ſecond Siecle. Auparavant, l'on ne baptiſoit que ceux qui pouvoient rendre raiſon de leur Foi. C'eſt ce qu'a reconnu, parmi les Anciens, *Walafridus Strabo*, au 26. ch. de ſon Traité DES CHOSES ECCLE'SIASTIQUES ; & parmi les Modernes, *Louïs Vivès*, écrivant ſur le 27. ch. du 1. liv. de la CITE' DE DIEU de St. *Auguſtin* ; *Eraſme* dans le Fragment d'une Lettre, qui ſe trouve parmi mi celles que *Paul Merula* publia l'an 1607; *Hugues Grotius* écrivant à Mr. *de Cordes* le 30 d'Octobre 1634; & Mr. de *Saumaise* dans son Traité DE LA TRANSUBSTANTIATION pag. 494. & suiv. Aussi les *Albigeois* (qui faisoient profession de tenir leur Religion de J. C. & de ses Apôtres) n'approuvoient-ils point le Baptême des petits Enfans. Ecoutons ce que dit *Jean Chassanion* Ministre, au 6. ch. du 1. Livre de L'HISTOIRE de ces gens-là : *Ce qui me fait croire que les* Albigeois *n'approuvoient point le Baptême des petits Enfans, c'est qu'en l'Histoire de la ville de Trieves, il est dit qu'à Yvoy du Diocese de Trieves, aucuns nioient le Sacrement du Baptême profiter à salut aux Enfans. En outre, une* Catherine Saube, *qui fut brûlée à Montpellier l'an 1417, pour ne croire les Traditions de l'Eglise Romaine, avoit cette opinion du Baptême des petits Enfans, selon qu'il est écrit au Livre de la Maison de ladite ville de Montpellier.*

REMARQUE.

Ce que Mr. Colomiés dit ici du Baptême des petits enfans, est effacé dans l'exemplaire revû & corrigé de sa propre main, sur lequel j'ai publié ce petit Ouvrage. Mais les mêmes remarques se trouvent avec des Additions considésiderables dans son livre intitulé *Observationes Sacræ* *; & il les a sans doute retranchées ici pour ne pas donner deux fois la même chose. Cependant comme cet Article est fort court, j'ai cru devoir le conserver, en faveur de ceux qui ne sont pas à portée de consulter les *Observationes Sacræ*.

J'ai vû à la Haye dans la Bibliothéque de Mr. de *Beuning* les OEUVRES de *Théodore Volcard Kornhert*, en Flamand. C'étoit un Enthousiaste qui avoit l'esprit fort aisé. Il apprit de lui-même à l'âge de 40. ans le Grec & le Latin, & fit de si grands progrès dans ces deux Langues, qu'il tournoit en Flamand quel Auteur il vouloit. Il composa plusieurs Traités de Théologie, dont quelques-uns ont été refutés par *Calvin* & par *Daneau*. Il écrivit même contre *Lipse*, qui lui répondit dans son Livre DE UNA RELIGIONE. Les Hollandois en parlent comme d'un miracle. Il mourut l'an 1590. âgé de 68. ans. [On tient que les Etats de Hollande à la sollicitation des Ministres firent suprimer ses Ouvrages, parce qu'il nioit le Péché originel, & desaprouvoit toutes les Assemblées des Chrétiens.]

---

* Voyez les *Observations* sur le Chapitre XVI. verset 16. de l'*Evangile selon St. Marc*; p. 130. de la 2.e edit. imprimée à Londres en 1688.

REMARQUE.

Vous trouverez dans le DICTIONAIRE de Mr. *Bayle* un Abregé fort exact de la VIE de KOORNHERT.

Pline traduisant *Démocrite*, dit * que le *Chaméléon* est fait comme le *Crocodile*, & qu'il est aussi gros que lui. En quoi il s'est lourdement trompé ; car le mot CROCODEILOS, dont s'est servi *Démocrite* suivant le langage des Ioniens, ne signifie pas un *Crocodile*, mais un *Léfard*, comme nous l'apprend *Hérodote* & après lui Mr. de *Saumaife* dans ses EXERCITATIONS sur *Solin* †. Ainsi c'est à tort que deux *Maronites* du Mont Liban (je veux dire *Gabriel de Sion* & *Jean Efronite*) dans leur Traité DES COUTUMES DES ORIENTAUX §, blâment Démocrite sur le témoignage de Pline, d'avoir écrit que le Chaméléon étoit de la grandeur du Crocodile.

Gérard Voffius pere de Mr. Voffius chez qui j'étois en Hollande, & *Gérard Voffius* de Tongres, qui a donné au public les Ouvrages de quelques Peres de l'Eglise, étoient proches Parens. Leur nom est Vos, qui en Flamand signifie la même chose que FUCHS en Allemand, c'est-à-dire *Renard*.

* Liv. 28. ch. 8.
† Pag. 873.   § Chap. 9.

nard. Auſſi étoient-ils parens de *Léonard Fuchſius*, ſavant Médecin & Botaniſte, qui mourut à Tubinge l'an 1566. Lorſque Gérard Voſſius, pere de Mr. Voſſius, ecrivoit certaines Lettres, où il ne vouloit pas que ſon nom parût, au lieu de *Voſſius* il ſignoit ALOPEKIOS comme je le puis juſtifier par une que je garde écrite à un Théologien de Bréme, nommé *Matthias Martinius*. Dès l'an 1415. je trouve un *Conrad de Vos* au Catalogue des Bourguemeſtres de la ville de Groningue.

Je liſois il y a quelques jours avec étonnement dans un docte & éloquent Plaidoyé pour le Droit de nos Rois & pour l'indépendance de leur Couronne, fait par Meſſire *Jaques de la Gueſle* Procureur Général, (Frere de l'Archevêque de Tours dont j'ai parlé ci-deſſus) & inſéré par *Laurent Bouchel* dans le Corps des Decrets de l'Egliſe Gallicane; que depuis *Boniface* VIII. juſques en l'an 1561, perſonne n'avoit ſoûtenu en France, que le Pape étoit au deſſus du Roi pour le temporel. Eſt-il poſſible que M. de la *Gueſle* ignorât ce qui arriva ſous *Louis* XII. très-juſtement appellé le PERE DU PEUPLE? Un Frere *Jean de Bonnecourcy*, Cordelier du Couvent de Lucques en Italie, ayant mis cette assertion en ses Théses de tentative, fut par Arrêt de la Cour de Parlement condamné à être dépouillé de son habit de Cordelier par le Bourreau, & revêtu par le même d'un habit séculier, mi-parti de jaune & de verd; puis étant conduit devant l'Image de la Vierge du portail de la Ste. Chapelle basse, tenant en sa main une torche ardente de deux livres de cire bigarrée de ces deux couleurs, à faire amende honorable, & à déclarer à genoux la corde au cou, qu'*impieusement & contre les Commandemens de Dieu & les maximes orthodoxes, il avoit tenu de pernicieuses erreurs dont il se repentoit, en crioit merci à Dieu & en demandoit pardon au Roi, à la Justice, & au Public*. Cette execution faite, il fut conduit par le Bourreau en ce même état jusques à Ville-Juifve, où son habit de Cordelier lui fut rendu, & où on lui fournit trente livres pour se retirer où il voudroit, avec défenses de retourner jamais dans le Royaume, à peine d'y être pendu & étranglé. Cet exemple est d'autant plus remarquable que ceux qui ont depuis soûtenu la même Proposition, comme *Jean Tanquerel* Bachelier en Théologie, sous *Charles* IX. & *Frere Flo-*

Florentin Jacob, Augustin, sous *Henri le Grand*, n'ont pas été traités si sévérement.

Le Pere *Schottus* Jésuite écrivoit souvent à nos gens. Voici la Copie d'une Lettre (dont je garde l'Original) qu'il écrivoit à Mr. Vossius le pere, où il n'a osé se nommer.

Doctissimo Viro.

GERARDO JOANNI VOSSIO
S. P.

Lugd. Bat.

INcidi nuper, doctissime Vossi, *dum Officinas identidem pertranseo, in Opus tuum* DE HISTORICIS GRÆCIS, *eruditum sanè & ad meum gustum. Coemi, dumque investigo quæ in limine* Cunæus *J. C. ait de Arte Historiæ à te præmissa esse, non hîc repperi, negantque sibi visa. Si exiit annis prioribus, jube ut* Elzevirii *mihi curent. Narro tibi apud me collecta esse, veluti naufragii scalmos, Veterum Historicorum Græcorum Fragmenta, ut Latinorum edidit &* Fulvius Ursinus, *ab* Ant. Augustino *collecta, ut nosti, &* Ant. Riccobonus. *Si putas istic tua ope-*

râ vulgari poſſe, non meo appoſito nomine, (hac lege) mittam ad te per Tabellarium, cui tantum portandi perſolves laborem, præterea nihil. Rhetores adhæc antiquos collectos habeo, & nonnihil illuſtratos; qui & tuam implorant opem, quia Rhetorica tam excellenter ſemel iterumque edenda curaſti, ut & de Priscis Rhetoribus *Libellum, quem legi libenter, ut antea, Tragicorum Veterum Latinorum à te digeſtas Relliquias. Macte porro, & Græcos Latinoſque Scriptores, ut cœpiſti, illuſtrare, ac compingere perge.* Feliciter. *Vale. Salutat te tenebrio* *, *qui* Photium † *dedit Latinè.* Antuerpiæ 24. *Maii* 1624.

Le Pere Schottus mourut l'an 1636. âgé de 84. ans, après avoir donné au public pluſieurs beaux Ouvrages. Mr. Voſſius garde dans ſa Bibliothéque les Lyriques Grecs de *Fulvius Urſinus*, apoſtillés de la main de ce Jeſuite & de la mienne.

Maynard dans ſes Poesies :

*Je ne dois pas encore attendre
Que tu ſois un de mes Lecteurs :*

Tu

---

* J'ai allégué cet endroit dans mes Opuscules, pag. 52. de l'Edition de *Cramoiſy*.

† *Cosmas Fontejus* & *Fréderic Metius* avoient auſſi tourné la *Bibliotheque* de *Photius*. Mais leur travail n'a jamais paru.

Tu n'approuves que les Auteurs.
Dont la Tombe garde la cendre.
Ton puissant Esprit m'a charmé,
Et l'honneur d'en être estimé
Est le plus grand que je demande :
Mais, Guyet, *pour me l'aquerir,*
Ma vanité n'est pas si grande
Que je me hâte de mourir.

Martial dit la même chose dans cette Epigramme :

Miraris Veteres, Vacerra, *solos,*
Nec laudas nisi mortuos Poëtas.
Ignoscas petimus, Vacerra : *tanti*
Non est ut placeam tibi, perire.

Je ne vois proprement que six Théologiens Protestans, (je parle de ceux qui ont écrit) qui ayent été d'une grande Litérature : *Rainold, Usserius, & Gataker* en Angleterre ; *Blondel, Petit, & Bochart* en France. Mais comme il n'y a point de si beau visage qui n'ait ses taches ; ces grands hommes ne sont pas aussi sans defauts. [*Rainold* est un peu trop zélé pour le Calvinisme :] *Usserius* n'a pas le discernement fort fin : *Gataker* a un Stile trop affecté : *Blondel* parle fort mal, & fait très-souvent des fautes : *Petit* conjecture peu heureusement; & *Bochart* s'étend trop à prouver des choses communes.

REMARQUE.

Le Rainold dont parle ici Colomiés s'appelloit *Jean*. Il avoit un frere nommé *Guillaume*, qui se rendit fameux aussi bien que lui par son Erudition & par ses Ouvrages de Controverse. Ils furent élevés l'un & l'autre dans les Principes de la Reformation; mais *Jean* ayant passé en *France* y changea de Religion & se fit Prêtre. *Guillaume* en fut si touché qu'il resolut de l'aller voir pour tâcher de le ramener à l'Eglise Anglicane. Ils disputerent avec tant de chaleur, & pousserent si loin les Difficultés de part & d'autre que chacun se trouvant acc. lé sous le poids de celles de son Adversaire, les réduisit en Preuves directes, & passa dans son sentiment. *Jean* quita le Papisme & revint en Angleterre, ou il a été un des plus zelés Défenseurs de la Reformation; & *Guillaume* demeura de là la Mer, où il a écrit contre les Réformés avec tout l'empoitement & toute l'aigreur imaginable. Un Evenement si extraordinaire donna occasion au Docteur *Alabaster* de faire l'Epigramme suivante:

Bella inter geminos plusquam civilia Fratres,
 Traxerat ambiguus Religionis apex:
Ille Reformatæ Fidei pro partibus instat;
 Iste reformandam denegat esse Fidem.
Propositis Causæ rationibus alterutrinque,
 Concurrere pares, & cecidere pares.
Quod fuit in votis, Fratrem capit alteruterque;
 Quod fuit in fatis, perdit uterque Fidem.
Captivi gemini sine captivitate fuerunt,
 Et victor victi transfuga Castra petit.
Quod genus hoc pugnæ est ubi victus gaudet uterque,
 Et tamen alteruter se superasse dolet?

Voila le fait, tel qu'il est rapporté par *Pierre Heylyn* dans sa COSMOGRAPHIE, & par plusieurs autres Auteurs. Cependant Mr. *Wood* prétend que la chose ne se passa pas de

COLOMESIANA. 611

cette maniere. Il dit seulement * que le Comte de *Leicester* étant allé [en 1584.] visiter l'Université d'*Oxford* dont il étoit Chancelier, voulut bien assister le matin aux Leçons publiques, & l'après-dîné à une Dispute de Théologie, qui fut remarquable par la chaleur avec laquelle disputerent *Jean* & *Edmund Rainolds* Freres: le premier défendant l'Eglise Anglicane, & l'autre soûtenant le Papisme. Il ajoûte que cet *Edmund* qui étoit Cadet de *Jean*, mourut dans la Communion Romaine, après avoir vécu d'une maniere fort obscure.

J'aurois souhaité que Mr. Wood se fût donné la peine de refuter l'Histoire du Dr. *Heylyn*, & de répondre à quelques Difficultés qui naissent de la sienne: mais il se contente de dire en général que tous ceux qui l'ont crue se trompent. En attendant que quelcun traite à fonds cette matiere, je prefererai le Narré du Dr. *Heylyn* à celui de Mr. *Wood*. Car 1. on ne sauroit apliquer les vers du Dr. *Alabaster* qui vivoit actuellement dans ce tems-là, à l'Hypothese de Mr. *Wood*. Ils disent positivement que chaque Frere changea de sentiment, & passa dans le Parti de son Adversaire; au lieu que Mr. *Wood* soûtient qu'on ne pouvoit pas dire qu'ils eussent eu aucun avantage l'un sur l'autre. *De his perperam fertur, Antagonistam in sententiam suam utrumque pertraxisse; velitationibus enim iis, quantum ad eruditionem spectat, ita sunt perfuncti, ut neuter alteri palmam videatur præripuisse.* 2. Tout ce qu'il dit là-dessus n'est fondé que sur je ne sai quel Manuscrit inconnu; & sur le Temoignage du Jesuite *Parson*, qui avoit interêt de déguiser la chose. 3. Mr. *Wood* lui-même varie dans ses Narrés: il raporte ce fait dans un autre endroit † à peu près de la même maniere que l'a écrit le Dr. *Heylyn*. 4. Enfin quoi que les deux Livres § de Mr. *Wood* soient très-curieux & très-dignes d'être lûs; il faut pourtant se souvenir que cet Auteur ne passe pas pour fort judicieux, qu'il n'a pas examiné avec assez de discernement les Memoires qu'on lui a fournis; qu'il fait perpetuellement le Panegyrique des Auteurs Papistes, & qu'il se déchaine violemment contre les Puritains & les

Non-

---

* *Anton. à Wood*, HIST. ET ANTIQ. UNIV. OXON. Lib. I. pag. 300.

† *Ant. à Wood* ubi supr. Lib. II. p. 139.

§ Voyez ci-dessus pag. 573.

Non-conformistes: il n'a même pas épargné plusieurs Personnes Illustres de l'Eglise Anglicane.

IL Y AUROIT quelque chose à changer dans cette Remarque ; cependant je la laisse telle qu'elle a paru d'abord. J'ajouterai seulement que dans mes Notes sur la Lettre de Mr. Bayle du 19 Janvier 1706, aprez avoir donné le precis de cette dispute, j'ai remarqué que Jean Rainold n'avoit jamais été Papiste, ce qui suffisoit pour détruire l'histoire de sa dispute avec son frere, & la prétendüe double Conversion. Peut-être aussi que l'Epigramme d'Alabaster n'est qu'un simple jeu d'esprit.

Pierre Galés, Espagnol *, mérite que l'on tire son nom de l'oubli. C'étoit un savant Personnage, qui ayant été mis à la gêne dans Rome pour avoir eté soupçonné de la Religion, y perdit un œil. Depuis étant venu à Géneve, il y enseigna la Philosophie, & fut quelque tems après Recteur du Collége de Guyenne à Bourdeaux. D'où étant sorti à cause de l'envie qu'on lui portoit, il laissa la France pour aller en Flandre; où ayant été découvert de la Religion, & mis entre les mains des Espagnols ses Compatriotes, le plus doux traitement qu'il en reçut, fut d'être brûlé par un Decret de l'Inquisition [Le Pere Schottus, qui étoit Flamand & qui pour l'honneur de son Pays, a peut-être voulu dissimuler cette triste mort, en conte l'Histoire

---

* *Florimond de Rémond* le fait Italien, au ch. 18. de son Traité DE ANTI CHRISTO, mais il se trompe.

toire autrement dans sa BIBLIOTHEQUE ESPAGNOLE p. 612. Voici ses termes: *Petrus Galesius Philosophiæ, Græcarum Litterarum ac Jurisprudentiæ studio Romæ & in Gallia claruit, Burdigalamque ut Aquitanico Gymnasio præesset, salario publico accitus, qua tempestate bello civili fœderato Gallia flagrabat, militari manu cum Conjuge raptus in Pyrenæis exspirasse fertur, amissa insigni Græcorum exemplarium Bibliotheca.*] Ce Galès avoit de bons LIVRES, [& même comme vient de dire le Pere *Schottus*, plusieurs Manuscrits.] *Casaubon*, qui l'avoit connu à Géneve, parle dans ses Ouvrages * de quelques-uns qu'il lui avoit communiqués, & loue même ses conjectures. *Cujas* dans ses OBSERVATIONS † l'appelle *doctissimum & acutissimum virum*, à l'occasion d'un Privilége de l'Empereur *Justinien* qu'il lui avoit fourni; & le Pere *Labbe* dans sa BIBLIOTHEQUE DE MANUSCRITS, cite § *Orientii Monita in Bibliotheca Galesiana reperta.*

J'ai vû dans la Bibliothéque de Mr. Vossius un Manuscrit Latin *in folio*, fort gros, qui

---

* Sur *Théocrite* de l'Édition de *Généve*, sur *Diogéne Laërce* pag. 59. 93. 105. 118. & 119. de l'édit. 1594. sur *Suetone* pag. 9. & dans sa Preface sur *Athénée*.
† Liv. 10. ch. 11. § Pag. 63.

qui contenoit tout ce qu'avoit fait châque jour *Leon* X. durant le tems de son Pontificat. Mr. Vossius faisoit grand cas de ce MS. à cause des choses très-particulieres qui s'y lisoient, & que l'on ne trouvoit point ailleurs. Je crois que le célèbre Mr. de Peiresc possédoit un pareil Livre; au moins me souviens-je d'avoir vû dans le Catalogue de ses Manuscrits, *Diarium Pontificatûs Leonis X.*

Mr. *Golius*, que je vis à Leyde, où il étoit Professeur en Arabe en la place de Mr. *Erpénius*, étoit fort intelligent dans les Langues & dans les Mathématiques; mais il avoit encore plus de génie que d'érudition. Il aquit beaucoup d'honneur au Voyage qu'il fit dans l'Orient l'an 1622. & sur tout à Maroc, avec un Ambassadeur des Etats & un Ecuyer du Prince d'Orange. Comme ils furent arrivés dans cette Ville, ils allerent faire la revérence au Roi, qui se nommoit *Mouley Zidam*, & qui les reçut avec leurs présens fort obligeamment. Il témoigna particulierement être fort content du présent que lui avoit envoyé Mr. *Erpénius*, qui étoit un grand ATLAS & un NOUVEAU TESTAMENT Arabe, dans lequel il lisoit ensuite souvent. L'Ambassadeur

deur des Etats venant à s'ennuyer de ce qu'on ne lui donnoit point son expédition, fut conseillé de présenter au Roi une Requête, que Mr. *Golius* fit en écriture & en langue Arabesque, & en Stile Chrétien, extraordinaire en ce Pays-là. Le Roi demeura étonné de cette Requête, soit pour l'écriture, soit pour le langage, soit pour le Stile ; & ayant mandé les *Talips* ou Ecrivains, il leur montra cette Requête qu'ils admirerent. Il fit aussi-tôt venir l'Ambassadeur, à qui il demanda qui avoit dressé cette Requête. L'Ambassadeur lui ayant dit que c'étoit Mr. Golius, Disciple & Envoyé de Mr. *Erpénius*; il le voulut voir, & lui parla en Arabe. Mr. Golius lui répondit en Espagnol qu'il entendoit fort bien ce qu'il lui disoit, mais qu'il ne pouvoit lui répondre en Arabe, parce que la gorge ne lui aidoit point. Le Roi, qui entendoit l'Espagnol, reçut son excuse, & ayant accordé à l'Ambassadeur les fins de sa Requête, le fit promtement expedier. Je dois toutes ces particularités à la Rélation de feu Mr. le *Gendre*, Marchand de Rouen, qui se trouva alors à Maroc. Mr. *Briot* en garde une Copie, qu'il me fit la faveur de me communiquer à Paris. Ajoutons encore

un

un mot au sujet de Mr. Golius. Il étoit frere de *Pierre Golius*, très-savant aussi dans les Langues Orientales, qui a tourné de Latin en Arabe le Livre de l'IMITATION DE J. C. de *Thomas à Kempis*, & qui s'étant fait de l'Ordre des Carmes déchaussés, prit le nom de Pere Célestin de St. *Lidwine*. Ces deux dignes Frères étoient Neveux d'un Chanoine d'Anvers, nommé *Hémelar*, qui a fait un beau Livre de Médailles, qui ne se trouve pas aisément.

Jean Léon d'Afrique est un excellent Historien. Il écrivit premierement son HISTOIRE en sa Langue. L'Original s'est vû dans la riche Bibliothéque du Seigneur *Vincent Pinelli*, le Pere des Muses de l'*Italie*. Depuis, s'étant fait Chrétien, il la mit à Rome en Langue Italienne; d'où elle fut traduite en Latin par *Jean Fleurian*, mais peu fidelement; & en François par *Jean Temporal*. J'ai remarqué que *Marmol* la copie presque par-tout, sans nommer l'Auteur une seule fois. *Jean Léon* a aussi écrit un petit Traité Latin DES SAVANS QUI ONT E'TE' PARMI LES ARABES, qu'*Hottinger* fit imprimer à Zurich l'an 1564. dans son BIBLIOTHE'QUAIRE, sur une Copie que *Cavalcante* lui avoit aussi envoyée de Florence. Il avoit aussi composé une GRAMMAIRE ARABE, que possédoit un Médecin Juif nommé *Jacob Mantin*, au rapport de *Ramusio*. Dans son HISTOIRE, il parle de quelques autres Ouvrages de sa façon, que nous n'avons jamais vûs. C'est dommage qu'il soit retourné au Mahométisme. Je ne sache que *Widmanstadius* qui marque cette particularité, dans sa belle Epître à l'Empereur Ferdinand sur le N. T. Syriaque, imprimé à Vienne l'an 1555. [Voici ses termes: Ægidium Viterbiensem *Senatorem doctissimum Arabicæ Linguæ præceptis ad hoc diligenter compositis* Romæ Leo Eliberitanus *instituit. Sed postquam hic Catholicâ fide cum Punica commutata* Tunnetem *migrasset, Arabicarum Litterarum dignitatem inter Christianos* Ægidius *propè solus tuetur.*]

 Mr. de *Saumaise* a fait deux bevûës assez considerables : l'une dans son Traité DE LA TRANSUBSTANTIATION *, où il dit que les Catholiques Romains ne mêlent point d'eau avec le Vin dans la célébration de l'Eucharistie; vû que leur pratique fait voir le contraire. L'autre dans un endroit de ses NOTES sur l'HISTOIRE AUGUSTE,
(c'est

---

* Pag. 301.

(c'eſt à la page 396.) où il dit qu'un Moine de Rheims nommé *Azelin* mit en Vers il y a quelques Siecles le petit Traité DE LA CÉNE DU SEIGNEUR, attribué a St. *Cyprien*. Cependant il n'eſt rien de plus faux que cela; puis que Mr. de Saumaiſe nous apprend lui-même par quelques Fragmens qu'il apporte du Poëme d'Azelin en d'autres endroits de ces mêmes Notes, que la Paraphraſe que fit ce Moine étoit d'un autre Livre auſſi attribué à St. *Cyprien*, intitulé COENA, qui ſe trouve à la fin des OEUVRES de ce St. Martyr, de l'édition de Morel, & de Pamélius. *Habebat hoc Vir ille incomparabilis*, (dit fort bien *Gronovius* dans ſon Livre des SESTERCES *) *ut uberrimo ingenio nulla ſufficeret manus, & ubi inſtituerat ſcribere, nec rerum nec verborum modum noſſet. Sic factum eſt, ut multa illi exciderint, quæ norat ipſe meliùs, & rectiùs alio die tradiderat tradebatque: quæ, ſi paululum modò attendiſſet animum, facilè vitaſſet.*

Eraſme a écrit ſa Vie. *François Junius* la ſienne. *Louïs le Roi*, dit en Latin *Regius*, celle de GUILAUME BUDÉ. *Julien Brodeau* celle de CHARLES DU MOULIN.

Le

---

* Pag. 46.

Le Cardinal *Polus* celle de CHRISTOPHLE DE LONGUEIL. *Guy Patin* celle de Mr. PIETRE, inférée dans les ELOGES DES HOMMES ILLUSTRES de *Papire Maſſon*. Le *Caſa* celle des Cardinaux BEMBE & CONTAREN. *Laurent Humphrede* celle de JEAN JWEL. *Béze* & *Mr. Drelincourt* celle de CALVIN. *Joachim Camérarius* celle de MELANCHTHON. Les Théologiens de *Straſbourg* celle de BUCER & de PAUL FAGIUS. *Joſeph Scaliger*, celle de JULE CE'SAR SCALIGER ſon Pere. [*Samuel Przipcovius*] Chevalier Polonois celle de FAUSTE SOCIN. *George Pfluegerus* celle d'ERASME, de CAPNION & de FRISCHLIN. [*Rittershuſius* celle de PIRKEYMERUS.] Un Miniſtre de Généve nommé *la Faye* celle de BE'ZE. *Joſias Simler* celle de PIERRE MARTYR, de CONRARD GESNER, & d'HENRI BULINGER. *Jean Sturme* celle de BEATUS RHENANUS. *Nicolas Gerbélius* celle de CUSPINIEN. *Paul Gualdo* celle de VINCENT PINELLI. *Jaques Fuligatti* celle de BELLARMIN. *Antoine Florebellus* celle de SADOLET. [*Meric*] *Caſaubon* celle de ſon pere, dans le Livre intitulé PIETAS. *René Moreau* celle de JAQUES DU BOIS dit en Latin SILVIUS, [& celle de PERDULCIS.] *Aubert*

bert Miré celle de Lipse. *Nicolas Rigault* celle de Pierre du Puy. Le Pere *Fulgence* celle du P. Paul. *Pierre Gassendi* celle de Tycho Brahé, de Copernic, & de Mr. de Peiresc. *Antoine Clement* celle de Mr. de Saumaise. *Charles Paschal* celle de Mr. de Pybrac. *Gerard Vossius* celle de Thomas Erpe'nius. [*Joachim Pastorius ab Hirtensberg* (qui de Socinien se fit Catholique) celle de Crellius.] Mr. *Baluze* celle de Mr. de Marca. Le *Manso* celle du Tasse. *Moyse Amyrault* celle de Mr. de la Noue. Mr. *de Liques* celle de M. du Plessis. *Daniel Toussain* celle de Buxtorfe le pere. *Luc Gernler* celle de Buxtorfe le fils. *Everard Vorstius* celle de Charles de l'Escluse dit en Latin Clusius. *Abraham Heidanus* celle de Fre'deric Spanheim. *Adolphe Vorstius* celle de Pierre Cunæus. *Zacharie Schæfferus* celle de Guillaume Schickard. *Isaac Wake* celle de Jean Rainold. *Henri de Valois* celle du P. Pe'tau. Cardan & Mr. de Thou la leur. Mr. de Marolles la sienne. *Claude Binet* celle de Ronsard. *François le Bégue* celle de Nic. le Fe'vre. Le Pere *Jacob* celle de Naudé. *Papire Masson* celle de Cujas. Mr. *Borel* celle de Descartes

Mr.

Mr. *Daillé* celle de son pere. Le Pere *Fronteau* celle de Mr. BIGNON. Le Pere *l'Allemand* celle du Pére FRONTEAU. [Mr. *Arnoldus* celle de VELSER. Mr. de *Valois* celle de HENRI DE VALOIS son Frere. Mr. *Morin* celle de Mr. PAULMIER DE GRENTEMESNIL. *Gabriel Michel de la Roche-Maillet* celle de SCEVOLE DE STE. MARTHE. *Jean François Pic* celle de JEAN PIC Comte de la MIRANDOLE son oncle, & celle de SAVONAROLA. *Leo Allatius* celle de JULES CESAR LAGALLA. *Pierre Gallandius* celle de PIERRE CASTELLANUS. *André Dudithius* celle du Cardinal POLUS.] & moi celle du P. SIRMOND.

Mr. *Ménage* dans ses POESIES Françoises:

Ce Portrait ressemble à la Belle,
Il est insensible comme elle.

Le divertissant *Colletet* à la pag. 24. de son DISCOURS DE L'EPIGRAMME, loue celle-ci comme étant de l'invention de Mr. Ménage. Pour moi, j'ai de la peine à croire qu'il n'ait pas pensé en la faisant à ce Sizain de Mr. de l'*Estoile*:

Pour Cloris on fit ce Portrait,
Mais on n'y peut voir aucun trait
De ceux qui la rendent si belle;
Il lui ressemble seulement

*Pour être insensible comme elle
Aux passions de son Amant.*

REMARQUE.

Les Amis de Mr. Ménage prétendent que cette pensée peut naturellement se présenter à plus d'une personne; & ils ont sans doute raison. Mais a quoi bon ce détour, puis qu'ils font convenir Mr. Ménage lui-même de la Remarque de Mr. Colomiés? Voyez le I. Tome du MENAGIANA pag. 323. de la seconde Edition de Hollande.

Celui à qui la Reine *Marguerite* adresse ses MÉMOIRES, n'est pas Messire *Charles de Vivonne*, Baron de la *Chastaigneraye*, comme prétend *Auger de Mauléon* Sieur de *Granier*, qui les a donnés au Public; mais Messire *Pierre de Bourdeille*, Seigneur de *Brantôme*, l'un des plus dignes hommes de son tems; qui a fait un DISCOURS sur la Vie de la Reine Marguerite, inséré dans ses FEMMES ILLUSTRES, où il parle assez au long de Pau, du Voyage de la Reine en France, du Maréchal de *Biron*, d'Agen, & de la sortie du Marquis de *Canillac* du Château d'Usson en Auvergne. Si l'on se donne la peine de comparer tous ces endroits avec ce que dit la Reine Marguerite dès le commencement & dans la suite de ses MÉMOIRES, j'ose me persuader qu'il y aura peu de personnes qui n'approuvent ma conjecture. Il paroît en effet par les MÉMOIRES de cette Princesse, qu'elle y refu-
te

te indirectement quelques endroits du Discours de Mr. de *Brantôme*. Et plût à Dieu que nous eussions ces Mémoires un peu plus entiers qu'on ne les a publiés! Nous y verrions, suivant la promesse de cette Reine, de quelle façon elle détruit ce que dit si galamment Mr. de *Brantôme* de la sortie du Marquis de *Canillac* du Château d'Usson en Auvergne. Mais pour autoriser davantage ma conjecture, le Lecteur remarquera que cette Princesse appelle dans ses Mémoires *Madame de Dampierre*, Tante de celui à qui elle parle; Madame de *Retz*, sa Cousine; & Monsieur d'*Ardelay*, son brave Frere. Ce qui convient précisément à Mr. de Brantôme, qui nomme souvent dans ses Mémoires *Madame de Dampierre* *, sa Tante, Madame de *Retz*, dans la Vie du Maréchal de *Biron*, sa Cousine; & Mr. d'*Ardelay* †, au Discours des Colonels, son Frere; qui fut tué, comme il dit, dans *Chartres*, en le défendant très-vaillamment. Après cela je ne dirai point, que Mr. de *Brantôme* étoit particulierement connu de cette Princesse, qu'il recevoit de tems en tems

---

* *Diane de Vivonne*, Mere de Madame de *Retz*, qui se nommoit *Claude Catherine de Clermont*, & qui épousa en secondes nôces *Albert de Gondy* Maréchal de *Retz*. † *Jean de Bourdeille*.

tems de ſes Lettres, & qu'il lui a dédié par reconnoiſſance ſes Hommes Illustres Etrangers. J'ajouterai ſeulement que je ne ſaurois m'empêcher de croire, que c'eſt de ce même Seigneur, dont veut parler cette grande Reine, dans ces belles & magnifiques paroles : *Mon Hiſtoire ſeroit digne d'être écrite par un Cavalier d'honneur, vrai François, né d'illuſtre Maiſon, nourri des Rois mes pere & mere, parent & familier ami des plus galantes & honnêtes Femmes de notre tems, de la Compagnie deſquelles j'ai eu ce bonheur d'être.* Produiſons ici, avant que de finir, un Fragment des Me'moires de cette Princeſſe, qui ne ſe trouve point dans les Imprimés, tiré des Commentaires de *Théveneau* ſur les Preceptes de St. *Loüis* à *Philippe* III. ſon fils : *La Reine Marguerite*, dit-il [*], *a laiſſé par hiſtoire de la Cour écrite à la main, & qui eſt tombée entre les miennes, que ſur toutes choſes la Reine* Catherine *ſa Mere avoit pris garde que ſes Enfans ne fuſſent abreuvez des dogmes de* Calvin; *& qu'un jour elle tira des pochettes de* Henri II. *les* Pseaumes *de la Verſion de* Marot, *& chaſſa ceux qui étoient près de lui, & qui s'efforçoient de lui faire goûter le breuvage d'une nouvelle Doctrine.*

Sci-

[*] Pag. 421.

Scipion Tetti Napolitain a fort peu écrit. Nous n'avons de lui qu'une DISSERTATION DE APOLLODORIS, qui est au devant de la BIBLIOTHE'QUE d'APOLLODORE de *Benedictus Ægius*; & un CATALOGUE DE MANUSCRITS des meilleures Bibliothéques d'Italie que le Pére *Labbe* a fait imprimer *. Mr. de Thou étant à Rome apprit de *Muret* que ce *Tetti* avoit été envoyé aux Galeres pour avoir mal parlé de la Divinité. Il est loué par *Alde Manuce* Fils de *Paul* dans son Traité DE L'ORTHOGRAPHE †.

Le nom de COLOMIE'S est assez ancien dans l'Histoire. Dès l'an 1209. je trouve un *Guidon de Colomiés* dans l'HISTOIRE DE MELUN de *Rouillard* §, & l'an 1297. un *Edme de Colomiés* entre les Prevôts Royaux de Melun **. L'an 1229 vivoit un *Pierre de Colomiés*, dit en Latin *Petrus de Collomedio*, [que les uns font François, les autres Italien,] dont parlent les Historiens de France de *du Chesne*, & la CHRONOLOGIE HISTORIALE des Archevéques de Rouen écrite par *Jean Dadré*. Il fut d'abord au service de *Pandolfe* Evêque de Norwic en An-

* Dans sa BIBLIOTHEQUE DE MANUSCRITS pag. 166. & suiv. † Pag. 50. § Pag. 375.
** Dans la même Histoire pag. 470.

Angleterre; ensuite Prevôt de l'Eglise de St. Omer en Artois; depuis Archevêque de Rouen *, & enfin Cardinal du titre d'*Albane*, à cause dequoi il est nommé *Petrus Albanensis*, dans la Bulle † d'*Innocent* IV pour la déposition de l'Empereur *Frédéric* II. Il mourut l'an 1253. une marche du degré par où il passoit s'étant affaissée, & l'ayant accablé sous ses ruïnes. Son Eloge se voit dans les Vers suivans:

Hanc Sedem § Petrus medio de colle subivit
In quo Jus, Pietas, Ratio, Lex, Gratia fulsit,
Ortu Campanus, Sensu Cato, Dogmate canus,
Cujus larga manus, ad summa negotia Janus,
Inclytus Athleta Fidei, propria nece spreta,
Sulcans classe freta, fuit hosti præda quieta,
More rapax pardi, tulit hunc Urbs & sibi Cardinalem fecit eum, viduæ rapiens Eliscum.

LES ANNALES DE HAINAUT de *Jaques de Guise* font mention d'un *Guy de Colomiés* Evêque de Cambray, [que Messieurs de *Ste Marthe* & *Ughelli* font Italien.]

DANS

* Dans l'onziéme Tome du RECUEIL de Dom Luc *d'Achery*, Moine Bénédictin, se trouve un Accord de l'an 1237. entre cet Archevêque & les Chanoines de St. *Mellon* de *Pontoise*.

† Cette Bulle est différemment raportée par *Matthieu Paris* dans son HISTOIRE, & par *Schardius* au commencement des EPITRES de *Pierre des Vignes*.

§ *Rothomagensem* scilicet.

COLOMESIANA.

Dans la Gascogne du côté de Toulouse, j'apprens qu'il y a eu & y a encore aujourd'hui plusieurs familles assez considérables du nom de *Colomiés*. Le Président *Gramond* dans son Histoire de France * parle avec éloge d'un Mr. de *Colomiés* qui commandoit pour le Roi au Siege de Montauban.

Dans le Bearn le plus ancien que je trouve qui ait porté le nom de *Colomiés*, est un Juge d'Oleron, loué par *Olhagaray* dans son Histoire de Navarre †.

La Maison de *Colomiés* en Bearn [d'où je suis sorti] porte de gueules, au Château sommé de trois Tours d'argent

Les Juifs modernes, au raport de *Buxtorfe* le Fils dans sa Synagogue de la derniere Edition §, disent que pour chasser la Fievre quarte, il ne faut que prononcer le mot Abracalan en diminuant toûjours d'une lettre. *Julius Africanus* dans son grand Ouvrage intitulé Kestoi, qui se trouve Manuscrit dans la Bibliothéque du Roi d'Espagne, & *Serenus Samonicus* dans son Poëme de Medicina, attribuent le même effet au mot Abracadabra ainsi prononcé. Il se peut faire que les Juifs ayent tiré leur recette de l'un de ces deux Auteurs. *Eras-*

* Pag. 448. † Pag. 552. § Ch. 45.

Erasme est un des plus grands Théologiens qui ait vécu depuis les Apôtres. Ses PARAPHRASES SUR LE NOUVEAU TESTAMENT sont si belles, que peu s'en faut que je ne les tienne divinement inspirées. Elles valent tous nos Commentaires *, sans excepter ceux de *Calvin*, qui les a suivies en plusieurs endroits fort utilement; mais qui s'en éloigne en d'autres, aussi bien que *Béze*, sans grande raison. Son Stile n'est pas moins doux ni moins agréable que son raisonnement est touchant. Ses ADAGES marquent un grand Savoir, & ses EPITRES un rare Génie. Sa Piété brille dans tous ses Ecrits; mais particulierement dans ses COMMENTAIRES sur quelques Pseaumes, & dans son Traité intitulé LE PRE'DICATEUR. Ses Ennemis furent en grand nombre; mais il en sut triompher avec tant d'adresse, qu'il ravit même quelques-uns d'eux en admiration. Enfin *Erasme* fut l'ornement de son Siecle, & le seroit sans doute encore du nôtre, si nous lisions ses Ouvrages avec un esprit moins préoccupé.

---

* *Scaliger* dans les seconds SCALIGERANA (p. 310. de l'Edit. de 1740.) *Jamais Papiste, Lutherien, ni Calviniste n'a fait un meilleur Livre ni plus élegant qu'est la* PARAPHRASE *d'Erasme sur le N T.*

FIN. ERRA-

ERRATA *du premier Tome.*

Page 13, l. 3. *Mazin*, lis. *Marin*. p. 30 dans la Note, l. derniere, *de cette Edition*, lis. *de l'Edition*. p. 65. Note, l. 2. *lorsqu'il a*, lis. *lorsqu'il a dit*. ib. l. 4. *m. 84*, lis. *p. m. 84*. [Cette page n'est pas numerotée] p. 103, l. 9. *Sainte*, lis. *Saint*. p. 118. Note l. 2. *se trouvoient*. lis. *se trouvent* p. 119, Note l. 5. lis. *Brusselles au Roi Philippe, pour lui voir jurer*. p. 154. Not. l. pen. lis. *tibi certum*. p. 189. l. 19. lis. *Collyrid*. p. 216, l. 16. mettez deux points après *ainsi*: p. 240. l. 14, 15. *complié*, lis. *compilé*. p. 246. l. 9. à fin. lis. *oui ; subtilement*, p. 251. l. 15. lis. *ejusdem*. p. 255. l. 12. *ecce*, lis. *ecco*. p. 272, mettez à la fin de la Note, *D. M.* p. 297. l. 11. *n'entendons*, lis. *n'attendons*. p. 301. l. 10, 11. *dessus*, lis. *dessous*. ib. l. 7. à fin lis. *grandes ignorances*. p. 303. l. 2. *mettre*, lis. *mette*. p. 307. l. 11. lis. *l'obligation*. p. 308. à la fin de la Note mettez, *D. M.* p. 315. l. 7, 8. à fin. *il paroit parce que, dit* lis. *ce qui a fait dire à* p. 320. à la fin de la Note, mettez *D. M.* p. 328. Not. l. pen. *Censeil*, lis. *Conseil*. p. 364. après l'Article de *Matthieu Paris*, ajoutez celui-ci, *à linea*: [PASCHASIUS est un bon Auteur.] ib. l. 5. à fin. *ne veulent*, lis. *ne le veulent*. p. 379. l. 3. *uis*, lis. *mais*. p. 386, l. 3. à fin. *Perrus*, lis. *Petrus* p. 417. Not. l. 4 à fin. lis. *matiere intitulé*, De formulæ. p. 420. avant l'Article ROIS mettez celui-ci *à linea*: [ROGO, onerosum verbum, & submissa voce dicendum.] p. 422. l. 7. *partient*, lis. *appartient*. p. 432. l. 9. à fin. mettez une virgule après *Maurice*. p. 455, l. 17, 18. *desquelles*, lis. *desquels*. p. 490. l. 15. lis. RHENANUS. p. 493. Not. l. 5. à fin. lis. *Priscillien*. p. 499. l. 5. lis. *Longirus*. p. 503. l. 9. lis. *doctrine*. p. 509. l. 14, 15. *Parthasius*, lis. *Parrhasius*. p. 516. Not. l. 1, 2. *encore*, lis. *encore aujourd'hui*. p. 520. l. 4. après *Bibliotheque*, ajoutez, *& qu'il l'avoit cherché dans la Bibliotheque*. p. 524. l. 12, lis. *obsidet*. p. 532. Not. l. 1. *Clere*, lis. *Clerc*. p. 533. Not. l. 2. *ou*, lis. *en*. ib. l. 5. lis. *Courcelles*. ib. l. 8. lis. *Bibliotheque*. p. 555. l. 3. lis. *Casaubon*. p. 561. l. dern. lis. *Grecques*. p. 566. l. 11, 12. lis. *là-dessus*. ib. l. 14. *a*, lis. *à*. p. 594. l. 5. lis. *Léonard*. p. 600. l. 12. FIDEL. lis. TIDEI. p. 602. Not. l. dern. lis. *trouvent*. p. 517. l. 4. lis. *Ramusio*.

Reliure serrée

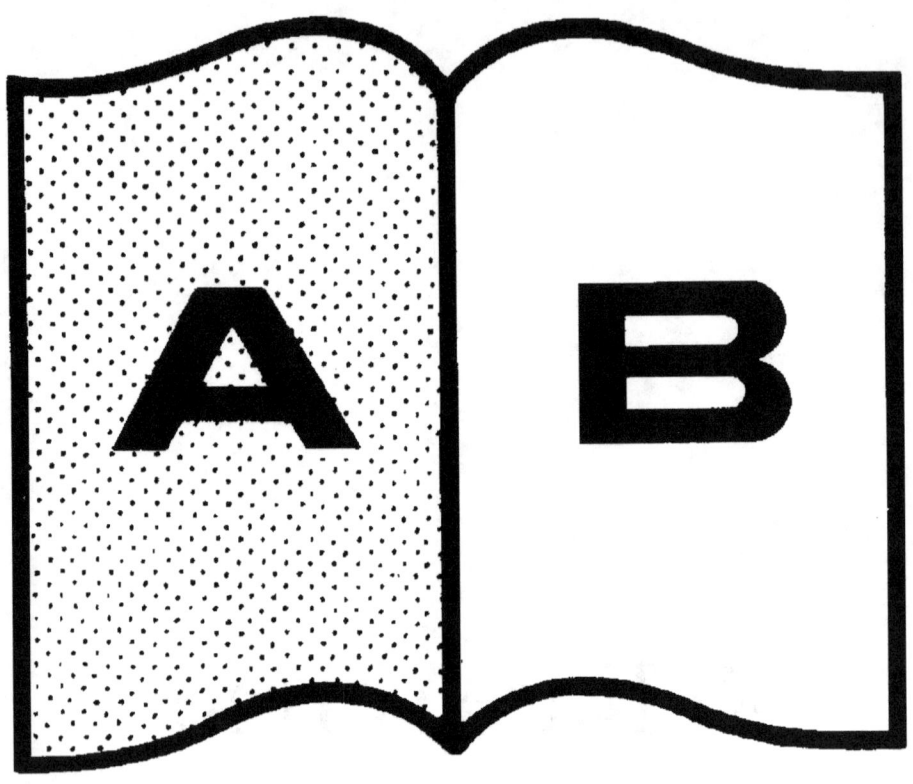

Contraste insuffisant

NF Z 43-120-14

www.ingramcontent.com/pod-product-compliance
Lightning Source LLC
Chambersburg PA
CBHW071152230426

43668CB00009B/925